Die lange Nacht der Seelsorge

Hans-Martin Gutmann

Die lange Nacht der Seelsorge

Eine Vorlesung

EBVERLAG

Bibliografische Information
der Deutschen Nationalbibliothek

Die Deutsche Nationalbibliothek verzeichnet diese Publikation in der Deutschen Nationalbibliografie; detaillierte bibliografische Daten sind im Internet über http://dnb.d-nb.de abrufbar.

Gesamtgestaltung: Rainer Kuhl

ISBN: 978-3-86893-479-3

Internet: www.ebverlag.de
E-Mail: post@ebverlag.de

Druck und
Bindung: Hubert & Co, Göttingen

Printed in Germany

Für Andrea Bieler

Inhaltsverzeichnis

Zur Einführung 11

Was ist Seelsorge? 13

Entwicklungen in der Seelsorge als Ressourcen
für die seelsorgliche Arbeit 19

Die Grundbewegung der Seelsorge: Lebenszerstörendes ausstoßen,
die heilsame Lebensmacht Gottes herbeirufen 25

Die Haltung der Seelsorge 33
- Wertschätzen 39
- Wahrnehmen 40
- Verstehen 47
- Akzeptieren 48
- Echtsein 49
- Orientierung an Ressourcen 52
- Gestalt 56

Der systemische Blick in der Seelsorge 63
- Das systemische Verständnis von „Wirklichkeit" 66
- Die Bedeutung kausaler Zusammenhänge 66
- Die Rolle der Sprache 67
- Das systemische Verständnis von „Problemen" 68
- Die Methode des seelsorglichen Kurzgespräches in der Seelsorge 69
- Akzeptanz des von der Ratsuchenden gewählten Ortes und des Zeitpunktes für das Gespräch 70
- Akzeptanz der begrenzten Möglichkeiten und der begrenzten Zeit 71
- Aufmerksames und konzentriertes Zuhören auf das, was die ratsuchende Person als ihr Anliegen formuliert – und welche Worte sie dabei wählt 71
- Das Beziehungsmuster im Kurzgespräch 72
- Zusammengefasst: Das zielorientierte Kurzgespräch 73
- Das bündige Ende 75

Grundlagen evangelischer Seelsorge: theologisch und anthropologisch 76
Rechtfertigung als Basis evangelischer Seelsorge ... 76
Der Hausbesuch ... 76
Der Krankenbesuch ... 77
Schulseelsorge ... 78
Seelsorge als „Priestertum aller Glaubenden“ ... 92
Der heilsame Austausch ... 94
Entwicklungen in der Seelsorge realisieren ... 97

Lebenswenden und Lebenskrisen, Passagerituale, Amtshandlungen ... 100
Der Horizont: Segen – praktisch-theologisch ... 100
Kasualie in einer Lebenskrise: Der evangelische Bestattungsgottesdienst ... 105
Bestattung als Ritual heute ... 108
Die Kraft der Rituale in der Trauerarbeit wäre ohne mediale Präsenz nicht denkbar ... 111
Einmalige Passagen und Kontinuität stiftende Rituale ... 112
Trauer leben – Neue Rituale des Abschieds ... 113
Mit den Toten leben – Lebendige Beziehungen gestalten ... 114
Nachdenken über Trauer und Trauerarbeit ... 117
Das Leben feiern I: Hochzeit ... 122
Ehe und Familie in der Moderne ... 123
Ein Beispiel: Hochzeitsgottesdienst Max und Mia ... 127
Das Leben feiern II: Konfirmation ... 137
Ein Beispiel: Ein Konfirmationsgottesdienst in einer dörflichen Gemeinde ... 137
Konfirmation: Passageritual ohne Passage? ... 143
Konfirmand*innenunterricht kompakt – an anderem Ort ... 147
Das Leben feiern III – Beginnen: Taufe als Initiation in ein christliches Leben ... 149
Taufe als Kasualie ... 149
Unterscheidung zwischen Taufe als Sakrament und Segenshandlung ... 152
Taufe im Horizont der Lebenswelt des Indiviuums ... 154
Biblische und reformationstheologische Erinnerungen ... 155
Taufe als körperliches Erleben ... 157
Wahrnehmungen und praktisch-theologische Perspektiven zur Taufe ... 161

Medien der Seelsorge 166
Das Gespräch 166
Übertragung 168
Gefühlsambivalenzen in Zeit und Raum 169
Transaktionsanalyse 169
Erzählung 173
Die Bibel ins Gespräch bringen 182
Metaphern und Symbole 187
Rituale 193

Konflikte in der Seelsorge 202
Konflikte in intimen Beziehungen 202
Angst vor Nähe 202
Sehnsucht nach Dauer, Kampf um Ordnung 202
Kampf um Harmonie 202
Konfliktmuster 203
Verschiedenheit und Gleichheit 205
Befriedigung und Versagung 206
Stimulierung und Stabilisierung 206
Angst 208
Schuld 210
Scham 213
Glück 215

Identität und Biographie 218
Wandlungen von Ich-Konzeptionen in der Moderne 224
It's getting better all the time – oder: der Blick in den zerbrochenen Spiegel 226
Ressourcen für Widerständigkeit von Biographien 229
Interkulturelle Seelsorge und Beratung 233
Energetische Seelsorge 238
Seelsorge und politisches Handeln 246

Zur Einführung

„Die lange Nacht der Seelsorge“ – ein eigenartiger Titel für dieses Buch. Aber nur auf den ersten Blick. Es gibt eine lebensgeschichtliche und eine praktisch-theologische Begründung.

Im November 2016 habe ich zum Abschluss einer praktisch-theologischen Vorlesung alles auf eine Karte gesetzt und einen ganzen Tag und eine halbe Nacht lang „meine“ Seelsorgelehre gelesen. Von 9 Uhr morgens bis 4 Uhr am nächsten Morgen. Mitten durch die Nacht.

Natürlich nicht allein. Der Text ist von mir. Aber wir haben zu viert gelesen. Meine Mitarbeiter Simon Luthe (damals: Simon Eckhardt), Julian Sengelmann, Christian Gründer und ich. Den gesamten Text allein zu lesen wäre über die Kräfte meiner Stimmbänder gegangen. Und außerdem hat es so viel mehr Spaß gemacht.

Es waren kontinuierlich etwa vierzig Studierende dabei. Meine Hochachtung! Manche – frühere Studierende und mittlerweile im Vikariat oder im Pastorenamt – kamen nachts noch dazu. Über jeden und jede habe ich mich gefreut. Folgende „Regieanweisung“ hatten wir zuvor vereinbart:

„Ablauf:
09:00 .... Beginn
09:00 – 13:00 .... Morgensession
13:00 .... Mittagspause
14:00 – 18:00 .... Nachmittagssession
18:00 .... Abendbrotpause
19:00 – 23:45 .... Abendsession
23:45 .... Abstimmung ob weitergelesen werden soll
00:00 .... Mitternachtssuppe
00:30 – max. 04:00... Nachtsession

Leseeinheiten dauern immer ca. 45 Minuten, Anschließend 15 Minuten Diskussion und 15 Minuten Pause. In 45 Minuten können ca. 20 Seiten gelesen werden. Die benötigte Gesamtzeit bei 233 Seiten inkl. Diskussion und Pause beträgt somit: 14,5 Stunden. Die verfügbare Zeit beläuft sich auf 16,5 Stunden. Das sollte doch passen.“

Es gibt eine zweite, aktuelle und bleibende Begründung für den Buchtitel. Ich werde von der Sorge getrieben, dass die evangelischen Großkirchen – vor lauter Sorge und Mitliederschwund und vor allem dahinschwindenden Finanzen

– „Rettungsmodelle“ entwickelt, die sich nach und nach als Holzwege herausstellen könnten. Es geht dabei immer um „Profilbildung“.

Soll die Kirche „diakonische“ Kirche sein?

Soll die Kirche Kultur und Kunst im Fokus haben?

Soll die Kirche ihre Arbeit auf bestimmte „Leuchttürme“ konzentrieren, also auf wichtige, auch bisher erfolgreiche Angebotstypen?

Solche und andere Profile werden gegenwärtig in Synoden und Kirchenleitungen erwogen. Ich bestreite nicht, dass die Lage der Kirchen dramatisch ist und dass es Sinn macht, gründlich konzeptionell über die Frage nachzudenken: Welches ist das Gesicht der evangelischen Kirche? Wie soll die Kirche ihre Arbeit in den nächsten Jahren aufstellen, organisieren, und was ist für das Kirche Sein von Kirche entbehrlich?

Mich treibt die Sorge um, dass eine wesentliche Dimension von Kirche in den kommenden Krisenbewältigungsunternehmungen unter die Räder gerät. Vielleicht nicht nur eine, sondern die wesentliche Dimension. Nämlich:

Die Kirche ist Seelsorgebewegung.

Was in praktisch-theologischen Debatten „Kommunikation des Evangeliums“ genannt wird, muss unbedingt diese Dimension einschließen: Die Kirche ist Seelsorgebewegung.

Wo diese Dimension aufgegeben wird oder unterbetont wird, macht sich die Kirche selbst überflüssig.

Dies zu zeigen, zu begründen, zu entfalten ist Ziel und Inhalt dieses Buches.

Nicht alles ist neu. Manches ist auch vom Autor selbst schon gesagt worden; wo dies der Fall ist, wird es in Fußnoten mitgeteilt. Ich werde den Gedanken nicht los, dass in der Theologie (und nicht nur hier) Überlegungen nicht schlecht werden, wenn sie schon etwas älter sind. Das unterscheidet theologische Gedanken von Leberwurst oder Wackelpudding.

Und so wünsche ich allenthalben viele gute, durch dieses Buch hoffentlich angestoßene Gedanken – und viel Lust am Lesen.

Hans-Martin Gutmann
Hamburg im Sommer 2024

Was ist Seelsorge?

Worum geht es in der Seelsorge?[1] Was geschieht in der Seelsorge? Was kann Seelsorge bewirken? Wenn man sich allein in der deutschsprachigen Seelsorgeliteratur umsieht, finden sich eine ganze Reihe von Beschreibungen, Definitionsvorschlägen oder Erklärungen, die alle so oder anders ihren Wert darin finden, bestimmte Dimensionen der Wirklichkeit von Seelsorge zu beleuchten. Es ist nicht sinnvoll, sie gegeneinander zu profilieren. Weil Seelsorgende in ihrer Arbeit handeln, sich verhalten, im Kern eine spezifische Haltung leben, plädieren wir dafür, möglichst weitgehend eingespielte Substantivierungen (z.B. Begleitung, Begegnung, Vergewisserung, Trost usw.) in Verben zu übersetzen und damit Aktionsformen der Seelsorge deutlicher zu machen.

Seelsorge geschieht in Beziehung.[2] Wenn Michael Klessmann zur Charakterisierung dieser Beziehung die Stichworte Begegnung, Begleitung und Lebensdeutung in den Mittelpunkt stellt, so sind damit diese Dimensionen der Seelsorgepraxis umschrieben:

Seelsorgende begegnen Rat suchenden Menschen in einer Ich-Du-Relation, nicht wie einer Sache.[3] Sie müssen sich mit ihrer Fremdheit auseinandersetzen: Denn problemlos-selbstverständliches Verstehen eines anderen Menschen ist ein Grenzfall.[4] Wahrnehmen eines Fremden als Bereicherung des eigenen Selbst („Komplementarität") ist, wenn dies glückt, gelingende Begegnung.[5] Wenn Menschen einander begegnen, ist immer beides im Spiel: Differenz und Zusammengehörigkeit, Nähe und Distanz, Verstehen und Missverstehen.

Seelsorgende können Rat suchende Menschen so begleiten, dass sie für sie Zeit haben, bei ihnen bleiben, ihnen zuhören, sich in sie einzufühlen versuchen, mit ihnen mitfühlen, sie zu verstehen versuchen – ohne ambivalenzfrei in Harmonie und Freundlichkeit aufzugehen. Professionelle Distanz ist ebenso nötig wie Solidarität.[6]

Seelsorgende können Deutungsangebote machen und Ratsuchende darin unterstützen, selbst ihr Leben zu deuten – wenn in Krisen eingespielt-selbstver-

---

1 Der folgende Abschnitt beinhaltet Auszüge aus: Hans-Martin Gutmann, Birgit Kuhlmann, Katrin Meuche, Praxisbuch Schulseelsorge. Göttingen 2013.

2 Vgl. Michael Klessmann, Seelsorge, Begleitung, Begegnung, Lebensdeutung im Horizont des christlichen Glaubens. Ein Lehrbuch. Neukirchen 2008, 35ff.

3 Klessmann erinnert in diesem Zusammenhang an Martin Buber: Ders., Das dialogische Prinzip, Heidelberg 1965, 284.

4 Vgl. F.D.E. Schleiermacher, Hermeneutik und Kritik. Mit einem Anhang sprachphilosophischer Texte Schleiermachers. Hg. von Manfred Frank, Frankfurt a.M. 1977.

5 Michael Klessmann, a.a.O., 38, in Anknüpfung an Theo Sundermeier.

6 Vgl. Michael Klessmann, a.a.O., 40.

ständliche Deutungsmuster an der Wirklichkeit zerbrechen und es nötig wird, sich neu zu orientieren. Seelsorgliche Begleitung wird oft dann gesucht, wenn sich Menschen Ereignissen konfrontiert sehen, die es nicht erlauben, die Welt und das eigene Leben einfach weiterhin so zu sehen wie bisher: Jemand verliebt sich, ein Kind wird geboren und schmeißt bisherige Zeitmuster über den Haufen (einschließlich beruflicher Karrierepläne). Man muss durch Tod oder Trennung um liebe Menschen trauern, oder verliert seinen*ihren Beruf und damit die vertraute soziale Position und dazu gehörende Kontakte usw. Und: Seelsorge „kann – da liegt ihre besondere Kompetenz – religiöse Deutungen ins Spiel bringen, die ein begrenztes Thema in den Zusammenhang des ganzen Lebens, seiner Bestimmung und Zielsetzung stellen.“[7]

In diese Dimension der Seelsorge – Leben deuten – lassen sich verschiedene Gesprächsbeiträge aus der jüngeren Zeit zu Wegen und Zielen von Seelsorge gut einzeichnen: Sinn vergewissern (Dietrich Rössler)[8]; Lebensgeschichte deuten (Wilhelm Gräb)[9]; oder auch Lebensgewinn erlangen durch Kontakt mit dem Lebensgrund bzw. einer letzten Wirklichkeit (Gerd Theißen).[10]

Seelsorge findet dort ihren Ort, wo die Routinen der Alltagssorge (oft herausgefordert durch einen Konflikt, eine Krise, ein grundstürzendes Ereignis) nicht mehr greifen[11] und einzelne in existenzielle Sorge um sich selbst geraten und dabei durch die Fürsorge anderer unterstützt werden müssen.[12]

In das Verständnis von „Seele“, für die in der Seelsorge „gesorgt“ wird, gehen alltäglich-populärkulturelle[13] und auch popularisierte psychoanalytische Dimensionen (das „Es“, die „Triebe“, das „Unbewusste“) ebenso ein wie Traditionssplitter aus griechisch-antiker Tradition (Seele als das alltägliche Handeln/Verhalten bestimmendes Beieinander von Denken, Wollen und Begehren) ebenso wie aus jüdisch-christlicher Tradition (näphäsch – Kehle, Leben, Seele – als das

---

7 Michael Klessmann, a.a.O., 42.

8 Vgl. Dietrich Rössler, Die Vernunft der Religion. München 1976, 39ff.

9 Vgl. Wilhelm Gräb, Lebensgeschichten, Lebensentwürfe, Sinndeutungen. Eine praktische Theologie gelebter Religion. Gütersloh 1998.

10 Vgl. Gerd Theißen, Die Religion der ersten Christen. Eine Theorie des Urchristentums. Gütersloh, 2. Aufl. 2001, 19; hier zit. nach Helmut Weiß, Grundlagen interreligiöser Seelsorge. In: ders. u.a. Hg., Handbuch Interreligiöse Seelsorge. Neukirchen 2010, 77.

11 Vgl. Henning Luther, Religion und Alltag. Bausteine zu einer Praktischen Theologie des Subjekts. Stuttgart 1992, 227; hier zit. nach Michael Klessmann, a.a.O., 32.

12 In muslimischen Familien treten hier, stärker als in christlichen oder konfessionslosen Familien in Deutschland heute, die Familien und Nachbarschaften ein: Hamideh Mohagheghi, Überlegungen zur interreligiösen Seelsorge aus muslimischer Sicht. In: Helmut Weiße u.a. Hg., Handbuch Interreligiöse Seelsorge, a.a.O., 129ff.

13 In jedem funktionierenden Viertel-nach-Acht-Glücksfilm der privaten Fernsehsender werden Herzen (ähnliche metaphorische Bedeutung wie „Seele“ als Personzentrum) gestohlen, gebrochen, verschenkt und gewonnen, letzteres oft verbunden mit einem jetzt endlich auf dem Lande funktionierenden Geschäftsmodell z.B. einer Gastwirtschaft, eines Bäckerladens oder eines Weingutes.

leiblich-seelisches Ganze des verletzlichen Lebens).[14] Diese ganzheitliche, Leib und Leben einschließende Vorstellung von „Seele“ hat in seiner Seelsorge-Konzeption besonders prägnant Eduard Thurneysen vertreten: „Seelsorge ist nicht Sorge um die Seele des Menschen, sondern Sorge um den Menschen als Seele.“[15]

Ort der Seelsorge ist also in der Regel der Alltag von Menschen. Eberhard Hauschildt unterstreicht, dass die meisten Seelsorgesituationen nicht darin geschehen, dass Menschen eine Beratungsinstitution oder z.B. auch ein Pfarrhaus aufsuchen. „Die gewöhnlichen, die alltäglichen Gespräche sind viel unspektakulärer. Sie sind viel kürzer: ‚zwischen Tür und Angel‘, ‚wo ich Sie gerade sehe‘. Sie sind viel unbestimmter: ‚Über Gott und die Welt‘, ‚auf einen Schwatz‘. Sie sind viel ungeschützter: an der Bushaltestelle, dem Supermarkt, über den Gartenzaun. Ihr Zustandekommen ist viel zufälliger: nach der Sitzung, bei der Bahnfahrt. Diese Gespräche entstehen im Zusammenhang des Alltags; sie sind der Alltag der Seelsorge.“[16]

In der gegenwärtigen modernen deutschen Gesellschaft unterliegt das Verständnis ebenso wie die Praxis von Seelsorge Prozessen von Individualisierung und Pluralisierung. Es gibt zahlreiche verschiedene Subjekte, Konzepte, Formen, Orte von Seelsorge. Und in der pluralisierten kulturellen und religiösen Lage in Deutschland ist Seelsorge als interkulturelle und interreligiöse Seelsorge lebendig.[17]

Damit wird die christlich-protestantische Reflexion von Seelsorge zu einer spezifischen theologischen Form des Nachdenkens über dieses Praxisfeld, die mit der anderer Konfessionen und Religionen ins Gespräch zu bringen ist. Auch in der christlich-protestantischen Tradition finden sich unterschiedene, einander beleuchtende und konturierende Verstehensmöglichkeiten von Seelsorge. Wir geben einige Beispiele: Seelsorge wird verstanden als Verkündigung der Rechtfertigung an den sündigen Menschen (Eduard Thurneysen)[18]; als Glaubenshilfe, die im Schutzbereich des Namens Gottes zur Lebenshilfe werden kann

---

14 Vgl. z.B. Michael Klessmann, a.a.O., 25ff. Vgl. Hier besonders: Andrea Bieler, Verletzliches Leben. Horizonte einer Theologie der Seelsorge. Göttingen 2017.

15 Eduard Thurneysen, Rechtfertigung und Seelsorge. In: Zwischen den Zeiten 6, München 1928, 209. Hier zit. nach: Kristin Merle/Birgit Weyel (Hg.), Seelsorge. Quellen von Schleiermacher bis zur Gegenwart. Tübingen 2009, 117.

16 Eberhardt Hauschildt, Alltagsseelsorge. Der Alltag der Seelsorge und die Seelsorge im Alltag. In: Uta Pohl-Patalong u.a. Hg., Seelsorge im Plural. Perspektiven für ein neues Jahrhundert. Hamburg 1999, 8-16, hier: 8. Vgl. auch: Wolfgang Steck, Der Ursprung der Seelsorge in der Alltagswelt. In: Theologische Zeitschrift 43, Basel 1987, 175-183; sowie Albrecht Grözinger, Differenz-Erfahrung. Seelsorge in der multikulturellen Gesellschaft. Waltrop 1995.

17 Vgl. Karl Federschmidt, Klaus Temme, Helmut Weiß u.a. Hg., Handbuch Interkulturelle Seelsorge. Neukirchen-Vluyn 2002; sowie: Helmut Weiß, Karl Federschmidt, Klaus Temme Hg., Handbuch Interreligiöse Seelsorge, Neukirchen-Vluyn 2010.

18 Eduard Thurneysen, Rechtfertigung und Seelsorge, a.a.O.

(Helmut Tacke)[19] und dabei die Bibel ins Gespräch bringen kann, um Menschen in Kontakt mit ihren Gefühlen zu bringen, Gesprächen eine heilsame Wendung zu geben und Konflikte zu klären (Peter Bukowkski).[20] Eine umfassende Seelsorgedefinition aus der christlich-protestantischen Tradition findet sich bei Manfred Josuttis: „Seelsorge ist Praxis des Evangeliums in der Form beratender und heilender Lebenshilfe mit dem Ziel der Befreiung des Menschen aus der konkreten Not seiner jeweiligen Lebensverhältnisse ... Der Bezug zur biblischen Tradition besteht im Ziel dieser verbalen und/oder aktionalen Begegnung ...; Das Evangelium wird erfahrbare Wirklichkeit in der befreienden Wirkung, die evangelische Seelsorge in der Konfrontation mit menschlicher Not, Krankheit, Angst, Unterdrückung und Schuld erreicht bzw. zu erreichen anstrebt."[21]

In christlich-protestantischer und insbesondere lutherischer Tradition hat das Stichwort „Trost" zur Charakterisierung von Seelsorge einen wichtigen Stellenwert.[22] „Trost" gilt in den Schmalkaldischen Artikeln (1537/38) und damit in einer lutherischen Bekenntnisschrift – neben Predigt und Sakrament – als ein Kennzeichen für die Wirkungsweise des Evangeliums: „per mutuum colloquium et consolationem fratrum."[23] Wenn „Brüder" – wir sagen heute mit weniger genderbegrenztem Blick: Wenn Geschwister (und als Kinder Gottes sind in dieser Perspektive alle Menschen Geschwister) im Gespräch intensiv aufeinander eingehen und einander trösten, dann geschieht Evangelium. Wobei „Trösten" die emotionale Seite wechselseitigen Unterstützens einschließt, aber nicht darauf begrenzt ist. Bemerkenswert an dieser Kennzeichnung der seelsorglichen Praxis ist, dass sie allen Menschen (und nicht nur den „Professionellen") zugetraut und zugemutet wird, und dass alle hier als gleich wichtig und gleich berechtigt angesehen werden: Wenn das Evangelium geschieht, indem Menschen einander trösten, spielen Hierarchien, berufliche Rollen, Funktionen keine Rolle. Jede*r kann dass, und jede*r soll das tun.

Aus dem Blick der aktuellen gesellschaftlichen Wirklichkeit wird dieses evangelische Verständnis mit anderen religiösen Traditionen ins Spiel gebracht werden.

Seelsorge hat die Chance und die Aufgabe, Lebensgewissheit zuzusagen bzw. Menschen darin zu unterstützen, Lebensgewissheit (wieder) zu gewin-

---

19 Helmut Tacke, Glaubenshilfe als Lebenshilfe. Probleme und Chancen heutiger Seelsorge. 3.Aufl. Neukirchen-Vluyn 1993.

20 Peter Bukowski, Die Bibel ins Gespräch bringen – Erwägungen zu einer Grundfrage der Seelsorge. Neukirchen 1994.

21 Manfred Josuttis, Die Ziele der seelsorglichen Beratung. In: ders., Praxis des Evangeliums zwischen Politik und Religion. München 1974, 109f.

22 Vgl. z.B. Martin Treu, Trost bei Luther. Ein Anstoß für heutige Seelsorge. Pastoraltheologie 73 (März 1984), 91-106.

23 BSLK 449, 14.28.

nen – wenn Ratsuchende in Krisen und im Abbrechen vertrauter Sicherheiten nicht mehr wissen, wie sie ihr Leben gut führen können – und in besonders harten Einschnitten manchmal nicht mehr sicher sein können, wer sie selbst sind. Seelsorgliche Arbeit kann Ratsuchende darin unterstützen, Lebensmut zu gewinnen oder wieder zu gewinnen.[24] Besonders brisant und wichtig ist dies in Situationen, in denen Ratsuchende keinen Kontakt zu ihrem Urvertrauen finden oder unter Bedingungen aufwachsen und leben müssen, die es erschweren oder sogar verunmöglichen, überhaupt Urvertrauen aufzubauen.[25] Weil „Lebensgewissheit" kein statischer Zustand, sondern im Suchen bzw. Gewinnen ein Prozessgeschehen ist, spricht viel dafür, mit Helmut Weiß von „Lebensvergewisserung als Suchbewegung" statt von „Lebensgewissheit" als Ziel der Seelsorge zu sprechen.[26] Auf diesem Weg kann es um Lebensorientierung, um Suche nach Gemeinschaft, nach Befreiung, auch im religiösen Sinne als Suche nach Vergebung und Rechtfertigung gehen; und seelsorgliche Arbeit kann darin bestehen, nicht nur zu begleiten, sondern auch Lebensmut mitzuteilen und als Ermutigung, als „Empowerment" wirksam zu werden.[27]

Seelsorge kann ihren Mittelpunkt darin finden, Menschen in ihrem Suchen nach guten Wegen und nach Orientierung in Lebenskonflikten zu unterstützen. Hier treffen sich ethische und energetische Dimensionen der Seelsorge.

Die Suche nach einem guten, für sich selbst und Andere gelingenden Leben ist – in der Besorgnis, in der Sorge um sich selbst[28] – bereits Gegenstand altgriechischer Philosophie, die ebenso wie jüdisch-christliche Traditionen und mit zunehmender Pluralisierung auch weitere religiöse Traditionen heute die geistigen Grundlagen in unserer Gesellschaft mitbestimmt: in Diskursen, Selbstverständigungsmöglichkeiten und Lebenspraktiken.

Neben diese philosophisch-ethische Seite tritt in der „energetischen Seelsorge" die Wahrnehmung, dass die Abwendung von zerstörerischen Einflüssen und Orientierungen und Hinwendung zu heilsamen Lebensmöglichkeiten die Kompetenzen von Einzelnen zur Selbstsorge übersteigen können. Seelsorge kann dann auf ausdrücklich religiöse Methoden angewiesen sein.[29] Auf dieser basalen

---

[24] Vgl. Paul Tillich, Der Mut zum sein. Steingrüben, Stuttgart 1953.

[25] Vgl. Erik H. Erikson, Identität und Lebenszyklus. Frankfurt a.M. 1973.

[26] Helmut Weiß, Seelsorge – Supervision – Pastoralpsychologie. Neukirchen 2011, 50ff.

[27] Ebd., 56ff. „Empowerment" ist ein in der US-amerikanischen Bürgerrechtsbewegung zentraler Begriff; in der feministischen Seelsorge ist in ähnlicher Bedeutung der Begriff „Affidamento" wichtig geworden: Brigitte Dorst, Anima und „Affidamento" – das Prinzip der Bezogenheit zwischen Frauen. WzM 50 (1998), 257-270; Vgl. auch Ursula Riedel-Pfäfflin und Julia Strecker, Flügel trotz allem. Feministische Seelsorge und Beratung. Konzeption – Methoden – Biographien. Gütersloh 1998.

[28] Vgl. Michel Foucault, Der Gebrauch der Lüste. Sexualität und Wahrheit, Bd. 2, Frankfurt a.M. 1986; Vgl. dazu auch: Hans-Martin Gutmann, Und erlöse uns von dem Bösen. Die Chancen der Seelsorge in Zeiten der Krise. Gütersloh 2005, 80ff.

[29] Vgl. Manfred Josuttis, Segenskräfte. Potentiale einer energetischen Seelsorge. Gütersloh 2000.

Ebene religiöser Lebenspraxis ähneln sich alle Religionen, selbst wenn sie sich in ihren Dogmen, ihren ethischen Weisungen, ihren Erzähltraditionen noch so sehr unterscheiden können: In der Lebenspraxis geht es so oder so darum, Unheil abzuwehren und durch religiöse Praxis Heil zu gewinnen: z.B. durch Beten, Gottesdienst feiern, Segen erbitten und zusagen, an Wendepunkten des Lebens Rituale begehen, Symbole gestalten u.a.m.[30]

Seelsorge arbeitet also mit verschiedenen „Verfahren des In-Ordnung-Bringens“[31]. Ein zentrales Verfahren ist und bleibt das Gespräch: „Unter vier Augen“[32] oder – besonders in der systemischen Seelsorge – auch mit Familien oder anderen systemischen Beziehungen. Die Haltung der Seelsorgenden ist parteilich – oder im Falle von systemischer Seelsorge auch unter den jeweils aktuell Beteiligten allparteilich – in jedem Falle aber für die Ratsuchenden, nicht für das Funktionieren z.B. am Arbeitsplatz oder von institutionellen bzw. organisatorischen Abläufen.

Gegenüber anderen Formen von Handeln, Verhalten und insbesondere Krisenintervention ist Seelsorge tendenziell ungesichert[33]: Seelsorgende gehen zwar mit professioneller Distanz, oft auch mit einer methodischen Ausbildung in seelsorgliche Gespräche hinein, haben aber (anders als z.B. bei einem Vortrag, einer Predigt, erst recht einem Polizeieinsatz) keine starre Handlungsabfolge, kein Manuskript, erst recht keine Erzwingungsmittel. Ob Seelsorge gelingt, entscheidet sich je und je in dieser Situation und im Zusammenspiel aller aktuell beteiligten Menschen. Gegenüber anderen Formen von Intervention in sozialer Arbeit spricht Kristian Fechtner deshalb auch von „entrüsteter“ Seelsorge.[34]

---

[30] Vgl. Martin Riesebrodt, Cultus und Heilsversprechen. Eine Theorie der Religionen. München 2007.

[31] Theodor Ahrens, Verfahren des In-Ordnung-Bringens. Seelsorge und Kontrolle in der Verbundenheit der Gruppe. In: ders.: Vom Charme der Gabe. Theologie interkulturell, Frankfurt a.M. 2008, 215-237.

[32] Vgl. Hans van der Geest, Unter vier Augen. Beispiele gelungener Seelsorge. Zürich, 5. Aufl. 1995.

[33] Vgl. Hans-Christoph Piper, Der Hausbesuch des Pfarrers, Göttingen, 2. Aufl. 1988, 122ff., und in weiteren Veröffentlichungen.

[34] Kristian Fechtner, „Sich nicht beruhigen lassen. Seelsorge nach Henning Luther“. In: Uta Pohl-Patalong Hg., Seelsorge im Plural ..., Hamburg 1999, 89-101.

Entwicklungen in der Seelsorge als Ressourcen für die seelsorgliche Arbeit

In den wissenschaftlichen Debatten und in der praktischen Arbeit der Seelsorge haben sich im vergangenen Jahrhundert im deutschen Sprachbereich immer wieder theologische Orientierungen und ihnen entsprechende Handlungsoptionen herausgebildet, die für Jahre oder sogar Jahrzehnte vorherrschend wurden und dann durch eine andere Orientierung abgelöst wurden – die sich oft nicht als Ergänzung oder Schwerpunktverschiebung, sondern als Entgegensetzung verstanden haben. Wenn wir zunächst einige Stationen in der deutschsprachigen Seelsorgediskussion erinnern, dann treffen wir eine Auswahl und erinnern insbesondere an diese Gesprächsbeiträge:

Eine am empirischen religiösen Leben des Volkes interessierte und sozial orientierte Seelsorge: Beispielsweise hat Otto Baumgarten – als ein Sprecher der Reformbewegung der Praktischen Theologie um 1900[35] – angesichts massiver sozialer Probleme im deutschen Kaiserreich die soziale Verantwortung der Seelsorge eingefordert: „Der Seelsorger kann unter einer Arbeiterbevölkerung nur wirken, wird aber auch wirken, wenn er Sympathie hat und bezeigt mit ihren Proletarierempfindungen ...“[36]

Eine „analytische Seelsorge“: Als in den zwanziger Jahren des vergangenen Jahrhunderts die Psychoanalyse Sigmund Freuds vor allem in Europa und den USA massenhaft rezipiert wurde, hat dies auch die theologische Seelsorgediskussion stark beeinflusst. Beispielsweise hat der Schweizer Pfarrer Oskar Pfister, dessen Standardwerk „Das Christentum und die Angst“ von 1944 weit bekannt wurde[37], schon 1927 eine „Analytische Seelsorge“ veröffentlicht[38] und vorgeschlagen, zentrale Wahrnehmungseinstellungen der psychoanalytischen Debatte – z.B. auf das Unbewusste, die Triebe und Triebhemmungen, die Mechanismen der Verdrängung – in die Arbeit der kirchlichen Seelsorge aufzunehmen.

Die „kerygmatische Seelsorge“ entsteht seit Beginn des Ersten Weltkrieges im Zusammenhang einer theologischen Orientierung, die als „dialektische Theologie“ bekannt wurde. Diese entwickelt sich – mit Karl Barth und Eduard

---

35 Dieses treffende Stichwort haben Kristin Merle und Birgit Weyel vorgeschlagen, in: dies. Hg.,, Seelsorge. Quellen von Schleiermacher bis zur Gegenwart. Tübingen 2009, 59ff.

36 Otto Baumgarten, Der Seelsorger unserer Tage. Leipzig 1891, 29. Hier zit. nach: Kirstin Merle und Birgit Weyel, a.a.O., 71.

37 Oskar Pfister, Das Christentum und die Angst. Eine religionspsychologische, historische und religionshygienische Untersuchung. Zürich 1944.

38 Oskar Pfister, Analytische Seelsorge“. Einführung in die praktische Psychoanalyse für Pfarrer und Laien. Göttingen 1927. Hier zit. nach: Kirstin Merle und Birgit Weyel, a.a.O., 95ff.

Thurneysen als wichtigsten Sprechern – in Protest und Gegenbewegung gegen den „Kulturprotestantismus“ (Anlass ist die Zustimmung eines Großteils der profiliert kulturprotestantischen akademischen Theologie zum Kriegseintritt Deutschlands 1914). Vor allem wegen ihrer Deutlichkeit in der theologischen Orientierung und wegen ihrer Sprödigkeit gegenüber der nationalsozialistischen Ideologie und Gewaltherrschaft ist sie bis weit in die Zeit nach dem Zweiten Weltkrieg und die theologischen Debatten der frühen Bundesrepublik hinein einflussreich geblieben. Seelsorge wird hier – beispielsweise von Eduard Thurneysen – als Verkündigung an den*die Einzelne*n gesehen: Wie die gottesdienstliche Predigt der versammelten Gemeinde das rechtfertigende Wort Gottes in Gesetz und Evangelium zu ihrem Heil zusagt, so sagt Seelsorge die Rechtfertigungsverheißung dem einzelnen Menschen als gerechtfertigtem Sünder zu: „Dieser Mensch, dieser sterbliche, vergängliche Mensch, dieser sündige Mensch wird angeredet vom allmächtigen Gott ... Was ist Seelsorge? ... Seelsorge ist nicht Sorge um die Seele des Menschen, sondern um den Menschen als Seele. Und wir verstehen darunter: der Mensch wird aufgrund der Rechtfertigung gesehen als der, den Gott anspricht in Christus.“[39]

Die „therapeutische Seelsorge“: Seit den 60er Jahren des vergangenen Jahrhunderts kommt es, angestoßen durch die in diesen Jahren lebendige US-amerikanische Seelsorgebewegung und vor allem zunächst in den Arbeitsfeldern der Krankenhaus- und Telefonseelsorge, zu einer breiten Rezeption humanwissenschaftlicher Therapieansätze in der kirchlichen Seelsorgearbeit. Psychoanalyse und symbolischer Interaktionismus (besonders bei Joachim Scharfenberg[40]), klientenzentrierte Gesprächstherapie nach Paul Rogers (beispielsweise bei Dietrich Stollberg[41], Helga Lemcke[42] und Jürgen Ziemer[43]), Transaktionsanalyse nach Eric Berne[44] und Gestalttherapie nach Fritz Perls[45] (beispielsweise bei

---

39 Eduard Thurneysen, Rechtfertigung und Seelsorge. In: Zwischen den Zeiten 6, München 1928, 209. Hier zit. nach: Kirstin Merle und Birgit Weyel, a.a.O., 117.

40 Joachim Scharfenberg., Seelsorge als Gespräch. Zur Theorie und Praxis der seelsorglichen Gesprächsführung, 5. Aufl. Göttingen 1972; ders., Einführung in die Pastoralpsychologie. Göttingen 1985; ders. und Horst Kaempfer, Mit Symbolen leben. Soziologische, psychologische und religiöse Konfliktbearbeitung. Olten/Freiburg i.Br., 1980.

41 Dietrich Stollberg, Wahrnehmen und Annehmen. Seelsorge in Theorie und Praxis. Gütersloh 1978.

42 Helga Lemcke, Personzentrierte Beratung in der Seelsorge. Stuttgart 1995.

43 Jürgen Ziemer, Seelsorgelehre. Eine Einführung in Studium und Praxis. Göttingen, 3. Aufl. 2008.

44 Eric Berne, Spiele der Erwachsenen, Reinbek 1967.

45 Fritz Perls, Gestalt-Therapie. Lebensfreude und Persönlichkeitsentfaltung. Gemeinsam mit Ralph F. Hefferline und Paul Goodman, USA 1951, deutsch Stuttgart 1979; vgl. auch: Erving und Miriam Polster, Gestalttherapie. Theorie und Praxis der integrativen Gestalttherapie. 1983, Frankfurt a.M. 1997.

Peter Bukowski, verbunden mit biblischer Seelsorge[46]) werden in die kirchliche Seelsorgearbeit aufgenommen. Ein zunächst engagiert geführter Streit über die Vereinbarkeit zwischen biblisch-theologischem Menschenbild und dem der psychotherapeutischen Ansätze hat sich mittlerweile gemäßigt.

Die „energetische Seelsorge“: Manfred Josuttis, der diesen Seelsorge-Ansatz vor allem entwickelt hat, sieht als Bedingung für das Heilwerden eines Menschen – in der Ganzheit seiner körperlich-seelisch-geistigen Realität, aber auch seiner sozialen Lebensverhältnisse – die Wiederherstellung zerbrochener Beziehung. Konfliktbelasteten, in ihren sozialen Beziehungen eingeschränkten und darin krank gewordenen Menschen soll geholfen werden durch die Eröffnung eines „Flusses“ von heilsamen Lebensenergien, durch die die zerbrochene Beziehung zu Gott, zu anderen Menschen, aber auch zu sich selbst wieder lebendig werden kann. Seelsorger*innen erfüllen in ihrer Tätigkeit über therapeutische Verfahren hinaus transpersonale und transpsychische Rollen[47]: Nicht allein als hilfreiche Gesprächspartner, nicht allein als Therapeuten. Sie werden für ihn*für sie zum Christus. Die seelsorgliche Beziehung vermittelt Ratsuchenden Lebensmut. „Ziel einer Seelsorge, die Menschen an die Wirklichkeit des Heiligen heranführt, ist die Einübung zur Kontaktfähigkeit mit dieser Lebensmacht. Menschen werden durch Seelsorge instand gesetzt, mit sich selbst und mit anderen zu kommunizieren, dadurch dass sie einen lebendigen Kontakt zur Lebenskraft Gottes gewinnen …“[48]

Die „systemische Seelsorge“ realisiert, dass Menschen immer zugleich als einzelne und in Beziehungen leben. Menschen leben immer als Mitglieder in unterschiedlichen Gemeinschaften. In der systemischen Seelsorge werden Einsichten aufgenommen, wie sie in den letzten vierzig Jahren in der Familientherapie[49] und in jüngerer Zeit in der Organisationsberatung[50] entwickelt worden sind. Einzelne sind in ihren Orientierungen und Verhalten nicht nur durch ihre individuelle Lebensgeschichte bestimmt. Sie kommunizieren und interagieren jeweils aktuell, hier und jetzt, z.B. als Teile von Dyaden (Allianzen und Koalitionen, die strategisch-bewusst oder unbewusst gegen andere gerichtet sein können),

---

46 Peter Bukowski, Die Bibel ins Gespräch bringen – Erwägungen zu einer Grundfrage der Seelsorge. Neukirchen 1994.

47 Manfred Josuttis, Der heilsame Austausch. In: ders., Die Einführung in das Leben, Gütersloh 1996, 119ff. Vergl. ders., Segenskräfte – Potentiale einer energetischen Seelsorge. Gütersloh 2000.

48 Manfred Josuttis, Der heilsame Austausch. In: a.a.O., 126.

49 Vgl. z.B. Helm Stierlin, Von der Psychoanalyse zur Familientherapie. Stuttgart 1975; Salvador Minuchin, Familie und Familientherapie. Theorie und Praxis struktureller Familientherapie. Harvard 1976, Freiburg i.Br. 1977; Eckhard Sperling u.a., Die Mehrgenerationen-Familientherapie. Göttingen 1982.

50 Vgl. z.B. Roswita Königswieser und Martin Hillebrandt, Einführung in die systemische Organisationsberatung. Heidelberg 5. Aufl. 2009.

von Triaden (z.B. Vater-Mutter-Kind), von Familiensystemen, die über mehrere Generationen über verschiedene Orte verteilt durch den gemeinsamen Bezug zur Herkunftsfamilie zusammengehalten werden.[51] Sie sind in ihren Chancen und Einschränkungen, in ihrem Verhalten, ihren Gefühlen, ihren Möglichkeiten der Lebensvergewisserung durch ihren Ort und ihre Rolle in weiteren lebensweltlichen Systemen bestimmt: in der Schule, in der Kirche bzw. als Mitglieder von Moschee-Vereinen und Synagogen, als abhängig Beschäftigte in ihren jeweiligen Arbeitsverhältnissen, als Selbständige, als Erwerbslose, eingebunden in Beziehungsnetze von Freundschaften, Peergroups und Nachbarschaften und viele weitere Systeme. All dies bestimmt so oder so die Konflikte, die Durchsetzungschancen, die Möglichkeiten von Lebensvergewisserung. Systemisch arbeitende Seelsorger*innen stellen all dies in den Fokus ihrer Wahrnehmungen und Interpretationen, schließen sich temporär an Systeme an, befolgen die Regel der Allparteilichkeit, decken durch ihre Interventionen oft nicht bewusste Regeln von Systemen auf, stärken Ratsuchende in Entdeckung und Inanspruchnahme von Ressourcen und eröffnen gelingendenfalls Änderungsmöglichkeiten problematisch-zerstörerischer Konflikt- und Beziehungsmuster.

Gemeinsam mit Michael Klessmann und weiteren Gesprächsteilnehmer*innen halten wir es für sinnvoll, heute nicht mehr mit einem Gegeneinander voneinander widersprechenden Seelsorgekonzeptionen zu rechnen. Sondern wir wollen unterschiedliche Konzepte als Ressourcen wahrnehmen, die für bestimmte Problemhorizonte stark gemacht werden können, während für andere wiederum anders gelagerte Konzeptionen wichtig werden können. Klessmann spricht in diesem Zusammenhang von gleichgewichtig nebeneinander bestehenden „Dimensionen“ der Seelsorge: So nennt er die alltägliche, die kerygmatische, die therapeutische, die rituelle, die politisch-gesellschaftliche, und die philosophisch-lehrhafte und ethische Dimension der Seelsorge.[52]

Wir teilen diese Perspektive, ressourcenorientiert und wertschätzend auf Seelsorgetraditionen und aktuelle Überlegungen in der Seelsorgearbeit achtzuhaben.

Besonders bedeutsam erscheinen dabei: Die Dimension sozialer Verantwortung in der Seelsorge – in Wahrnehmung von Armut, Ausgrenzung und Polarisierung in der Verteilung von Macht und Lebenschancen. In Deutschland hat sich seit der Einführung von Hartz4 – und auch heute mit dem „Bürgergeld“ – die Ausschließung eines stabil großen Bevölkerungsteils aus Erwerbsarbeit verfes-

51 Vgl. Hans Bertram, Familien leben. Neue Wege zur flexiblen Gestaltung von Lebenszeit, Arbeitszeit und Familienzeit. Gütersloh 1997.

52 Michael Klessmann, Seelsorge. Begleitung, Begegnung, Lebensdeutung im Horizont des christlichen Glaubens. Ein Lehrbuch. Neukirchen 2008, 49-116.

tigt. Viele Menschen verdienen trotz Erwerbsarbeit zu wenig zum Leben, viele Kinder und Jugendliche sind arm, die soziale Polarisierung von arm und reich in der Bevölkerung nimmt stetig zu. Armut bedeutet für die Betroffenen Ausschließung zahlreichen Möglichkeiten von sozialer und kultureller Partizipation.

Die Dimension psychotherapeutischer Kompetenzen in der Seelsorge – in Wahrnehmung, Interpretation und Intervention von Seelsorgesituationen: Das Allgemeinwissen über psychotherapeutische Ansätze ist weit verbreitet. Viele Kolleg*innen in den Pfarrämtern und Schulen verfügen über Grundkenntnisse, manche über eine Ausbildung, beispielsweise in Gesprächstherapie, Transaktionsanalyse oder Gestalttherapie. Die grundlegenden Überlegungen von Psychoanalyse und Tiefenpsychologie gehören mittlerweile ebenso zum Allgemeinwissen wie die Einsicht in die Begrenztheit dieser Arbeitsmöglichkeiten. Wir sehen in diesem vieldimensionalen Strauß von Psychotherapie-Ansätzen – gestalttheoretisch gesprochen – den „Hintergrund" oder das „Feld", das den von uns in den Vordergrund gerückten Ansätzen der Systemischen Seelsorge und des Kurzgesprächs (in der Position als „Figur" oder Gestalt") die Tiefe geben kann.

Die Dimension religiöser und spiritueller Orientierung und Gestaltfindung in der Seelsorge: Hier ist die Tradition der kerygmatischen Seelsorge in heute angemessener Form aufgehoben. Die spirituelle Dimension der Seelsorge wird heute nicht zuerst als „Verkündigung" Gestalt gewinnen, sondern als Gestalten und Zeigen von religiösen Lebensvollzügen z.B. in Erzählungen, Symbolen und Festen/Ritualen; und dies nicht mehr allein aus der Perspektive der evangelisch-christlichen Religion. Alle leben heute in einer multikulturellen und multireligiösen Situation, nicht nur in urbanen Situationen wie beispielsweise in Hamburg. Dies ist auch in Regionen mit geringem Bevölkerungsanteil an Menschen mit Migrationshintergrund, vermittelt über mediale Öffentlichkeiten, die nicht zu leugnende Wirklichkeit im Lande. In der Wahrnehmung des Anderen und Fremden ist, was die Durchsetzung von Lebensrechten und -chancen angeht, Differenzblindheit gefordert, in der Wahrnehmung des kulturell und religiös Spezifischen dagegen Differenzaufmerksamkeit. In der Wahrnehmung von religiöser Differenz treten wir, wie beschrieben, für eine Haltung wechselseitiger Inklusion ein. Hier wird intendiert, Anderes nicht als weniger wahr auszuschließen („Exklusion") oder allein nach den Selbstverständlichkeiten der jeweils eigenen Religion wahrzunehmen und zu beurteilen („Inklusion"), sondern das jeweils Eigene gerade dadurch deutlich zur Wahrnehmung und Gestalt zu bringen, dass das Andere/Fremde aus seinen eigenen Voraussetzungen, Regeln und Versprechen emphatisch verstanden und mit dem Eigenen in Kontakt gebracht werden soll. Dieser Haltung wechselseitiger Inklusion entspricht auch die Sensibilität dafür, dass in der religiösen Praxis zwischen verschiedenen Religionen viele Vergleichbarkeiten existieren und wertgeschätzt werden können: In Verfahren des In-Ordnung-Bringens, in Abwehr von Unheil und Hinwendung zu bzw. Herbeirufung von Heil.[53] In dieser abweisenden und hinführenden Bewegungsrichtung religiöser Praxis ist zugleich die grundlegende Intention energetischer Seelsorge aufgehoben.

[53] Vgl. in diesem Zusammenhang die grundlegende Untersuchung von Martin Riesebrodt, Cultus und Heilsversprechen. Eine Theorie der Religionen. München 2007.

Die Grundbewegung der Seelsorge: Lebenszerstörendes ausstoßen, die heilsame Lebensmacht Gottes herbeirufen

Die Praxis der Seelsorge bringt mit ihren spezifischen Methoden eine Grundbewegung aller Religionen zu einer Gestalt, die für Ratsuchende hier und jetzt heilsam sein kann.[54] Martin Riesebrodt untersucht in seinem Werk „Cultus und Heilsversprechen" religiöse Praktiken z.B. bei Schamanen, Christen, Juden, Muslimen, Buddhisten, bei japanischen Virtuosen und Dadaisten. Er befragt kritische sozialwissenschaftliche, psychoanalytische oder auch moderne biologistische („Religion als Gehirnfunktion"[55]) Interpretationen von „Religion" auf ihre Leistungsfähigkeit für die Wahrnehmung und Erklärung religiöser Praktiken. Weit entfernt davon, eine universalistische Theorie „der" Religionen postulieren zu wollen – dies ist wegen der Vielfalt an Formen und Inhalten weder möglich noch sinnvoll – schlägt er dennoch ein Gemeinsames zum Verständnis der Religionen vor, das sich dann nahelegt, wenn man zuerst auf ihre Praktiken und nicht zuerst auf die – in vielem disparaten – dogmatischen Reflexionsbestände oder subjektive Deutungsmuster schaut. „Den Sinn religiöser Praktiken kann man weder auf der Ebene von Intellektuellendiskursen oder ‚Theologien' im weiteren Sinne des Wortes noch auf der Ebene subjektivistischer Deutungen einschließlich ihrer romantischen und phänomenologischen Varianten adäquat verstehen, sondern nur auf der Ebene institutionalisierter Praktiken oder ‚Liturgien', worunter ich die Regeln und Sinngebungen für den Verkehr der Menschen mit übermenschlichen Mächten verstehe. Alle religiösen Liturgien enthalten Versprechen, was Religionen zu leisten in der Lage sind. Generell reklamieren Religionen in ihren Liturgien für sich die Fähigkeit zur Abwehr von Unheil, Krisenbewältigung und Heilsstiftung durch Kommunikation mit übermenschlichen Mächten ..."[56] Das Gemeinsame religiöser Praktiken in ihren Ritualen, Kulten und „institutionalisierten Liturgien" liegt in ihrer Leistung, in der Kommunikation mit „übermenschlichen Mächten" Unheil abzuwehren, Krisen zu bewältigen und Heil herbeizurufen.[57]

---

54 Der folgende Abschnitt beinhaltet Auszüge aus: Hans-Martin Gutmann, Und erlöse uns von dem Bösen. Die Chance der Seelsorge in Zeiten der Krise. Gütersloh 2005.

55 Martin Riedebrodt, a.a.O., 94ff.

56 Ebd, 109.

57 Hier liegt ein „Link" zu einer „energetischen" Interpretation der Leistung von religiösen Praktiken auch im modernen Protestantismus, wie Manfred Josuttis immer wieder in seinen praktisch-theologisch interessierten Interpretationen von Gottesdienst, Seelsorge und weiteren religiösen Handlungsformen gezeigt hat. Vgl. Manfred Josuttis, Der Weg in das Leben. Eine Einführung in den Gottesdienst auf verhaltenswissenschaftlicher Grundlage. München 1991; sowie ders., Segenskräfte

Evangelische Seelsorge will therapeutische und religiöse Methoden zur heilsamen Bearbeitung von Lebenskonflikten zugänglich zu machen und das Geheimnis des Evangeliums in diesen Prozessen auf eine Weise mitteilen, dass Traurige getröstet werden, dass gebrochene Herzen mit dem Schutz der Gnade Gottes umhüllt werden, dass Gebeugte gehen lernen und Trostlose fröhlich werden. Sie vertraut dabei auf den Reichtum der biblischen Erzähltradition – in Aufnahme des großen Reichtums an Symbolen und Ritualen, die in der Geschichte der christlichen Religion und ihrer Kirchen lebendig geworden sind.[58]

Der besondere Macht-Charakter in Jesu Reden und Handeln spiegelt sich in den neutestamentlichen Evangelien ebenso wie in den Paulus-Briefen wider. Offenbar haben die Jünger, aber auch seine Gegner, Jesus von Nazareth als Lehrer erlebt, als Rabbi, als Meister. Jesus war religiöser Meister und Lehrer wie andere jüdische Lehrer auch, aber er unterscheidet sich offenbar deutlich von ihnen. „Und sie entsetzten sich alle, so dass sie sich untereinander befragten und sprachen: Was ist das? Eine neue Lehre in Vollmacht! Er gebietet auch den unreinen Geistern, und sie gehorchen ihm! Und die Kunde von ihm erscholl alsbald überall im ganzen galiläischen Land ...“ (Markus 1,27f.)

Die Berufungsgeschichten der neutestamentlichen Evangelien zeigen, dass eine lebensumwandelnde Macht von der Begegnung mit diesem Jesus von Nazareth auf seine Zeitgenossinnen und Zeitgenossen ausgegangen ist. Menschen, die Jesus begegnen, verlassen alles, was sie haben, sie trennen sich aus ihrer Verwandtschaft und aus ihren Freundschaften, sie verlassen ihr Haus und ihre Dörfer. In den neutestamentlichen Berufungsgeschichten wird es weder aus psychischen noch aus sozialen, weder aus ökonomischen noch politischen Bedingungen abgeleitet, warum erwachsene Menschen, die Jesus zur Nachfolge ruft, sich auf diesen Ruf dann auch tatsächlich einlassen. Sie verlassen alles, was sie haben und was sie sind: ihren Beruf, ihre soziale Stellung, ihr Zuhause, ihre Angehörigen. „Als er aber am Galiläischen Meer entlang ging, sah er Simon und Andreas, Simons Bruder, wie sie ihre Netze ins Meer warfen, denn sie waren Fischer. Und Jesus sprach zu ihnen: Folgt mir nach, ich will euch zu Menschenfischern machen! Sogleich verließen sie ihre Netze und folgten ihm nach.“ (Markus 1, 16-18 parr.)

Nichts in dieser Erzählung ist durch äußere Umstände motiviert, nichts aus möglichen Erwartungen oder Bereitschaften der Angesprochenen verstehbar. Es wird nicht davon berichtet, ob die, die zu Jüngern werden, mit ihrer eigenen

– Potentiale einer energetischen Seelsorge. Gütersloh 2000; vgl. zu den Handlungslogiken religiöser Methoden ders., Religion als Handwerk. Zur Handlungslogik spiritueller Methoden. Gütersloh 2002.

[58] Vgl. zu meiner Kritik am „Entmythologisierung“-Programm Rudolf Bultmanns: H.-M. Gutmann, Symbole zwischen Macht und Spiel. Göttingen 1996, 239ff.

Lebenssituation zufrieden oder unzufrieden sind, ob sie zu apokalyptischen Gruppen innerhalb des Judentums gehörten und deshalb für die Botschaft des Reiches offen waren usw. Über all diese Fragen erfährt man in den Berufungsgeschichten kein Wort. Anders gesagt, all dies ist für das Ereignis, von dem hier berichtet wird, offenbar unerheblich. Charakteristisch für die Gestalt Jesu scheint der Macht- und Vollmachtcharakter zu sein, mit dem er Menschen in Beziehung zu sich selbst und zum Inhalt seiner Botschaft bringt. Diese Macht ist stärker als alles, was ihr Leben bisher ausgemacht hat. Das Leben der Menschen, die Jesus begegnen, wird umgewandelt, wird vollständig aus den alltäglichen und angestammten Beziehungen herausgeworfen. Und: diese Menschen erfahren dies nicht als Bedrohung, sondern als Heilwerden und Befreiung ihres gesamten Lebens.

Auch in vielen neutestamentlichen Berichten über die Heilungen Jesu wird seine Vollmacht deutlich, Menschen in ihrer Leiblichkeit, aber auch in ihren sozialen Partizipationsmöglichkeiten zu heilen – durch die Wiederherstellung der zerstörten Beziehung zu Gott.[59] Insbesondere die Erzählung von der Heilung des Gelähmten (Markus 2, 1-12) zeigt die unauflösbare Verbindung der verschiedenen Perspektiven – Heilung zerstörter Beziehung zwischen Gott und Mensch ebenso wie die unter den Menschen; und leibliches Heilwerden – im Handeln Jesu.[60] Im Erzählverlauf werden diese Dimensionen miteinander verbunden, und das Handeln Jesu wird im Kontext der Handlungsmuster der weiteren „Mitspieler" platziert[61]: Der gelähmte Mann kommt zu Jesus. Er muss den Wall von Menschen um Jesus herum überwinden, der durch die Masse der anderen Menschen gebildet wird, die Jesus hören und ihn sehen möchten. Er ist aber nicht in der Lage, selbst zu gehen. Er braucht Freunde, die ihn tragen und zu diesem Ort hinbringen. Diese vier Freunde werden als energische und durchsetzungsfähige Menschen geschildert. Sie haben „Power". Sie lassen sich nicht entmutigen, als sie die hoffnungslose Situation sehen, mit ihrem Freund zu Jesus durchzudringen. Sie brechen das Dach auf – eine sehr impulsive und aggressive Aktion.

Die Erzählperspektive des Textes an dieser Stelle ist offenbar: Wer wirklich helfen will, muss Vertrauen in die Fähigkeit mitbringen, sich durchzusetzen. Die

---

59 Vgl. Gerd Theißen, Urchristliche Wundergeschichten. Ein Beitrag zur formgeschichtlichen Erforschung der neutestamentlichen Evangelien. Gütersloh 1974.

60 Ich halte es für sinnvoll, diesen Text als Einheit wahrzunehmen; es geht hier nicht um eine vollständige Exegese. Vgl. dazu beispielsweise: Joachim Gnilka, Das Evangelium nach Markus (Mk 1-8,26), EKK II/1, 1978, 3. Aufl. Neukirchen 1989 und die hier verarbeitete Literatur.

61 Damit wird an Verfahren einer strukturalistischen Bibellektüre (vgl. z.B.: Wilhelm Egger, Methodenlehre zum Neuen Testament. Einführung in linguistische und historisch-kritische Methoden. Freiburg i.Br. 1987), aber auch einer „materialistischen" Exegese angeknüpft: Michel Clévenot, So kennen wir die Bibel nicht. Anleitung zu einer materialistischen Lektüre biblischer Texte. München 1978; sowie: Fernando Belo, Das Markus-Evangelium materialistisch gelesen. Stuttgart 1980.

Freunde haben bereits eine andere „Mauer“ überwunden, die den Gelähmten von seiner Lebensumwelt trennt, bevor sie das Dach abdecken. Möglicherweise haben die Leute in der Umgebung des Gelähmten angenommen, dass seine Lähmung Folge eines schuldhaften Lebenswandels war.[62] Jesus identifiziert die Handlungsweise (nicht nur die des Gelähmten, sondern auch die der Freunde) als Glauben.

Das erste Wort Jesu an den Gelähmten ist: „Mein Sohn, dir sind deine Sünden vergeben“ (Vers 5). In diesem Sprechakt ist eine Gewichtung impliziert: Die erste Trennung, die vor allen anderen Ausgrenzungen und Abspaltungen überwunden werden muss, ist die Trennung in der Beziehung zu Gott. Jesus spricht dem Kranken die Befreiung von dieser grundlegenden Trennung zu. Diese Verheißungszusage ist die Ursache für den jetzt entstehenden Konflikt mit den Schriftgelehrten, einer frommen und gelehrten Gruppe im zeitgenössischen Judentum: Mit der Sündenvergebung spricht und handelt Jesus in der Position und an der Stelle, die Gott allein zukommt. Der Freispruch von der Sünde und damit die Überwindung des Bruches in der Beziehung zu Gott ist die Basis, von der aus dann auch körperliche Heilung möglich ist. „Ich sage dir, steh auf … und sofort stand er auf (Vers 11f.).“

Die seelsorgliche Perspektive in der Bewegung dieses Evangelientextes heißt: Bedingung und Grundlage für die Heilung eines Menschen – in der Ganzheit seiner körperlich-seelisch-geistigen Realität, aber auch seiner sozialen Lebensverhältnisse – ist die Wiederherstellung zerbrochener Beziehung. Bedingung für die Möglichkeit, konfliktbelasteten, in ihren sozialen Beziehungen eingeschränkten und darin krank gewordenen Menschen zu helfen, ist die Eröffnung eines „Flusses“, durch den zerbrochene Beziehung zu anderen Menschen, aber auch zu sich selbst, wieder lebendig wird. Dieser Fluss findet seine Quelle in der Verheißung, die Jesus an der Stelle und in der Position Gottes zusagt: dir sind deine Sünden vergeben. Gott will die Beziehung zu den Menschen, er will den Freundschaftsbund mit seinem Volk und mit allen Einzelnen, er hält an diesem Bund fest, und er eröffnet neue Beziehung auch gerade dann, wenn diese von Seiten der Menschen abgebrochen und zerstört ist. „Nicht die Gesunden brauchen den Arzt, sondern die Kranken“ (Markus 2,17).

Seelsorger und Seelsorgerinnen erfüllen in ihrer Tätigkeit über die Gesprächsebene therapeutischer Verfahren hinaus transpersonale und transpsychische Rollen, wenn sie diese Beziehung realisieren[63]: Sie werden für die, die ihre Hilfe in Anspruch nehmen, nicht allein zum hilfreichen Gesprächspartner, nicht allein

---

62 Vgl. Hermann Strack und Paul Billerbeck, Kommentar zum NT aus Talmud und Midrasch. 3. Aufl. München 1961, Band I, 495.

63 Vgl. Manfred Josuttis, Die Einführung in das Leben, a.a.O., 119ff.

zum Therapeuten. Sie werden für ihn*für sie zum Christus. Die Zusage: „dir sind deine Sünden vergeben" soll nicht allein auf der Motivationsebene ihre Kompetenzen und Handlungen orientieren, sondern soll in ihren Sprechakten, ihrem Verhalten, ihren Gesten und Aktionen durchscheinen: Dir sind deine Sünden vergeben. Die Trennung hat ein Ende. Gott will deine Freundschaft – er liebt dich in deinen halben Träumen und deinem krummen Gang, in deiner körperlichen Gebrechlichkeit, im Versagen deiner Leistungen und im Angesicht deiner zerbrochenen Beziehungen. Auf diese Weise eröffnet die seelsorgliche Beziehung einen Fluss von Gütern, der von Gott her zu den Menschen fließt, einen Fluss von Kraft und Gestalt für Lebensgewissheit, im Zentrum einen Fluss von Lebensenergie. Dieser Fluss kann in den alltäglichen Beziehungen weitergegeben werden.

Diesen Vorstellungszusammenhang hat in exemplarischer Weise Martin Luther in seiner reformatorischen Grundschrift ‚Von der babylonischen Gefangenschaft der Kirche' 1520 artikuliert, als er gegen den Missbrauch der römischen Messe polemisiert. Was hier über den Gottesdienst gesagt wird, kann analog in eine Wahrnehmung der seelsorglichen Beziehung in ihrer energetischen Dimension aufgenommen werden. Auf der einen Seite unterstreicht Luther den nicht-meritorischen Charakter der Messe: Die Messe ist keine verdienstvolle Handlung von Menschen, sondern Gottes Gabe und Verheißung. Hier handelt Gott und nicht der Mensch. Aber Gottes Handeln scheint gewissermaßen durch die menschlichen Sprechakte und Gesten hindurch. Luther sagt: „Die Messe ist also ihrem Wesen nach eigentlich nichts anderes, als die zuvor festgesetzten Worte Christi besagen" ... nämlich „‚spreche ich dir mit diesen Worten – bevor du irgend etwas verdient oder verlangt hast – die Vergebung aller deiner Sünden und das ewige Leben zu. Und damit du dieser meiner unwiderruflichen Zusage ganz gewiss bist, will ich meinen Leib hingeben und mein Blut vergießen – und werde diese Verheißung selbst durch meinen Tod besiegeln und dir beides zum Zeichen und Gedächtnis dieser Zusage hinterlassen ...' Daraus siehst du, dass zu einer würdigen Feier der Messe nichts anderes als der Glaube gefordert wird, der fest auf diese Zusage vertraut und daran glaubt, dass Christus in diesen Worten wahrhaftig spricht, und nicht zweifelt, dass ihm diese unermesslichen Güter frei geschenkt sind."[64]

Was Luther hier mit Blick auf die Wirkung des Sakraments sagt – ein Leben schenkender und erhaltender Gaben-Fluss des Schöpfers an seine Geschöpfe – hat er in seiner Freiheitsschrift, die ebenfalls im Jahr 1520 veröffentlicht wurde, auf das gesamte Geschehen des ‚fröhlichen Tausches' zwischen Gott und den

[64] WA 6, 515.

Menschen ausgeweitet. „Sieh, so müssen Gottes Güter von einem zum anderen fließen und gemeinsames Eigentum werden, dass jeder sich so um seinen Nächsten annimmt, als handele es sich um ihn selbst. Von Christus her fließt sie zu uns; denn er hat sich in seinem Leben unser angenommen, als wäre er das gewesen, was wir sind. Von uns aus sollen sie denen zufließen, die sie brauchen, und zwar ebenso völlig".[65] In der Perspektive des Reformators wird diese Bewegung in der zwischenmenschlichen Kommunikation aufgenommen, und zwar im Sinne eines zwanglosen, nicht „gesetzlich", sondern evangelisch, durch Einbeziehung und Vorbild-Nachahmung (Mimese) wirksamen Geschehens. „Sieh, so fließt aus dem Glauben die Liebe und Lust zu Gott und aus der Liebe ein freies, williges, fröhliches Leben, dass ich dem Nächsten umsonst diene."[66]

Dieser Lebensfluss in seiner Gesamtheit umschließt alles Lebendige, gibt dem Lebensvollzug der Menschen seine Energie und – durch die Anschauung des Lebens Jesu bis ans Ende, bis hin zur Selbstpreisgabe für seine Freunde und Freundinnen – auch eine Gestalt. Die neutestamentlichen Texte erzählen auch davon, dass dieser lebensfördernde Fluss von den Mächten befreit werden muss, die ihn gefährden. Die Erzählung von der Heilung des besessenen Geraseners Markus 5, 1-20 zeigt die negative Seite, die – in der Fluss-Metapher gesprochen – „herausfließen muss", um der positiven, lebensförderlichen Einbeziehung Raum zu geben. Wir finden hier einen Hinweis auf die exorzistische Wirksamkeit des Jesus von Nazareth.[67]

Einige zentrale Erzählzüge dieses Textes können zusammengetragen werden: Der Mann, der in dieser Erzählung von einem unreinen Geist besetzt ist, verletzt sich selbst. Er hat keinen Kontakt zu anderen Leuten. Damit sind die Wirklichkeit des „unreinen Geistes" und seine Wirkung auf den Kranken beschrieben: sie sind dergestalt, dass der Kranke die Beziehung zu sich selbst und zu allen anderen zerstört und zerstören muss. Der unreine Geist in dieser Erzählung, aber auch die Dämonen in anderen neutestamentlichen Texten sind in der Lage, Jesus als den Sohn Gottes zu identifizieren. Sie – und nicht zuerst die Menschen – haben die Fähigkeit, ihn zu erkennen. Die unreinen Geister sind voller Angst. Sie haben Macht über den Besessenen, aber sie verlieren ihre Macht, sobald sie mit Jesus in Kontakt kommen.

Die Bewegung, die in diesem Text insgesamt beschrieben wird, beinhaltet zwei Seiten, eine negativ-vertreibende und eine positiv-einbeziehende Richtung.

---

65 WA 7, 38. Vgl. zur praktisch-theologischen, hier: homiletischen Wahrnehmung dieser zentralen Passage aus der Freiheitsschrift: Manfred Josuttis, Predigt des Evangeliums nach Luther. In: ders. Gesetz und Evangelium in der Predigtarbeit. Homiletische Studien, 2. Aufl., Gütersloh 1995, 61.

66 WA 7, 36.

67 Vgl. zum exegetischen Befund: Joachim Gnilka, Das Evangelium nach Markus (Mk 1-8,26), a.a.O., 199ff.

Auf der einen Seite wird von einem Exorzismus berichtet: die unreinen Geister müssen den von ihnen besessenen Menschen verlassen. Sie müssen herausfließen, damit die heilsame Beziehung lebendig werden kann, die den Kranken in Körper, Seele und Geist mit Gott in Kontakt bringen kann und auf diese Weise heil macht. Die zerstörerische Macht muss weichen, damit die gute Lebensmacht einziehen kann. Aber: Dieser Exorzismus ist kein Gewaltakt. Jesus spricht ausgesprochen respektvoll mit den Dämonen. Er fragt sie nach ihrem Namen. Sie können ihn um etwas bitten, sie können verhandeln, und er antwortet ihnen.

Es handelt sich um einen Exorzismus, der weder in seinen sprachlichen noch in seinen körperlichen Gesten gewalttätig ist. Dennoch handelt es sich um Exorzismus: Hier findet offenbar kein Diskurs statt, auch kein Alltagsgespräch. Es besteht die unhintergehbare Notwendigkeit, dass die lebenszerstörende Macht die Einheit von Körper, Seele und Geist des Kranken verlässt. Und Jesus verfügt offenbar über die Macht, diesen Prozess auch in Gang zu setzen. Er benutzt eine exorzistische Formel, um diesen Prozess anzustoßen: „Denn er hatte zu ihm gesagt: Fahre aus, du unreiner Geist, von dem Menschen!“ (Markus 5,8) Beide Bewegungen werden in diesem Text bis zum Ende gebracht: die unreinen Geister fahren aus dem Besessenen aus und ersäufen sich schließlich, nachdem sie in eine Herde Säue gefahren sind, im See (Vers 13); und der Besessene wird nicht nur geheilt, sondern wird von der Kraft der Beziehung Jesu in einer solchen Macht erfasst, dass er selbst zur Ausbreitung des Evangeliums beiträgt: „Und er ging hin und fing an, in den Zehn Städten auszurufen, welch große Wohltat ihm Jesus getan hatte; und jedermann verwunderte sich“ (Vers 20).

Seelsorgliches Handeln in evangelischer Perspektive wird einen Fluss-Prozess in Gang setzen, dessen heilsame Macht dann wirksam werden kann, wenn zerstörerische Mächte entmächtigt werden.

Seelsorgliches Handeln in evangelischer Perspektive, das den heilsamen Fluss-Prozess hervorrufen und begleiten kann, in dem zerstörerische Macht den Leib und die Seele eines Menschen verlässt und die heilsame Lebensmacht Gottes einzieht, nimmt in der Erzählbewegung der Bibel eine Spur auf, die überall präsent ist und doch immer wieder verschüttet wurde: in den biblischen Texten selbst, und auch im Weg der Kirche Jesu Christi durch die Zeit. Auch das seelsorgliche Handeln, das den heilsamen Austausch intendiert, bleibt selbst ambivalent, ist wie alles menschlich-geschöpfliche Handeln begrenzt und fehlbar und muss es sein. Größenphantasien wären an dieser Stelle so zerstörerisch wie in anderen Lebensvollzügen auch. Und doch steht die Seelsorge unter der Verheißung Gottes und wird in der Kraft des Geistes wirksam – als der dem menschlich-geschöpflichen Leben zugewandten Seinsweise und Beziehungsmacht des dreieinigen Gottes. Seelsorge ist im Kern ein pneumatisches Geschehen: das trägt und beflügelt, begeistert und begrenzt zugleich diese Arbeit, ist ihre Befreiung von Allmachtsphantasien und zugleich die Ermächtigung, mit ihrer kleinen Kraft das Not-Wendige auch wirklich zu tun.

Die Haltung der Seelsorge

Die systemische Seelsorge und die Methode des „Kurzgesprächs" arbeiten mit anderen methodischen Schritten als die psychoanalytische Methode der „klientenzentrierten Gesprächsführung" nach Carl Rogers. Diese Methode hat nach dem Einzug von therapeutischen Seelsorgemodellen in Deutschland seit den 60er Jahren einen erheblichen Einfluss gewonnen – in der Telefonseelsorge und der Krankenhausseelsorge beispielsweise.

Obwohl das methodische Verfahren von Carl Rogers' Beratungskonzeption keinesfalls unkritisiert geblieben ist: Wichtige Dimensionen der Haltung der seelsorglichen Beratung sind weiterhin an diesem Konzept zu lernen. Deshalb gehe ich zu diesem Kapitel – die „Haltung" der Seelsorge – noch einmal ausführlich auf Rogers' Konzeption ein.

Ein Krankenbesuch – als Beispiel für die Haltung des seelsorglichen Gesprächs

Eine Frau liegt in einem Einzelzimmer. Die Seelsorgerin tritt ein. Die Äußerungen der Kranken werden mit D, die der Seelsorgerin mit P bezeichnet; jede Gesprächssequenz erhält eine Nummerierung, um eine nachträgliche Interpretation zu ermöglichen.

P1: Guten Tag, Frau D. Sie haben mich rufen lassen und sicher schon auf mich gewartet.

D1: Ja, ich bin jetzt hier im Krankenhaus und fühle mich ganz schwach.

P2: Sie merken, wie die Kräfte nachlassen.

D2: Ja, es wird weniger. Und dabei wollen die hier noch alles mögliche mit mir machen.

P3: Das ist Ihnen nicht recht, dass man hier noch so viel mit Ihnen macht.

D3: Eine ganze Reihe von Ärzten war bei mir. Sie wollten mich noch untersuchen, röntgen usw. Ich habe gesagt: ‚Mit mir nicht mehr. Ich bin doch kein Versuchskaninchen!' Die haben wohl gedacht, mit mir könnten sie es ja machen, wo ich doch eine alte Frau bin und keine nahen Verwandten habe.

P4: Sie waren sehr ärgerlich.

D4: Ich habe da meinen ostpreußischen Stolz. Ich will nicht Versuchskaninchen sein. Sie haben mich belogen.

Die Seelsorgerin, die in dieses Gespräch gegangen ist, verbalisiert deutlich die negativen Gefühle der Besuchten: Enttäuschung, Ärger, Schwäche; sie hat, und diese Vorinformation ist für den weiteren Gesprächsverlauf wichtig, von den Schwestern des Krankenhauses die Information bekommen, dass Frau D. Essen und Trinken verweigere.

P5: Sie sind enttäuscht.

D5: Ja, belogen und betrogen hat man mich! Und jetzt will ich nicht mehr. Ich esse und trinke nichts mehr. Die kriegen nichts mehr bei mir rein! Ich habe doch meinen Stolz.

P6: Sie wollen damit sagen: Was Ärzte und Schwestern machen, hilft Ihnen doch nicht mehr.

D6: Das wissen die doch ganz genau. Warum tun sie das dann?

P7: Die wollen Ihnen sicher nicht wehtun. Sie meinen es sicher gut mit Ihnen. Ärzte und Schwestern wollen doch Leben erhalten.

D7: Aber bei mir ist doch nichts mehr zu machen.

P8: Sie sind sehr ärgerlich.

D8: Ja, ich esse und trinke jetzt nicht mehr.

P9. Frau D., ich verstehe Sie ganz gut. Sie hatten ja schon neulich ganz mit dem Leben abgeschlossen.

D9: Ja, ich habe nicht gedacht, dass das so schwer ist.

P10: Sie merken, wie schwer das Sterben sein kann.

D10: Ich wollte, ich könnte heute Nacht sterben. Vielleicht ruft Gott mich ja.

P11: Er wird Sie sicher nicht lange mehr warten lassen. Vielleicht muss vorher noch etwas in Ordnung gebracht werden.

D11: (Schaut die Seelsorgerin an)

P12: Die Schwester hat mir vorhin gesagt, dass sie traurig ist, sie weiß nicht, was sie mit Ihnen machen soll, wo Sie doch nicht mehr essen und trinken wollen.

D12: Man hat mich belogen. Sie sind alle schlecht! Ich bin fertig mit den Menschen.

P13: Sie sind sehr enttäuscht, weil man Sie nicht in Frieden sterben lassen will. Und Sie wollen doch in Frieden sterben?

D13: Das will ich.

P14: Dann wird noch Ihr Groll auf die Menschen nicht das letzte sein?

D14: Sie haben mich belogen. Darüber komme ich nicht hinweg.

P15: Frau D. ich gebe Ihnen einmal etwas zu trinken. Sie haben sicher großen Durst.

D15: Ich kann mich doch nicht aufrichten.

P16: Ich lege einmal den Arm drunter und dann geht es sicherlich. (Die Seelsorgerin stützt die Frau, sie trinkt mehrmals)

D16: Das ist aber gut. Ich dachte schon, ich müßte verdursten.

P17: Das hat Ihnen gutgetan, und nun fühlen Sie sich etwas besser.
D17: Warum haben die denn das gemacht?
P18: Sie haben es nicht böse gemeint. Könnten Sie ihnen das nicht ein bißchen nachsehen? Ich denke an das, was Jesus am Kreuz über seine Feinde gesagt hat: Vater, vergib Ihnen, denn sie wissen nicht, was sie tun. Könnten Sie das jetzt wohl auch sagen?
D18: Ich glaube ja. Das ist gut. (Pause)
P19: Wenn Sie über Ihr Leben nachdenken, dann war da doch sicher viel Gutes.
D19: Ja, ich habe viel zu danken (sie zählt einiges auf, spricht dann über die Beerdigung). Und sagen Sie allen Bekannten noch ganz herzliche Grüße von mir.
P20: Das will ich gern tun. Kann ich sonst noch irgend etwas tun?
D20: Danke, Sie haben schon so viel für mich getan.
P21: Möchten Sie, dass ich Ihnen noch ein Bibelwort lese oder ein Gebet mit ihnen spreche?
D21: Ja, bitte ein Gebet.
P22: (spricht ein freies Gebet, darauf das Vaterunser und den Segen)
D22: Danke, Danke!
P23: (Gibt ihr noch einmal zu trinken) Und nun ruhen Sie sich ganz aus und sind ganz in Frieden in Gottes Frieden. Auf Wiedersehen, Frau D.

Hans-Christoph Piper berichtet, dass Frau D. zwei Tage später noch von zwei Mitgliedern der Frauenhilfe besucht wurde, sie war schwach, aber ganz klar; sie erzählte vom Gespräch mit der Seelsorgerin und davon, dass sie sie in den Arm genommen habe. In der folgenden Nacht ist sie gestorben.

Wie lässt sich dieses Gespräch im Nachhinein interpretieren? Ich folge mit meinen Bemerkungen weitergehend der Interpretation, die Hans-Christoph Piper[68] diesem Gespräch gibt. Bevor das Gespräch beginnt, hat sich die Seelsorgerin im Stationszimmer gemeldet, um sich vorzustellen und zu erfahren, wo sie Frau D. finden kann. Schwester und Pfleger sind über ihr Erscheinen ausgesprochen froh. Sie berichten, dass sie große Probleme mit der Patientin haben, dass sie störrisch jede Nahrungs- und Flüssigkeitsaufnahme verweigere. Alles gute Zureden fruchte nichts, auch die Ärzte seien ratlos. Vielleicht könne die Seelsorgerin etwas erreichen?

Dies ist die ‚Polung' die Vorerwartung, mit der die Seelsorgerin in dieses Gespräch hineingeht und aus der heraus sie zumindest unbewusst und untergründig dieses Gespräch über weite Strecken führt. Frau D. artikuliert immer

68 Hans-Christoph Piper, Der Hausbesuch des Pfarrers, Göttingen, 2. Aufl. 1988.

wieder ihren Ärger, ihre Enttäuschung, ihre Wut und ihren Stolz, kommt aber von sich aus auf den Arzt oder auf die Schwester und ihren Konflikt mit diesen Menschen gar nicht zu sprechen. Nur die Seelsorgerin nimmt immer wieder die Schwestern und die Pfleger in das Gespräch hinein.

Ist es nicht schwer, sich vorzustellen, was sich in den vergangenen Tagen um dieses Krankenbett herum ereignet hat. Frau D. war auf eine neue Station gekommen. Bei ihrer Einlieferung setzte sich die gesamte Untersuchungsmaschinerie des Krankenhauses in Bewegung; Frau D. kannte dies schon von ihrem Krankenhausaufenthalt erst vier Wochen früher. Sie kannte die Diagnose, und was noch entscheidender ist: sie fühlte! fühlte, dass ihr Ende nah war. Ärzte und Schwestern aber begründeten ihre Untersuchungen und Maßnahmen damit, dass man ihr doch helfen wolle, dass man sie wieder auf die Beine bringen wolle, dass sie sich nicht aufgeben dürfe, dass sie schon – natürlich mit Hilfe der Ärzte und dieser Untersuchungen – es schaffen würde.

Frau D. macht die Erfahrung, dass man sie nicht sterben lassen will. Sie selbst hat mit ihrem Leben bereits abgeschlossen, fühlt, dass ihr Ende naht, will in Ruhe gelassen werden und sich auf ihr Ende vorbereiten können, und stattdessen wird sie zum Objekt der Hilfsbemühungen und der Untersuchungsmaschinerie des Krankenhauses. Die Seelsorgerin versteht das Problem. Sie sagt: „Frau D., ich verstehe Sie ganz gut. Sie hatten ja schon neulich ganz mit dem Leben abgeschlossen." Die Seelsorgerin versteht den Konflikt – und sie möchte zugleich gerne, dass die gespannte Atmosphäre zwischen Frau D. und dem Pflegepersonal bereinigt wird. Natürlich möchte sie damit auch der Erwartung entsprechen, die Pfleger und Schwestern in sie gesetzt haben. Und zugleich geht es ihr, vielleicht sogar in erster Linie um die alte Frau, die sie nicht in Unfrieden sterben lassen möchte. So versucht sie, Brücken zu bauen: „Sie wollen Ihnen sicherlich nicht weh tun. Sie meinen es sicher gut mit ihnen. Ärzte und Schwestern wollen doch Leben erhalten" (P 7). Und: „Die Schwester hat mir vorhin gesagt, dass Sie recht traurig ist, sie weiß nicht, was sie mit ihnen machen soll…" (P 12).

Die alte Frau bleibt aber unversöhnlich. Auch der direkte Hinweis, dass sie vielleicht nicht sterben kann, weil „vielleicht vorher noch etwas in Ordnung gebracht werden muss" (P 11), was die Frau offenbar nicht versteht, und dass sie doch in Frieden sterben will (P 13) und deshalb ihr Groll nicht das letzte sein kann (P 14), all diese Interventionen der Seelsorgerin haben keinen Erfolg. Die Aggression der alten Frau wächst nur noch an: „Man hat mich belogen. Sie sind alle schlecht! Ich bin fertig mit den Menschen!" (D 12)

An diesem Punkt gibt es in diesem Gespräch den entscheidenden Wechsel. Die Seelsorgerin hört auf, als Fürsprecherin der Schwestern, des Pflegers, und der Ärzte aufzutreten. Sie gibt es auf, zum Friedensschluss zu mahnen. Sie tut etwas vollkommen Anderes. Sie gibt der Frau zu trinken.

Ohne jeden Widerspruch nimmt die alte Frau dies an. Sie lässt sich von der Seelsorgerin helfen: Sie muss den Arm um sie legen, um sie ein wenig aufzurichten, damit sie trinken kann. „Das tut aber gut. Ich dachte schon, ich müsste verdursten!"

Warum nimmt die alte Frau von der Seelsorgerin an, was sie den Ärzten, Schwestern, Pflegern trotz Drohung und trotz guten Zuredens seit Tagen verweigert hat, trotz wachsenden Durstes und trotz der Androhung, dass sie verdursten müsse? Ich denke, der entscheidende Schritt ist, dass die Seelsorgerin in der Mitte des Gespräches die Partei wechselt und sich eindeutig und ohne Wenn und Aber die Perspektive der kranken Frau zu eigen macht. Von jetzt an steht die Seelsorgerin nicht mehr auf der Seite derer, die der alten Frau den Wunsch, in Ruhe zu sterben, mit allen Mitteln ausreden möchte. Sie kann sie sterben lassen. Dabei ist sicherlich wichtig, dass sie zu den ganz wenigen Menschen gehört, die der alten Frau zugleich persönlich nahestehen. Die alte Dame hat keine nähere Verwandtschaft mehr. Und: die Seelsorgerin nimmt die Not und die körperliche Qual der Frau wahr. Sie sieht vor allen Dingen die Qual des Durstes. An dieser Stelle des Gespräches bedeutet das Annehmen des Bechers, das Trinken für die Kranke nicht mehr: ich muss leben und mich gegen das Sterben stemmen, sondern: ich darf mich erquicken lassen.[69]

Und weil ein Mensch sie ohne Wenn und Aber sterben lassen kann – freilich nicht irgendein Mensch, nicht irgend jemand, der zufällig eingetreten ist, sondern ein Mensch, der sie im Namen Gottes aufsucht – darum bricht nun der Bann. Im Rückblick fragt die alte Frau sogar: „Warum haben die denn das gemacht?" Sie kann jetzt vergeben. Sie kann Abschied von ihrem Leben nehmen (indem sie noch einmal zurückblickt), sie kann Wünsche für ihre Beerdigung äußern, und bittet die Seelsorgerin, noch einmal ihre Bekannten zu grüßen. Mehr kann die Seelsorgerin nicht mehr für sie tun. Ihre Aufgabe ist beendet. Ein Gebet, das Vaterunser und der Segen zeigt, in welcher Dimension sich der Kontakt zwischen der Frau und ihrer Seelsorgerin abgespielt hat. Das ist zugleich der Abschied.

Ich denke, dieses Gespräch ist ein gutes Beispiel für die grundlegende These von Hans-Christoph Piper, dass das seelsorgliche Gespräch sein Zentrum darin findet, dass der Seelsorger und die Seelsorgerin die Perspektive des Ratsuchenden ungeteilt einnimmt, dass sie ohne Konzept in dieses Gespräch hineingeht und die Lebens- und Weltsicht, die Gefühle, die Wahrnehmung des Konfliktes durch den Ratsuchenden stützt, indem sie vor allen Dingen zunächst einmal

[69] Vgl. Andrea Bieler, Verletzliches Leben, a.a.O., passim.

Hilfen gibt, dass die Ratsuchende ihre eigenen Ängste und Enttäuschungen wahrnehmen und akzeptieren lernt. Die Parteilichkeit des Seelsorgers*der Seelsorgerin liegt auf Seiten der Ratsuchenden, nicht auf Seiten von Menschen, die mit dem Ratsuchenden*der Ratsuchenden in Konflikt steht, nicht auf Seiten von Institutionen, die ein Funktionieren in irgendeinem Sinne von dem*der Ratsuchenden erwarten.

Das seelsorgliche Gespräch mutet dem Seelsorger zu, ungeschützt in eine Situation hineinzugehen; dennoch ist diese Situation nicht grenzenlos. Die Seelsorgerin bietet nicht ihre persönliche Freundschaft an, sondern kommt im Namen Gottes, dessen Zuwendung zu den Menschen auch ihre eigenen Schwächen, ihre eigene Hilflosigkeit übersteigt. Sie kann auf Formen ‚gebundener Sprache' zurückgreifen, wie das Gebet, das Vaterunser, den Segen, sie muss also ihre eigenen sprachlichen Äußerungen nicht allein aus ihrer Intuition für das jeweils in der Situation Gebotene und jeweils von der Ratsuchenden Gefühlte heraus aktuell ‚erfinden'. Ich werde noch darauf zu sprechen kommen, wo die Chancen und Grenzen liegen, im seelsorglichen Gespräch biblische Texte, Gebete, liturgische Formen aufzunehmen. Dies wird nicht in jedem seelsorglichen Gespräch hilfreich sein, und erst recht kann es nicht darum gehen, das Gelingen eines seelsorglichen Gespräches daran zu messen, ob es der*die Seelsorger*in geschafft hat, irgendwann ein Gebet oder einen biblischen Spruch ‚an den Mann zu bringen'. Strukturierungshilfen für die unsichere Gesprächssituation kann der Seelsorger*die Seelsorgerin auch darin finden, dass sie eine Intuition dafür entwickelt, wann das Gespräch ‚zu Ende' ist, und dieses Ende muss nicht in jedem Falle identisch mit den Erwartungen des Ratsuchenden an den Gesprächspartner*die Gesprächspartnerin sein.

Noch einmal zusammengefasst: Hans-Christoph Piper unterscheidet das seelsorgliche Gespräch von anderen kirchlichen Handlungsangeboten und gewinnt auf diese Weise einen Zugang zum ‚Eigentlichen' zum ‚Proprium' der Seelsorge: Im seelsorglichen Gespräch überlässt der Seelsorger und die Seelsorgerin dem Gesprächspartner den Vortritt. Im vollständigen Gegengewicht zum sonstigen Tun, in dem er*sie das Thema und den Ton angibt, lässt sich der Seelsorger in der Seelsorge einladen, ein Stück Weg mit dem anderen zu gehen, wobei der andere die Richtung bestimmt. Kern der Seelsorge ist, den Menschen dort zu suchen und aufzusuchen, wo er ist.

Wertschätzen

Unter Bedingungen, in denen Menschen massenhaft durch ihre ökonomische, soziale, politische und kulturelle Lebenslage unter dem Niveau ihrer Möglichkeiten gehalten werden, gewinnt evangelische Seelsorge ihr eigentümliches Gesicht. Sie zeigt sich – vor jeder Ausdifferenzierung in spezialisierte Institutionen und Handlungsmuster – in einer charakteristischen Haltung, einem Habitus[70]: Menschen, die sich hier engagieren, setzen gegen eine Kultur der Ausgrenzung und der Missachtung eine Kultur der Wertschätzung und versuchen, diese selbst zu leben. In dieser Weise wird vor aller Spezialisierung die evangelische Kirche als Seelsorgebewegung lebendig. Dazu braucht es keine spezifizierte Beratungsausbildung. Es braucht allerdings die Kompetenz, die im Glauben empfangene Gabe Gottes an alle weiterzugeben, die es nötig haben: ins recht setzende Liebe gegen das Wiegen und Gewogenwerden nach dem, was Menschen „bringen". Die Kirche ist als Seelsorgebewegung ein Raum der bedingungslosen Wertschätzung. Die Kommunikation des Evangeliums[71] gewinnt ihre Konkretion, indem sie gerade missachteten, entrechteten und oft lebenslang entwerteten Menschen Wert zuspricht und sie dadurch in ihrem Lebensmut bekräftigt, ihr Leben gern zu leben, sich ihren Konflikten zu stellen und sich für ihre gesellschaftlichen Partizipationsrechte einzusetzen.

Mit der Haltung der Wertschätzung ist mehr und Anderes gemeint als bloßes „gut finden", erst recht mehr und anderes als Problemverharmlosung und „heile heile Segen". Wertschätzung in einer Seelsorge, die heilsamen Austausch hervorrufen, unterstützen und begleiten will, schließt Klarheit, Klärung, nötigenfalls auch Konfrontation ein. Die heilsame Fluss-Bewegung ist eine Bewegung vom Tod ins Leben, von einem selbstbezogenen und für andere zerstörerischen Gebrauch hin zu einem partizipativen, den*die Andere*n stärkenden Gebrauch von Macht. Sie stellt sich zugleich als Bewegung dar, in der zerstörerische Beziehungsmuster in heilsame, in Aufmerksamkeit für den*die Andere*n, in Perspektivenübernahme und Solidarität umgewandelt wird. Menschen, die in evangelischer Seelsorge arbeiten, sollen eine Haltung entwickeln, in der sie diese Fluss-Bewegung an sich selbst, am eigenen Leibe wahrnehmen und üben – als Voraussetzung dafür, andere, konfliktbelastete und in Lebenskrisen verstrickte Menschen dazu anstoßen und hierin begleiten zu können.

---

[70] Pierre Bourdieu hat den Begriff des Habitus in der Sozialforschung in dem Sinne etabliert, dass der Reduktion sozialer Sachverhalte auf „objektive" Strukturen ebenso widersprochen wird wie deren Reduktion auf ein Ensemble subjektiver Intentionen. Pierre Bourdieu, Entwurf einer Theorie der Praxis auf ethnologischer Grundlage der kabylischen Gesellschaft, Frankfurt a.M. 1979, 164f.

[71] Vgl. Ernst Lange, Predigen als Beruf. Aufsätze zu Homiletik, Liturgie und Pfarramt. Hrsg. von Rüdiger Schloz, München ^{2}1987.

Aufgabe seelsorglicher Begleitung ist, Menschen zur Beziehungsfähigkeit zu sich selbst, zu anderen und zu Gott zu ermutigen – „Empowerment“ im Vollsinn dieses Wortes –, und zugleich zur Entmächtigung zerstörerischer Beziehungsmuster, Verhältnisse und auch Selbstverhältnisse beizutragen, an welchen Orten individueller Lebensgeschichte und gemeinschaftlichen Lebens auch immer sie Macht entfalten. Die Fluss-Richtung im Abfließen zerstörerischer Macht und in der Herbeirufung heilsamer Lebensmacht gibt die Richtung für die Arbeit der Alltagsseelsorge an.

Um diese Haltung gegenüber sich selbst und anderen entwickeln zu können, braucht es m.E. keine Spezialausbildung in einer der am Markt angebotenen therapeutischen Beratungskonzeptionen. Es braucht aber methodische Kompetenzen. Grundsätzlich schlage ich vor, religiöse und therapeutische Methodenkompetenz nicht gegeneinander auszuspielen, so dass mit einer neuen Wahrnehmung religiöser Methoden eine Abwehr psychotherapeutischer Theorien und Methoden notwendig verbunden sein müsste. Sondern beide sollen in einer Weise aufeinander bezogen werden, dass die religiöse Kompetenz – die Wahrnehmung, Induzierung und Begleitung der heilsamen Flussbewegung, in der zerstörerische Mächte die Leiber, Herzen und Sinne verlassen und die heilsame Macht Gottes in sie einziehen kann – die Basis darstellt, die grundlegende Richtung und Linie beschreibt, in der methodische Kompetenzen ihren Ort finden, die aus der Tradition der therapeutischen Seelsorgearbeit aufzunehmen sind.

Wahrnehmen

Wer in der Seelsorge arbeitet und andere Menschen in ihren Konflikten und Krisen hilfreich begleitet, muss eine Alltagskompetenz vertiefen und differenzieren, die für die Kontaktaufnahme des einzelnen zum anderen Menschen grundlegend ist. Die Fähigkeit zur Wahrnehmung ist die Basiskompetenz der seelsorglichen Haltung, Basis im strikten Sinne des Begriffs: ohne diese Fähigkeit in sich zu entdecken, sie zu üben und zu erweitern, werden auch die übrigen Dimensionen des seelsorglichen Habitus nicht entwickelt werden können, und ohne Stetigkeit und Regelmäßigkeit des Übens werden sie bald wieder verkümmern.

Seelsorgliche Arbeit geschieht zuerst im Feld sinnlicher Wahrnehmungen. Seelsorgende hören, was ihnen ein*e Ratsuchende*r mitteilt. Dabei werden sie nicht nur den informativen Gehalt der Botschaft aufnehmen, sondern auch die zugleich mitgeteilte Atmosphäre: beispielsweise den Klang der Stimme, die Pausen im Gespräch, die Geschwindigkeit – zögernd, gehetzt, entspannt? Seelsorgende sehen, was die gehörte Mitteilung begleitet: die Gesten und das

Minenspiel des*der Ratsuchenden, seinen*ihren Stil sich zu kleiden, das situative Umfeld u.a.m. Hinzu kommen möglicherweise Gerüche und Berührungen, eine Fülle und Komplexität von sinnlichen Eindrücken, die gemeinsam Wahrnehmung konstituieren.

Beides muss in der Vorbereitung und auch im Vollzug der seelsorglichen Arbeit immer wieder geübt werden: Die Offenheit für Wahrnehmungen ebenso wie die Kompetenz, Wahrnehmungen zu deuten. In der praktisch-theologischen Diskussion hat sich in diesem Zusammenhang das Postulat einer ästhetischen Wahrnehmung etabliert.[72] Für das Feld seelsorglicher Arbeit ist hier vor allem zu lernen, nicht allzu schnell sinnliche Wahrnehmungen zu einem begrifflichen Urteil zusammenzuschließen, sondern den Prozess, man könnte auch sagen: das Spiel zwischen Wahrnehmung und Urteil möglichst lange offen zu halten. Wenn Ratsuchende verstummen, wenn sie weinen müssen, wenn ihre Stimme gequetscht klingt, oder aber wenn sie präsent, selbstbewusst oder sogar rigide auftreten, dann kann dies im ersten Fall auf eine depressive oder angstbeladene psychische Situation, im zweiten Fall auf eine gelungene Integration innerer Konflikte hindeuten. Dies muss aber keinesfalls der Fall sein, und ein*e Seelsorgende wird dies in dem Maße realisieren, wie er*sie das „Spiel“ zwischen Wahrnehmung und Urteil nicht voreilig abschließt.

Seelsorgende sollen ihre Fähigkeiten in allen drei Perspektiven üben: in der Offenheit, Präsenz und Sorgfältigkeit in ihren Wahrnehmungen; in der Kompetenz, Urteile genau und begrenzt zu fällen und im jeweils verfügbaren Kenntnisstand über einen Sachverhalt auch begründen zu können; und in der Kompetenz, spielerisch und kritisch, aber am Ende eines solchen Prozesses auch verbindlich eine Verbindung zwischen beidem herzustellen, die so lange halten soll, bis sich ein anderer, besser stimmiger Schluss zwischen Wahrnehmung und Urteil nahe legt.

Für das Feld der Seelsorge- und Beratungsarbeit wurde mit dem „Göttinger Stufenmodell“ ein gut handhabbares Verfahren entwickelt, einen solchen Prozess zu eröffnen und zu gestalten.[73] In vier Schritten werden Wahrnehmungen und Urteile miteinander ins Spiel gebracht, bis schließlich ein „Schluss“ möglich ist, was in dieser spezifischen Situation der Fall ist. Wichtig ist dabei, dass eine

[72] Die Debatte um die ästhetische Dimension der Praktischen Theologie wurde im deutschsprachigen Bereich angestoßen durch: Albrecht Grözinger, Praktische Theologie und Ästhetik. Ein Beitrag zur Grundlegung der Praktischen Theologie. München 1987. Ein Forum für diese Debatte mit zahlreichen Beiträgen bietet die von Andreas Mertin herausgegebene Internet-Zeitschrift *ta katoptrizomena*. Magazin für Theologie und Ästhetik.

[73] Das „Göttinger Stufenmodell“ wurde in den 70er Jahren im Arbeitszusammenhang der klinischen psychoanalytischen Arbeit in Tiefenbrunn von Annelise Heigl-Evers und Wulf-Volker Lindner entwickelt. Vgl. Karl König, Wulf Volker Lindner, Psychoanalytische Gruppentherapie. Göttingen 1992.

Atmosphäre frei floatender Aufmerksamkeit geschaffen wird, in der sich die Beteiligten für diese Aufmerksamkeitsrichtungen öffnen:

- Was habe ich wahrgenommen (gehört, gefühlt, gerochen gespürt usw.)?
- Was habe ich gefühlt?
- Welche Einfälle/Assoziationen sind mir gekommen?
- Welchen Schluss ziehe ich in Hinblick auf die Mitte, das zentrale Problem der hier und jetzt präsenten seelsorglichen Gesprächssituation, des angesprochenen Konfliktes?

Unaufgebbar ist in diesem Prozess, dass Seelsorgende lernen, auf ihre körperlichen Signale selbst zu achten und Ratsuchende dazu zu ermutigen und darin zu begleiten, dies zu tun. Auch in dieser Hinsicht sind im Feld der psychotherapeutischen Arbeit nützliche methodische Techniken entwickelt worden, die in der Arbeit der Seelsorge ihren Platz finden sollen. Ich denke vor allem an die „Focusing-orientierte Psychotherapie“ von Eugene T. Gendlin, eine „erlebensbezogene Methode“.[74] Es handelt sich um einen körperorientierten Psychotherapie-Ansatz, mit dessen Hilfe Menschen lernen, ihren Körper vom innen zu spüren. Sie können darin unterstützt werden, einen *felt sense* in ihrer Körpermitte aufzuspüren. Ein *felt sense* im Sinne von Gendlin ist mehr als eine Emotion. Ein *felt sense* ist Empfindung, zugleich Gefühl, Intuition und Gedanke – und er ist zuverlässiger als der Verstand, „weil darin mehr Faktoren aufgespürt werden können, als der Verstand verarbeiten kann.“[75] Er bildet sich in der Grauzone zwischen Bewusstem und Unbewusstem. Er enthält emotionale, rationale und körpersensitive Dimensionen. Er ist der „Ort der Tränen“, von dem das Weinen ausgeht.[76] Und zugleich liegt in einem *felt sense* bereits ein Moment des Überschreitenden, Transzendierenden. Mit etwas Übung kann ich einen *felt sense* kommen lassen. „Es ist die körperliche Empfindung irgendeiner Situation, eines Problems oder eines Aspekts des eigenen Lebens.“[77] Er ist nicht so radikal wie Wut, nicht so lähmend wie Angst, und wer zu seinem *felt sense* in diesem emotionalen Feld Zugang hat, ist auf dem Weg, sich von zerstörerischen Gefühlen, aber auch Einbindungen in zerstörerische Beziehungsmuster zu lösen.

Diese psychotherapeutische Konzeption ist hilfreich, Kontakt zu Wahrnehmungen und Gefühlen zu gewinnen. Ihre Schwäche liegt vor allem in der Unter-

---

[74] Eugene T. Gendlin, Focusing-orientierte Psychotherapie. Ein Handbuch der erlebensbezogenen Methode. München 1998.

[75] Ebd., 97.

[76] Ebd., 33.

[77] Ebd., 38.

bestimmung des Weges, wie man mit einen *felt sense* erspüren kann. Gendlin schlägt zur Vorbereitung Einfühlungsübungen vor, die es erleichtern sollen, den Körper von innen zu spüren, und verbindet dies mit sprachlichen Aktionen. „Gehen Sie mit Ihrer Aufmerksamkeit in Ihren Magen oder Ihre Brust hinein und sagen Sie (wohl wissend, dass dem nicht so ist) etwas wie: ‚Mein Leben läuft derzeit einfach glänzend. Ich bin damit völlig zufrieden.' Dann achten Sie auf Ihre Körpermitte und schauen Sie, was von dort kommt."[78] Gendlin erwartet dann, dass der Körper mit einer zunächst unklaren Antwort reagiert: „Nein, es geht mir nicht rundherum gut, vielmehr so ähnlich wie das", und dass der Fucusing-einübende Mensch dieses zunächst unklare Körpergefühl nach und nach lokalisieren, identifizieren und bearbeiten kann. Die hier vorgeschlagenen sprachlichen Interventionen liegen weit unter dem Niveau der Differenziertheit und Intensität der *felt sense*, die erspürt werden sollen. Es bedeutet einen Gewinn für diesen therapeutischen Ansatz, vor allem aber für die Arbeit der Seelsorge, wenn genau an dieser Stelle der Reichtum der biblischen Symbolsprache in Anspruch genommen wird.[79]

Wahrnehmungsübungen und methodische Verfahren aus dem Zusammenhang psychotherapeutischer Arbeit werden dann gerichteter und intensiver in der Arbeit der Seelsorge wirksam werden, wenn Seelsorger*innen in einem verbindlich eingehaltenen Rhythmus (am besten täglich zu fester Zeit) solche Wahrnehmungstechniken üben, wie sie in den religiösen Traditionen meditativer Praxis entwickelt wurden. Einige dieser Techniken lassen sich ohne großen Aufwand in der alltäglichen Lebenspraxis „unterbringen". Es genügt, sich für eine Viertelstunde aus dem Betrieb des Tages zurückzuziehen. Es sollte ein Ort dafür da sein, der ruhig und nicht symbolisch in einer Weise gefüllt ist, dass die Atmosphäre hierdurch in anderer Weise bestimmt wird. Nicht günstig wird es beispielsweise sein, Übungen vor Bücherwänden mit Kriminalromanen, „Kochbüchern" für Managementtechniken und*oder einem laufenden Computerbildschirm durchzuführen.

Der*die Übende sitzt entspannt und aufrecht, mit beiden Beinen auf dem Boden. Er*sie spürt den Kontakt mit der Basis des Raums und öffnet sich – in frei floatender Aufmerksamkeit – für die Wahrnehmungen eines Körpersinns. An einem Tag wird das Hören im Zentrum stehen, an einem anderen das Sehen, dann wieder das Riechen, dann das Tasten. Die Konzentration z.B. auf das Hören blendet auf der einen Seite die übrigen Sinneseindrücke aus, bleibt aber in Bezug auf das zu Hörende zunächst unspezifisch. Es geht darum, möglichst

78 Ebd., 118.
79 Vgl. Ingo Baldermann, Wer hört mein Weinen? Neukirchen 2013.

alle gerade präsenten Höreindrücke aufzunehmen und zwischen ihnen zu „wandern“: Möglicherweise ist von der Straße ein vorbeifahrendes Auto zu vernehmen, möglicherweise ein startendes Motorrad, das Klingeln eines Fahrrades, Gesprächsfetzen. In der Wohnung kann gerade die Waschmaschine laufen, der Vogel im Kinderzimmer nebenan schimpft, irgendwo läuft ein Radio usw. Nach einer Weile wird die Aufmerksamkeit auf einen einzigen dieser Hörereindrücke gerichtet und konzentriert. Es tritt in den Vordergrund der Wahrnehmung, alle übrigen Höreindrücke ziehen sich zum Hintergrund für die jetzt präsente „Figur“ zusammen.[80] – Bei den folgenden Übungen steht jeweils ein anderer Körpersinn im Mittelpunkt. Die Übungen werden jeweils mit dem Gebet abgeschlossen; auf diese Weise wird realisiert, dass der Wahrnehmungskontakt zur sinnlich erfahrbaren Welt den*die Wahrnehmende*n in den Reichtum der Schöpfung Gottes hineinstellt, deren Teil er*sie selbst ist.

Ich schlage vor, in die Einübung einer seelsorglichen Haltung der Wahrnehmung auch eine psychotherapeutische Methode einzubeziehen und zu üben, die seit der Hoch-Zeit der Seelsorgebewegung in vielen Arbeitsfeldern, beispielsweise in der Arbeit der Telefonseelsorge mit Erfolg angewendet wird: Die Methode der „klientenzentrierten Gesprächspsychotherapie“ nach Carl Rogers.[81] Rogers war Psychoanalytiker, er hat in der Tradition Sigmund Freuds bereits in den 40er Jahren zahlreiche klinische Psychotherapien durchgeführt und etwa seit Beginn der 50er Jahre seinen eigenen Ansatz in zahlreichen Schriften skizziert. Auslöser für sein eigenständiges theoretisches Nachdenken über psychotherapeutische Prozesse ist eine Situation, die er als Schlüsselerfahrung deutet: Die Erfahrung nämlich, dass das Gelingen einer Therapie, einer „helfenden Beziehung“ weniger stark von der zutreffenden Deutung des Psychoanalytikers als vielmehr von der Atmosphäre des Gespräches und der Qualität der Beziehung zwischen Psychotherapeut und Ratsuchenden abhängt. Entscheidend für das Gelingen zahlreicher psychotherapeutischer Beziehungen ist nämlich die Erfahrung des/der Ratsuchenden, vom Therapeuten vorbehaltlos akzeptiert zu werden – auch und gerade in dem, was für den Ratsuchenden selbst schwer zu ertragen, kaum

---

80 Es ist deutlich, dass in diese Vorschläge auch Überlegungen und Techniken eingehen, wie sie im Zusammenhang der „Gestalt“-Theorie und –Therapie entwickelt wurden; umgekehrt wird in diesen Verfahren, wenn auch oft nicht bewusst und methodisch kontrolliert, der Reichtum der religiösen Tradition lebendig. Zur Arbeit der Gestalttherapie vgl. unten in diesem Kapitel.

81 Vgl. Carl Rogers, Client-centered therapy. Its current practice, implications, and theory. Boston 1951; deutsch: Die Klient-bezogene Gesprächstherapie. München 1973, Frankfurt a.M. 1983. Vgl. Ders., On becoming a person. A therapist‘s view of psychotherapy. Boston 1961. Deutsch: Entwicklung der Persönlichkeit. Psychotherapie aus der Sicht eines Therapeuten. Stuttgart, 13. Aufl. 2000. Vgl. zum Folgenden auch: Jürgen Ziemer, Seelsorgelehre. Eine Einführung für Studium und Praxis. Göttingen 2000.

durchschaubar und mit Angst besetzt ist.[82] Eine Gesprächssituation kann dann zu einem helfenden seelsorglichen Gespräch werden, wenn blockierende Angst verflüssigt wird und ein*e Gesprächspartner*in Mut gewinnt, sich selbst zu öffnen: Durch ein Sprechen, in welchem auch zunächst verborgene Gefühle zur Sprache kommen können.

Es ist selten so, dass ein Problem, das dem*der Ratsuchenden bereits bewusst ist, das tatsächliche Problem seiner ganzen Tiefe ausmacht. „In einem sehr bestimmten Sinne weiß der Klient niemals, was das Problem ist, bis es kurz vor der Lösung steht." Oft ist Angst das massivste Problem – und darum ist die Ermutigung, davon sprechen zu können, schon ein wesentlicher Teil der Hilfe. Wenn ein*e Ratsuchende, die am Anfang eines Gesprächs seine*ihre Gefühle und die Dimensionen eines Konfliktes noch nicht deutlich wahrnehmen und aussprechen kann, im Verlauf des Gesprächsprozesses in seiner Selbstwahrnehmung soweit ‚hinunter' kommt, dass sie*er nicht nur das Problem, sondern auch seine Hoffnungen und Ängste in Bezug auf dieses Problem, seine Einstellung hierzu wahrnimmt, ist er*sie an der Wurzel seiner Krise angelangt. Hat er*sie diesen Mut bekommen, so ist das Wichtigste bereits geschehen.

Es ist die wichtigste Aufgabe des Helfers*der Helferin – Rogers nennt darum den*die Berater*in Facilitator (Erleichterer) –, das Gespräch auf eine emotionale Ebene zu führen und den*die Ratsuchende*n zu ermutigen, sich auf diese Ebene zu begeben und sich den hier auftretenden Gefühlen und Konflikten zu stellen. Im Selbsterleben eines*einer Ratsuchenden sind immer verschiedene Anteile präsent: denkende und reflektierende, kognitive Anteile, die oft im Vordergrund der Selbstwahrnehmung stehen, aber auch tiefer gehende, oft von Angst und Verleugnung besetzte Gefühlsschichten. Gerade hier ‚unten' liegen die Zentren der Verhaltenssteuerung und der Selbstgewissheit eines Menschen. Hier werden Geborgenheit oder Angst, Mut oder Aussichtslosigkeit, Erfüllung oder Ungenügen im Lebensgefühl erfahren.

Ein helfendes Gespräch im Sinne von Rogers kann deshalb so beschrieben werden, dass es sich in Stufen von den an der Oberfläche der Selbstwahrnehmung des*der Ratsuchenden liegenden, eher kognitiven Anteilen zu einer „tieferen", gegenüber den emotionalen Schichten stärker geöffneten Selbstwahrnehmung hin erschließt. Der Verlauf einer solchen Gesprächsentwicklung ist in

[82] Die Methode der klientenzentrierten Gesprächsführung ist für die Arbeit der Seelsorge insbesondere von Helga Lemke aufmerksam rezipiert worden. Vgl. dies., Theologie und Praxis annehmender Seelsorge. Stuttgart 1978; vgl. dies., Seelsorgliche Gesprächsführung. Stuttgart 1992; dies., Personenzentrierte Beratung in der Seelsorge. Stuttgart 1995; aber auch dies., Das Traumgespräch. Umgang mit Träumen nach klientenzentriertem Konzept. Stuttgart 2000. Vgl. für eine Einführung in die klientenzentrierte Gesprächsführung vor allem auch die vorzügliche Darstellung von Rogers' Konzeption bei: Matthias Kroeger, Themenzentrierte Seelsorge, Stuttgart und andere, 3. Aufl., 1983.

der Regel so zu beschreiben, dass der*die Ratsuchende es immer stärker lernt, sich auf zunächst verborgene Gefühlsschichten und damit auf die Quelle vieler seiner*ihrer Möglichkeiten und Schwierigkeiten zu konzentrieren. Dies kann ihm niemand abnehmen, auch der Berater*die Beraterin nicht.

Oft verläuft ein Beratungsgespräch bzw. die Anfangssituation einer mehrere Gespräche umfassenden Beratung so, dass der*die Ratsuchende von Problemen oder Symptomen spricht, die von außen an ihn herankommen, von seiner Vergangenheit, von seiner Umgebung auf sie stoßen. Er*sie sieht andere als Schuldige und als Herd seines Unglücks. Je mehr er*sie aber sich selbst aufschließen kann, beginnt er*sie auch von sich selbst und seinen Gefühlen zu sprechen. „Es gibt nicht nur eine Bewegung von den Symptomen zum Selbst, sondern auch von der Umwelt zum Selbst, schließlich von der Vergangenheit zur Gegenwart des Selbst.“[83]

Allmählich werden Gefühle als gegenwärtig anerkannt. Der*die Ratsuchende lernt, im Hier und Jetzt zu sprechen. Er*sie beginnt nach und nach, sich eigene Gefühle – auch unerwünschte – einzugestehen, Widersprüche in sich selbst wahrzunehmen und zu akzeptieren. Er*sie wagt sich langsam offener an eine Beziehung heran, auch zum Berater*der Beraterin. Es entsteht langsam eine Gegenwarts- und Unmittelbarkeitsfähigkeit gegenüber Menschen, Situationen und sich selbst. Das sich entwickelnde Neue ist „die Entdeckung, dass erfahrene Verantwortung für sich selbst verschieden ist vom Wissen hierüber“.

Das primäre Ziel einer Beratung im Sinne von Carl Rogers ist nicht, anliegende Probleme zu lösen, sondern den Rat suchenden Menschen zu befähigen, diese Probleme selbst anzugehen. Wichtigste Methode dieses Beratungsansatzes ist deshalb ein Gesprächsverhalten, das das Ich des Gegenübers stärkt. Die ermutigende, aufrichtende, warme, Angst lösende Atmosphäre ist Zentrum einer solchen heilsamen Beziehung.

Wichtige Grundregeln für die Beraterin in einer helfenden Gesprächsbeziehung sind: Nimm dir nicht vor, zu wissen, was dem anderen fehlt! Stelle keine Diagnose, sondern hilf ihm*ihr, sie selbst zu sein und stark zu werden. Denn der Berater weiß die Lösung nicht. Auch wenn er*sie um Rat gefragt ist, muss er*sie sich entziehen. Das bedeutet nicht, dass der*die Berater*Beraterin keine Verantwortung hat: Sich um den*die Ratsuchende*n zu sorgen und ihn dies auch spüren zu lassen, gerade dies ist, was er*sie braucht. Jeder Rat wäre ein Rat aus dem Leben des Beraters; was der*die Ratsuchende braucht, muss er*sie selbst finden „Do not attempt to take over responsibility“.[84] Denn: „Das Indi-

[83] Rogers, 1951, 132f.
[84] Rogers, 1951, 58.

viduum wird in sich selbst die Kapazitäten entdecken, diese Beziehungen für sein Wachstum zu nutzen".[85] – Die Wahrnehmungshaltung des*der Berater*in gegenüber dem*der Ratsuchenden lässt sich im Sinne von Rogers in drei Haltungen ausdifferenzieren: Verstehen; Akzeptieren; und Echtsein.

Verstehen

Verstehen heißt im Sinne von Rogers, dass der Berater*die Beraterin offen ist und sich mit den eigenen Gedanken und Gefühlen ganz auf den Klienten einstellt; und dass er*sie sich auf der Ebene der Gedanken und der Gefühle in den inneren Bezugsrahmen des anderen hineinversetzt. Er*sie wird den Versuch unternehmen, in die ganz eigene innere Empfindungswelt des Gegenübers einzutreten und ihn*sie in ihrem Gefühl, in ihren eigenen Voraussetzungen und Wertungen zu verstehen. Der Berater*die Beraterin kommt im Fortgang des Gespräches in die Lage, „den inneren Bezugsrahmen des Klienten zu übernehmen, die Welt so zu sehen, wie der Klient sie sieht, den Klienten zu sehen, wie er sich selbst sieht, dabei alle Wahrnehmungen vom äußeren Bezugsrahmen beiseitezulegen und dem Klienten etwas von diesem einfühlenden Verstehen mitzuteilen."[86]

Dabei wird die Beraterin nach und nach eine Sensibilität entwickeln, nicht nur die verbalen, sondern auch die nicht-verbalen Mitteilungen mit den eigenen Augen und den eigenen Gefühlen wahrzunehmen. Nach und nach kommt er*sie in die Lage, den ganzen Körper und seine sensibilisierte Empfindung als Element des Verstehens zu gebrauchen: in der bewussten Wahrnehmung der Stimme, der Mimik und der Gestik, des Verhaltens, auch der Kleidung. Es geht darum, auch solche Mitteilungen zu realisieren, die dem Klienten gar nicht bewusst sind. Auf einem sehr hohen Niveau emphatischen Verstehens gehen in die Antworten des Therapeuten mit Sensitivität und Genauigkeit die Gefühle und Erfahrungen ein, die vom Klienten nur angedeutet sind. Der Berater dringt weit „hinter" das, was der*die Ratsuchende sagt, wenn auch in der gleichen Richtung, so dass diese*r in ein Gebiet geführt wird, das ihm*ihr selbst unbekannt war, gewissermaßen auf der Klippe des Bewusstseins liegt. Dabei versucht der*die Therapeut*in aber, immer in der Nähe der augenblicklichen Gefühle und Fähigkeiten zur Selbstwahrnehmung des*der Ratsuchenden zu bleiben.

---

[85] Rogers, 1951, 34ff. und öfter.

[86] Rogers, 1951, 42.

Rogers legt alles Gewicht darauf, dass es sich bei dieser „klientenzentrierten" Methode primär um eine verstehende und akzeptierende Haltung des*der Berater*in handelt, die sich in bestimmten Techniken – wie der des Spiegelns – erfüllen kann. Rogers betont zugleich immer wieder seine Abgrenzung von einer nur technischen Auffassung dieser Methode. Die Echtheit des Beraters*der Beraterin kann verhindern, dass das „Spiegeln" zu einer bloßen Technik verkümmert.

Das Einfache und Unprätentiöse der Methode des „Spiegelns", des als verstanden Zurückgegebenen kann dazu führen, dass die Wirksamkeit dieser Methode leicht unterschätzt wird. Sie löst aber viel aus.

Rogers formuliert einige negative und positive Regeln für die Weise, in denen der Berater*die Beraterin die Gefühle des Ratsuchenden spiegelt:

- Verfahre nicht generalisierend, diagnostisch, moralisierend, dogmatisierend, interpretierend, auf der sachlichen Ebene reagierend, drängend.

Dazu gibt es einige pragmatische Hilfen, die keinesfalls rigides Gesetz sind, aber eine Leitlinie geben:

- Stelle keine Fragen (außer Verständnisfragen);
- Gib nur das Gefühl (ohne sachliche Begründung) wieder;
- Gib keine Ratschläge – auch wenn du darum gebeten wirst;
- Erzähle nichts von ähnlichen Erfahrungen, die du oder jemand anderes auch hatte;
- Antworte kurz, so anschaulich und konkret wie möglich;
- Wähle dabei eigene Worte, reflektiere nicht wie ein Echo oder ein bloßer Spiegel.[87]

Akzeptieren

Ohne Akzeptieren gibt es kein wirkliches Verstehen, und es gibt umgekehrt kein Verstehen ohne Akzeptieren. Gemeint ist vor allem, dass der*die Berater*Beraterin dem Ratsuchenden keine Bedingungen für seine Zuwendung stellt. „Mit Akzeptierung meine ich warme Achtung vor ihm als Person von unbedingtem Selbstwert – von Wert, ungeachtet seines Zustandes, seines Verhaltens oder seiner Gefühle."[88] ‚Akzeptieren' eines*einer Ratsuchenden bedeutet im Innersten

[87] Vgl. Matthias Kroeger, Themenzentrierte Seelsorge, Stuttgart 1973, 52.
[88] Carl Rogers, 1961, 34.

Achtung und Liebe für ihn*sie als eigene Person, und es bedeutet vor allen Dingen, ihm*ihr die eigenen Gefühle auf eine Weise zuzubilligen, dass zugleich zugestanden wird, dass er*sie am besten weiß, was er*sie gerade fühlt: Furcht, Verwirrung, Schmerz, Stolz, Ärger, Hass, Liebe, Mut, Scham, Scheu, oder was auch immer. ‚Akzeptieren' meint zuinnerst Wärme in der helfenden Beziehung, die der*die Ratsuchende spüren kann, auf eine Weise, dass er*sie sich – für die begrenzte Zeit dieses Gesprächs, für diesen Raum und für diese verabredete Stunde – vom Berater*der Beraterin geliebt fühlen kann. Damit wird ein idealtypisches Postulat formuliert; Rogers weiß durchaus, dass diese Haltung in einer konkreten Gesprächssituation und in längerfristigen Gesprächsbeziehungen nicht immer durchgehalten werden kann.[89] Akzeptieren bedeutet auch nicht bedingungsloses Einverständnis. Der Therapeut muss nicht alles richtig finden, was der Klient*die Klientin tut, denkt und vor allen Dingen: Er*sie wird beispielsweise genau registrieren, wie nah bzw. wie weit entfernt die Klientin von ihren wirklichen aktuellen Gefühlen ist. Gemeint ist nicht kritikloses Einverständnis, sondern vor allem bedingungslose Verlässlichkeit des*der Berater*in.

Eine theoretische Überlegung zur Begründung, die Postulate „Verstehen" und „Akzeptieren" miteinander zu verbinden geht dahin, dass der*die Ratsuchende den*die Begleiterin als ‚alter ego', als ‚anderes Ich' gebrauchen und auf diese Weise als Hilfe in Anspruch nehmen kann, Erfahrungen und Gefühle zuzulassen, die er*sie eigentlich noch nicht ertragen kann. Der*die Ratsuchende kann eigene Haltungen durch eine*n andere*n ausgedrückt sehen, doch ohne ihre emotionale Verwicklung. Das bedeutet, er kann sich objektiver sehen, als er das von sich aus könnte. Das ‚alter ego' hilft dem Ratsuchenden, sich selbst zu akzeptieren. Der ‚äußere' Dialog mit dem helfenden Gesprächspartner wird in einen ‚inneren' Dialog im Ratsuchenden selbst überführt. Der*die Ratsuchende wird so in die Lage versetzt, sich mit zunehmendem Mut und zunehmender Wahrnehmungsfähigkeit den tatsächlichen eigenen Problemen zu stellen.

Echtsein

Die Frage, wie ich Echtsein im Verstehen und Akzeptieren als Haltung zeigen kann, ist die entscheidende Frage in der klientenzentrierten Haltung nach Rogers. „Wir können nicht sklavisch solche Ergebnisse der Methode auf mechanische Weise befolgen, oder wir zerstören die persönlichen Qualitäten, welche gerade

89 Vgl. Rogers, 1951, 113.

diese Studien als wertvoll zeigen."[90] Deshalb ist ‚Echtsein' das wichtigste Element in der Formulierung der klientenzentrierten Gesprächsmethode. Echtheit verhindert, dass aus Verstehen und Akzeptieren Rollen und Techniken werden. All dies kann ich nicht einfach ‚machen', erst recht nicht vortäuschen: Ein warmherziger Mensch zu sein, ein Stück Lebensweisheit zu haben, ein großes Herz und einen Vorrat gerade auch durch Leid gemachter Erfahrungen. All dies bleibt ein Geschenk, gerade auch für Ratsuchende, die an einen solchen Berater geraten und an seiner menschlichen Wärme teilhaben können.[91] Mit dem Kriterium ‚Echtheit' ist zugleich ein Hinweis auf die Grenzen machbarer Möglichkeiten in der Beratung gegeben. Hier schwingt mehr mit als ‚Selbstkongruenz' im Sinne einer Übereinstimmung des wirklich Gefühlten und des Geäußerten. Gemeint ist eine „Tendenz auf wirkliche Menschlichkeit, vielleicht auch die hoffnungsvolle Ungewissheit darüber, was das sei – ein echter Mensch."[92] Rogers spricht in diesem Zusammenhang auch von Sehnsucht: „... ein echtes, wahres Verlangen danach, dich kennen zu lernen, deine Wärme zu erfahren, deine Expressivität – in welcher Form auch immer –, so tief ich nur kann, zu absorbieren, nachdem ich dich in der engsten und nacktesten Beziehung, die uns möglich ist, erfahren habe".[93]

Die Erfahrung, die Menschen – und auch Berater und Beraterinnen – in der Regel machen, ist die Nicht-Übereinstimmung von Gefühlen, Denken und Verhalten. ‚Echtheit' meint nicht, dass diese Übereinstimmung jetzt zwanghaft hergestellt werden sollte oder auch nur könnte, sondern: diese Nicht-Übereinstimmung wahrzunehmen, zuzulassen und an sich selbst akzeptieren zu lernen. Ich möchte anders sein als ich wirke. Ich möchte freundlich sein, wirke aber kalt und ablehnend. Fragen an die eigene Echtheit sind beispielsweise: Gelingt es mir, meine inneren Gefühle und Wünsche, soweit ich will, auszudrücken und zu vermitteln? Kann ich das, was ich meine, denke und fühle, auf eine Weise ausdrücken, dass ich unzweideutig vermittle, worum es mir geht – dass also nicht meine Worte durch meine Gesten oder meine begleitenden Gefühle, die sich auch als Stimmungen im Raum aufbauen, dementiert werden?

Solche Inkongruenzen sind keinesfalls schicksalsmäßig hinzunehmen, Berater*innen können lernen, sie wahrzunehmen und in größere Übereinstimmung zu überführen. Dies ist ein wesentliches Moment im Selbsterfahrungsprozess eines auszubildenden Seelsorgers*Seelsorgerin. Es geht aber darum, die hier

90 Rogers, 1961, 50.
91 Vgl. Matthias Kroeger, a.a.O., 62.
92 Ebd., 63.
93 Rogers, 1951, 159.

bestehenden Grenzen wahrnehmen und beschreiten zu lernen, manchmal vielleicht auch sie zu überschreiten, um sie zu erkennen.[94]

Matthias Kroeger hat darauf hingewiesen, dass im Hintergrund von Rogers Konzeption eine theoretische Überlegung stehe, die angemessen als Organismus-Theorie bezeichnet werden müsse[95]: „Das strukturierte Konzept vom Selbst und vom Selbst-in-Beziehung-stehen-in-Übereinstimmung" mit diesen sinnlich-leiblichen Erfahrungen des Organismus ist die Formel, die die Dimensionen des Verstehens, Akzeptierens und der Echtheit an die sinnlich-leiblichen Erfahrungen des Menschen und damit an die Ganzheit seines Organismus binden. Der Organismus reagiert auf alle Erfahrungen von „außen" und von „innen", er wehrt sich gegen die Nichtzulassung von Grundbedürfnissen, wertet und hierarchisiert die wahrgenommenen Bedürfnisse. Er ist als Ganzer das Regulativ, welches nach innen und außen Gleichgewicht erstrebt. Der Organismus bedient sich auf diesem Wege der bewussten Anteile des Menschen, aber auch der Sprache der Symbole. Vom bewussten Teil des Organismus, dem symbolisierenden Ich des Menschen, werden innere und äußere Erfahrungen wahrgenommen, geordnet, symbolisiert und dadurch präsent gehalten – oder eben verleugnet und unterdrückt. Das helfende Gespräch unterstützt das Ich darin, sich als organisierendes Zentrum des gesamten Organismus des Menschen zu bewähren. Um die verdrängten Anteile zuzulassen und in die Bewusstheit, in das Selbstkonzept aufzunehmen, bedarf es einer Situation, welche die Gefahr und die Angst, die sie nicht zulassen wollen, mindert. Der Therapeut*die Therapeutin schafft Wärme und Verstehen; das ‚alter ego' verstärkt die Wahrnehmung, die Wärme nimmt die Angst; auf diese Weise kommt es darauf an, die verdrängten Erfahrungen, alle sinnlichen Erfahrungen, Gefühle, Einfälle, Gedanken zu akzeptieren.

Gegenüber dieser Basisannahme hat es in der theologischen Wertung des gesprächstherapeutischen Konzeptes von Carl Rogers erhebliche Kritik gegeben. Wird hier den selbstheilenden Kräften des Menschen nicht zuviel zugetraut? Liegt hier nicht ein Menschenbild vor, dass die grundlegende Fehlerhaftigkeit und Schwäche, theologisch gesprochen: die Sünde des Menschen, den Schaden des Getrenntseins von Gott, zu wenig ernst nimmt? Auch in meiner Perspektive liegt präzise in diesem Punkt die Notwendigkeit, Rogers Konzeption der

94 Es gibt – neben der Psychoanalyse – verschiedene Konnotationen der klientenzentrierten Therapie nach Carl Rogers zu anderen psychotherateutischen Konzeptionen, vor allem zur Gestaltpsychologie. Für Rogers sollen möglichst viele Erfahrungen in der helfenden Beziehung aus dem Hintergrund in die Gestalt, also in die hier und jetzt dem Bewusstsein und den Gefühlen präsenten Figur hineingezogen werden. ‚Gestalt' – Rogers nennt in der Regel dieses deutsche Worte – bedeutet: es kommt darauf an, den Gesamtumfang der Erfahrungen zu realisieren, die wir in ein Muster von Wahrnehmungen des Selbst und des Selbst-in-Beziehung zu anderen und zur Umgebung organisieren und dem Bewusstsein zugänglich machen.

95 Matthias Kroeger, a.a.O., 72ff.

Gesprächspsychotherapie kritisch anzufragen – und zwar dann und in dem Masse, wie dieser methodische Ansatz mit solchen Annahmen notwendig verbunden ist. Seelsorge als ‚Kontakt mit dem Heiligen' ist nicht einfach nur eine andere Sprachform für das, was mit humanwissenschaftlichen Konzepten bereits benannt worden ist; vielmehr wird hier eine grundlegend neue Dimension eröffnet. „Das Ziel der poimenischen (seelsorglichen) Arbeit besteht jetzt nicht in der Einsicht, in der Aufhebung ins Bewusstsein, den Kontakt mit dem eigenen Selbst. Ziel einer Seelsorge, die Menschen an die Wirklichkeit des Heiligen heranführt, ist die Einübung zur Kontaktfähigkeit mit dieser Lebensmacht. Menschen werden durch Seelsorge instand gesetzt, mit sich selbst und mit anderen zu kommunizieren, dadurch dass sie einen lebendigen Kontakt zur Lebenskraft Gottes gewinnen."[96]

Für die Arbeit der Alltagsseelsorge soll Rogers' Konzept der „klientenzentrierten Gesprächsführung" nicht als therapeutisches Verfahren aufgenommen werden. Mit einem solchen Anspruch würden Gesprächssituationen, die sich in der Alltagsseelsorge ergeben oder von Ratsuchenden gesucht werden, in der Regel überladen. Und Seelsorger*innen müssen vor allem immer beachten, dass therapeutische Beziehungen nur von beiden Seiten, vom Ratsuchenden und der Therapeutin, als bewusster Kontrakt eingegangen werden dürfen; dies gilt auch für die weiteren Therapieverfahren, die im Folgenden skizziert werden. Die Methode der „klientenzentrierten Gesprächführung" ist in der Alltagsseelsorge vielmehr mit einem ermäßigten Anspruchsniveau sinnvoll zu übernehmen; dann ist sie allerdings unbedingt hilfreich: als Wahrnehmungstraining und als Unterstützung einer wertschätzenden Haltung von Seelsorger*innen gegenüber den Menschen, die sie in ihrer Arbeit begleiten und unterstützen.

Orientierung an Ressourcen

Seelsorgern und Seelsorgerinnen begegnen in ihrer Arbeit oft Menschen, die in für sie nicht mehr lösbare Probleme und Konflikte verstrickt sind, die sich schwach, überfordert und als nicht liebenswert erleben. Seelsorger*innen sollen dieser Realitätswahrnehmung unbedingt ernst nehmen und nicht übergehen. Zugleich sollen sie den Menschen in einer Haltung begegnen, in der sie sie im selben Augenblick als geliebte Kinder Gottes ansehen, mit einem gewissermaßen contrafaktischen Blick aus der Fülle und dem Reichtum des Geschenks der Zärtlichkeit Gottes für alles Lebendige heraus. Das Konzept der Ermutigung, des

[96] Manfred Josuttis, a.a.O., 126.

„Empowerment“ beinhaltet, Menschen bei ihren eigenen Kräften und Stärken anzusprechen, also bei den Potenzialen, die trotz aller Schwierigkeiten in ihnen verborgen sind. Dies betrifft Selbstbilder und Erzählungen, mit denen Menschen ihr eigenes Leben deuten, dies beinhaltet Symbole und Rituale, in denen Menschen ihre Lebensführung verstetigen, dies schließt auch ihrer Beziehungsnetze ein. Als Faustregel kann gelten: „Scheiße in Dünger verwandeln“. Mit etwas stärker reflektiertem Blick ist dies das Konzept des „Reframing“.

Ausgangspunkt ist hier die Einsicht, dass das menschliche Erleben niemals vollständig spontan geschieht, sondern nach Mustern, die sich lebensgeschichtlich langfristig herausbilden und in aktuellen Beziehungen und Konflikten immer wieder stabilisieren. Das können Selbstbilder sein, die sich über die Beziehungen zu den Eltern aus Kleinkindszeiten, über spätere Konflikte und unzuverlässige Beziehungen verhärten, und die um die Zuschreibungen kreisen: „ich bin nichts wert“, „ich kann nichts“, „ich bin nicht liebenswert“. Diese Selbstthematisierungen können sich in zahlreichen Erfahrungen stabilisieren, sich immer wieder neu aufladen, können sich an Erzählungen binden, in denen sich die betroffenen Menschen selbst immer wieder neu entsprechend diesem Bild stilisieren. Sie können sich in Ritualen verstetigen, in denen die einzelnen Konflikte vermeiden, Dingen aus dem Weg gehen, die sie fordern würden, bis hin zu Suchtverhalten. All dies kann man als Rahmungen verstehen, als Deutungshorizonte und energetische Strömungen, die dauerhaft sind und aus der Perspektive der Betroffenen vollkommen selbstverständlich erscheinen.

Solche Rahmungen können aber verändert werden. Hier ist der systemische Blick sehr hilfreich: Seelsorger*innen werden gut daran tun, immer darauf achtzuhaben, in welchen Beziehungen Menschen leben. Nicht alle diese Beziehungen werden, auch in hoch problematischen Lebensgeschichten, für die Subjekte belastend und zerstörerisch sein. Die Frage danach, wo gute Erfahrungen möglich wurden und werden, wo möglicherweise Verbündete in Konflikten gefunden werden können, ist eine wichtige Perspektive in der Suche nach Ressourcen.

Ebenso wichtig und oft schwieriger ist es, die stabilisierten Selbstbilder anzugehen, an die sich die Betroffenen auf lebenslang gewöhnt haben und an sie klammern. Mit Alfred Adler, einem Psychoanalytiker der ersten Generation und Zeitgenossen Sigmund Freuds, muss immer auch danach gefragt werden, welchen Nutzen Menschen daraus ziehen, an Dingen festzuhalten, die von außen gesehen ihnen gar nicht nutzen, ganz im Gegenteil. Dies ist ein erster wichtiger Schritt im „Reframing“. Es geht also darum, Ratsuchende selbst darauf zu bringen, was sie selbst davon haben, dass sie sich als wertlos ansehen. Möglicherweise gewinnen sie an innerer Sicherheit zumindest dadurch, dass sie sich alle Bedürfnisse versagen, alle Risiken scheuen, die sie eingehen müssen, wenn sie sich in ihren Stärken wahrnehmen würden. Auf der anderen Seite können schon kleine Schritte große Befriedigung ermöglichen, wenn in einem sehr begrenzten Fall ein Konflikt riskiert wird, sich die Ratsuchenden etwas zutrauen, einen Streit riskieren, sich erlauben, etwas zu genießen und so weiter und so weiter. Je nach Person wird dies etwas Besonderes und Eigentümliches sein, es kann der Schritt sein, sich mit jemandem zum Kaffee zu verabreden, von dem man sich sehr klein vorgekommen ist, es kann sein, einem Kollegen oder einer Chefin in einer Kleinigkeit zu widersprechen. Es muss genau überlegt werden, wie viel die Einzelnen jeweils schon riskieren mögen. Wichtig ist in jedem Falle, dass die Betroffenen lernen, stärker als bisher auf ihre Körpersignale und auf ihre Präsenz in der Welt der Beziehungen achtzuhaben.

In beiden Richtungen, also mit Blick auf Körpersignale und Zugewinn an Präsenz, finden Seelsorger*innen Unterstützung in humanwissenschaftlich begründeten Beratungskonzepten. Zwei möchte ich anführen.

Auf Gendlins focusing-orientierte Therapie habe ich bereits hingewiesen: Die Grenze zwischen dem Raum der „inneren" vorsprachlichen Intentionen des Körpers und den „äußeren", regelbezogenen, sprachlich-gestischen Verstehens- und Verständigungsmöglichkeiten ist selbst der menschlichen Wahrnehmung zugänglich: dies kann in therapeutischen Prozessen erlernt und geübt werden. Eugene T. Gendlin hat mit seiner „focusing-orientierten Psychotherapie"[97] erlernbare Haltungen und Techniken gezeigt, den zunächst immer unklaren „Rand" zwischen Gefühlen/Intentionen und bewusster, sprachlich artikulierbarer Wahrnehmung zu erspüren, und zwar: als körperliche Empfindungen zu erspüren. Diese strikte Bezogenheit auf die Innen-Wahrnehmung des eigenen Körpers macht auch die Differenz aus, die Gendlin gegenüber der psychoanalytischen Theorietradition der Freud-Schule betont. Gendlin konzentriert sich in seiner therapeutischen Einstellung auf „die Schicht des Unbewussten, die wahrscheinlich als nächstes an die Oberfläche kommt"[98]: für diese Schicht bietet die Freud'sche Psychoanalyse keinen Begriff an. „Das direkte Spüren der Grenzzone tritt körperlich auf, als eine psychische, somatische Empfindung. Es wird in den Bauchorganen, in Brust oder Hals spürbar, gewöhnlich an einem speziellen Ort in der Körpermitte. Es ist eine besondere Körperwahrnehmung ... Sie wird innerlich gespürt, nicht als äußere körperliche Empfindung wie angespannte Muskeln oder ein Kitzeln an der Nase ..."[99]

---

97 Eugene T. Gendlin, Focusing-orientierte Psychotherapie. Ein Handbuch der erlebensbezogenen Methode. New York 1996, München 1997.
98 Ebd., 36.
99 Ebd.

In diesen Lokalisierungen des „Randes“*der „Grenzzone“ (Gendlin verwendet den Terminus *felt sense*) im Körper – Bauchorgane, Brust, Hals – ist deutlich, dass das Konzept der „focusing-orientierten Psychotherapie“ solche Methoden und Techniken aufnimmt und weiterentwickelt, die es „schon gibt“, und zwar im reichen Arsenal religiösen Wissens und religiöser Methoden. Bauch, Brust und Hals sind beispielsweise in der östlichen Chakren-Lehre Sitz dreier (von sieben) energetischer Zentren, die im Körper mit spezifischen Funktionen für den Energie-Fluss (und – in der Kehrseite – mit spezifischen Gefahren der Verkümmerung bzw. Blockierung) begabt sind: Entfaltung der Persönlichkeit, Verarbeitung von Gefühlen, Macht (Bauch = Solar-Lexus-Chakra); Liebe, Mitempfinden, Engagement (Brust = Herz-Chakra); und Kommunikation, kreativer Selbstausdruck (Hals = Kehl-Chakra).[100] Anderen religiösen Traditionen kennen ebenfalls Wege (durch Initiation und Unterweisung zu erlernende Kenntnisse, Techniken, Rituale), Kontakt zu den energetischen Zentren des Körpers zu gewinnen und den Energiefluss in Bewegung zu bringen. Der Energiefluss soll in beiden Richtungen der Zufuhr und Abfuhr von Energie in Gang kommen: als Zufluss heilsamer Energie im Kontakt mit dem Heiligen; als Abfuhr zerstörerischer Energie an den verfemten Ort in seiner je lebendigen symbolischen Gestalt („Teufel“).[101]

Gendlin sind diese Zusammenhänge auch durchaus bewusst: er differenziert seinen Ansatz nicht nur gegenüber verschiedenen psychoanalytischen Konzeptionen, sondern auch gegenüber religiösen Methoden, z.B. der Meditation. Es kommt aber ausdrücklich nicht auf die Abgrenzung von akademisch-theoretischen Entwürfen an, sondern darum, Kontakt zur Gegenwart, zum Hier und Jetzt des eigenen Körperseins an der Grenze zwischen Unbewusstem und Sprachlich-Bewusstem zu finden. „Es ist die körperliche Empfindung irgendeiner Situation, eines Problems oder eines Aspekts des eigenen Lebens ... Ein *felt sense* ist neu. Es ist nicht schon als körperlich wahrgenommenes Objekt vorhanden. Es entsteht neu in uns, ähnlich wie Weinerlichkeit oder Gähnen in uns entsteht ... Mit einiger Übung kann man diese eigenartige Form von Erleben, die wir nun einen *felt sense* nennen, kommen lassen ...Ein Charakteristikum dieses *felt sense* ist, dass er als ein komplexes Ganzes erlebt wird ... Mit dem Auftauchen einer solchen Körpererfahrung ist Erleichterung verbunden, als sei der Körper dankbar dafür, seine Seinsweise als ein Ganzes bilden zu dürfen.“[102]

Eugene Gendlin fokussiert therapeutische Prozesse auf die Körpererfahrung, auf die Grenze zwischen Unbewusstem und Bewusstem: entscheidend ist nicht

100 Vgl. Shaila Sharamon und Bodo J. Baginski, Chakkra-Handbuch, Aitrag 1992.

101 Vgl. hierzu vor allem: Ina Rösing, Die Verbannung der Trauer. Mundo Ankari 1. Nächtliche Heilungsrituale in den Hochlanden Boliviens. Zweitausendundeins, 3. Aufl. Frankfurt a.M. 1992.

102 Eugene T. Gendlin, a.a.O., 38f.

bloße Deutung, sondern das Erspüren des Ortes in meinem Körper, an dem das Neue entsteht. Dies beinhaltet unbestreitbar einen Zugewinn an Lebensnähe gegenüber vielen anderen psychotherapeutischen Konzeptionen: der „Test" für das Gelingen einer Therapie ist nicht die plausible Deutung und auch nicht das besser angepasste Verhalten, sondern das körperliche Innewerden, dass Blockaden fallen und neue Energie frei wird. Zugleich ist offensichtlich, dass im Kontext religiösen Wissens diese psychotherapeutische Konzeption nicht so vollständig neu ist, wie sie es gern wäre. Die Psychotherapie beerbt Religion, nicht umgekehrt. Für Menschen, die in kirchlicher Seelsorge engagiert sind, heißt dies aber auch: wir können im Kontakt mit solchen psychotherapeutischen Konzeptionen das Gemeinsame erkennen und verschüttete Kanäle des Eigenen wieder freilegen. Nicht Abgrenzung ist gefordert, auch nicht Hochmut, sondern wechselseitige Achtung und Kooperation.

Gestalt

Wenn jetzt die Gestalttheorie – vor allem Gestaltpädagogik und -therapie – als „Hilfswissenschaften" für die methodische Näherbestimmung der positiven, hinführenden und öffnenden Bewegung der Seelsorge in Anspruch genommen wird, dann nicht deshalb, weil der Gestalt-Begriff jetzt schon unter der Hand in die Argumentation „geschmuggelt" wurde. Nein: schon für die Weise, in der Seelsorger*innen die Bibel lesen, die sie „ins Gespräch bringen" werden, ist ein an Gestalt interessierter Zugang notwendig.

Hier ist von dem verstorbenen Göttinger Religionspädagogen Christoph Bizer zu lernen.[103] Wer eine Gestalt ausprägt, bringt das, womit er sich beschäftigt, im Hier und Jetzt zur Geltung. Dieser Raum- und Zeitbezug ist konstitutiv. Bizer bezieht dies auch auf die Bibel als Heilige Schrift. Diese Überlegung beinhaltet eine kritische Erweiterung gegenüber einer Engführung, wenn die Lektüre der Bibel auf historisch-kritische, an hermeneutischer Erschließung des historisch Abständigen begrenzt bleibt: ein Risiko, das in der wissenschaftlichen theologischen Ausbildung nicht immer ausgeschlossen ist.

Gestalttheoretisch sind für den Umgang mit der Bibel das Hier-und-Jetzt-Prinzip, aber auch das Prinzip der „prägnanten, kräftigen Gestalt" grundlegend. Damit ist gesagt, „dass nicht etwas Vorfindlich-Richtiges als Kern in die Hülle einer Gestalt gebracht wird, so dass der Kern das Eigentliche, die Hülle dagegen

[103] Christoph Bizer, Die Schule hier – die Bibel dort. Gestaltpädagogische Elemente in der Religionspädagogik. Hier zitiert nach: Chrristoph Bizer, Kirchgänge im Religionsunterricht und anderswo. Zur Gestaltwerdung von Religion. Göttingen 1995, 31-49.

das zufällige, subjektiv ausgesuchte Gewand wäre, in das der Kern eingekleidet wird. Die Theorie der Gestalt sieht in der Gestalt nicht das Äußerliche, Uneigentliche, sondern das Wesentliche. Mit dem Wahrnehmen einer Gestalt organisiere ich das, was ich wahrnehme, für mich. Am Vorgegebenen (einer biblischen Erzählung, einem Psalm, einem prophetischen Text o.ä., HMG) tritt für mich ein organisierendes Zentrum, eine ‚Figur' in den Vordergrund, die das Feld nun bestimmt. Eine Vordergrundfigur tritt scharf heraus und lässt alles andere in den Hintergrund treten; die Figur bleibt gleichwohl mit dem Hintergrund in Beziehung und nährt sich aus ihm."[104]

„Die Gestalt ist immer nur im ‚Hier und Jetzt'. Die Gestalttheoretiker gehen von einem bemerkenswerten Grundsatz aus: jede Gestalt lebt nur so lange, als Spannung in ihr liegt, die weiter auf Vollendung aus ist ..."[105] Dies beinhaltet auch: es muss z.B. für jede seelsorgliche Gesprächssituation neu wahrgenommen werden, ob es für diese beteiligten Menschen und für diese zu bearbeitende Konfliktsituation wirklich hilfreich ist, die „Bibel ins Gespräch zu bringen". Dies ist nicht abstrakt vorwegzuentscheiden. Und die gelingende „gute Gestalt" wird immer auch davon abhängen, wie deutlich sich der*die Seelsorgerin in der biblischen Großerzählung „beheimatet" hat. Nur dann wird es gelingen, zwanglos, aber auch konturiert biblische Erzählungen oder Gebete in den Gesprächsfluss einfließen zu lassen: dann und deshalb, um beiden Bewegungsrichtungen des „heilsamen Austausches", der absagenden und der hinführenden Bewegung, für die Beteiligten eine höhere Wahrnehmung, eine erweiterte Sagbarkeit, eine verstärkte Realisierung für ihre Gefühle und ihre Lebenskonflikte zu eröffnen.

Auch in der Gestaltung der seelsorglichen Kommunikation selbst ist aus dem Ansatz der Gestalttherapie zu lernen – auch hier mit einem gegenüber dem therapeutischen Impetus ermäßigten Anspruchsniveau, aber auch mit einem selektiven, nur auf manche im Zusammenhang der Alltagsseelsorge hilfreichen und notwendigen Aspekte begrenzten Zugang auf diesen gegenwärtig in verschiedene therapeutische Schulen und Institute ausdifferenzierten Therapieansatz.

In der Methode der Gestalttherapie[106] nach Fritz Perls liegt ein noch größeres Gewicht auf der Selbstwahrnehmung und auch der eigenen Aktivität des Therapeuten als beispielsweise in der klientenzentrierten Gesprächsführung nach Carl Rogers. Man könnte auch sagen: Das hier geforderte Kriterium der ‚Echtheit' wird in der Gestalttheorie konzentrierter und differenzierter einge-

---

[104] Ebd., 41.

[105] Ebd., 43.

[106] Zit. nach.: Erving und Miriam Polster, Gestalttherapie. Theorie und Praxis der integrativen Gestalttherapie. 1983, Frankfurt a.M. 1997. Vgl. auch: Hans-Jürgen Walter, Gestalttheorie und Psychotherapie. Opladen, 2. Aufl. 1985.

setzt. Der*die Therapeut*in wird sich selbst, den eigenen Körper, die eigene Wahrnehmung von Gefühlen als ‚Instrument' des therapeutischen Prozesses einsetzen. Der*die Therapeut*in achtet bei sich selbst darauf, welche Körperempfindungen durch bestimmte Gesten oder körpersprachliche Merkmale des*der Ratsuchenden ausgelöst werden, beispielsweise eine gequetschte Stimme oder eine geduckte Körperhaltung. Er*sie wird die eigenen Wahrnehmungen so in das Gespräch einbringen, dass er*sie beispielsweise den Ratsuchenden auffordert, diese Haltungen zu verstärken und noch sehr viel konzentrierter und rigider mit gequetschter Stimme zu sprechen oder sich in sich selbst zu verklammern. Das Ziel ist, dass solche Körperhaltungen, Gesten, das solche Gefühlsausdrücke in die bewusste Wahrnehmung aufgenommen werden, aus dem ‚Hintergrund' in die ‚Figur' treten können.

Sein im Hier und Jetzt: Vergangene Konflikte, ‚unerledigte Geschäfte' in dem Sinne, dass es nicht geschafft wurde, eine Beziehung oder ein Gefühl zu einer ‚guten Gestalt' zu bringen, werden insofern bedeutsam – und sie werden nur insofern bedeutsam –, als sie hier und jetzt Energien des Patienten binden, in dieser aktuellen Situation für den*die Ratsuchende*n störend und insofern bedeutsam werden.[107] Dies soll jedoch nicht zu einer rigiden Regel werden: Seelsorger*innen, die nach dieser Methode arbeiten, werden auch alle Äußerungen in den Gesprächen mit Ratsuchenden zulassen, die als Erinnerung an lebensgeschichtlich vergangene Situationen oder auch als Ausschnitt aus dem politischen und gesellschaftlichen Kontext in diese therapeutische Situation einfließen. Sowohl das vergangene als auch das überindividuell Gesellschaftliche soll aber unter dem Blickwinkel zur Geltung kommen, was es hier und jetzt, in dieser Situation, für das Gefühl des Beteiligten auslöst. Auch Erinnern und Vorwegnehmen werden als aktuelle Vorgänge verstanden; wenn sie wichtig werden, dann in der und für die Gegenwart.

Wahrnehmung von Ich-Grenzen: Eine wichtige Übung, zugleich ein wichtiges Ziel der Gestalttherapie ist, ein Gefühl dafür zu entwickeln, was in mir selbst ist und was von außen an mich herangetragen wird. Wichtig ist, beides wirklich wahrnehmen und beides auch wirklich voneinander unterscheiden zu lernen.

Kontakt: In dem Maße, wie es gelingt, Ich-Grenzen wahrzunehmen und ein Gefühl für sich selbst, für die anderen und für die Situation „hier und jetzt", in

[107] Hier liegt eine wichtige Unterscheidung der Gestalttherapie zur Psychoanalyse nach Sigmund Freud. Hatte Sigmund Freud beispielsweise die Einsicht in Übertragungsprozesse und im Gegenübertragungsanteile beim Therapeuten selbst als zentrales Mittel der Therapie eingesetzt, damit aber auch riskiert, dass die hier und jetzt aktuelle Beziehung zwischen diesen Ratsuchenden und dieser Therapeutin nur als Folie verstanden wurde, auf der die eigentlich wirksamen, energetisch aufgeladenen Konflikte mit dem eigenen Vater, der eigenen Mutter ausagiert wurden, so wird in der Gestalttherapie der Schwerpunkt auf die Hier-und-Jetzt-Erfahrung gelegt.

diesem Augenblick zu entwickeln, kommt es zu ‚Kontakt'. Gelingender Kontakt ist ein Fluss von Gedanken, Gefühlen, gestischen und sprachlichen Äußerungen, in denen eine Person eine möglichst umfassende Wahrnehmung eigener Intentionen und eine ebenso lebendige Wahrnehmung der Intentionen anderer hat – und zugleich entscheiden und auswählen kann, was sie hier und jetzt von sich selbst mitteilen und von anderen annehmen möchte: und dies alles in einer Weise, dass keine rigide, der jeweils jetzigen Situation unangemessene Figur-Grund-Konstellation durchgehalten wird. Lebendiger Kontakt wird von denen, die diese Erfahrung machen, als beglückende und erweiternde Lebensmöglichkeit erfahren.

Widerstand. Es geht in der Gestalt-Therapie auch darum, die Gefühle, Haltungen, Gedanken, Wahrnehmungen deutlich zur Gestalt zu bringen, die lebendigen Kontakt verhindern. Wenn eine Person beispielsweise ihre Zuneigung zeigen möchte und dabei bemerkt, dass sie dabei einen Kloß im Hals hat und nicht richtig sprechen kann, dann wird in der Gestalt-Therapie die Wahrnehmung auf diesen Kloß im Hals gerichtet, ja der*die Ratsuchende wird aufgefordert, selbst dieser ‚Kloß' zu sein und diesen Kloß in seinen Absichten, Wirkungen, Interessen auch sprachlich und gestisch darzustellen.

Das jeweilige Gegenteil zur Geltung bringen. In der Gestalttherapie wird davon ausgegangen, dass es bei jedem dominierenden Gefühl, bei jeder Handlung zugleich ein gegenteiliges Gefühl, eine gegenteilige Handlung gibt, die in dieser hier vorherrschenden Figur-Grund-Konstellation entmächtigt ist, aber dennoch lebendig ist und Energien verbraucht, insbesondere dann, wenn sie unbewusst in den Hintergrund gedrängt werden musste. Fritz Perls erläutert dieses Problem am Beispiel des Radfahrens: Dem Anfänger erscheint es als ganz unmöglich, auf dem Rad Gleichgewicht zu wahren. Wenn er zu stark nach einer Seite schwankt, wird er hinfallen, wenn er versucht, das Rad herumzureißen, fällt er auf der anderen Seite auf die Nase. Nach und nach wird er lernen, die ständigen Korrekturen, die zunächst so große Mühe bereiten, automatisch vorzunehmen. Es kommt auf dem Rad zu einem dynamischen Gleichgewicht. Der Radfahrer gewinnt Erfahrungen darin, Ungleichgewichte auszubalancieren, ehe sie zu stark werden – und dies ist alles andere als mühsam und macht einen großen Teil des Vergnügens beim Radfahren aus. In psychischen Prozessen und eingespielten Interaktionen sind die gefundenen und durchgehaltenen Formen des Gleichgewicht-Wahrens oft weniger glücklich. In einem solchen Falle müssen Konflikte wieder lebendig gemacht, ein gefundenes Gleichgewicht zwischen Gegensätzen dargestellt werden und diese Gegensätze selbst, und zwar auch der ‚unterlegene Teil' zur bewussten Darstellung gebracht werden. Die Gestalt-Therapie geht in diesem Punkt von der Hypothese aus: Wenn wir unsere Fähigkeit ausbilden, die Dinge verkehrtherum zu sehen und ein unbefangenes Interesse an den anderen Seiten, an den Gegensätzen nehmen können, so erlangen wir die Kraft zurück, unsere Entscheidungen für bestimmte Gefühlsoptionen, Verhaltensweisen, auch für Werturteile weniger fremdbestimmt und stärker selbsttätig zu fällen.

Einheit und Komplexität wahrnehmen. Wenn sich die Aufmerksamkeit spontan einem Gegenstand zuwendet, so dass dieser Gegenstand als Figur heller und der Hintergrund dunkler wird, so wird der Gegenstand gleichzeitig einheitlicher, aber auch detailreicher. Wenn immer mehr Details bemerkt werden und nacheinander untersucht werden, so erscheinen auch ihre Beziehungen untereinander immer besser geordnet. Dagegen führt eine angestrengte, erzwungene Konzentration zu einer dürftigen Figur, die in ihren Details nicht voll wahrgenommen werden kann; und völlig fehlende Konzentration führt zu einem Chaos in der Wahrnehmung. Wenn ein Gegenstand dagegen mit spontaner Konzentration, in frei floatender Aufmerksamkeit für eine Zeitlang wahrgenommen wird, dann scheint er immer konkreter zu werden. Spontane Konzentration ist Kontakt zur Umgebung. Die gegenwärtige Situation ordnet sich zunehmend in einer detail- und zugleich strukturreichen, in einer lebendigen und zugleich geordneten Weise. Man kann dies ausprobieren, wenn man beispielsweise den Menschen wahrnimmt, mit dem man sich gerade unterhält: Wie klingt seine Stimme? Welches Minenspiel, welche Gesten nehme ich wahr? Welche Bedeutungen werden mitgeteilt, auf der sprachlichen Ebene, aber auch auf der Ebene der begleitenden Gesten des Minenspiels, der Körperhaltung? Stimmt beides zueinander? Und was bemerke ich bei mir selbst, welche Gefühle im Magen, welche Einfälle entstehen mir, welche Körperhaltung nehme ich selbst ein? Man kann die Aufmerksamkeit hin- und her wenden: Auf der einen Seite kann man die Aufmerksamkeit auf die immer stärker detailreichen Einzelheiten richten, auf der anderen Seite die Aufmerksamkeit wieder zurückfließen lassen auf die Wahrnehmung des Ganzen. In einem solchen Prozess wird man zur Wahrnehmung einer gegliederten Einheit kommt: ein Prozess, in dem die Dinge auseinandergenommen und wieder zusammengesetzt werden – eine Art Zerstörungs- und Wiederherstellungsaktion. Auch diese Übungen dienen dazu, die Möglichkeit zum Kontakt zu verbessern, die Hier- und Jetzt-Wahrnehmung zu intensivieren, und zugleich auch die Widerstände zu spüren, die bei dieser Art von Wahrnehmung entstehen.

Darstellen. Gestalt-Therapie ist eine Therapie des Ausagierens in einem nicht pejorativen Sinne. Für den*die Gestalttherapeut*in heißt Darstellen: die Dramatisierung bestimmter Aspekte der Existenz eines*einer Ratsuchenden innerhalb einer therapeutischen Szene. Dies kann von einer Aussage des Ratsuchenden ausgehen, aber auch von einer Geste. „Wenn er z.B. nur eine kleine Bewegung macht, dann fordern wir ihn auf, seine Bewegung ausladender zu machen. Angenommen, er tut das, dann fühlt er sich wie ein sitzender Löwe. Wir fragen ihn, was das für ein Gefühl ist. Er sagt, er würde gern knurren. Dann soll er knurren. Und das tut er auch; dabei geht er im Raum umher und berührt die Anwesenden wie mit einer Riesenpranke. Wenn er damit fertig ist, hat er einige Menschen in Angst versetzt, andere amüsiert, wieder andere getäuscht und seine eigene, zurückgehaltene Erregung entdeckt. Diese Erregung zeigt ihm eine neue Seite seiner Selbst – die mächtige Seite, die animalische Seite, die Seite, die den Kontakt sucht –, und er beginnt etwas zu erkennen, was bislang in seinem Leben untergeordnet war und was er vermisst hat."[108] In die Darstellung können auch unerledigte Situationen aus einer entfernteren Vergangenheit einbezogen werden, ebenso auch unerledigte Situationen in gegenwärtigen Lebenszusammenhängen. „Darstellen kann Spaß machen. Dabei soll man jedoch zwischen dem Spaß unterscheiden, der nur ausweichend ist, und dem, der ein Ereignis richtig in Gang bringt, ohne dass für die Beteiligten wichtige Einsichten verloren gehen. Wir haben nur äußerst selten mit einer Gruppe gearbeitet, in der es keine Heiterkeit gab. In einer Gruppe, in der der Humor völlig fehlte, haben wir uns so lange darauf konzentriert, bis er auch aufkam. Er wurde insofern entscheidend, als er es den Gruppenmitgliedern ermöglichte, einander ernst zu nehmen. Bis der Humor aufkam, wirkte die ganze Szene leblos. Danach wuchs das gegenseitige Vertrauen wie auch das gegenseitige Interesse. Die spielerische Qualität des Darstellens ist ebenfalls eine Quelle der Vitalität."[109]

In der hinführenden Bewegung des heilsamen Austausches kann der gestalttherapeutische Ansatz für die Arbeit der Alltagsseelsorge in zweifacher Weise wichtig werden. Zum einen als Verstärkung. Das Ziel der gestalttherapeutischen Arbeit – Kontakt im Hier und Jetzt finden – beschreibt zugleich Augenblicke geglückten Lebens, soweit dies in alltäglichen Lebensvollzügen erreichbar ist: wenn Menschen unterstützt werden, im Hier und Jetzt, in der Präsenz ihres leiblich-seelischen Seins Kontakt zu finden und zu leben – zu ihren eigenen Gefühlen, Intentionen und Gedanken, zu den Menschen, mit denen sie zusammen leben, zu einer realistischen und zugleich veränderungsoffenen Wahrnehmung ihrer Lebensbedingungen, und zu Gott. Wichtig kann der gestalttherapeutische Zugang für eine alltagsseelsorgliche Arbeit aber auch in einer selbstkritischen Perspektive werden. Widerstände wahrnehmen und realisieren, das jeweilige Gegenteil zu Geltung bringen, und zwar sowohl kognitiv und emotional hierzu Zugang finden wie auch in die sprachlichen und körperlich-gestischen Dar-

108 E. und M. Polster, Gestalttherapie, a.a.O. 224.
109 Ebd., 227.

stellungsmöglichkeiten einbeziehen: dies ist unabdingbar notwendig, um die Ambivalenzen gelebten Lebens wahrzunehmen, aber auch den Realismus der biblischen Erzähltradition. Am Ziel der Fluss-Bewegung des heilsamen Austausches steht nicht ein Zustand vollendeter Harmonie, keine Regression in eine paradiesische, konfliktfreie Situation. Der Realismus der biblischen Erzählungen zeigt sich darin, dass die dunkle Seite immer mit erzählt wird. Die mimetische Gewaltkrise, die sich in der Kreuzigung des Jesus von Nazareth entlädt, wird in dieser Erzählbewegung umdefiniert, neu erzählt, aber nicht vergessen gemacht: Er hat sein Leben für seine Freunde dahingegeben. Und Gott hat ihn nicht in Elend und Gottverlassenheit gelassen: er hat ihn aus dem Tode auferweckt. Dennoch: die Passionszeit und Karfreitag werden begangen, ehe Ostern gefeiert wird. Der Jubel über das neu geschenkte Leben wird das reale Leiden nicht vergessen machen. Hier liegt in der Tiefe der Grund für die Arbeit der Seelsorge.

Der systemische Blick in der Seelsorge

Es geht zunächst um eine seelsorgliche Haltung, um eine Wahrnehmungseinstellung der Seelsorgenden.[110] Seelsorge teilt hier grundlegende Einsichten systemischer Arbeit z.B. in Familientherapie und Organisationsberatung. Diese gemeinsam geteilte Voraussetzung ist: Menschen leben nicht nur als Individuen. Menschen sind in Beziehungen eingebunden. Der systemische Blick in der Seelsorge sieht den Menschen als Wesen, das nicht allein und für sich und in eine Herkunftsgeschichte mit Eltern in frühkindlichen Prägungen verstrickt, sondern in ständigem Austausch mit seiner*ihrer Umwelt lebt. Probleme einzelner Menschen werden deshalb nicht nur lebensgeschichtlich-intrapersonal betrachtet (z.B. als „Ödipuskomplex" oder „narzisstische Störung" usw.), sondern interpersonal. Im Zentrum stehen Beziehungen, innerhalb derer Individuen ihr Leben führen. Das Schicksal eines bettnässenden Kindes wird beispielsweise nicht allein auf frühkindliche Traumata hin befragt, sondern als Hinweis auf Störungen in der familialen Kommunikation angesehen. Identitätskonflikte werden im Kontext gesellschaftlicher Lagen interpretiert, beispielsweise lang andauernder Arbeitslosigkeit. Die Depression eines Menschen kann mit überfordernden Arbeitsbedingungen zusammenhängen und so weiter.

Der systemische Blick der Seelsorge beinhaltet also vor allem eine Erweiterung und Ausdifferenzierung des traditionellen aufs Individuum zentrierten Blicks der Seelsorge. Vor allem das Fehlen von Partizipationsmöglichkeiten durch Armut, der Ausschluss aus gesellschaftlichen Lebenschancen durch zu geringes Haushaltseinkommen, aber auch kulturelle und religiöse Ausgrenzungen sind wichtige Fragen, die vom systemischen Blick der Seelsorge in den Fokus gerückt werden. Sie nicht zu beachten, würde in vielen Fällen auch bedeuten, in der seelsorglichen Arbeit an den tatsächlichen Problemen der Menschen vorbeizugehen.[111]

Der Alltag von Menschen gewinnt sein Gesicht in spezifischen Lebenslagen und in bestimmten Weisen von Lebensführung. In die Wahrnehmung von Lebenslagen werden z.B. Fragen nach Gender-Zugehörigkeit, nach Lebensalter, Position in familialen und anderen verbindlichen Beziehungen, aber auch nach sozialer, nationaler und religiöser Zugehörigkeit eingehen, vor allem aber auch Fragen nach den Partizipationsmöglichkeiten von Menschen an politischen Entscheidungen und kulturellen Angeboten. Menschen leben ihr Leben als Mann

---

110 Der folgende Abschnitt beinhaltet Auszüge aus: Hans-Martin Gutmann u.a., Praxisbuch Schulseelsorge, a.a.O.

111 Michael Klessmann, Seelsorge. Begleitung, Begegnung, Lebensdeutung im Horizont des Christlichen Glaubens. Ein Lehrbuch. Neukirchen 2008, 100.

oder Frau oder Diverse, Erwachsene*r oder Kind, als Sozialhilfeempfänger*in, als Floristin oder Friseurin mit bescheidenem oder als Gymnasiallehrerin mit ausreichendem Verdienst, oder auch als Manager*in in einem Großkonzern, deren Alltagsgestaltung stärker von dem Problem bestimmt sein wird, die durch materiellen Reichtum eröffneten Partizipations- und Konsummöglichkeiten im jeweiligen Zeitbudget unterzubringen, als durch finanzielle Grenzen der Freizügigkeit.

Es geht vor allem um die aufmerksame Wahrnehmung von Prozessen von Exklusion und Inklusion, in der Verteilung von Anerkennung und Macht, von sozialen Positionen und – im Extremfall – auch in Mobbing-Konflikten. Systemisch arbeitende Seelsorger*innen achten in ihren Wahrnehmungen, Interpretationen und Interventionen auf lebenslagenbedingte Konfliktmuster. Sie fragen nach dem Zusammenhang von Lebenslagen und Beziehungskonstellationen. Sie thematisieren zerstörerische Exklusion und bearbeiten in ihren Interventionen daraus entstehende Konflikte und Krisen, die sich in der Störung von Lebensgewissheit, Lebenslust, Vertrauen zu sich und anderen und Selbstwertverlust ausdrücken können.

Die Frage nach Lebenslagen ist die eine Seite. Die andere Seite ist die Frage, was Menschen aus ihren Lebenslagen machen und machen können („Lebensführung"). In der sozialwissenschaftlichen Diskussion über „Alltag" wird deshalb die Wahrnehmung von Lebenslagen durch die Thematisierung der Lebensführung[112] erweitert: Menschen sind durch ihre (sozialen, ökonomischen usw.) sozialen Lebenslagen nicht determiniert, sondern entscheidend sind ihre Kompetenzen und ihre Realisierung von Ressourcen, aus denen heraus sie aus dieser Lage ihr Leben gestalten.

Erwerbslose beispielsweise müssen ihre kommunikativen Netze und ihr Selbstgefühl unter Bedingungen sozialer Entwichtigung, entleerter Zeit und eingeschränkter finanzieller Möglichkeiten erhalten. Menschen, die diesen Familien zugehören, werden ihre Beziehungen – zu Freund*innen, Peers, Cliquen, Lehrer*innen – immer auch so gestalten, dass sie Entwertung und Entwichtigung begegnen und Möglichkeiten suchen, Macht und Lebensgewissheit zu erfahren.

Oder: In Familien und unterstützenden Institutionen müssen kleine Kinder und alt gewordene Eltern kommunikativ und materiell, im Falle alt gewordener Eltern oft auch gesundheitlich versorgt werden. Dies wird oft als Aufgabe der

---

[112] Vgl. z.B. Alltägliche Lebensführung. Arrangements zwischen Traditionalität und Modernisierung. Hg. Projektgruppe ‚Alltägliche Lebensführung', Red. Werner Kundera und Sylvia Dietmeier, Opladen 1995; sowie: Hans-Georg Soeffner Hg., Kultur und Alltag. Soziale Welt Sonderband 6, Göttingen 1988; sowie: Peter A.Berger und Stefan Hradil Hg., Lebenslagen – Lebensläufe – Lebensstile. Soziale Welt Sonderband 7, Göttingen 1990.

Frau in der Familie angesehen, die dafür eigene Lebensperspektiven hintanstellen soll. Diese Beziehungen sind nicht nur durch Liebe, sondern immer auch durch Arbeit bestimmt, oft durch dauerhaft ungleich verteilte Arbeitsverpflichtungen.[113] Sorgeverpflichtungen sind in der Regel geschlechtsspezifisch ungleich verteilt. Wer seinen Alltag unter Sorgeverpflichtungen organisieren muss, lebt vollständig anders als jemand, der das nicht tut – und zwar in fast jeder Hinsicht: in Hinsicht auf das Zeitbudget, auf den Umgang mit Geld, auf die Möglichkeit, Beziehungen zu wählen, in Hinblick auch auf die Möglichkeit, zu arbeiten – oder auch einen Roman zu lesen, in eine Kneipe oder ins Kino zu gehen, Freizeit zu verbringen.

Ratsuchende, die mit solchen Lebenslagen in ihren Familien konfrontiert sind, werden sich in ihrer Lebensführung mit der Frage auseinandersetzen, wie sie sich gegenüber Rollenzumutungen mit Blick auf Gender- und Generationsgerechtigkeit verhalten, und Seelsorge wird sie darin unterstützen: Wie können sie mit solchen Zumutungen gut umgehen – auf sich selbst und zugleich auf andere achthaben, nicht rigide, aber, wenn nötig, auch bereit, nötige Konflikte zu führen?

Oft sind es gerade die lebenweltlichen Nah-Bereiche der Lebensführung mit geliebten Menschen, Freunden oder auch den Mitgliedern der eigenen oder konkurrierenden bzw. verfeindeten Clique, in denen Konflikte aufbrechen. Nahbeziehungen sind oft von Hoffnungen auf Wärme, Nähe, Vertrauen, Sich-Verlassen-Können bestimmt. Aber sie müssen immer auch in ihren Enttäuschungen, Konflikten, ihren Ambivalenzen wahrgenommen und ertragen werden. Gerade hier entstehen viele Konflikte, die eine seelsorgliche Begleitung nötig machen.

Systemische Seelsorge hat acht auf Lebensführungsprobleme – und nicht allein Lebenslagen –, weil Menschen nicht nur als von Bedingungen abhängig gesehen werden, sondern als selbsttätig: nämlich so, dass sie in der Lage sind, gegebene Bedingungen ihres Lebens auf eine Weise zu gestalten, die durch diese Bedingungen niemals restlos vorherbestimmt ist.[114]

Eine vor allem auf individuelle Lebensgeschichten konzentrierte Seelsorgearbeit würde an dieser geballten Lebenswirklichkeit vollständig vorbeigehen. Umgekehrt kann es große Wirkungen auf die Wahrnehmung von bisher verschütteten Ressourcen, auf das Reframing zerstörerischer Erfahrungen und Selbstwahrnehmungen haben, wenn durch systemische Interventionen beispielsweise Beziehungsmuster wahrgenommen, Allianzen und Koalitionen the-

---

113 Dieses Problem verstärkt sich durch den Rückbau sozialer Sicherungssysteme. Menschen müssen für andere Menschen sorgen, die nicht für sich selbst sorgen können – kleine Kinder beispielsweise oder alte Menschen.

114 Vgl. z.B. Hildegard Mogge-Grotjahn, Von der möglichen Wirklichkeit und der wirklichen Möglichkeit. Ein Lob des visionären Pragmatismus. Ev. Fachhochschule Rheinland-Westfalen-Lippe Hg., Gesellschaftliche Herausforderungen und praxisbezogene Lehre ..., FS Gottfried Schmidt, Bochum 1995.

matisiert und eventuell neu strukturiert, die Frage nach nicht wahrgenommenen Ressourcen intensiviert und den in der Lebenswirklichkeit gemeinsam lebenden Menschen-in-Beziehung so Chancen eröffnet werden, neu nach Möglichkeit der Lebensvergewisserung zu suchen.

Die grundlegende Perspektive des systemischen Blicks in der Seelsorge ist damit beschrieben. Es geht auf der einen Seite um diese Haltung der Seelsorgenden in ihrer Wahrnehmungseinstellung gegenüber Ratsuchenden im Kontext ihrer Beziehungsnetze und ihrer gesellschaftlichen Lebenswirklichkeit. Zugleich hat sich in der systemischen Beratung und Therapie in jüngerer Zeit ein Ensemble von theoretischen Klärungen und methodischen Techniken entwickelt.

Das systemische Verständnis von „Wirklichkeit"

In der systemischen Theorie werden Phänomene, „Dinge", wie z.B. Probleme, grundsätzlich nicht als etwas angesehen, was es „an sich gibt", sondern als etwas, das subjektiv vom Betrachter erkannt wird. Das heißt nicht, dass es „Realität" an sich nicht gibt, nur wird ihre Betrachtung losgelöst von dem erkennenden System, dem Betrachter, als müßig und wenig hilfreich eingestuft. „Wirklichkeit" wird nie losgelöst gesehen von ihrem Betrachter.

Erkennen von „Wirklichkeit" ist das Vornehmen von Unterscheidungen durch das erkennende Subjekt. Auf diese Weise verschaffen sich Subjekte Orientierung in einer unübersichtlichen Welt, entwickeln Konzepte über die Welt, um sinnhaftes Überleben so erst zu ermöglichen. Aber diese Konzepte, die über die Welt entwickelt werden, dürfen nicht mit der Welt „an sich" verwechselt werden. „Wirklichkeit" ist vielmehr das Produkt wirksamer Unterscheidungen[115]. Menschen als Individuen ebenso wie soziale Gruppen verständigen sich im Dialog darüber, was sie für wirklich halten: „Systeme konstruieren gemeinsame Wirklichkeiten als Konsens darüber, wie Dinge zu sehen sind."[116]

Die Bedeutung kausaler Zusammenhänge

Wenn es „Wirklichkeit" losgelöst vom jeweiligen Betrachter nicht gibt, und wenn jeder Beteiligte eines Systems gleichzeitig Betrachter ist, gewinnen Muster von Beziehungen und Wechselwirkungen an Bedeutung.

---

115 A.a.O., 88.

116 A.a.O., 89. In diesem Abschnitt sind von Katrin Meuche formulierte Passagen aufgenommen aus: Hans-Martin Gutmann u.a., Praxisbuch Schulseelsorge, a.a.O.

Die Verhaltensweisen eines einzelnen Menschen sind durch die eines anderen mit bedingt. In der systemischen Theorie wird von der „Rekursivität sozialer Prozesse“[117] gesprochen. Handlungen und Reaktionen bedingen sich gegenseitig. Linear kausale Zusammenhänge zu konstruieren, käme hingegen einer unzulässigen Verkürzung gleich. Zu verstehen und einzuordnen sind diese gedanklichen Vorgänge als Bemühungen, die Komplexität von Wirklichkeit zu reduzieren. Jeder Verhaltensbeitrag hat aber sowohl Einfluss auf den Handelnden selbst als auch auf andere Systembeteiligte. Dieser Prozess, in dem Teile eines Systems wechselwirkend aufeinander einwirken, wird als „zirkulare Kausalität“[118] bezeichnet.

Im Umgang mit Alltagssituationen und der dinglichen Lebenswelt ist das Denken in Kausalzusammenhängen erfahrungsgemäß sinnvoll. Wenn ich beispielsweise einen Lichtschalter bediene, rechne ich damit, dass das Licht angeht – und umgekehrt: wenn plötzlich das Licht angeht, rechne ich damit, dass jemand einen Schalter bedient hat. Geht es jedoch um die Betrachtung sozialer Systeme, sind kausale Zusammenhänge als Erklärungsprinzipien unzureichend. Von einem bettnässenden Kind lässt sich beispielsweise nicht automatisch als Ursache auf eine gestörte Mutter-Kind-Beziehung schließen. Hier geht es vielmehr um das Erkennen sozialer Interaktionsprozesse, um das Erfassen von Beziehungsmustern und Kommunikationsweisen, die sich wechselseitig bedingen. Ein Symptom, das ein Systembeteiligter entwickelt, wie z.B. ein auffälliges bzw. störendes Verhalten, ist zunächst als ein Signal zu verstehen. Die Frage nach der Ursache für dieses auffällige Verhalten verliert im systemischen Denken hingegen an Bedeutung. Systemische Beratung und Therapie will Anstöße geben, neue Beziehungsmuster zu entwickeln, die Wachstum und Reifung ermöglichen. Sie zielt nicht zuerst auf die Behandlung der Symptome oder deren Ursachen.

Die Rolle der Sprache

In der systemischen Theorie wird davon ausgegangen, dass „Sprache“ Bedeutung nicht nur als Kommunikationsmittel erhält, sondern auch als ein „Wahrnehmungsorgan“ anzusehen ist. In sozialen Systemen wird über Sprache das hergestellt, was wir gemeinsam mit anderen als Wirklichkeit erleben. So erzeugen Familienmitglieder durch kommunikativen Austausch, durch ihre Konversation eine gemeinsame Darstellung der Wirklichkeit.

---

117 A.a.O., 90.

118 Ebd.

Sprache bietet Menschen die Chance über die Art und Weise zu reflektieren, wie sie „Wirklichkeit" konstruieren.

Für die systemische Therapie und Beratung ist der Einsatz von „Schlüsselwörtern" von Bedeutung[119]. Wenn sich an Schlüsselwörter neue und ungewohnte Konnotationen anknüpfen lassen, können sie Klient*innen quasi „sprachspielerisch" anregen, neue Perspektiven der Selbstwahrnehmung einzunehmen und eine Erweiterung ihrer Möglichkeiten und Ressourcen zu entwickeln. Ihre Verwendung kann Klient*innen aktivieren, sich gedanklich auf neue assoziative Suchprozesse[120] einzulassen.

Das systemische Verständnis von „Problemen"

In der systemischen Theorie wird ein Problem als etwas beschrieben, was in der subjektiven Wahrnehmung eines Menschen als ein „unerwünschter und veränderungsbedürftiger Zustand"[121] angesehen wird, der aber grundsätzlich veränderbar ist. Ein Problem ist „jedes Thema einer Kommunikation, die etwas als unerwünscht und veränderbar wertet".[122]

Nicht das System, in dem das Problem auftritt oder bemerkt wird, muss sich grundlegend ändern, sondern die Kommunikation über das Problem innerhalb des Systems. Und ein Problem gilt dann als gelöst, wenn der*die Klient*in subjektiv der Meinung ist, dass das Problem gelöst sei.

Eine weitere Grundannahme besagt, dass Probleme Phänomene sind, die bereits einen Lösungsansatz beinhalten. Dieses Lösungselement wird als „Ausnahme vom Problem" bezeichnet. Damit ist gemeint, dass Konstrukte wie „Krankheit" oder „auffälliges Verhalten" nicht immer gleichermaßen deutlich erkennbar auftreten, sondern dass es immer Phasen bzw. Momente gibt, in denen das Problem weniger intensiv, weniger belastend oder auch gar nicht in Erscheinung tritt. Probleme können auch in einem problematischen Sinne „nützlich" sein. So kann mit problematischem Verhalten von schwerwiegenderen Konflikten in einem (Familien-)system abgelenkt werden.

Dieses Verständnis von Problemen impliziert auch eine Haltung Klient*innen gegenüber, die als Expert*innen ihrer eigenen Situation gesehen werden,

---

119 A.a.O., 98.

120 A.a.O., 98. Von Schlippe/Schweizer verweisen hier beispielsweise auf das Wortspiel „in Streik treten"; vgl. Boscolo/Bertrando u.a., Sprache und Veränderung. Die Verwendung von Schlüsselwörtern in der Therapie. Familiendynamik 18, 1993, 107-124, hier 113ff.

121 A.a.O., 103.

122 Kurt Ludewig, Systemische Therapie, Stuttgart 1992, 116, zit. n. von Schlippe/Schweitzer, a.a.O., 103.

nämlich als Expert*innen ihres Problems und seiner immanenten Lösungsmöglichkeiten. Von einer Lösung des Problems wird dann gesprochen, wenn ein Klient sein formuliertes Ziel erreicht hat.

Die systemische Gesprächsführung ist ziel- und lösungsorientiert. Zu Beginn eines Beratungsgesprächs wird der* die Klient*in nach ihrem Ziel (dem „Anliegen") befragt, um dem Gesprächsverlauf eine Richtung zu geben. Durch diese sogenannte Auftragsklärung lässt sich die beratende Person ein Mandat erteilen, das ihr Orientierung für die Gesprächssteuerung verschafft, aber zugleich auch eine Beschränkung auferlegt. Dieses Mandat wird von ihrer Seite nicht eigenmächtig erweitert oder ergänzt. Ein Beispiel: „Angenommen, unser Gespräch ist zu Ende und es war hilfreich für Dich, was ist dann anders?"

Die Konzentration im systemischen Beratungsgespräch liegt nicht auf dem geschilderten Problem, nicht auf Defiziten oder Prozessen, die in der Vergangenheit angesiedelt sind. Systemisches Fragen ist zukunfts- und ressourcenorientiert. Klient*innen werden angeregt, sich selbst, ihre Möglichkeiten und Ressourcen zu erkunden, die sie jetzt und künftig nutzen können. Auf geschlossene Fragen, reine Informationsfragen und auf Fragen nach Ursachen und Wirkung („warum", „wieso", „weshalb") wird deshalb weitgehend verzichtet. Solche Fragen führen zu einer Beschreibung von Begründungszusammenhängen und zu Rechtfertigungen des Ist-Zustands.

Stattdessen werden Fragen so formuliert, dass sie Klient*innen zum Nachdenken über sich selbst anregen (Ressourcen) und über konkrete Schritte, die sie aus einer oft als ausweglos empfundenen Situation führen können. Das Ziel systemischen Fragens besteht darin, Problemlösungsprozesse zu initiieren, die etwas hervorbringen, was noch im Verborgenen liegt. Es geht darum, Möglichkeiten zu erkunden, statt Befindlichkeiten zu verbalisieren.

Die Methode des seelsorglichen Kurzgespräches in der Seelsorge

Wer beispielsweise aus der Arbeit der Telefonseelsorge die Methoden der klientenzentrierten Gesprächsführung nach Paul Rogers gelernt hat, wird vermutlich zunächst erstaunt sein, wenn er der Methode des seelsorglichen Kurzgespräches[123] begegnet. Die grundlegenden Dimensionen seelsorglicher Haltung sind durchaus ähnlich – Wertschätzung, Echtheit, empathisches Verstehen. Es geht aber gerade nicht darum, durch die Methode des „Spiegelns" – die*der Seelsor-

---

123 Timm H. Lohse, Das Kurzgespräch in Seelsorge und Beratung. Eine methodische Anleitung. Göttingen 2003, Neuauflage 2013. In diesem Abschnitt sind von Birgit Kuhlmann formulierte Passagen aufgenommen aus: Hans-Martin Gutmann u.a., Praxisbuch Schulseelsorge, a.a.O.

gende gibt Gefühlsäußerungen von Ratsuchenden in veränderter sprachlicher Form wieder – in Kontakt mit Tiefendimensionen von Konflikten und Gefühlen hineinzuführen. Das Kurzgespräch ist knapp, und es ist ziel- und ressourcenorientiert. Die Methode des Kurzgesprächs nach Timm H. Lohse beinhaltet eine Reihe von Aufgaben und Herausforderungen an die beratende Person:

Akzeptanz des von der Ratsuchenden gewählten Ortes und des Zeitpunktes für das Gespräch

Die Eröffnung des Gespräches durch eine ratsuchende Person ist nicht unwichtig. Das Gegenteil ist der Fall: In dieser Gesprächseröffnung manifestiert sich unbewusst, aber nicht zufällig die Wahl genau dieser Gelegenheit und genau dieser spezifischen beratenden Person. Der*die Ratsuchende zeigt mit ihrer Gesprächseröffnung „zwischen Tür und Angel", auf diese Weise, dass sie genau die Situation und eben den*die Seelsorger*in aufsucht, zu dem sie Zutrauen hat. Diesen Umstand zu akzeptieren ist erste Herausforderung für den*die Seelsorgende. „Normal" wäre demgegenüber vielleicht eher die Reaktion: Wollen wir Termin machen? Wollen wir uns in den Beratungsraum zurückziehen?

Nein, der erste Schritt im helfenden Gespräch ist eben dieser: genau diese günstige Gelegenheit wahrzunehmen und zu akzeptieren. „Ein Kurzgespräch lebt von der günstigen Gelegenheit. Kurzgespräche ergeben sich zufällig oder beiläufig ... Die zufällige Begegnung wird für die Anfrage oder Behandlung des Konflikts als günstiger (hilfreicher, erfolgreicher) eingeschätzt als eine Verabredung zu einem Gesprächstermin mit der als beratungsqualifiziert angesehenen Person oder gar eine Verabredung zu einer Gesprächsreihe (psychologische und seelsorgliche Beratung). Im allerersten Augenblick der Begegnung und Kontaktaufnahme ergibt sich eine Atmosphäre, die beiden das Gefühl vermittelt, sich in einem Kairos zu befinden:

Der ansprechenden Person erscheint:

- die Gelegenheit günstig,
- die anzusprechende Person die Richtige und
- die Lösung des Problems jetzt möglich."[124]

[124] Timm H. Lohse, Das Kurzgespräch in Seelsorge und Beratung. Eine methodische Anleitung. Göttingen, 3. Auflage 2008, 21f.

Akzeptanz der begrenzten Möglichkeiten und der begrenzten Zeit

Eine wichtige Kompetenz der beratenden Person im seelsorglichen Kurzgespräch ist, sich zu bescheiden und zu begrenzen. Im Kern ist dies eine Haltung der Demut: sich aktiv zu bescheiden und daraus die Kraft zu ziehen für die genaue Wahrnehmung der Sprache, der Formulierungen, die der*die Ratsuchende in ihrer Gesprächseröffnung wählt. Die hier gewählten Worte, Wendungen, Metaphern sind keineswegs beiläufig oder beliebig. Der im gesprächseröffnenden Sprechakt gewählten Sprache kommt vielmehr eine entscheidende Bedeutung zu – und deshalb auch dem ersten kurzen Impuls, mit dem die seelsorgende Person ihrerseits auf die Gesprächseröffnung antwortet.

Aufmerksames und konzentriertes Zuhören auf das, was die ratsuchende Person als ihr Anliegen formuliert – und welche Worte sie dabei wählt

Die Konzentration auf die Wortwahl ist für den folgenden sprachlichen Impuls unabdingbar wichtig: Gefordert ist, die Signalwörter zu erfassen, in denen der* die Ratsuchende ihren Konflikt zum Ausdruck bringt.

Durch diese genaue Rekonstruktion der gebrauchten Wörter und ihres Wiedergebrauchs durch die beratende Person erfährt der*die Ratsuchende Zuwendung und kann sich verstanden fühlen. Weil die ratsuchende Person diese Signalwörter nicht zufällig, sondern bestimmt und genau gewählt hat, geht es für die seelsorgende Person darum, eben diese Signalwörter in ihrer Reaktion wieder aufzugreifen. „Die beratende Person kann und sollte bei ihrer Reaktion möglichst viele ‚Vokabeln' aus der Aktion der ratsuchenden Person aufnehmen, sie gleichsam beim Wort nehmen. Das bewirkt zweierlei:

- Die ratsuchende Person fühlt sich angenommen, denn sie wird in ihrem Ansinnen nicht korrigiert;
- Die ratsuchende Person wird verstört, denn sie wird aufgefordert, sich zu öffnen, sich zu ‚offenbaren, und dabei die Versprachlichung ihres Anliegens neu zu sortieren."[125]

Traditionellerweise würde die beratende Person jetzt versuchen, die Probleme des*der Ratsuchenden zu verstehen und ihre Gefühle zu explorieren, ihre Defi-

[125] Timm H. Lohse, a.a.O., 27.

zite fokussieren und zum Ausdruck zu bringen. Im Kurzgespräch geht es jedoch gerade nicht um eine solch eher defizitorientierte Haltung. Ziel ist hier, die Möglichkeiten und Ressourcen der ratsuchenden Person zu erkunden, wahrzunehmen und aufzunehmen. Ziel der Gesprächsführung ist zugleich die Verstörung eingespielter innerer Dialoge und so die Aktivierung der ratsuchenden Person. Durch mäeutisches Fragen – wie in der Arbeit einer Hebamme – soll sie zum Nachdenken gebracht und angeregt werden, eigene Ressourcen zu entdecken, und durch den jetzt zu wählenden sprachlichen Impuls soll sie wieder in Bewegung kommen können.

Entscheidend ist, den Punkt zu finden, an dem das Ganze in Bewegung gebracht werden kann: Die beratende Person setzt so an irgendeiner Stelle des Gesamtsystems an, und indem diese eine Stelle in Bewegung kommt, kommt das ganze System in Bewegung. Verantwortung für eigenes Handeln und Verhalten kann so von der ratsuchenden Person selbst wieder übernommen werden. „Mäeutisches“, zur Geburt helfendes Fragen konzentriert sich genau nicht auf Fragen nach wieso, weshalb und warum – all dies wären Einladungen an die ratsuchende Person, sich wieder auf ihr inneres Konfliktkarussell zu setzen, Ursachen zu suchen, Misserfolge bei bisherigen Bearbeitungsversuchen nachzuzeichnen – und eben nicht den Ort aufzusuchen, von dem aus ein Absprung möglich wäre.

Das Beziehungsmuster im Kurzgespräch

Das Beziehungsmuster zwischen ratsuchender Person und beratender Person wird von der ratsuchenden Person aus als asymmetrische Achse angelegt: Du bist besser, kenntnisreicher, mächtiger als ich selbst. Du weißt, was für mich gut ist, ich aber überhaupt nicht. Du löst mein Problem, und das kann ich gerade nicht. Lohse spricht mit Blick auf diese Asymmetrie von einer „Up-Down-Achse“ mit komplementärem Muster: „orientierungslos – wegweisend; ohnmächtig – allmächtig; hilfesuchend – klärend; Opfer – Retter (usw.) oder einfach: UP – DOWN.“[126] Die ratsuchende Person konstruiert in ihrer Gesprächseröffnung immer diese asymmetrische Beziehungsstruktur: Du bist der Retter, du weißt, was für mich gut ist. Die beratende Person steht hier vor der Aufgabe, den Charakter dieser Asymmetrie zu erfassen – und ihr in den eigenen sprachlichen Interventionen gerade nicht zu entsprechen. Zu dieser ersten tritt eine zweite asymmetrische Achse hinzu, die die ratsuchende

[126] Timm H. Lohse, Das Kurzgespräch in Seelsorge und Beratung, a.a.O., 31.

Person in der Gesprächseröffnung inszeniert: Lohse schlägt vor, sie als „In-Out-Achse“ zu benennen. Diese Inszenierung zielt darauf zu zeigen: Die ratsuchende Person steht mittendrin in ihrem Konflikt. Sie allein kennt ihren Leidensdruck. Sie würde am liebsten haarklein und ausführlich erzählen, was sie schon alles unternommen hat – und was bisher alles nicht geklappt hat, um ihren Konflikt zu lösen. Sie würde am liebsten vom Hundertsten ins Tausendste kommen: Du beratende Person kennst ja all die Tiefen und Untiefen nicht. Du kennst nicht die Fallen, nicht die Erfolglosigkeiten, nicht das gesamte Karussell meiner inneren und äußeren Probleme, auf dem ich schon so sehr lange im Kreis herumfahre.

Aufgabe der beratenden Person ist hier, eine gegenparadoxale Haltung einzunehmen: Ich helfe dir, aber auf diese Art und Weise kann ich dir nicht helfen. „Die Interaktionen der beratenden Person zielen auf die Überwindung des asymmetrisch-komplementären Beziehungsmusters im Beziehungsfeld des Kurzgesprächs.“[127] Die beratende Person stellt sich als Medium zur Verfügung, überlässt aber die Entscheidung der ratsuchenden Person, wie sie das Hilfsangebot für ihre eigenen Kompetenzen und Ressourcen nutzen möchte, ihren Konflikt zu lösen.

Zusammengefasst: Das zielorientierte Kurzgespräch

Das zielorientierte Kurzgespräch ist ein gesteuertes Beratungsgespräch, das einmalig stattfindet und in sich abgeschlossen ist. Wie der Name nahelegt, nimmt es nur kurze Zeit in Anspruch, etwa fünf oder zehn Minuten. Das Kurzgespräch reagiert kurz und knapp auf das Anliegen einer ratsuchenden Person und unterscheidet sich somit von einem Beratungsprozess[128]. Aufgrund seiner bewussten Kürze ist es besonders für sogenannte „Tür- und Angelgespräche“ im Schulalltag, aber auch für kurze seelsorgliche Gespräche im Gemeindekontext besonders geeignet.

Auf die zumeist spontan vorgebrachte Anfrage eines ratsuchenden Menschen wird im Kurzgespräch methodisch so eingegangen, dass dieser selbst (re-)aktiviert wird, einen ersten Schritt aus seinem Problemkarussell heraus gehen zu können. Es wird von darauf verzichtet, sein „Problem“ zu verstehen oder zu analysieren, das hinter der Anfrage verborgen liegt, geschweige denn es zu vertiefen. Dafür sind weder das zeitliche noch räumliche Setting des Gesprächs

[127] Ebd. 34.
[128] In längeren Beratungsgesprächen können einzelne Sequenzen auch nach der Methodik des Kurzgesprächs gestaltet werden.

geeignet[129] Der Blick wird konsequent auf die Zukunft gerichtet, Defizite werden ausgeblendet, der ratsuchende Mensch wird in seiner Eigenständigkeit gefördert.

Die Methodik des Kurzgesprächs geht dabei ressourcenorientiert vor, d.h. es bedient sich der „Kraftquellen“[130], die der ratsuchende Mensch in sich trägt, mit deren Hilfe er in anderen schwierigen Situationen seinen Lebensweg meistern konnte. Es wird davon ausgegangen, dass ein Mensch alles in sich trägt, was er benötigt, um einen Weg aus einer verfahrenen Situation heraus zu finden.

Die Überzeugung, dass sich persönliche Veränderung in kleinen Schritten vollzieht, ist Leitgedanke des Kurzgesprächs. Oftmals gibt die Hoffnung, dass Veränderung möglich ist, die erforderliche Motivation, sich in Bewegung zu setzen und einen Schritt in eine andere Richtung zu gehen.

Zentrale Bedeutung bekommen sogenannte Schlüsselwörter, die es in den Ausführungen der ratsuchenden Person zu erkennen gilt. Sie wahrzunehmen und aufzugreifen, mit ihnen im Verlauf des Kurzgesprächs kreativ zu arbeiten, ist ebenso eine Fertigkeit, die das Kurzgespräch effektiviert. Schlüsselwörter sind können bildhafte Ausdrücke sein. Zumeist handelt es sich um auffällige Wörter, die oft zu Beginn einer Problemschilderung auftauchen, oder aber zum Schluss, quasi in der Bedeutung eines Schlusskommentars. Wenn ein Wort oder ein Satzfragment wiederholt wird, kann es sich um ein Schlüsselwort handeln.

Professionell geführte Kurzgespräche haben eine Struktur. Sie werden durch die beratende Person bewusst gesteuert. Der erste Teil des Kurzgesprächs widmet sich im Wesentlichen der Erkundung bzw. der Selbsterkundung der ratsuchenden mit der Unterstützung der beratenden Person. Mäeutisches Fragen, die Suche nach Schlüsselwörtern, Auslassungen durch Ergänzungen vervollständigen und Nominalisierungen auflösen: diese Gesprächsführungstechniken können Denkprozesse kreativ verstören und neue gedankliche Lösungsprozesse anregen. Insgesamt tragen sie zu Entschleunigung bei und können die ratsuchende Person ermutigen, erste gedankliche Lösungsschritte zu wagen.

Im zweiten Teil des Kurzgesprächs steht dann die Zielorientierung im Mittelpunkt. Beschleunigung ist jetzt geboten. Unter Rückbesinnung auf das Anliegen wird nun zügig das Ziel geformt. Die persönlichen Ressourcen („Kraftquellen“) werden ausgelotet. Sie bilden Ausgangspunkt und die Grundlage für die Zielformung. Ziele sollten nach folgenden Kriterien geformt werden:

---

129 Timm H. Lohse, Das Kurzgespräch in Seelsorge und Beratung, a.a.O., 76.

130 Timm H. Lohse, Das Kurzgespräch in Seelsorge und Beratung, a.a.O., 105.

- Sie sollten positiv formuliert werden und innerhalb der Möglichkeiten und Ressourcen der ratsuchenden Person als realistisch angesehen werden. Ziele sollten konkret und kleinschrittig gefasst sein. Durch eine Terminierung („Bis wann …“) werden sie überprüfbar. Insgesamt sind sie umso wirkungsvoller, je motivierender und attraktiver sie für die ratsuchende Person erscheinen.
- Für die Zielformung hat sich die Smart-Regel bewährt: spezifisch, messbar, attraktiv, realistisch, terminiert

Die sorgfältige Erkundung der zur Verfügung stehenden Ressourcen ist deshalb von Bedeutung, da Veränderungen nur in Verbindung mit ihnen möglich ist. Oftmals erscheinen dem*der Ratsuchenden die Kraftquellen versiegt bzw. ihre Wahrnehmung eingeschränkt. Oder aber es fehlt der Realitätsbezug: Lösungswege werden fantasiert oder erträumt, die jedoch unrealistisch sind und das Problem nicht aus der Welt schaffen.[131] Ressourcen lassen sich in folgende Kategorien einteilen: Sozial-kommunikative, emotionale, kognitive, kreative, körperliche, materielle (finanzielle), spirituell-religiöse, weltanschauliche, selbstorganisatorische und sonstige Ressourcen.

Das bündige Ende

Der Abschluss eines Kurzgesprächs ist durch Ergebnisorientierung bestimmt. Die Kunst, ein kurzes und knappes Beratungsgespräch zu beenden liegt darin, das Fragmentarische, das Unvollständige zu akzeptieren. Eine spezielle Technik, das Gespräch zu beenden gibt es nicht! Oftmals wird das Gespräch seinem flüchtigen Charakter entsprechend dann von der ratsuchenden Person beendet, wenn sich ein erstes Ergebnis gezeigt hat, wenn etwas in Gang gekommen ist. Eigene Aktivität sollte zu diesem Zeitpunkt vermieden werden, um die neu gewonnene Eigenständigkeit des Gegenübers nicht zu behindern. Die Beachtung nonverbaler Signale kann jetzt hilfreich sein: Wenn die ratsuchende Person sich zum Aufbruch bereit macht, verabschiedet sich auch der*die Beratende innerlich vom Gegenüber und dem Gespräch. Ein Händedruck kann als Abschiedsritual außerdem besiegelnde Bedeutung haben.

[131] Timm H. Lohse, a.a.O., 105.

Grundlagen evangelischer Seelsorge: theologisch und anthropologisch

Rechtfertigung als Basis evangelischer Seelsorge

Seelsorge ist eine nicht-rigide, warme, emphatisch zugewendete, auf die Wahrnehmung der Gefühle und Intentionen des Anderen konzentrierte Kommunikationsform.[132] Seelsorge hat es mit Konflikten und mit Leidenserfahrungen zu tun, die nicht verdrängt und verleugnet werden dürfen, sondern wahrgenommen und angenommen werden müssen. Dabei muss unterschieden werden zwischen Konflikten, die bearbeitbar sind und solchen Konflikten und Leidenserfahrungen, an denen die Menschen zerbrechen müssen. Im ersten Falle geht es um die Erhöhung von Frustrationstoleranz und Konfliktfähigkeit, im zweiten Fall – letzten Endes – um die Einsicht in die Begrenztheit und Sterblichkeit des menschlichen Lebens und um Begleitung von Menschen in diesen Konflikten, in denen sie Gott um Hilfe anrufen können. Seelsorge geschieht in diesen Fällen auch darin, dass mit biblischen Texten, Gebeten, Segensformeln gebundene Sprachformen angeboten werden, die es Menschen ermöglichen, eigenes Leid wahrzunehmen und zugleich Gott um sein Erbarmen und seine Hilfe anrufen zu können. Ich nenne einige typische Gesprächssituationen der Seelsorge.

Der Hausbesuch

Der Hausbesuch, bei dem der Seelsorger*die Seelsorgerin die Menschen in ihrem Zuhause aufsucht, gilt als klassische Gelegenheit für ein seelsorgliches Gespräch. Aber man muss besondere Situationen voneinander unterscheiden. Beispielsweise bei einem Geburtstagsbesuch bei einem Jubilar, der 70, 75, 80 Jahre oder älter wird. Gelegenheit zu einem seelsorglichen Gespräch ergibt sich in der Regel nicht, wenn der Besucher vormittags am Geburtstagstermin kommt, wenn alle anderen Gratulanten eintreffen und dem Geburtstagskind Aufmerksamkeit erweisen. Hier geht es nicht um Seelsorge, sondern um soziale Wahrnehmung, um ‚Ehre' für den alt gewordenen Menschen in einem positiven Sinne. Erst recht wird es nicht zu einem seelsorglichen Gespräch kommen, wenn der Seelsorger* die Seelsorgerin nachmittags zur Familienfeier mit Kaffee und Kuchen kommt.

---

132 Der folgende Abschnitt beinhaltet Auszüge aus: Hans-Martin Gutmann, „Und erlöse uns von den bösen...", a.a.O.

Seelsorge kann später Raum finden im Sinne eines Rückblickes auf gelebtes Leben, vielleicht auf Erfahrungen von Schuld und Versagen, vielleicht auch mit Blick auf Angst vor dem, was auf den alt gewordenen Menschen jetzt zukommt, letzten Endes auf den Tod: Dies wird zur Sprache kommen, wenn der Geburtstagsbesuch am Tag nach dem Geburtstag stattfindet.

Typische Situation, in denen sich ein Hausbesuch anbietet, ist außerdem die Vorbereitung einer gottesdienstlichen Handlung, die eng mit der Lebensgeschichte und Krisensituationen bzw. Neuorientierungen in der individuellen Lebensgeschichte des Besuchten zusammenhängt. Beispielsweise die Vorbereitung einer gottesdienstlichen Trauung, der Besuch aus Anlass der Vorbereitung der Konfirmation oder eines Konfirmandenkurses, der Hausbesuch aus Anlass der Vorbereitung einer Taufe. Bei diesen Gesprächsgelegenheiten kann immer auch der Fall eintreten, dass sich das Gespräch vertieft, dass Fragen zur Sprache kommen, die für die Lebensorientierung der Betroffenen wichtig sind, die ihnen auf der Seele brennen, vielleicht sogar Krisen, die sie bearbeitet haben möchten. Beispielsweise im Falle der Eheschließung: Welchen Weg sind wir eigentlich bisher gemeinsam gegangen? Welche Konflikte haben wir gemeinsam ausgehalten, was erwarten wir voneinander? Wovor haben wir Angst, worauf freuen wir uns? Der Hausbesuch aus Anlass eines Trauerfalles, in dem in der Regel der Bestattungsgottesdienst vorbereitet wird, gibt für die betroffenen Hinterbliebenen eine Gelegenheit, sich noch einmal wichtige Stationen in der Lebensgeschichte des Verstorbenen zu vergegenwärtigen, Gefühle auszusprechen, die sie in der Situation der Trauer gegenüber anderen Menschen vielleicht nicht ungeschützt äußern können, vielleicht sogar Ambivalenzen zuzulassen zwischen dunklen und positiven Gefühlen gegenüber dem verstorbenen Menschen. Vielleicht sind da Schuldgefühle, vielleicht sogar übrig gebliebener Ärger oder sogar Hass, der diese Schuldgefühle verstärkt, Gefühle, die es unmöglich machen, sich zu öffnen und loslassen zu können: Hier kann das seelsorgliche Gespräch eine Hilfe sein, die Gefühle auszusprechen und ihnen auf diese Weise ihre ungebrochene Macht zu nehmen.

Der Krankenbesuch

Eine weitere typische Gelegenheit für einen seelsorgliches Gespräch ist der Krankenbesuch; ich hatte Ihnen hierfür ein Gesprächsbeispiel vorgetragen und einige Aspekte dieser Gesprächssituation schon erörtert.

Viele seelsorgliche Gespräche ergeben sich aber auch ungeplant, bei einem Treffen im Supermarkt oder auf der Straße, bei einem Gespräch über den Gartenzaun, Gesprächssituationen, in denen es vielleicht zunächst um das Wetter oder um das letzte Fußballspiel oder um das Älterwerden der Kinder geht, in denen aber ungeplant Gefühle und Konflikte zur Sprache kommen können, die diese Gesprächssituation zu einem seelsorglichen Gespräch im eigentlichen Sinne werden lassen.

Für all diese seelsorglichen Gesprächssituationen gilt das Charakteristikum, das Hans-Christoph Piper als typisch für das seelsorgliche Gespräch gegenüber anderen kirchlichen Handlungsmustern skizziert hatte: Das Hingehen des Seelsorgers*der Seelsorgerin zu den betroffenen Menschen, die nicht-direktive Weise der Gesprächsführung durch den Seelsorger, die Tatsache, dass das Gelingen eines solchen Gespräches nicht von der Planung und der Routine des Seelsorgers allein abhängt, sondern als jeweils eigentümliche, durch diesen besonderen Menschen bestimmte Gesprächssituation verstanden werden muss.

Es gibt darüber hinaus seelsorgliche Gesprächssituationen, die stärker professionalisiert sind, und die auch im Zusammenhang kirchlichen Lebens angesiedelt sind oder zumindest sein können. Dazu gehört die Arbeit der Telefonseelsorge. Hier sind es die Ratsuchenden, die den Kontakt aufnehmen, und in vielen Fällen suchen sie eine Möglichkeit, aktuelle Konflikte im Gespräch mit einem anonymen Gesprächspartner*einer anonymen Gesprächspartnerin zu klären. Es handelt sich in diesem Falle um ‚Kriseninterventionen', und die seelsorglichen Gespräche am Telefon können dazu beitragen, dass der Ratsuchende*die Ratsuchende die eigenen Gefühle und die eigene Situation klären kann.

Darüber hinaus bieten die Kirchen Institutionen an, in denen Ratsuchende professionalisierte Hilfe angeboten wird. Es handelt sich um ‚Ehe- und Lebensberatungsstellen', in denen Ratsuchende z.T. längerfristige Beratungsangebote annehmen können. In diesen Institutionen arbeiten nicht nur und nicht einmal vorwiegend Pastoren und Pastorinnen, sondern auch Psychologinnen, Psychoanalytiker, in Beratungsmethoden ausgebildete Sozialpädagogen und Sozialpädagoginnen.

Schulseelsorge

Auch in den Schulen werden in den vergangenen Jahren in verstärktem Maße Beratungsangebote gemacht, die den Schülern und Schülerinnen Gelegenheit geben sollen, über die strukturierten schulischen Lernangebote hinaus vertieft eigene Lebensprobleme ansprechen zu können. Oft sind es Religionslehrer und Religionslehrerinnen, die als Beratungslehrer aktiv werden. Hier können Lebensprobleme von oft unvermuteter Dichte ins Gespräch kommen, sexueller

Missbrauch und Magersucht, unlösbare Konflikte im Elternhaus, die es nötig machen, eine neue Wohnung zu finden und vieles andere mehr. Das Hamburger PTI bietet seit einigen Monaten Fortbildungen für Schulseelsorge an – ein Angebot, das von Kolleginnen und Kollegen in den Schulen bereits intensiv genutzt wird.

Es geht mir in diesem Kapitel um theologische und anthropologische Grundlegungen der Seelsorge. Das ist nicht ohne Anstrengung, aber nötig. Ich lade Sie also herzlich ein, sich diesen gedanklichen Weg zuzumuten.

Basis meiner Überlegungen ist, dass die evangelisch-christliche Religion – in ihren zentralen Metaphern, Symbolen, Ritualen und Bekenntnissen – als Raum verstanden ist, in dem evangelische Seelsorge ihr Gesicht bekommt. Die Verheißung der Rechtfertigung des Gottlosen, des in der Beziehung zu Gott, zu anderen Menschen und zu sich selbst zerstörten Menschen ist reformatorisches Grundbekenntnis. Von ihm her soll im ersten Schritt dieses Abschnittes – Grundlagen evangelischer Seelsorge – nach dem Gesicht evangelischer Seelsorge gefragt werden.

Erreicht die evangelische Zentralbotschaft, die Verheißung der Rechtfertigung des Sünders, heute noch die Herzen und Köpfe der Leute? Sind evangelische Christenmenschen in der Lage, aus diesem Glauben heraus zu leben und ihn im Kontakt und Dialog mit anderen Verständnismögichkeiten des Christlichen Glaubens, aber auch mit Angehörigen anderer Religionen und religionslosen Menschen zu vertreten?

Martin Luthers Freiheitserfahrung, dass Gottes Liebe nicht verdient werden kann und muss, weil sie nicht Ergebnis, sondern Voraussetzung der Umkehr des sündigen Menschen ist, weil sie umsonst und ohne Vorleistung geschenkt wird, hat ihre Plausibilität vor dem Hintergrund einer entfalteten Frömmigkeitskultur gefunden, in der religiöse „Werke“ – zwischen Heiligenverehrung und Seelenmessen, Rom-Wallfahrten und Ablasszahlungen – ebenso selbstverständlich eingefordert wie oft als drückend und im Ergebnis als unsicher empfunden wurden. Was wird aus der befreienden Verheißung, wenn das Gegenüber ausfällt, von dem Befreiung angesagt wird? Was wird aus der Zusage, dass die Beteiligung an Ritualen zur Erlangung von Schuldvergebung nicht mehr nötig sei, um die Beziehung zu Gott „in Ordnung zu bringen“, wenn, zumindest im Raum evangelischer Kirchlichkeit, die Überzeugung von der Wirkungslosigkeit religiöser Rituale ohnehin ins Lebensgefühl übergegangen ist – in einer Radikalität, dass ein soziales Gedächtnis, nach dem so etwas einmal zum alltäglichen Lebensvollzug gehört hat, vollständig verschwunden scheint?

Um der Bedeutung und Kraft der Rechtfertigungsverheißung heute willen, die nach evangelischem Glauben ohne unser Zutun gegeben, aber in der heutigen Lebensrealität gelebt, dargestellt und kommuniziert werden soll – im Austausch mit anderen Gestalten des globalen Christentums, im Dialog mit Vertreter*innen anderer Religionen, in den alltäglichen und oft krisenhaften und belasteten alltäglichen Lebensvollzügen heute -, muss vor allem diese Frage geklärt werden: Welches ist das Gesetz, das Menschen heute im Innersten beherrscht, an dem sich ihre Lebensgewissheit, ihr Selbstverhältnis, ihre Beziehungsmöglichkeiten zu anderen Menschen und Kreaturen entscheidet?

Was heißt die Rechtfertigungsverheißung für eine Vierzehnjährige, die an Bulimie erkrankt ist? Was kann sie für einen alkoholkranken Menschen beinhalten? Wie wäre sie mit einem Sechzehnjährigen zu kommunizieren, der Tag für Tag und Nacht für Nacht im Netz versackt und den Kontakt zur face-to-face-Kommunikation verliert? Wie kann sie einen Bankmanager in seinem Lebensgefühl treffen, der in seinem Kreditinstitut über viele Jahre Renditevorgaben in astronomischer Höhe zu erfüllen suchte und aus betriebswirtschaftlichen Erwägungen entlassen wird? Was beinhaltet Rechtfertigung für eine Lehrerin, die mit den Eltern ihrer muslimischen Schülerinnen darum kämpfen muss, dass diese an einer Klassenfahrt teilnehmen können? Was heißt sie für eine Familie, die von Bürgergeld lebt und an jedem Fünfundzwanzigsten eines Monats mit den finanziellen Möglichkeiten am Ende ist: Wenn Kinobesuch oder selbst essen gehen in einer Bude um die Ecke zu unerreichbaren Lebensmöglichkeiten werden?

Die Beispielkette lässt sich verlängern. Die Frage danach, was Menschen in ihrem Innersten besetzt und beherrscht, welches Gesetz sie zu erfüllen haben, um Lebensgewissheit zu erlangen, sie stellt sich immer konkret. Und niemand sollte aus theologischer Perspektive sagen, dass es hier, anders als in Reformation, doch nicht um das Gesetz Gottes gehe. Mit Martin Luthers Auslegung des ersten Gebotes im großen Katechismus ist daran zu erinnern: Die entscheidende Frage ist, woran man sein Herz hängt. Daran entscheidet sich in einer jeden individuellen Lebensorientierung die Gottesfrage. „Worauf du nu (sage ich) dein Herz hängst, das ist eigentlich dein Gott.“[133]

Oft wirkt das Gesetz, das so oder so das Leben von Menschen im Innersten beherrscht, über lebenslang prägende und von den Individuen nicht leicht auflösbare Mechanismen. Menschen können in großer Intensität von Delegationen[134] und Familienmythen besetzt sein. Delegationen werden über Zuschrei-

---

133 Martin Luther, Der Große Katechismus deutsch. BSLK 560.

134 Die Problematik von Delegationen wird von Helm Stierlin beschrieben. Vgl. ders., Von der Psychoanlyse zur Familientherapie. Stuttgart 2. Aufl. 1980, (1975) 134ff.; sowie ders., Delegation und Familie..., Frankfurt a.M. 1982 (1978).

bungen der Eltern wirksam, die in der Regel nicht offen thematisiert werden dürfen, beispielsweise: „du sollst es einmal besser haben als wir", oder umgekehrt: „aus dir wird sowieso nichts"; oder über Familienmythen, die verbieten, Geheimnisse wie z.B. Schuldigwerden oder Gewalttätigkeit anzusprechen, aktuell oder in vergangenen Zeiten. Oft wirkt das Gesetz, das Menschen im Innersten beherrscht so, dass sie in undurchschaute und gerade dann wirksame zerstörerische Kommunikationsmuster eingesponnen sind. Stephen B. Karpman[135] hat hier ein Handlungsschema mit drei Rollen analysiert: es gibt einen VERFOLGER, ein OPFER und einen „RETTER". „Ein häufiges Familiendrama enthält das Wechselspiel von drei spezifischen Spielen, wobei jedes von einer spezifischen Rolle ausgeht:

Spiel	**Grundrolle**
‚Tu mir etwas an'	OPFER
‚Jetzt hab ich dich endlich, du Schweinehund'	VERFOLGER
‚Ich versuche nur, dir zu helfen'	RETTER[136]

In privaten Dramen spielen die beteiligten Personen zumeist wechselweise alle drei möglichen Rollen; hierin ist die Komplexität und zuweilen die Unauflösbarkeit der Verstrickung in diesen Spielen begründet. Alle drei Rollen, nicht nur die des Opfers, verzerren die Kommunikationsmöglichkeiten und können für die Beteiligten, wenn sie auf Dauer gespielt und nicht durchschaut werden, zerstörerische Wirkungen haben.

Schließlich sei noch ein weiteres Beispiel für die zerstörerisch-bindende Form eines Alltagsgesetzes genannt: Die Hamburger Professorin für Pädagogische Psychologie Angelika C. Wagner[137] spricht in diesem Zusammenhang von „subjektiven Imperativen". „Als subjektive Vorstellungen werden diejenigen Vorstellungen bezeichnet, die subjektiv mit dem Muss-Darfnicht-Syndrom (MDS) verbunden sind: d.h. mit dem subjektiven Gefühl von ‚muss' oder ‚darf nicht', gekoppelt mit einem Gefühl von Dringlichkeit, erhöhter Anspannung und Erregung sowie eingeengter Wahrnehmung im Sinne eines herabgesetzten Auf-

---

[135] Stephen B. Karpman, Farry Tales and Script Drama Analysis. In: Transactional Analysis Bulletin 7, April 1968, 39-43. Karpman, ein ebenso wie Eric Berne der transaktionanalytischen Methode verpflichteter Autor, hat in der Interpretation von Märchen und in Mythen des klassischen Altertums dieses immer wiederkehrende Handlungsschema herausgearbeitet.

[136] Ebd., 115.

[137] Vgl. u.a.: Angelika C. Wagner, Die Auflösung von Imperativverletzungskonflikten, oder: wie sich psychologische Knoten wieder entwirren lassen. In: dies. u.a. Hg., Bewusstseinskonflikte im Schulalltag. Denk-Knoten bei Lehrern und Schülern erkennen und lösen. Weinheim 1984, 184-227.

lösungsgrads."[138] Beispielsweise: „Ich muss in dieser Prüfung erfolgreich sein". Oder: „Ich muss jetzt endlich einschlafen!", „Ich darf nicht nervös sein!", „Ich muss mein Leben endlich ändern!". Subjektive Imperative wirken wie psychologische Knoten, sie halten die Betroffenen in einem Tunnelblick fest, der sie gerade das nicht schaffen lässt, was der Imperativ verlangt.

Die geschilderten Formen des zerstörerische „Gesetzes" wirken so oder so in spezifischen Kontexten und Lebensgeschichten; andere sind davon weniger belastet. Eine Form des zerstörerischen Gesetzes ist aber heute, wenn auch in unterschiedlicher Intensität, für tendenziell alle Gesellschaftsmitglieder verbindlich: Das Gesetz, das eigene Leben in seiner Totalität, in der Weise der Lebensführung wie in seinem Erfolg oder Scheitern, vor den Leistungsansprüchen sowie den Sanktions- und Exklusionsmechanismen einer kapitalistischen Marktgesellschaft zu rechtfertigen. Aus der Perspektive vieler Menschen – und hier handelt es sich global, aber auch in unserer Gesellschaft um immer größer werdende Bevölkerungsgruppen – wirkt dieses Gesetz paradox. Es schließt auch dann aus, wenn seine Forderungen erfüllt werden. Immer mehr Menschen werden in der globalen Ökonomie, trotz lebenslanger Anpassung an ihre Regeln aus den Partizipationsmöglichkeiten in Ökonomie, sozialem und kulturellem Leben ausgeschlossen. Sie werden massenhaft überflüssig gemacht, als Produzierende ebenso wie als Konsumierende.

Welches ist die Bedeutung – und ich möchte gleich hinzufügen: welches ist die Bedeutung und Kraft der Rechtfertigungsbotschaft für heute, in der Spätmoderne lebende Zeitgenoss*innen? Nötig ist zunächst eine rückblickende Vergewisserung über Inhalt und Gestalt der Rechtfertigungsverheißung.

Von Anbeginn ist ernst zu nehmen, dass es sich in der Frage nach Rechtfertigung in reformatorischer Perspektive nicht zuerst um eine dogmatisch möglichst sorgfältig auszuformulierende Lehre handelt, sondern um ein existenzielles Geschehen, in dem das menschliche Selbst- und Sozialverhältnis in seinen Grundfesten getroffen und neu gemacht wird. „Die reformatorische Theologie ist aus dem Erleben, genauer: aus dem Erleiden geboren. Das lässt sich insbesondere an Luther zeigen. In einem verzweifelten existenziellen Ringen um ‚die Gerechtigkeit, die vor Gott gilt', erschließt sich ihm die Einsicht in das Ungenügende, ja das Todbringende des Gesetzes als Heilsweg ... Ausgangspunkt ist die Einsicht, dass das Gesetz einerseits in dem, was es fordert, recht hat, andererseits dadurch, dass es als Forderung begegnet, nicht zum Heil, sondern zur Verzweiflung oder zu Hybris führt, weil es im Menschen den Irrglauben weckt,

[138] Angelika C. Wagner, Die Methode der Introvision zur Auflösung von inneren Konflikten und mentalen Blockaden. Theoretische Grundlagen und praktische Anwendung. Berichte aus dem Arbeitsbereich Pädagogische Psychologie, Hamburg 2003, 7.

er könne durch sein Tun sein Heil bewirken.“[139] Martin Luther selbst ist nach allem, was wir wissen, nicht in entspannter Gelehrsamkeit, sondern in jahrelangem existenziellem Ringen zum reformatorischen Durchbruch im Verständnis der Gerechtigkeit Gottes gekommen.[140]

Bis zur Hebräerbriefvorlesung 1517/18 begreift Luther den Glauben an die Gerechtigkeit Luthers als Humilitas, als Demut. Das neue Bild von der Gerechtigkeit Gottes zeigt sich hier, in dieser Vorlesung zum ersten Mal. Die Gerechtigkeit Gottes ist nicht mehr als strafende Gerechtigkeit, sondern als geschenkte Gerechtigkeit verstanden. Die Gerechtigkeit in Gott und die Gerechtigkeit im Menschen werden identisch, weil der Glaube die geheimnisvolle Kraft hat, zu Gott zu erheben und den Menschen wirklich gerecht zu machen. Der Glaube wird nicht mehr an äußere Handlungen und Verhaltensweisen gebunden – die Gerechtigkeit Gottes kann nicht mehr durch die bloße Teilnahme am Sakrament den Glaubenden eingegossen werden. Als das Entscheidende gilt jetzt, dass der Glaubende das Wort von der Sündenvergebung auf die eigene Person bezieht.

Im Ablassstreit formuliert Luther dieses neue Verständnis vom Sakrament der „Buße“ und – im Gefolge hiervon – von der Wirkung des Sakramentes überhaupt aus und verteidigt es gegen seine theologischen Kritiker. Bis dahin galt: Im Handlungsvollzug des Sakraments teilt sich Gott mit, das Sakrament bewirkt die Gerechtigkeit des Menschen („ex opere operato“). Luthers grundlegend neue Einsicht ist demgegenüber: Der Glaube des Empfängers ist das grundlegende Element im Geschehen zwischen Gott und Mensch, durch das der Mensch gerecht wird.[141]

Vor allem in der wiederholten Auseinandersetzung mit dem Verständnis der Gottesgerechtigkeit bei Paulus im Römerbrief 1,16f. findet Luther zu diesem neuen Verständnis der Gerechtigkeit Gottes: „Denn ich schäme mich des Evangeliums nicht; denn es ist eine Kraft Gottes, die selig macht alle, die daran

---

139 Wilfried Härle, Dogmatik. Zweite, überarbeitete Auflage. Berlin/New York 2000, 160.

140 Ich folge in dieser Frage weitgehend Ernst Bizer. vgl. E. Bizer, Fides ex auditu ..., Neukirchen 1958, insbesondere 22ff., 100ff.
Luther hat in den entscheidenden Jahren als Wittenberger Theologieprofessor Vorlesungen zu verschiedenen biblischen Büchern gehalten, zu den Psalmen in den Jahren 1512ff., zum Römerbrief in den Jahren 1515/1516, zum Hebräerbrief 1517/18. Er hat außerdem eine Reihe kürzerer Texte verfasst, die in dieser Zeit sich auf wissenschaftliche Fragestellungen der damaligen theologischen Diskussion beziehen, z.B. in Thesen aus Anlass von Prüfungsgesprächen mit dem theologischen Nachwuchs. Es gibt deshalb aus den Jahren, die hier zur Diskussion stehen, eine reichhaltige Textbasis.

141 In einem Text aus diesem Gesprächszusammenhang – in den Acta Augustana 1518 – interpretiert Luther eine Stelle aus dem Römerbrief, nämlich Röm 1,17f. dann zum ersten Mal in seinem neuen Verständnis. In einem lebensgeschichtlichen Rückblick 1545 sagt er, dass gerade die Beschäftigung mit dieser Bibelstelle für sein Verständnis der Gottesgerechtigkeit durchschlagend gewesen sei.

glauben, die Juden zuerst und ebenso die Griechen. Denn darin wird offenbart die Gerechtigkeit, die vor Gott gilt, welche kommt aus Glauben in Glauben ..."

Das Wort gilt jetzt als Sakrament, und das Hören des Wortes tritt an die Stelle eigener Aktivität. Das Vertrauen darauf, dass der mir im Wort der Predigt mitgeteilte Tod Jesu Christi am Kreuz ein für allemal mein Heil ist, tritt an die Stelle des selbst und immer wieder vollzogenen Opfers in der Messe und der geforderten Humilitas, der Demut des Menschen. Der Mensch wird nicht durch eigene Leistungen gerecht, sondern durch Gottes freies Geschenk.[142]

Auch biographisch lässt sich die existenzielle Tiefe dieses Durchbruchs zum evangelischen Glauben nachzeichnen. Der Psychoanalytiker Erik H.Erikson hat in seiner in theologischen Kreisen m.E. oft zu Unrecht missachteten Luther-Biographie bereits vor einem halben Jahrhundert die zerstörerischen Folgen des Versuches beschrieben, über die peinliche Erfüllung des „Gesetzes" Gerechtigkeit vor Gott und Lebensgewissheit für sich selbst zu gewinnen. Für den jungen Martin, wie Erikson ihn etwas familiär nennt, für einen Menschen also, der „es ernst meint" mit der geforderten Selbstbeobachtung, Selbstdemütigung und Zerknirschung, ist dies ein Weg, der in die Depression und zum Persönlichkeitsverlust führen muss. Der Weg, die Selbstkontrolle zu totalisieren und sich vollständig von der Lebendigkeit des Lebens abzugrenzen, verlängert – dies ist Luthers wesentliche autobiographische Erfahrung – die Ungewissheit über die eigene Situation vor Gott, deformiert die zwischenmenschlichen Beziehungen und ist letztlich zerstörerisch fürs menschliche Subjekt.

Die neue Erkenntnis gewinnt Luther offenbar nicht zuletzt in einer intensiven Freundschaftsbeziehung zu seinem Lehrer und Beichtvater Johann Staupitz (1469-1524). In Gesprächen mit Staupitz über die Buße fällt der für Luther fundamentale, seine ganze Existenz umwandelnde und seine biographische Krise zum Scheitelpunkt treibende Satz: „Die wahre Buße beginnt mit der Liebe zu Gott", ist Voraussetzung, nicht Ergebnis des Bußgeschehens. Luther schreibt später in Bezug auf diese Erfahrung: „Ich besinne mich, dass ich in deinen (Staupitz) überaus lieblichen und heilsamen Gesprächen, mit denen mich der Herr Jesus wunderbar zu trösten pflegte, einmal das Wort ‚Buße' erwähnt wurde, da wir ... dich wie eine Stimme vom Himmel vernahmen, die da sagte, wahre Buße sei nur die, die von der Liebe zur Gerechtigkeit und zu Gott ausgeht, und das sei vielmehr der Anfang der Buße, was jene als deren Ziel und Vollendung bezeichnen."[143]

---

[142] Vgl. auch Martin Brecht, Martin Luther. Band 1. Sein Weg zur Reformation 1483-1521, Stuttgart 1981, 219.

[143] WA 1, 525, 4ff.

Luther erinnert sich später, dass er seine entscheidende Entdeckung zwischen Herbst und Frühjahr 1518 gemacht hat.[144] Der psychoanalytisch interessierte Biograph Erikson hat darauf aufmerksam gemacht, dass diese Erfahrung nicht nur intellektuell, sondern auch seelisch und körperlich Freisetzung von geradezu durchschlagendem Erfolg bewirkt. Jahrelang durch Angst vor dem strafenden irdischen wie dem himmlischen Vater bestimmt, in seiner Produktivität gehemmt und auch körperlich von Verstopfung geplagt, ist Luther die fundamentale Erfahrung der Neuwerdung buchstäblich auf der Toilette widerfahren, „auff der kloaken“, wie Luther sich später erinnern wird.[145] Möglicherweise meinte Luther in seiner etwas drastischen Ausdrucksweise auch sein heizbares Arbeitszimmer im Kloakenturm des Wittenberger Klosters. So oder so: Luther kann sich loslassen, und wer nur die Bände der Weimaraner Ausgabe wenigstens abgeschritten hat, gewinnt eine Vorstellung von der Intensität des Produktivitätsstromes, der jetzt freigesetzt ist.

Luther hat diese elementare Erfahrung und Erkenntnis in einer christologischen Denkfigur ausgelegt: im Glauben an das Evangelium tritt Christus, als Sacramentum und Exemplum, in einer zugleich verschlingenden und beispielgebenden Neuschöpfung an die Stelle des menschlichen Subjektes. In einem gewissen zeitlichen Abstand und in einer zugleich theologisch reflektierten und öffentlichkeitswirksamen Weise hat Luther im „Traktat über die christliche Freiheit“ 1520 bekanntlich eine Metapher aus der Ökonomie für dieses Geschehen gewählt. Luther spricht hier von einem „fröhlichen Wechsel und Tausch“ im Beziehungsgeschehen zwischen Gott und Mensch. Anders als in den Tauschinteraktionen der Warenökonomie, in denen die Beziehung zwischen den Tauschenden nach der Transaktion von Ware und Geld in der Regel vorbei sind, bleibt im Glauben an die Verheißung die Beziehung zwischen Gott und den Menschen durch den Tausch hindurch bestehen, ja sie wird hier auf eine lebbare Weise erst eröffnet. Im Glauben kommt es zu einem Tausch zwischen Gott und Mensch, durch den der Mensch neu gemacht wird und zugleich in eine bleibende Beziehung zu Gott eingebunden wird.

Luther diskutiert in der Freiheitsschrift ein Geschehen, das dem „inneren Menschen“ widerfährt, wenn er Gottes Wort hört und durch diesen Kontakt neu gemacht wird, und zwar auf zweierlei Weise: durch Gottes Wort als Gebot und als Verheißung. Wenn der*die Einzelne Gottes Wort als Gebot hört, wird sie in Verzweiflung über sich selbst gebracht. In Konfrontation mit dem Gebot erfährt sie sich selbst nämlich als vollständig unfähig, das Gebot zu befolgen. Dabei geht

---

[144] WA 43, 536f.
[145] WAT 4, Nr. 4192.

es Luther im Zentrum um das erste Gebot: der Mensch kann nicht zulassen, dass Gott Gott ist. Der Mensch will selbst Gott sein. Die Spitze dieses Gedankens liegt also darin, dass die Verzweiflung des Menschen nicht an seinem Unvermögen aufbricht, ethisch richtig zu handeln (also an den Geboten der zweiten Tafel zu scheitern). Sondern im Zentrum steht, dass der Mensch sich als von der Ursünde beherrscht wahrnehmen lernt: der*die Einzelne lebt, indem sie als Mensch lebt, im vollständigen Widerspruch gegen Gott, weil sie von der Größenfantasie beherrscht ist, selbst Gott zu sein.[146] Weil diese Größenfantasie zerstörerisch ist, ist es für den Menschen heilsam, dass er genau daran verzweifelt.

Der*die Einzelne wird aber nicht in seiner Verzweiflung alleingelassen.[147] Denn das Wort von der Verheißung schenkt dem Menschen, was die Gebote verlangen. Die Verheißungen erfüllen, was das Gesetz befiehlt. Und zwar so, dass es zu einem intimen Kontakt, zu einer innigen Vereinigung und Verschmelzung zwischen Jesus Christus, der im Verheißungswort mitgeteilt wird, und dem Personzentrum, dem Herzen der Glaubenden kommt: „So folgt, dass alles, was ihnen [also Christus und der Seele] gehört, gemeinsam wird, Gutes wie Schlechtes, so dass sich die gläubige Seele alles dessen, was Christus hat, als ihr Eigentum rühmen und freuen kann. Und alles, was die Seele hat, das legt sich Christus als sein eigen bei. Vergleichen wir das, so werden wir Unschätzbares sehen: Christus ist voller Gnade, Leben und Heil, die Seele ist voller Sünde, Tod und Verdammnis. Nun tritt der Glaube als Mittler dazwischen. So kommt es, dass Christus Sünde, Tod und Hölle gehören, der Seele aber Gnade, Leben und Heil. Denn er muss, wenn er Bräutigam ist, zugleich das, was die Braut hat, annehmen und der Braut Anteil geben an dem, was sein ist. Denn wenn er ihr seinen Leib und sich selbst schenkt, wie soll er ihr nicht alles, was sein ist, schenken? Und wer den Leib der Braut annimmt, wie sollte der nicht alles, was die Braut hat, annehmen? Hier zeigt sich nun das lieblichste Schauspiel – nicht nur der Gemeinsamkeit, sondern des heilsamen Streites, des Sieges, des Heils und der Erlösung."[148]

Wir finden in diesem Textabschnitt eine deutliche Nähe der Metaphern und Vorstellungen von „Tausch" und „Vereinigung in Seinem Leib", von Gabenaustausch und Intimität. Luther beschreibt einen Prozess wechselseitiger Mitteilung und gegenseitigen Geschenkaustausches zwischen Gott und Mensch, ein Prozess, der sich in einem Maße steigert, dass es zu einer höchst intimen Beziehung zwischen beiden kommt. Luther machte diese Intimität so stark, dass nahezu von einer Verschmelzung zwischen beiden gesprochen werden kann. „Da aber diese

[146] Vgl. Martin Luther, Traktat von der christlichen Freiheit, 1520, WA 7, 52, 25ff.
[147] Vgl. WA 7, 52, 37ff.
[148] WA 7, 54f.

Verheißungen Gottes heilige, wahrhaftige, gerechte, freie, friedsame Worte sind und erfüllt von allem Guten, so kommt es, dass die Seele, die mit festem Glauben an ihnen hängt, so mit ihnen vereinigt wird, ja gänzlich in ihnen aufgeht, dass sie nicht nur an ihnen teilhat, sondern ganz und gar gesättigt und trunken gemacht wird von allen ihren Kräften."[149]

Der Glaube hat die Kraft, die Seele des Menschen mit Christus zu verbinden wie Braut und Bräutigam. Christus und die Seele werden zu einem Fleisch. Luther spricht hier in der Metaphorik der ehelichen Gemeinschaft: Zwischen Christus und der Seele besteht eine Ehe in einer Intimität und Intensität, so dass menschliche Ehen nur ihre schwachen Abbilder sind. Alles, der gesamte Lebensvollzug, aber auch alles, was beide Partner haben, wird ihnen gemeinsam.[150] Dieser „fröhliche Wechsel und Tausch" hat sein Urbild und seinen Grund im wechselseitigen Austausch zwischen den beiden Naturen in der einen Person Jesu Christi, der „communicatio idiomatum". Dies ist auch der Grund dafür, dass Christus die Sünde des Menschen annehmen kann, ohne selbst von ihr affiziert zu werden. Die Sünde wird im Austauschprozess zwischen Gott und Mensch in Christus selbst gewissermaßen verschlungen.[151]

Auf der Basis dieser zuinnerst intimen Erfahrung kommt es auch zu einer Neuorientierung nach außen, wird auch das Selbst- und Sozialverhältnis des Menschen neu: veränderte Haltungen, Verhaltens- und Handlungsperspektiven „fließen" (auch die Fluss-Metapher verwendet Luther in der Freiheitsschrift) aus der Neukonstituierung des menschlichen Subjekts im Glauben heraus. Gott hat die Beziehung zu mir und zu allem Lebendigen von sich aus gut gemacht. Das ist keine Aufforderung zu Selbstbezogenheit und Entsolidarisierung gegenüber anderen: Geschenke sind dazu da, angenommen werden. Richtiges Handeln ist jetzt nicht mehr die Frage angestrengter Beachtung von Regeln, sondern fließt – bildlich gesprochen – aus dieser lebendigen Beziehung heraus, mühelos und selbstverständlich. Das neue Leben zeigt sich in alltäglicher Interaktion in einem veränderten Verhältnis zu sich selbst und zu anderen. Selbstkontrolle und soziale Verpflichtung brauchen eine lebensförderliche Gestalt. Martin Luther formuliert in seiner Freiheitsschrift von 1520 als bleibende Aufgabe für das menschliche Subjekt: „den Leib regieren" und „mit den Menschen umgehen."[152] Aber eben nicht als penibel zu beachtender Regelkanon, sondern als Fluss von Lebensenergie und von zwanglos wirksamen Gestalt-Vorgaben für ein gelingendes Leben.

---

149 WA 7, 53.

150 „oportet enim eum, si sponsus est, ea simul quae sposa habet acceptare et ea quae sua sunt sponsae impartire." WA 7, 55, 1ff.

151 WA 7, 55, 8ff.

152 WA 7, 60, 3ff.; 64,15ff.; 66, 25ff.

Damit ist keine beständige Verpflichtung zur Selbstthematisierung und Selbstreflexion intendiert. Ich halte es für eine der grundstürzenden Einsichten Martin Luthers und in seinem Gefolge der evangelischen Christenheit, dass Gott den Menschen mit seinem Anspruch des Gebotes und seinem Zuspruch des Evangeliums, seiner Zusage der Gerechtigkeit von außen trifft, ihm damit etwas gibt, was er sich weder durch eigenes gerechtes Handeln geben kann noch durch die Thematisierung seiner eigenen Subjektivität erreichen könnte. Der Mensch wird so aus den Zwängen der Selbstthematisierung und Selbstvergewisserung befreit. Der in sich selbst verkrümmte, auf die Selbstthematisierung bezogene Mensch ist, das ist Luthers grundlegende evangelische Glaubenserfahrung, durch die Zusage des Wortes Gottes von der Last eigener Suche nach einem sinnvollen – in theologisch reflektierter Sprache: gerechtfertigten – Leben, ist letzten Endes von der ständigen Bezogenheit auf sich selbst befreit, befreit zur Hinwendung zu anderen Menschen und zu Gott.

Die Arbeit der evangelischen Seelsorge, die im Raum der Rechtfertigungsverheißung Gestalt gewinnt, kann heute in vielen Feldern ein hilfreiches Angebot gerade in diesem grundlegenden Lebensproblem sein. Wer als Seelsorger*in arbeitet, im kirchlichen Amt oder auch ehrenamtlich, wird vor allem in nicht geplanten und nicht verabredeten alltäglichen Gesprächssituationen mit dem Lebensgefühl von Menschen konfrontiert, die sich als überflüssig gemacht ansehen und in ihrer Lebensgewissheit tief verunsichert sind. Sie werden sich viel Zeit nehmen für Geburtstagsbesuche bei den Senior*innen des Ortes. Sie werden, gerade wenn sie auf dem Dorf arbeiten, auch aus seelsorglichen Gründen Stunden im Garten verbringen, nicht nur, um den Rasen zu mähen, sondern auch für das Schwätzchen mit denen, die auf der anderen Seite des Gartenzaunes stehen bleiben. Und die oft endlos Zeit haben, weil sie schon längst in Rente sind oder schon mit fünfzig arbeitslos, ohne Chance, jemals wieder einen Job zu bekommen.

Diese Zwischendurch-Gespräche sind wohl die wichtigsten seelsorglichen Situationen, wichtiger vielleicht noch als die verabredeten Gespräche zur Vorbereitung von Hochzeiten oder Trauerfeiern. Hier ist Gelegenheit, vom alltäglichen Ärger zu erzählen. Warum war die Nachbarin schon wieder so unfreundlich, seit Wochen, ohne erkennbaren Grund? Oder Gelegenheit, über tiefe Enttäuschung zu klagen. Nicht mal die eigene Familie, die Frau und die Kinder haben Achtung vor der eigenen Lebensleistung, seitdem von einem Tag auf den anderen der sicher geglaubte Arbeitsplatz verloren war.

Wie sollen angesichts der Inflation die Raten für das Auto und das Haus bezahlt werden? Was soll aus den Kindern einmal werden? Die Leute auf der anderen Seite des Gartenzaunes finden in Seelsorger*innen, die sich Zeit und

Raum für alltagsseelsorgliche Kontakte nehmen, ein Ohr für ihre Sorgen. Der Kummer über die Enkelin, die von der Oma zwar noch Geld nimmt, aber nicht mehr zu Besuch kommt. Die Aufregung über die anstehende Dialyse der Ehefrau.

Manchmal, viel seltener sind diese Zwischendurch-Gespräche auch der erste, und dann oft genug der einzige Ort, wo von erfahrenem Glück erzählt werden kann. Die Tochter, die seit Jahren in New York lebt und über Monate nichts hat von sich hören lassen, hat plötzlich angerufen. Der wochenlang verschwundene Kater ist doch wieder aufgetaucht. Seit unvordenklichen Zeiten zum ersten Mal hat eine Frau mit ihrem Mann gesprochen, ohne dass es in Schreierei oder wortloser Enttäuschung geendet hat.

Die Gespräche über den Gartenzaun sind für manche Leute gerade in einer dörflichen Gemeinde der einzige Ort, wo jemand da ist und zuhört. Einer oder eine, die Trauer, Wut und Glück wenn schon nicht teilen, so doch verstehen kann. Oder einem zumindest dieses Gefühl gibt.

Manchmal werden dramatische und trostlose Lebensgeschichten mitgeteilt. Vielleicht diese: Fritz hatte nach dem Abi eine gute Stelle als EDV-Fachmann in einem mittelständischen Betrieb gefunden. Er hatte Martina geheiratet. Martina hatte ihren Job als Friseurin aufgegeben. Sie hatten drei Kinder bekommen und im Viertel eine der wenigen großflächigen Eigentumswohnungen gekauft. Die Finanzierung war in der Phase vereinbart worden, als Kreditzinsen für Immobilien hoch waren. Aber Fritz verdiente gut. Es bestand kein Risiko. Vor fünf Jahren war der Betrieb, in dem Fritz arbeitete, von einem amerikanischen Mischkonzern aufgekauft worden. Die Firma war scheibchenweise verscherbelt worden. Fritz war vierzig, als er seinen Arbeitsplatz verloren hatte. Seitdem hatte er drei Umschulungen und an die dreihundert gescheiterte Bewerbungen hinter sich. Martina war jetzt mit einem ehemaligen Kumpel aus der Kleingartenanlage zusammen. Die Kinder lebten noch bei ihm. Er konnte die Zinsen nicht mehr aufbringen. Die Bank hatte die Wohnung schon übernommen. Der Umzug in eine kleinere Mietwohnung stand bevor. Sozialer Brennpunkt. Niklas, der Älteste, hatte die Schule abgebrochen. Er war eines Tages mit Glatze und Springerstiefeln nach Hause gekommen. Fritz war ausgerastet und hatte ihn geschlagen. Seit einem halben Jahr lebte der Junge irgendwo in der Nähe von Hamburg in einer ‚nationalen' Wohngemeinschaft. Fritz hatte den Kontakt verloren.

Die Verheißung der Rechtfertigung gibt Raum für eine Haltung der Seelsorge, in der Menschen in der ganzen Gebrochenheit ihrer Lebensgeschichten vorkommen und als Menschen wertgeschätzt werden. Die Richtung und Linie einer Seelsorge, die durch die Rechtfertigungsverheißung getragen wird, zeigt sich in dieser Lage auch in einer Entmächtigung vor-dogmatischer, nicht theologisch reflektierter Gottesbeziehungen. Menschen sind heute einer Fülle von Verheißungen, aber auch von Forderungen ausgesetzt, an denen sich ihre Lebensgewissheit ebenso entscheidet wie ihre Wahrnehmung, ein eigenständiger Mensch mit eigenem Gesicht sein zu können. „Verheißung" ist ebenso wenig ein auf den Raum des Evangeliums begrenztes Phänomen wie Gebot. Verheißungen und Gebote sind in der medialen Kultur der Wirtschaftsgesellschaft überall wirksam. Konsummöglichkeiten ebenso wie Berufsperspektiven, politische Parteien ebenso wie Angebote der populären Kultur sind voll davon. Die gegenwärtig mächtigsten Verheißungen liegen in der Wirtschaftsgesellschaft in der Logik des Marktes. Sie sind dadurch charakterisiert, dass sie von „Täuschung" und „Lüge" nie ganz frei sind und mit Geboten, mit Forderungen verbunden sind, die zunächst erfüllt werden müssen, um in den Genuss der Verheißungen zu kommen. Die Nichtbefolgung wird sehr schnell mit dauernder Ausgrenzung bestraft: Ausgrenzung von Chancen zur Berufskarriere ebenso wie von Chancen, am Konsum und an kulturellen Angeboten zu partizipieren. Ob dann jeweils das, was verheißen wurde, auch erfüllt wird und überhaupt erfüllbar ist, ist durchaus offen – und alle Beteiligten, die z.B. Werbespots in Kino oder Fernsehen ansehen oder Hochglanzbroschüren mit den Lebensgeschichten erfolgreicher Manager-Karrieren durchblättern, rechnen damit, dass die hier ausgesprochenen Verheißungen den Fragen nach Wahrheit und Wahrhaftigkeit nicht standhalten und auch nicht standhalten müssen.

Bindend ist dennoch in jedem Falle die Erfüllung des Gebots vor dem Genuss der verheißenen Dinge: Wer im Beruf und in der Anerkennung im Netz sozialer Interaktionen Erfolg haben will und eine soziale Position erreichen will und auf diese Weise in den Genuss der Verheißungen des Marktes kommen will, muss immer zuerst Forderungen erfüllen, und zwar nicht sporadisch, sondern dauernd, jeden Tag, in Selbstkontrolle ebenso wie in sozialer Kontrolle anderer.

Dagegen zeichnet sich das Verhältnis von Forderung und Verheißung in der Rechtfertigungsbotschaft dadurch aus, dass nichts anderes gefordert als verheißen wird. Gott zu vertrauen mit ganzem Herzen, allen Sinnen und der ganzen Vernunft ist Forderung genauso wie Verheißung, die in der Predigt des Evangeliums mitgeteilt wird. Ein Angebot, sich in den Erzählzusammenhang der Bibel einspinnen und in gutem Sinne auf den Arm nehmen zu lassen. Diese Verheißung und dieses Gebot ergehen öffentlich an alle Menschen. Sie mitzuteilen ist Aufgabe aller Christenmenschen und insbesondere der Professionellen. Dabei gilt, dass nur derjenige und diejenige für andere eine Hilfe sein kann, die am eigenen Leibe, im eigenen Lebensvollzug die Unterscheidung von Evangelium und Gesetz, Verheißung und Gebot einübt. Es geht hier um eine

Haltung, die mehr umfasst als spezifische Tätigkeiten und Fertigkeiten und die durch alltägliche Übung gewonnen werden kann. Zwischen Gebet, Zeitungslektüre, Internetnutzung, Kinobesuch, verpflichtenden Engagement in begrenzten Arbeitszusammenhängen vor Ort entwickelt sich eine Spiritualität, die die Vertiefung eigener Subjektivität einschließt, aber darin keineswegs aufgeht. „... Was also ist eine spirituelle Erfahrung? Sie ist keine Selbsterfahrung, sie ist eher Selbstvergessenheit. Elisabeth (von Bingen) nimmt sich nicht selbst war, sie liest die Augen Christi in den Augen des Kindes [...]. Der Schmerz der Menschen ist nicht mehr nur, was er ist; die gebildete Aufmerksamkeit liest den Schmerz Gottes im Schmerz der Menschen. Das Glück ist nicht mehr nur, was es ist. Das sind die Spuren Gottes, die in ihm deutlich werden [...] Spiritualität ist gebildete Aufmerksamkeit."[153]

Das Andere ihrer Subjektivität finden Menschen heute an verschiedenen Orten. Dies ist das große Angebot der evangelischen Religion mit ihrem kirchlichen Interaktionsräumen, ihren Ritualen und Symbolen insbesondere in der Feier des Gottesdienstes an alle, die sich darauf einlassen: In der Sprache der Gebete und Lieder, der Bekenntnisse und biblischen Erzählungen einen Raum finden zu können, in den ich mich hineinbegeben kann, wo ich nichts erfinden muss, um mich selbst „ausdrücken" zu können, weil ich schon gefunden bin und weil mir eine Sprache begegnet, die die Verschiedenen vieler Jahrhunderte gesprochen haben und in die ich mich mit meinen Gefühlen und Gedanken, meiner Selbstsuche und Selbstverfehlung, auch mit dem Glück des Ankommens einfinden kann.

Wie können wir die Rechtfertigungsverheißung mitteilen? Wir können nur mitteilen, was wir empfangen haben und woraus wir selbst leben.

Wir brauchen als haupt- und nebenamtlich Mitarbeitende in der evangelischen Kirche, aber auch als Christenmenschen einen regelmäßig gelebten Kontakt zum Grund unseres Lebens und zum Geschenk der Fülle, das unser Leben gegen alle Knappheitszwänge und alles Sorgen-müssen überfließend reich macht. Wir brauchen – ohne Rigidität – eine jeweils eigentümlich gewählte und regelmäßig geübte Praxis der Frömmigkeit, die so oder so ihre Mitte im Gebet findet. Was wir für andere zu tun haben, können wir in dem Maße gut machen, wie wir es am eigenen Leibe üben.

Die Kirche Jesu Christi muss und kann nicht alles, was sie auszurichten hat, in eigenen Lebensformen realisieren. Aber: Nur bis zu einem bestimmten Grad können alltäglich wirksame Lebensgefühle, Kommunikationsformen, Entscheidungsstrukturen, gegenwärtig vor allem die Faszination durch betriebswirt-

153 Fulbert Steffensky, Schwarzbrot-Spiritualität. Stuttgart 2005, 13f., 18ff.

schaftliche Ansätze in der evangelischen Kirche der Gemeinschaftstreue Gottes und der Fülle seines Lebensgeschenkes nicht entsprechen, ohne die Bedeutung und Kraft der Rechtfertigungsverheißung zu dementieren, für andere und auch für die, die sie auszurichten haben.

Wir sollen das, was wir in der Mitte unseres Lebens und Glaubens empfangen und mitteilen sollen, in aller Wertschätzung gegenüber anderen Ausprägungen des globalen Christentums, im Dialog mit anderen Religionen und mit konfessionslosen Lebensorientierungen tun, aber auch in aller Deutlichkeit, in aller Freiheit, ohne Angst und vorauslaufendem Zurechtstutzen dessen, was wir zu sagen haben. Vor aller medialen Präsenz, vor aller organisatorischen Prägnanz und aller institutionalisierten Wichtigkeit in der Öffentlichkeit, in Räumen politischer Repräsentation und selbst in Bildungseinrichtungen ist es die vor-diskursive, körperlich-gestische Mitteilung, für die wir einstehen sollen: Gott will euer Leben. Er nimmt euch an in eurem krummen Gang und euren halben Träumen. Ihr seid Gott recht, und deshalb habt ihr die Chance und auch die Kraft, euer Leben, wie verfehlt und beengt auch immer, neu zu orientieren. Diese Haltung, aus der wir im Amt und im Alltag als Christenmenschen leben, zeigt sich in der bedingungslosen Wertschätzung, mit der wir Anderen begegnen. Sie lebt aus selbst erfahrener Fülle. Die Verheißung der Rechtfertigung ist in der Erzählbewegung der ganzen Bibel aufgehoben und findet in einzelnen Sprechakten wie vor allem im Predigen des Evangeliums, aber auch in seelsorglicher Begleitung oder in alltäglichen Gesten von Wertschätzung und Engagement für bedrohte Kreaturen je und je ihre Konkretion. Ihre Resonanz hat sie nicht nur in Bewusstseinsleistungen oder kognitiv sich auslegenden Entscheidungsprozessen, sondern in leiblicher Erfahrung. Der Leibraum wird weit. Der Atem wird tief. Der Körper fühlt sich leicht an, die Last ist weg. Ich kann, hier und jetzt, Lebensgewissheit spüren: an dem Ort in meinem Leibraum, wo das Lachen und das Weinen seinen Ausgang nimmt.[154]

Seelsorge als „Priestertum aller Glaubenden"

Die Erinnerung an die reformatorische Rede vom „Priestertum aller Glaubenden bzw. Getauften" macht es m.E. sinnvoll, die evangelische Kirche insgesamt, mit allen in ihr verbundenen und engagierten Männern und Frauen als „Seelsorgebewegung" zu verstehen – und nicht allein spezialisierte und aus den

---

[154] Vgl. zur praktisch-theologischen Rezeption der Methode des Focusing von Eugene Gendlin: Silke Leonhard, Leiblich lernen und lehren. Ein religionsdidaktischer Diskurs. Stuttgart 2006.

alltäglichen Lebenszusammenhängen ausdifferenzierte Berufsgruppen. In eine ähnliche Richtung führt die Erinnerung, dass Martin Luther in der Formal aus den Schmalkaldischen Artikeln von der kirchlichen Aufgabe „per mutuum colloquium et consolationem fratrum“[155], also vom Trost spricht, der im wechselseitigen Gespräch unter Brüdern vermittelt wird. Auch hier wird Seelsorge nicht als spezifisches Profil einer besonderen Berufsgruppe beschrieben, sondern als Kompetenz und Aufgabe aller Christenmenschen.

Eine sozialgeschichtliche und an Gender-Fragen interessierte Untersuchung von Texten Luthers zu diesem Thema kann zeigen, dass in seiner Sicht der Dinge eine geschlechtspolarisierende Aufteilung von „Öffentlichkeit“ und „Privatheit“ vorherrscht.[156] Die Kirche wird – in ihrer Aufgabe im ganzen Gemeinwesen – als intime Interaktion unter Männern („fratrum“) verstanden, die sich durch wechselseitigen Trost und Ratschlag darin Macht und Mut zusprechen, sich nicht vor Alltagsproblemen zurückzuziehen, sondern sich den lösbaren Konflikten zu stellen und unlösbare Lebenskonflikte zu erdulden. Sie sollen dies innerhalb des öffentlichen Lebensbereiches von Kirche, Staat und wirtschaftlichem Verkehr in einer intimen Weise tun, indem sie auf das Gesicht und die Lebensgeschichte eines jeden unauswechselbaren Menschen achthaben – genauso, wie dies in der Sicht Luthers im privat-intimen Lebensbereich von Haus, Ehe und Familie durch die Beziehungsarbeit der Frau geleistet wird. Das ist eine rigide Geschlechtsrollen-Polarisierung, und man muss sich das, denke ich, mit sozialgeschichtlichem und an Gender-Fragen interessierten Blick klarmachen, um mit einem Rezeptionsversuch nicht zugleich auch den „Schatten“ der reformatorischen Seelsorge-Theologie bewusstlos zu übernehmen.

Die grundlegende Überlegung des Reformators bleibt demgegenüber sinnvoll: Seelsorge ist eine Aufgabe und Kompetenz aller Christenmenschen, Männern und Frauen, in ihren alltäglichen Beziehungen in den Lebensbereichen, wo sie miteinander zu tun haben – und nicht zuerst die Aufgabe spezialisierter Institutionen und Einrichtungen und der hier arbeitenden Menschen. Deren Arbeit bleibt nötig in der Begleitung von Lebensgeschichten und -konflikten, die über alltägliche Lösungsmöglichkeiten hinausgehen, vor allem aber auch in der Ausbildung und im „Empowerment“ von Menschen, die sich je an ihrem Ort in seelsorglicher Arbeit engagieren.

Die unterscheidbare soziale Wahrnehmungsorientierung von Menschen, die in der Kirche als Seelsorgebewegung engagiert sind, zeigt sich m.E. in der Bereitschaft, sich selbst und andere als Subjekte ihrer Geschichte und ihrer

155 BSLK 449.

156 Vgl. Hans-Martin Gutmann, Über Liebe und Herrschaft. Luthers Verständnis von Intimität und Autorität im Kontext des Zivilisationsprozesses. Göttingen 1991.

Lebensverhältnisse anzusehen auch dort, wo dieser Blick contrafaktisch gegen die Reduzierung auf Rollen und Funktionen bzw. gegen die Ausgrenzung aus ökonomischen, sozialen und kulturellen Handlungs- und Kommunikationswelten gerichtet ist.[157]

Manfred Josuttis hat in einem Beitrag zur „Seelsorge im energetischen Netzwerk der Ortsgemeinde“[158] herausgearbeitet, dass im Rahmen der kirchlichen Strukturen als Organisation und Milieu, die nicht aufzuheben, sondern nur zu verwandeln sind, ein kommunikatives und energetisches Netz der „Gemeinschaft der Heiligen“ lebt – und zwar über die Berufsrollen der Pfarrer*innen hinaus –, das seelsorglich, in einem spezifischen Verständnis von Alltagsseelsorge wirksam wird. „... Der lebendige Kontakt mit der Macht des Heiligen ist deshalb so wichtig, weil aus der Begegnung mit dieser Wirklichkeit Heiligung, Heil und Heilung erwachsen ... Das wirkt dann durchaus auch in die anderen Dimensionen der Gemeinderealität hinein. Das Milieu darf bleiben, was es immer schon ist, eine Ansammlung von Menschen, die nach ihrer sozialen Schichtung und ihren psychischen Strukturen kommunizieren. Aber diese Menschen können verändert, die Streicheleinheiten, die sie austauschen, können von der Kraft Gottes geprägt werden. Ohnmächtige werden dann handlungsfähig, Gehemmte aktiviert, Verfemte aufgewertet, Betriebsame gelassen. Die Wirkungen der energetischen Wirklichkeit werden bis ins Leibliche hineinwirken.“

Der heilsame Austausch

Seelsorge ist in meiner Sicht der Dinge eingebunden in die Handlungslogiken religiöser Praxis. Es geht in allen Verfahren religiöser Handlungen in aller ihrer Differenziertheit darum, einen Fluss-Prozess ins Leben zu rufen und zu unterstützen: Zerstörerische, den Menschen beherrschende, ihn unfrei machende und lähmende Mächte sollen abfließen, die heilsame Lebensmacht Gottes soll herbeigerufen werden und die Leiber, aber auch die Herzen erfüllen.

Die Dynamik Gottes, die die Menschen in seinem Geist, seinen „ungeschaffenen Energien“ erreicht und mit denen sie in Kontakt treten können, ist Lebenskraft. „Das Ziel der poimenischen (seelsorglichen) Arbeit besteht jetzt nicht in der Einsicht, in der Aufhebung ins Bewusstsein, im Kontakt mit dem eigenen

---

157 Vgl. Manfred Josuttis, Die Ziele der seelsorglichen Beratung. In: ders., Praxis des Evangeliums zwischen Politik und Religion. München 1974, 109f.

158 Manfred Josuttis, Seelsorge im energetischen Netzwerk der Ortsgemeinde. In: Ders. u.a. Hg., Auf dem Weg zu einer seelsorglichen Kirche. Theologische Bausteine. Göttingen 2000, 117ff., Zitat 123. 125.

Selbst. Ziel einer Seelsorge, die Menschen an die Wirklichkeit des Heiligen heranführt, ist die Einübung zur Kontaktfähigkeit mit dieser Lebensmacht. Menschen werden durch Seelsorge instand gesetzt, mit sich selbst und mit anderen zu kommunizieren, dadurch dass sie einen lebendigen Kontakt zur Lebenskraft Gottes gewinnen. Der Friede Gottes erfüllt dann die Menschen. Die Freude Gottes zieht ein, die Liebe Gottes erfasst sie. Was bewirkt das für die, die in einer Depression unterzugehen drohen? Die sich in Streitritualen das Leben zur Hölle machen ...?“[159]

Auf diese Weise eröffnet die seelsorgliche Beziehung einen Fluss von Gütern, der von Gott her zu den Menschen fließt, einen Fluss von Kraft und Gestalt für Lebensgewissheit, im Zentrum einen Fluss von Lebensenergie. Dieser Fluss kann in den alltäglichen Beziehungen weitergegeben werden. Das Verständnis von Seelsorge als heilsamer Austausch kann an die Vorstellung eines Fluss-Geschehens anknüpfen, wie es Martin Luther in der Freiheitsschrift formuliert hat.[160] Subjekte einer solchen Seelsorge sind nicht zuerst ausdifferenzierte Beratungsinstitutionen, sondern können – mit ihrer Unterstützung – alle Menschen sein, die sich im „energetischen Netzwerk“ der Gemeinde engagieren.

In der Perspektive des Reformators wird diese Bewegung in der zwischenmenschlichen Kommunikation aufgenommen, und zwar im Sinne eines zwanglosen, nicht „gesetzlich“, sondern evangelisch, durch Einbeziehung und Vorbild-Nachahmung (Mimese) wirksames Geschehens.[161] Dieser Lebensfluss in seiner Gesamtheit umschließt alles Lebendige, gibt dem Lebensvollzug der Menschen seine Energie und – durch die Anschauung des Lebens Jesu bis ans Ende, hin zur Selbstpreisgabe für seine Freunde und Freundinnen – auch eine Gestalt. Die neutestamentlichen Texte erzählen auch davon, dass dieser lebensfördernde Fluss von den Mächten befreit werden muss, die ihn gefährden.

Seelsorgliches Handeln in evangelischer Perspektive wird einen Fluss-Prozess in Gang setzen, dessen heilsame Macht dann wirksam werden kann, wenn zerstörerische Mächte entmächtigt werden. Das ist im Gespräch über Handlungsmöglichkeiten im Raum der Kirche heute vielfach vergessen, nicht nur im Feld seelsorglichen Handelns. Exorzismen gelten weithin als Bestandteile fremder Kulturen und Kulte. Dass hier von einer religiösen Methode zu sprechen ist, die nach Ausweis biblischer Texte nicht nur Jesus, sondern auch Menschen, zu denen er Beziehung aufgenommen hat, im Namen Gottes anwenden können

[159] M. Josuttis, Die Einführung in das Leben, a.a.O., 126.

[160] WA 7, 38. Vgl. zur praktisch-theologischen, hier: homiletischen Wahrnehmung dieser zentralen Passage aus der Freiheitsschrift: Manfred Josuttis, Predigt des Evangeliums nach Luther. In: ders. Gesetz und Evangelium in der Predigtarbeit. Homiletische Studien, 2. Aufl., Gütersloh 1995, 61.

[161] WA 7, 36.

(z.B. Apostelgeschichte 8,7), wird gerade in der evangelischen Tradition weithin verdrängt – übrigens im Gegensatz zum Reformator Martin Luther, der beispielsweise in seinem ‚Taufbüchlein' das Ritualelement des Exorzismus als notwendig beibehält.[162]

Die Zeit zerdehnt sich. Das Einbrechen des Reiches Gottes, mit dem noch während der Lebenszeit der ersten Generation von Jünger*innen gerechnet wird, verzögert sich. Im selben Maße verschiebt sich die Wahrnehmung des Jesus von Nazareth als Nähe, als Begegnung mit der heilsamen Dynamis, der Lebensmacht Gottes, hin zur Ausformulierung eines Bestandes von Lehrsätzen. ‚Macht' wird zunehmend nicht mehr im Sinne von ‚empowerment' verstanden, sondern als Macht des Amtes innerhalb einer sich herausbildenden kirchlichen Hierarchie.

Paulus hat ‚Dynamis' als hier und jetzt präsente heilsame Gottesmacht verstanden. Paulus und die paulinischen Gemeinden leben in der unmittelbaren Erwartung der Parusie, der Wiederkunft Christi (1. Thessalonicher 4, 13-15): Paulus rechnet damit, dass er selbst und der überwiegende Teil der Adressaten seines Briefes noch leben werden, wenn die allgemeine Totenauferweckung und damit das eschatologische Ereignis des Endes der menschlichen Geschichte da sein wird. „Denn das sagen wir euch mit einem Wort des Herrn, dass wir, die wir leben und übrig bleiben bis zur Ankunft des Herrn, denen nicht zuvorkommen werden, die entschlafen sind."

Seelsorgliches Handeln in evangelischer Perspektive, das den Fluss-Prozess hervorrufen und begleiten kann, in dem zerstörerische Macht den Leib und die Seele eines Menschen verlässt und die heilsame Lebensmacht Gottes einzieht, nimmt in der Erzählbewegung der Bibel eine Spur auf, die überall präsent ist und doch immer wieder verschüttet wurde: In den biblischen Texten selbst, und auch im Weg der Kirche Jesu Christi durch die Zeit. Auch das seelsorgliche Handeln, das den heilsamen Austausch intendiert, bleibt selbst ambivalent, ist wie alles menschlich-geschöpfliche Handeln begrenzt und fehlbar und muss es sein. Größenphantasien wären an dieser Stelle so zerstörerische wie in anderen Lebensvollzügen auch. Und doch steht die Seelsorge unter der Verheißung Gottes und wird in der Kraft des Geistes wirksam – als der dem menschlich-geschöpflichen Leben zugewandten Seinsweise und Beziehungsmacht des dreieinigen Gottes. Seelsorge ist im Kern ein pneumatisches Geschehen: das trägt und beflügelt, begeistert und begrenzt zugleich diese Arbeit, ist ihre Befreiung von Allmachtsphantasien und zugleich die Ermächtigung, mit ihrer kleinen Kraft das Not-Wendige auch wirklich zu tun.

---

162 BSLK 540, 19ff.

Entwicklungen in der Seelsorge realisieren

In jüngerer Zeit hat sich die Gesprächslage gegenüber der Hoch-Phase der „Seelsorgebewegung“ in den 1960er Jahren verändert, und zwar in der wissenschaftlichen Seelsorge-Debatte ebenso wie in kirchlichen Praxisfeldern. Die neue Entwicklung ist vielschichtig. Sie steht unter Kontextbedingungen einer zunehmenden Verknappung der kirchlichen Finanzen und – in vielen deutschen Landeskirchen damit verbunden – einem Rückzug auf die kirchlichen „Kernkompetenzen“ und damit auch einer Ausdünnung der Finanzierung für die kirchlichen „Dienste“. In dieser Lage steht der Pastoralpsychologie – ähnlich wie weiten Bereichen der Diakonie und der kirchlichen Bildungsarbeit – der Wind entgegen. Diese Untersuchung geht von der Annahme aus, dass die Entgegensetzung zwischen parochialen Ortsgemeinden und übergemeindlichen kirchlichen Diensten, zwischen kirchlichen „Kernkompetenzen“ und „Randgebieten“ – bei größerer (nicht nur finanzieller) Wertschätzung jeweils der ersten Dimension durch die Kirchenleitungen – weder den gesellschaftlich brisanten Problemen noch dem Auftrag der Kirche gerecht wird.[163] Vielmehr muss eine neue Balance zwischen – wenn man denn diese Metaphern für einen Augenblick gelten lassen will – „Kern“ und „Rand“, „Innen“ und „Außen“, „Zentrum“ und „Peripherie“ gefunden werden.

Unter diesen Kontextbedingungen hat sich der Diskurs über Seelsorge, aber auch die Praxis der Seelsorge verändert. Gegenüber dem Streit um das kirchliche „Proprium“ und das realistische „Menschenbild“, wie er in den zurückliegenden Jahrzehnten zwischen theologischen Seelsorgetheorien und psychotherapeutischen Konzeptionen geführt wurde[164], hat sich die Gesprächslage entspannt. Wir finden aktuell an verschiedener Stelle eine Wendung zu einer biblischen Orientierung und theologischen Begründung der Seelsorge, ohne dass dies mit einer Abwertung der therapeutischen Seelsorgekonzeptionen verbunden wird.[165] Wir finden eine weit ausdifferenzierte Wahrnehmung gesellschaftlicher Lagen in verschiedenen Ansätzen der „Alltagsseelsorge“, in denen beispielsweise Lebenslagen von Frauen (feministische Seelsorge), von Migrant*innen (interkulturelle

---

163 Vgl. in diesem Zusammenhang auch: H.-M. Gutmann, Die Gemeinde als Lebensort – eine kritische Liebeserklärung. In: J. Ebach u.a. Hg., Bloß ein Amt und keine Meinung? – Kirche. Jabboq 4, Gütersloh 2003, 110-167, sowie: Uta Pohl-Patalong, Von der Ortskirche zu kirchlichen Orten, Göttingen 2005.

164 Ein theologisch gehaltvoller Einspruch gegen die therapeutische Seelsorge wurde beispielsweise in den siebziger Jahren vom damaligen Leiter des Wuppertaler Predigerseminars H.Tacke artikuliert: Glaubenshilfe als Lebenshilfe. Probleme und Chancen heutiger Seelsorge. Neukirchen-Vluyn, 3. Aufl. 1993.

165 Vgl. dazu vor allem: Peter Bukowski, Die Bibel ins Gespräch bringen – Erwägungen zu einer Grundfrage der Seelsorge. Neukirchen 1994

Seelsorge) und – in einem umfassenderen Blick – die Fragen im Mittelpunkt stehen, wie Seelsorge Menschen in ihren Krisen und Umbrüchen so begleiten kann, dass sie zu „Subjekten“ ihrer Lebensgeschichte werden können.[166] Und wir finden die Konzeption einer „energetischen Seelsorge“[167], die – teilweise in neu artikulierter Aufnahme der theologischen Anliegen, wie sie von Eduard Thurneysen und Karl Barth vertreten wurden – die Wirklichkeit und Wirksamkeit religiöser Methoden für einen „heilsamen Austausch“ wahrnehmen.[168]

Mit Michael Klessmann halte ich es für sinnvoll, heute nicht mehr mit einem gegeneinander konturierter Seelsorgekonzeptionen zu rechnen, sondern unterschiedliche Konzepte als Ressourcen wahrzunehmen, die für bestimmte Problemhorizonte stark gemacht werden können, während für andere wiederum anders gelagerte Konzeptionen wichtig werden können.

Man kann die Überschriften so oder anders wählen. Ich teile die Perspektive, ressourcenorientiert und wertschätzend auf Seelsorgetraditionen und aktuelle Überlegungen in diesem Feld achtzuhaben. Zugleich gibt es wichtige Unterschiede zwischen Seelsorge und Therapie. Seelsorge entwickelt sich oft spontan. Oft ist es der*die Seelsorgerin, die eine Ratsuchende aufsucht: vom Geburtstagsbesuch in der Gemeinde bis zur Vorbereitung einer „Amtshandlung“ wie einer Trauerfeier. Anders als in der Therapie handelt es sich also um eine Geh- und nicht um eine Komm-Struktur der Begegnung. Therapeutische Begegnungen sind in der Regel verabredet, eine Diagnose und ein Behandlungsziel werden festgelegt. Dagegen ist für die Seelsorge ihre Ungeschütztheit charakteristisch; mein Mainzer Kollege Kristian Fechtner kann in diesem Zusammenhang von „ent-rüsteter“ Seelsorge sprechen. Eine hilfreiche Charakterisierung hat auch der damalige Hannoveraner Pastoraltheologe Hans-Christoph Piper gegeben.[169] „Um Kern und Wesen der Seelsorge zu entdecken ..., ist es hilfreich, diesen Arbeitsbereich von den übrigen Funktionen eines Gemeindepfarrers zu vergleichen.“

Bei allen Unterschieden in der Kontaktaufnahme zwischen Pfarrer*in und Gemeindemitgliedern ist allen diesen Handlungsformen gemeinsam, dass die Gemeindemitglieder ihre eigenen Häuser und Wohnungen verlassen und sich ins Pfarramt bzw. in die Kirche begeben. Fast alle diese Formen von Gemeinde-

166 Vgl. z.B. Uta Pohl-Patalong, „Seelsorge im Plural. Perspektiven für ein neues Jahrhundert.“ Hamburg 1999.

167 Vgl. Manfred Josuttis, Segenskräfte – Potentiale einer energetischen Seelsorge. Gütersloh 2000; vgl. zu den Handlungslogiken religiöser Methoden ders., Religion als Handwerk. Zur Handlungslogik spiritueller Methoden. Gütersloh 2002.

168 Einen instruktiven Überblick über die weit ausgefächerte heutige Gesprächslage gibt: Martin Nicol, Grundwissen Praktische Theologie. Ein Arbeitsbuch. Stuttgart u.a. 2000, 99-130.

169 H.-Chr. Piper, Der Hausbesuch des Pfarrers, Göttingen 2. Aufl. 1988, 122ff., und in weiteren Veröffentlichungen.

arbeit sind dadurch charakterisiert, dass die Teilnehmenden von der Peripherie ins Zentrum der Gemeinde gehen müssen (‘Komm-Struktur‘). Der Pfarramtszentriertheit in der Beziehungs- und Kontaktaufnahme entspricht ein wesentliches Strukturmerkmal dieser Handlungsmuster selbst: Die Initiative geht vom Pastor*von der Pastorin aus. Er*sie bestimmt das Thema, weiß das Ziel; er*sie ist vorbereitet, sorgt für den organisatorischen Rahmen und seine Realisierung. Das verleiht ihm*ihr in der Regel Handlungssicherheit – und diese Handlungssicherheit ist im Alltag des Pfarramtes auch bitter notwendig, da sich der Pastor*die Pastorin ständig wechselnden, zum großen Teil sehr intensiven Kommunikationssituationen ausgesetzt sieht. Diese Berufssituation ist nur zu meistern, wenn der Pastor*die Pastorin in der Regel diejenige ist, die Grenzen setzt, Inhalte vorgibt und weiß, ‚wo es langgehen soll‘.

Man muss sich die Geschlossenheit, Strukturiertheit und Pfarrerzentriertheit des Rahmens dieser kommunikativen Situationen deutlich machen, um ermessen zu können, wie stark die Seelsorge demgegenüber aus dem Rahmen fällt. Ein Pastor*Pastorin, die sich in ein seelsorgliches Gespräch begibt, trägt in der Regel keinen schützenden Talar, hat kein ausgearbeitetes Predigtkonzept vor sich liegen, keine Agende, die die Schritte in der Abfolge der gottesdienstlichen Liturgie vorschreibt. Es gibt keine wie auch immer rudimentär vorbereiteten Lernschritte wie im Konfirmandenunterricht, und es hilft auch keine Routine, weil sich zwei Gespräche untereinander niemals gleichen. Nie ist der Seelsorger*die Seelsorgerin vor Überraschungen sicher, die ihn aus dem Konzept bringen können. „Das heißt zusammengefasst: Er (der*die) Seelsorgerin geht in eine offene Situation ohne die ihm vertrauten Sicherheiten hinein. In diesem Sinne ist die Seelsorge grundsätzlich nicht im Voraus planbar – die ist überhaupt nicht ‚machbar‘!“[170]

---

170 Ebd., 123.

Lebenswenden und Lebenskrisen, Passagerituale, Amtshandlungen

Der Horizont: Segen – praktisch-theologisch

Die seelsorglichen Angebote der Kirchen finden – neben der Alltagsseelsorge, der Schulseelsorge, der Begleitung von Menschen in Lebenskrisen in spontan sich ergebenden Gesprächen – ihren Ort immer wieder in „Amtshandlungen“, in „Kasualien“. Dabei handelt es sich um gottesdienstliche Angebote, die lebensgeschichtliche Passagen dadurch begehbar und für die Beteiligten erträglich, oft auch verheißungsvoll machen, dass in ihnen Segen mitgeteilt wird. Mitteilung von „Segen“ ist damit das Zentrum in der kirchlichen Amtshandlungspraxis.

Segen wird erbeten und gegeben vor allem in Übergangs-, Krisen- und Grenzsituationen, bei biographischen und gemeinschaftlichen Brüchen und Abbrüchen, in denen das Leben nicht einfach weitergeführt werden kann, sondern neu vergewissert und gestaltet werden muss – z.B. bei Geburt, Eheschließung, Beerdigung. Insofern sind alle kirchlichen „Kasualien“ – z.B. Konfirmation und Trauung – Segenshandlungen: In der Situation von Bruch und Abbruch wird Segen als kontinuierlicher Lebensfluss angesichts und gegen die Gefahren zugesprochen, die in Lebensübergängen, Grenzsituationen des Lebens neben allem, was Lebensfreude schenkt, mit einem drohenden Einbruch des Chaotischen, Lebenszerstörenden immer auch da sind.

Alle Kasualgottesdienste sind Segenshandlungen. Insbesondere beim Traugottesdienst wird in der evangelischen Kirche daran festgehalten: eine kirchliche Trauung begründet keine eheliche Gemeinschaft. Sondern hier wird diesen Liebenden der Segen Gottes mitgeteilt.

Jeder Gottesdienst anlässlich einer Eheschließung ist eine Segenshandlung. Das bedeutet auch, dass eine Unterscheidung zwischen „Trauung“ heterosexuell Liebender und einer „Segenshandlung“ für gleichgeschlechtlich Liebende weder theologisch noch phänomenologisch sinnvoll ist.

Segen ist der Lebensfluss, die Lebensenergie, die wir Menschen mit allem Lebendigen teilen. Als Segen Gottes wird Segen so zugesprochen, dass diese Lebensenergie als die Macht des Schöpfers und Gebers allen Lebens hier und jetzt ausgerufen und in ihrer lebenserhaltenden Kraft diesen versammelten Menschen mitgeteilt wird.

Segen ist das machtvolle Wort, das Leben in seiner Lebendigkeit bewahrt und erhält. Dieses Wort weiterzugeben, ist eine der zentralen Chancen und Aufgaben von Menschen, die – innerhalb wie außerhalb von definierten Ämtern und beruflichen Rollen – als Christen leben.[171]

Kasualgottesdienste sind als Segensgottesdienste von mehreren Perspektiven aus zu verstehen. In dieser Vorlesung möchte ich vor allem zwei Perspektiven einspielen: biblisch-theologische Perspektiven – und die Perspektive der Alltagsrituale. Denn nicht nur die „großen" Rituale, die zu lebensgeschichtlichen Passagen hilfreich sein können, sondern auch die kleinen, die beiläufigen Rituale der alltäglichen Kommunikation teilen Segen mit.

Segen unterscheidet sich von anderem Handeln und anderen Gaben Gottes dadurch, dass er inklusiv und nicht exklusiv ist, dass er alles Lebendige einschließt und nicht ausschließt, was als „anders" oder als „fremd" gilt (z.B. 1. Mose 12; 16 und Folgekapitel – Segen für Isaak und für Ismael, für Sara und für Hagar), 1. Mose 27 (Erstgeburtssegen für Jakob, aber auch für Esau). Segen breitet sich in konzentrischen Kreisen aus. Segen schließt Gottes Menschen, Gottes Volk, und zunehmend alle Menschen, alle Lebewesen, alles Lebendige ein.

Dies unterscheidet Segen von anderen Beziehungen, die Gott zu den Menschen eröffnet, z.B. von Rettung (2. Mose 1-15) und Bund.

Segen unterscheidet sich zugleich von anderem Handeln und anderen Gaben Gottes dadurch, dass Segen prozesshaft und nicht zuerst ereignishaft ist. Segen wächst, geschieht, Segen breitet sich aus, in konzentrischen Kreisen immer weiter, bis alles Lebendige berührt und eingeschlossen ist.

Segen ist nicht statisch, sondern prozesshaft: Segen ermöglicht Aufbrüche und verbindet sich mit dem Auszug aus bewährten, möglicherweise aber auch starren Bindungen.

Der evangelisch-lutherische Gottesdienst schließt – in den Agenden, also den Gottesdienstordnungen seit dem 19. Jahrhunderts, aber auch schon in den Gottesdienstordungen Luthers in der Reformationszeit – mit dem aaronitischen Segen (4. Mose 6,24-26). Der Segen am Schluss eines Gottesdienstes bündelt alles, was an Heilsamem im Gottesdienst geschehen ist: Die Verheißung, die in der Predigt mitgeteilt wird, die Bitte um Gottes Erbarmen und die Zusage der Sündenvergebung, das gemeinsame Mahl, in dem sich Gottes Kinder durch Essen und Trinken von Brot und Wein zum Leib Christi verbinden. All dies bündelt der Segen noch einmal im Übergang zum alltäglichen Leben der Leute. Damit wird in der Grenzsituation zwischen Gottesdienst und Alltag, wo die Menschen

---

171 Vgl. zu diesem Abschnitt vor allem: Magdalene L. Frettlöh, Theologie des Segens, Gütersloh 1998; C. Westermann, Genesis I, 12 und I, 13, BK, Neukirchen 1977f.; Manfred Josuttis, Der Weg in das Leben. Eine Einführung in den Gottesdienst auf verhaltenswissenschaftlicher Grundlage. München 1991, 309 ff.; ders., „Unsere Volkskirche" und die Gemeinde der Heiligen. Erinnerungen an die Zukunft der Kirche. Gütersloh 1997, 108ff.; ders., Segenskräfte. Potentiale einer energetischen Seelsorge. Gütersloh 2000.

keinesfalls immer nur lebensförderlichen Mächten ausgesetzt sind, Shalom zugesagt unter dem Angesicht Gottes als Begleitung und Schutz für das alltägliche Leben. Wenn der aaronitische Segen am Schluss des Gottesdienstes gesprochen wird, stellt sich die christliche Kirche zugleich in die Kontinuität zum Gottesvolk Israel, wo der aaronitische Segen die Gesetzgebung über die Priester und die Opfer abschließt.

In seiner sprachlichen Form gehört das Zusprechen von Segen zur Klasse der performativen Sprechhandlungen. Es wird nicht eine Tatsache festgestellt, die so oder so bereits da ist (z.B. „es ist kalt"), sondern es wird die Wirklichkeit hergestellt, die ausgesagt wird – wie z.B. in der Liebeserklärung und im Gerichtsurteil.

Dabei ist der Segen, der im Gottesdienst zugesagt wird, ein Sonderfall einer performativen Sprechhandlung. Denn der*die Pastor*in sagt nicht: „Ich segne Dich", sondern: „Gott segne Dich". Eine Verheißung und eine Wirklichkeit, die nicht vom Sprechenden, sondern nur vom Subjekt des Wunsch-Inhaltes hergestellt werden kann: von Gott. Darin ist Segen ein performativer Sprechakt, der die Wirklichkeit mitteilt, die er aussagt: In dieser Zusage der lebensfördernden Zuwendung Gottes wahrt der*die menschliche Sprecher*in die notwendige und heilsame Unterscheidung zwischen Mensch und Gott.

Nicht nur ausdrücklich religiöse Rituale teilen Segen mit. Segen wird auch in alltäglichen Interaktionen weitergegeben. Und hier sind magische Anteile deutlich: Der Gruß „Guten Tag" kann, wenn er nicht beantwortet, den Tag für den Grüßenden schnell zu einem schlechten Tag machen.

„Viel Glück und viel Segen" bei Geburtstagsfeiern, „gesegneten Feiertag", „auf diesem Unternehmen liegt kein Segen" usw.: Auch in solchen alltagssprachlichen Zusammenhängen ist der partizipatorische, lebensfördernde Charakter des Segens deutlich.

Gegenüber anderen Orientierungen – z.B. Profit oder technologische Machbarkeit – ist die Frage, ob in industriellen Großprojekten wie z.B. in der Atomenergie oder der Gentechnologie Segen liegt, eine allgemeinverständliche kritische Anfrage enthalten: Nicht alles, was machbar ist und womit man viel Geld verdienen kann, ist auch lebensförderlich und in diesem Sinne: ein Segen.

Segen wird nicht nur im Gottesdienst mitgeteilt, sondern auch im alltäglichen Leben. Ganz deutlich und ausdrücklich geschieht dies beispielsweise in politischen Perspektiven. Der Ökumenische Rat der Kirchen hat in den vergangenen Jahrzehnten immer wieder mit ausdrücklich christlich-religiöser Begründung Konsequenzen aus Gottes Segen für politisch krisenhaften Lebenszusammenhänge vorgeschlagen: Beispielsweise im Antirassismusprogramm in den 70er Jahren des vergangenen Jahrhunderts, im Prozess für Gerechtigkeit, Frieden und Bewahrung der Schöpfung, in der Dekade zur Überwindung von

Gewalt, und seit der ökumenischen Konferenz von Busan in einem „Pilgerweg der Gerechtigkeit und des Friedens". Auch Kirchengemeinden und kirchliche Orte in Deutschland sind aufgerufen, auf diesem „Pilgerweg der Gerechtigkeit und des Friedens" im eigenen Lebensbereich Orte und Zeiten des Schmerzes und der Zerstörung wahrzunehmen, aber auch heilsame Orte und Zeiten, in denen vor Ort Gerechtigkeit und Gewaltunterbrechung gelingen, in wie bescheidener Form auch immer. Möglicherweise gibt es auch in Ihrer Gemeinde Menschen, die sich in diesem Prozess engagieren. In all diesen Engagements kann Gottes Segen im alltäglichen Leben ein Gesicht gewinnen, auch und vor allem im politischen Engagement.

Besonders spannend finde ich, dass Segen im Alltag mitgeteilt wird, ohne dass dies ausdrücklich religiöse Formen oder politische Entscheidungen beinhalten muss. Wir erleben das, wenn Menschen gegen alle Wahrscheinlichkeit geheilt werden können, oder wenn sie durch aussichtslos erscheinende Unfallsituationen durchkommen. Oft wird dann metaphorisch von „Schutzengeln" gesprochen. Wir geben Segen weiter, wenn wir unsere Liebsten lieben, wenn wir unsere Kinder in ihrer Selbsttätigkeit begleiten und unterstützen, wenn wir ihnen zugleich durch unseren Lebensvollzug zeigen, was wir lieben, so dass sie animiert werden, sich selbst für eine Welt einzusetzen, in der der Mensch dem Menschen ein Helfer ist. Wir geben Segen weiter, wenn wir uns für unsere Mitlebenden engagieren und auch, wenn wir mit Freunden das Leben feiern.

Es gibt noch viel unspektakulärere Formen, in denen Segen mitgeteilt wird. Die meisten Alltagssprüche haben keinerlei religiösen Bezug. Ich kenne Leute, die sich hauptsächlich in solchen Sprüchen austauschen, besonders dann, wenn sie sich in kurzen ungeplanten Situationen begegnen. „Wie geht's"? „Muss ja". „Wird schon". „Tschüss."[172]

Was passiert da?

Immer wieder geht es in den Sprüchen um die Mitteilung von Wertschätzung, Bestärkung, Ermutigung. Es geht um die Weitergabe von Lebensenergie – und damit in alltägliche Sprache um die Mitteilung von Segen. Sprüche wirken als soziale „Kitter". Durch Sprüche kann der Zusammenhalt von Beziehungen in alltäglichen Interaktionen bekräftigt werden. In Sprüchen können sich Menschen aber auch selbst ermutigen und bekräftigen – und so sich selbst Segen mitteilen.

Selbstgespräche, ob bewusst und ausdrücklich geführt oder unbewusst und spontan, haben eine erhebliche Auswirkung auf das Selbstverhältnis von menschlichen Individuen. Selbstgespräche beeinflussen Lebensgefühl, Wohlbefinden,

[172] Hans-Martin Gutmann, Irgendwas ist immer. Durchs Leben kommen. Sprüche und Kleinrituale – die Alltagsreligion der Leute. 2. Auflage Berlin 2017. Dieser Vorlesungsabschnitt beinhaltet Auszüge aus diesem Werk.

nicht zuletzt Handeln und Verhalten. In den meisten Situationen führen Menschen solche Selbstgespräche nicht ausdrücklich ausformuliert, oft nicht einmal bewusst. Menschen teilen sich selbst beständig mit, wie sie sich selbst sehen, wie sie ihre Intentionen, ihr Verhalten, ihre Handlungsweisen interpretieren und bewerten. Für den Erfolg eines Vorhabens ist von entscheidender Wichtigkeit, ob sich ein Mensch in diesen Selbstgesprächen positive Rückmeldungen gibt. Du schaffst das, du bist in Ordnung. Oder auch: Ganz gleich, ob das jetzt gelingt oder schief geht, du bist so oder so okay.

Nicht nur der Erfolg technisch-operativen Handelns z.B. in Berufstätigkeiten im Handwerk oder beim Schreiben von Computerprogrammen wird von Selbstgesprächen beeinflusst, sondern auch die kommunikative Kompetenz, die Fähigkeit, anderen Wertschätzung mitzuteilen – und auch wahrzunehmen, wenn man selbst von anderen wertgeschätzt wird.

In der psychotherapeutischen Lern- und Verhaltenstherapie wird schon seit langem mit diesem Konzept gearbeitet.[173] Lerntheoretisch wirken Bestätigungen bestärkend auf Verhalten und Handeln, aber auch auf das Lebensgefühl von Individuen – zwischen Selbstwertgefühl und Selbstzweifel. Eine positive Rückmeldung wird dazu führen, dass sich Menschen „gut fühlen“ und dieses durch die positive Rückmeldung bestärkte Verhalten bzw. Handeln weiter üben, es verstärken, tendenziell auch verbessern können.

Wichtig ist, dass sich der*die einzelne darüber klar wird: Welche der Stimmen in meinem „inneren Team“ ist die dominierende Mitteilung? Sollte dies eine entwertende Mitteilung sein, dann ist es eine Hilfe, sich eine positive Mitteilung als „Gegengift“ bewusst zuzusagen: „Nur Mut. Wird schon. Na geht doch.“

Wir haben es in unseren alltäglichen Begegnungen und Kleinritualen „in der Hand“, Gottes Segen weiterzugeben. Nicht nur im Gottesdienst. Nicht nur in ausdrücklichen religiösen Sprechhandlungen. Nicht nur in politischen Entscheidungen und Engagements, so notwendig die auch sind. Wir können Segen mitteilen in der Weise, wie wir alltäglich miteinander und mit uns selbst umgehen. Wir können bis in die kleinsten Begegnungen hinein darauf achten, dass wir Wertschätzung, Bekräftigung und Ermutigung weitergeben – oft reicht dafür ein kleiner Spruch. Und im Verhältnis zu uns selbst können wir unseren Selbstgesprächen eine Richtung geben, dass wir für uns selbst Gottes Segen annehmen, den Gott all seinen Menschenkindern schenkt. Im Segen teilt Gott seine Zärtlichkeit gegenüber allem Lebendigen mit. Es kostet eigentlich so gut wie keine Anstrengung, sich der Zärtlichkeit des Lebens zu öffnen, sich beschenken zu

---

[173] Vgl. hierzu grundlegend: Burrhus Frederic Skinner et al., The analysis of behavior. New York 1961. Deutsch: Analyse des Verhaltens, München 1974.

lassen und diese Gabe weiterzugeben an alle, die es nötig haben – und in aller Regel sind das auch wir selbst.

Kasualien wie Konfirmation, Trauung oder Bestattung sind ein Bereich, an dem kirchliches Handeln weiterhin – wenn auch mit sinkender Tendenz – nachgefragt wird, auch wenn es in vielen anderen Feldern gegenwärtig das Lebensgefühl der Menschen nicht erreicht.[174] Seit den sechziger Jahren werden sie in praktisch-theologischen Gesprächsbeiträgen kaum noch als riskante Gelegenheit einer „Baalisierung" des christlichen Glaubens[175] problematisiert, sondern als herausgehobene Möglichkeit verstanden, evangelische Verheißung und die Lebensrealität der Leute „miteinander zu versprechen"[176]. Neben den Handlungsfeldern von Seelsorge und Beratung sind Kasualien oder „Amtshandlungen" zudem ein Feld praktisch-theologischen Nachdenkens, in dem vor allem auch nichttheologische Theorien zum Gegenstand rezipiert wurden. Handelt es sich in der Seelsorgelehre vorwiegend um psychotherapeutische Konzepte verschiedener Schulen, so hier um kulturanthropologische Ritualtheorien, wobei in jüngerer Zeit mit besonderem Gewicht Überlegungen von Victor Turner[177], Catherine Bell[178] und Clifford Geertz[179] aufgenommen wurden.

Kasualien in einer Lebenskrise: Der evangelische Bestattungsgottesdienst

Wenn ein Mensch stirbt,[180] werden (wie in anderen Religionen ähnlich) viele Schritte nötig, die nicht ausdrücklich religiöse sind: Kontaktaufnahme mit einem Bestattungsinstitut, mit Familienangehörigen, Verwandten und Freunden; Anzeige des Todes in einer Tageszeitung und über die sozialen Netzwerke des Internet. Nach dem Bestattungsgottesdienst ist es an vielen Orten üblich,

---

[174] Vgl. in diesem Zusammenhang: Kristian Fechtner, Kirche von Fall zu Fall. Kasualpraxis in der Gegenwart – eine Orientierung. Gütersloh 2003, 2. überarbeitete und erweiterte Auflage 2011; sowie Ulrike Wagner-Rau, ‚Segensraum. Kasualpraxis in der modernen Gesellschaft. 2., völlig überarbeitete und erweiterte Auflage, Stuttgart 2008; sowie dies., Auf der Schwelle. Das Pfarramt im Prozess des kirchlichen Wandels, Stuttgart 2009.

[175] Vgl. dazu: Rudolf Bohren, Unsere Kasualpraxis – eine missionarische Gelegenheit? ThExh 147, München, 3. Aufl. 1968.

[176] Ernst Lange, Zur Theorie und Praxis der Predigtarbeit, Stuttgart 1968.

[177] Vgl. Victor Turner, Das Liminale und das Liminoide in Spiel, „Fluss" und Ritual. In: ders., Vom Ritual zum Theater. Der Ernst des menschlichen Spiels. Frankfurt a.M. 1989, 28-94.

[178] Catherine Bell, Ritual Theory, Ritual Practice. Oxford University Press 1993.

[179] Vgl. Clifford Geertz, Dichte Beschreibungen. Beiträge zum Verstehen kultureller Systeme. Frankfurt a.M. 1999 (1983).

[180] Der folgende Abschnitt beinhaltet Auszüge aus: Hans-Martin Gutmann, Mit den Toten leben – eine evangelische Perspektive. Gütersloh 2002.

zusammenzubleiben und bei einer kleinen Mahlzeit (typischerweise werden Streuselkuchen und Kaffee gereicht) das Abschiedsritual in das Alltagsleben überzuleiten.

Wenn die Hinterbliebenen einen Bestattungsgottesdienst wünschen, wird ihnen der Kontakt zur*zum Gemeindepastor*in vermittelt, oder sie nehmen selbst Kontakt auf.

Im Bestattungsgottesdienst können die Trennung von dem*der Verstorbenen, die Trauer und die Hoffnung auf eine neue Beziehung zwischen den Lebenden und den Verschiedenen einen Ausdruck finden. Als Gesamtritual folgt die evangelische Bestattung der Struktur eines Weges[181] mit drei Stationen: der Abholung bzw. der Aussegnung zu Hause (sie wird in vielen Alten- und Pflegeheimen, aber auch zunehmend wieder in Gemeinden gefeiert); dem Bestattungsgottesdienst in der Kirche, und der Bestattungshandlung am Grab. An vielen Orten kann aus technischen und zeitlichen Gründen diese dreigliedrige Prozession nicht vollständig begangen werden.

Im Mittelpunkt der ersten „Station", der Aussegnung im Altenheim oder in der Wohnung des*der Verstorbenen steht der Valet-Segen, den der*die Pastor*in zur*zum Toten gewandt spricht. Der Segen des dreieinigen Gottes wird ausdrücklich dem*der Verstorbenen zugesagt: „Unser Herr Jesus Christus sei ... vor dir, dass er dich leite und führe zur ewigen Heimat".

In der zweiten Station des Trauerwegs, dem Bestattungsgottesdienst in der Kirche, werden in Gebeten, Liedern, in der Predigt und auch in von den Hinterbliebenen selbst gestalteten Sprech- oder Zeichenhandlungen diese Schritte begangen:

Schuldgefühle und Hilflosigkeit benennen, Vergebung erbitten und zusagen, Danken und Abschied nehmen. Schuldgefühle gegenüber der*dem Verstorbenen können ausgesprochen werden – in Gebeten, aber auch in der Predigt – , Vergebung kann erbeten und im Namen des Vaters, des Sohnes und des Heiligen Geistes zugesagt werden. Dank für gelebtes Leben kann ebenso ausgesprochen werden wie Abschied von den Möglichkeiten alltäglicher Begegnung.

Nach Gebet und Predigt wird ein Abschied gesprochen, in dem Vergebung erbeten und zugesagt wird: „Wir nehmen Abschied von ... Wer sie*ihn geliebt hat, trage diese Liebe und Achtung weiter. Wen sie*er geliebt hat, danke ihr*ihm alle Liebe. Wer ihr*ihm etwas schuldig geblieben ist an Liebe in Worten und Taten, bitte Gott um Vergebung. Und wem sie*er wehgetan haben sollte, ver-

---

[181] Vgl. dazu auch: Sigrid Glockzin-Bever, Bestattung in der heutigen Gesellschaft als christliches Ritual. Eine evangelische Perspektive. In: Christoph Elsas (Hg.), Sterben, Tod und Trauer in den Religionen und Kulturen der Welt, a.a.O., 319.

zeihe ihr*ihm, wie Gott uns vergibt, wenn wir ihn darum bitten. So nehmen wir Abschied mit Dank und im Frieden. Amen."

Klagen und Protestieren: Der Tod vernichtet Lebensmöglichkeiten, trennt Liebende, entfaltet zerstörerische Macht. Emotionen von Wut, Hass und Verzweiflung können zum Ausdruck gebracht werden und in biblischen Texten wie den Psalmen, Klageliedern, dem Hiobbuch eine Resonanz und eine Ausdrucksmöglichkeit finden.

Gedenken, Entdecken und Erzählen: Die Lebensgeschichte des*der Verstorbenen kann in der Bestattungspredigt erinnert werden, den Hinterbliebenen und dem*der Verstorbenen soll die Rechtfertigungsverheißung so zugesagt werden, dass sie ihr Leben in seiner gesamten Ambivalenz annehmen und gut sein lassen können.

Segnen und die Auferstehungsverheißung zusagen – an die Hinterbliebenen und an die Verstorbenen. Hinterbliebenen und Verstorbenen werden Liebe, Befreiung von Schuld und die Rechtfertigung Gottes zugesagt, so dass sie sich ohne Angst dem Tod, aber auch dem verheißenen neuen Leben öffnen können.

An der dritten Station der Prozession, am Grab, werden die Realität des Todes und der Abschied durch die Formel und begleitende Gesten wahrnehmbar gemacht: „... legen wir ihren*seinen Leib in Gottes Acker. Erde zu Erde, Asche zu Asche, Staub zum Staube. Wir geben sie*ihn in Gottes Hand." Mit der biblischen Lesung 1. Korinther 15 wird dann die Verheißung der Auferstehung von den Toten zugesagt: „Es wird gesät verweslich und wird auferstehen unverweslich ... Wir geben sie in Gottes Hand. Jesus Christus wird sie auferwecken. Er sei ihr gnädig im Gericht und lasse sie*ihn die ewige Herrlichkeit schauen. Friede sei mit ihr*ihm."

Nach dem Bestattungsgottesdienst können rituelle und symbolische Schritte des Gedenkens gestaltet werden – wie Abkündigungen von Verstorbenen im Gemeindegottesdienst, Totensonntag und Volkstrauertag, Karfreitag und Passionsandachten, Gedenkgottesdienste. Die gottesdienstlichen Formen der evangelischen Bestattung und folgende Gedenkrituale können als symbolische und rituelle Zugänge zu der Wirklichkeit in Gottes Gegenwart gestaltet werden, der Lebende und Tote gemeinsam zugehören.

Die Beziehung zwischen den Lebenden und ihren Toten endet nicht mit dem Tod, sie beginnt erst. Die seelsorgliche Arbeit in der Vorbereitung und Durchführung der Bestattung kann dazu beitragen, dass diese Beziehung heilsam und nicht zerstörerisch ist. Was keine Rolle mehr spielen kann, sind zerstörerische Phantasien, den Toten etwas zu schulden, auch nach ihrem Tod ihnen gegenüber etwas „wieder gut machen" zu müssen.

Der Weg in die Wirklichkeit, in der Lebende und Tote einander begegnen können, muss in gottesdienstlichen Feiern gestaltet werden. Diese Wirklichkeit muss – wie die praktisch-theologische Diskussion heute mit Blick auf die Liturgie des Gottesdienstes in großer Übereinstimmung festhält – inszeniert werden, um als Wirklichkeit zugänglich, für die Beteiligten da zu sein. Sie wird performativ gestaltet – in Sprechhandlungen und Gesten, Bewegungen und stille Sein, Musik und Atem, in Erzählungen und Metaphern, Symbolen und Ritualen. Es braucht je vor Ort und für diese versammelten Menschen gelingende Formen für den Zugang zu der Wirklichkeit, in der menschliche Subjekte von dem befreit werden, was sie bedrückt und zerstört, und in der sie das erbitten und zugesagt bekommen können, was sie heil machen kann. Diese Wirklichkeit ist nicht einfach schon da, sondern baut sich in performativen Inszenierungen auf.

Im Zentrum des heilsamen Austausches, der – in Erinnerung an Martin Luthers Analysen – im Gottesdienst jeweils „hier und jetzt" zur Wirklichkeit gebracht werden soll, steht eine Dimension im Zentrum, die für die Beziehung zu den Toten nun wirklich entscheidend ist: die Befreiung von Schuld. Wir, die Lebenden, sind den Toten nichts mehr schuldig, weil in der Glaubensbegegnung mit dem gekreuzigten Auferstandenen alle Schuld verschlungen wird. Wir sind von aller schuldhaften Verstrickung gegenüber den Verschiedenen befreit. Was immer in einem gelebten Leben schiefgelaufen ist, was immer die Beziehung zu den Verschiedenen als Phantasie des Immer-noch-Schuldens verstellt, verstört und belastet: Wir sind davon frei. Wir sind frei, im alltäglichen Leben lebendige Beziehung zu gestalten: zu Gott, zu uns selbst, zu den anderen.

Bestattung als Ritual heute

Kirchliche Ritualangebote werden zunehmend unselbstverständlich; dies gilt entgegen landläufiger Meinung auch für kirchliche Bestattungen. Längst haben die christlichen Kirchen nicht mehr das Monopol für Beisetzungsfeiern. Kirchliche Rituale verlieren an Bedeutung. Immer häufiger werden anonyme Beisetzungen in gemeinschaftlicher Anlage auf grünem Rasen gewählt. Es entwickeln sich neue Bestattungsformen, deren Kennzeichen die individuelle Gestaltung ist. In den vergangenen Jahren hat die Zahl anonymer Beisetzungen erheblich zugenommen. Infolge dieser kostengünstigeren und entsymbolisierten Variante kann es allerdings zu erheblichen Problemen in der Trauerarbeit kommen kann. Es gibt keinen erkennbaren Ort mehr, wo man der Verstorbenen gedenken kann.

Der Trend zur Anonymität ist Ausdruck der gesellschaftlichen Realität. Immer mehr Menschen leben allein, sind im Alter gesellschaftlich isoliert. Auch spielen in Familien Rituale eine immer geringere Rolle. Vor diesem Hintergrund sind Angebote mancher privater Bestattungsinstitute[182] bemerkenswert, Hinterbliebenen Raum und vor allem auch Zeit für einen ausführlichen Abschied von ihren Verstorbenen zu geben. Gegenüber der Verstorbenen kann Dank für geteilte gute Zeiten ebenso ausgesprochen werden wie dunkle Gefühle – Wut, Zorn und Trauer.

Die seelsorgliche Begleitung von Sterbenden und Trauernden und so auch die Feier kirchlicher Bestattungen müssen heute im Gegenüber zu konkurrierenden Angeboten ihre eigentümliche Gestalt finden. Mir erscheint die Einsicht wichtig, dass diejenigen, die hier zu handeln haben, die Vergegenwärtigung von Philipper 1,21 – „Christus ist mein Leben und Sterben ist mein Gewinn" – nicht als ökonomische Konkurrenz gegenüber nichtkirchlichen Anbietern verstehen. Diese Gefahr ist groß – die Konkurrenz in der Bestatterszene spitzt sich angesichts sinkender Sterberaten, steigender kommunaler Gebühren und eines herabgesetzten Sterbegeldes zu. Friedhöfe sind Wirtschaftsbetriebe. Weil immer mehr Menschen sich verbrennen lassen; weil Urnengräber und Kolumbarien, eine Kapelle mit Nischen für Urnengefäße weniger Platz brauchen, sind bereits bestehende Friedhöfe oft zu groß konzipiert. Die Kosten, auch die für die Gestaltung der Grünflächen, werden auf alle Nutzer umgewälzt. Gerade auf großstädtischen Friedhöfen sind die Arbeitsbedingungen für alle Beteiligten prekär und begrenzen die Möglichkeiten, die die Bestattungsagende für eine ausführliche Gestaltung der Trauerfeier zu nutzen. Ein eng getakteter Zeitrhythmus zwischen den einzelnen Bestattungsgottesdiensten diktiert die Notwendigkeit und zugleich die Grenzen, die Perspektiven und Interessen ganz unterschiedlicher Gruppen in der ohnehin emotional aufgeladenen Situation zu koordinieren: Pfarrer*in und Bestatter, Musiker, Totengräber, Trauernde und die bereits auf die nächste Bestattung wartende Gruppe von Hinterbliebenen. Angesichts dieser Situation muss der Vorschlag aufmerksam beachtet werden, in der Ortsgemeinde ein ehrenamtliches „Sterbe- und Bestattungsdiakonat" einzurichten, das über die hauptamtlichen Mitarbeiter*innen in der Gemeinde hinaus die diakonischen und seelsorglichen Kompetenzen in der Gemeinde integriert. „Dies kann konkret werden in seelsorglichen Angeboten während der Krankheits- und Sterbephase, in (gemeinsamen) Abschiedsritualen nach Eintritt des Todes, in Vorbereitung und Durchführung der Bestattung wie in der Begleitung während der Trauerzeit."[183]

---

182 Vgl. z.B. S. Bode und F. Roth, Der Trauer eine Heimat geben. Für einen lebendigen Umgang mit dem Tod. Bergisch Gladbach 1998.

183 Jürgen Thiesbonenkamp, Der Tod ist wie der Mond – niemand hat je seinen Rücken gesehen. Bestattung und Totengedenken in Kamerun und Deutschland – Kirchliche Handlungsfelder im Dia-

Wahrzunehmen ist weiter eine einschneidende Veränderung der Weise, wie sich das ausgearbeitete Ritual in das Lebensgefühl und die Lebenswelt der Menschen einschmiegt, die es begehen. Hiervon sind alle Kasualien betroffen, die Bestattung jedoch wegen der emotional angespannten Situation der Betroffenen mit besonderer Brisanz. Rituale können als „liminale Phänomene" verstanden werden.[184] Sie machen eine Schwellensituation begehbar, und zwar in drei Phasen: Trennung von einem bisher gültigen Status, Übergang mit Kontakt zur „Antistruktur" als dem Anderen der gesellschaftlichen Ordnung, einem ekstatischen Raum-Zeit-Feld des gegenüber dem „normalen" Alltag Überschüssigen, und als dritten Schritt die Angliederung an einen neuen Status. Von „liminalen" Phänomenen, die in alten Gesellschaften sich durch geregelte und verbindliche Handlungssequenzen auszeichnen, unterscheidet Turner „liminoide" Phänomene in modernen Industriegesellschaften, die – wie Theater, Kino, Fußball, Rockkonzert usw. – das Andere der alltäglichen gesellschaftlichen Ordnung mit erheblich größeren Freiheitsgraden in einzelnen Schritten des rituellen Ablaufs begehbar machen.

Gegenwärtig ist wahrzunehmen, dass liminoide Elemente in die liminalen Begehungen eingehen, ja dass liminale Phänomene in der Tendenz stehen, selbst liminoid zu werden. Dies gilt auch für das Ritual der Bestattung.

Zu Unstimmigkeiten zwischen Pfarrern, Bestattungsinstituten und Trauernden kommt es vor allem immer wieder wegen der Musikwünsche von Hinterbliebenen. Die Leiterin eines Berliner Instituts beispielsweise[185] ließ „Born to be Wild" spielen[186], und der Leiter des Hannoveraner Instituts äußerte: „Wer mit Punk lebt, muss doch nicht mit Händel begraben werden"[187] Eberhard Hauschildt hat darauf aufmerksam gemacht[188], dass die Abwehr, die manche Pfarrer dem Musikgeschmack von Hinterbliebenen entgegenbringen, selbstkritisch reflektiert werden muss: beim „Streit um die Kasualmusik" können durchaus nicht nur theologisch reflektierte Gründe, sondern auch Geschmacksunterschiede im Spiel sein, die sich der Zugehörigkeit zu unterschiedlichen Milieus der „Erlebnisgesellschaft" verdanken[189]. Aufgabe einer Pfarrerin bei der Leitung einer Bestat-

---

log. Neukirchen-Vluyn 1998, 445-447. Vgl. auch: F.G. Friemel, Die Toten begraben. Pastoralsoziologische Überlegungen. ThPQ 136/1988, 326-334.

184 Victor Turner, Vom Ritual zum Theater, 1989 (1982). Vgl. hier insbesondere den im Band enthaltenen Aufsatz „Das Liminale und das Liminoide in Spiel, ‚Fluss' und Ritual ..., ebd., 28ff.

185 Nicht zuletzt dank ihrer guten Presse- und Werbungsarbeit haben die Bestattungsunternehmen BIOS (Hannover) und M + K Bestattungen C.Marschner (Berlin) diese Position erreichen können.

186 Die Woche vom 30.6.1996, zit. nach ebd., 3.

187 So Stefan Borchert von BIOS/Hannover; Kölner Stadt Anzeiger vom 31.10.1996, zit. nach: ebd.

188 E. Hauschildt, Unterhaltungsmusik in der Kirche. In: Gotthard Fermor/Hans-Martin Gutmann/ Harald Schroeter Hg., Theophonie. Grenzgänge zwischen Musik und Theologie. Rheinbach 2000, 285-298.

189 Gerhard Schulze, Die Erlebnisgesellschaft, Frankfurt a.M., New York, 3. Aufl. 1995, 277ff.

tungsfeier ist aber nicht Geschmacksbildung, erst recht nicht Ausgrenzung von unvertrauten bzw. als unpassend empfundenen Milieuzugehörigkeiten – beispielsweise wenn Hinterbliebene, die dem „Harmoniemilieu" zugehören, in der Situation des Einbruchs vertrauter Lebensmuster „Kasualmusik als Stimmung wie in guter alter Zeit" brauchen. Aufgabe ist dagegen, eine helfende Gestalt für den Trauerprozess anzubieten. Hier ist wahrzunehmen: Musik definiert den Raum. Von ihrer Auswahl hängt die Chance ab, ob der Raum der Bestattungsfeier hier und jetzt als Begegnungsraum, als Schwelle zwischen dem Lebensraum und dem mit dem Sarg sichtbar bestimmten Raum des Todes erlebt werden kann, so dass Trauer provoziert, die Realisierung des Todes erleichtert und auch Schutz gegenüber dem Bedrohlichen des Todes angeboten werden kann.[190]

Die Kraft der Rituale in der Trauerarbeit wäre ohne mediale Präsenz nicht denkbar

Rituale und Trauerarbeit– in der praktisch-theologischen Debatte ist dies seit langem ein unabweisbares Thema. Die evangelische Bestattung ist – für alle Beteiligten – ein Passageritual par excellence. Die Hinterbliebenen können hier eine Gestalt finden, in elementarer und konzentrierter Weise den oft lang andauernden Weg der Trauerarbeit zu durchschreiten, die Verstorbenen gehen in den drei Stationen des Gesamtrituals den Weg aus ihren bisherigen Lebensorten heraus – all dies unter der Auferstehungsverheißung, dass der Tod seine letzte Macht schon verloren hat. Eine radikalere Passage ist lebensgeschichtlich kaum vorstellbar. Es ist deshalb verständlich, dass der Bestattungsgottesdienst in der praktisch-theologischen Reflexion kirchlichen Handelns eine prominente Stellung innehat – beispielhaft für alle weiteren lebensgeschichtlichen Passagen und Übergangskrisen, für die die Kirche mit ihren „Amtshandlungen" gottesdienstliche Formen der Begehung bereitstellt.[191] Und es ist ebenso verständlich, dass

[190] Von den traditionellen Beerdigungsliedern wird „So nimm denn meine Hände" am häufigsten gewünscht. Die Aufnahme in das Evangelische Gesangbuch war umstritten, weil das Lied, wie es hieß, ein „verschwommenes", „keineswegs spezifisch christliches" Gottesbild anbiete, und der Mensch als „völlig hilfloses Wesen ohne die Möglichkeit eigener Initiative" angesehen werde (Vgl. JLH 27, 1983, Kassel 1984, 207-225, hier 212ff). Nimmt man die psychoanalytische Literatur zu Trauer und vor allem Sigmund Freud's „Trauer und Melancholie" (Sigmund Freud, Trauer und Melancholie. In: Mitscherlich, Richard, Strachey Hgg., Sigmund Freud. Studienausgabe, Bd. III. Psychologie des Unbewussten. Frankfurt a.M. 1975, 193-212) zur Kenntnis, kann man aber gerade die zeitliche Regression, den Abzug des Interesses für die Umwelt, den Verlust an Liebesfähigkeit und die Hemmung jeder Leistung als notwendige Phase im Trauerprozess anerkennen, für die „So nimm denn meine Hände" eine plausible Ausdrucksgestalt anbietet.

[191] Es macht deshalb u.E. einen guten Sinn, wenn Kristian Fechtner seinen Durchgang durch die kirchlichen Gottesdienstangebote zur Begehung lebensgeschichtlicher Passagen mit dem Bestat-

sich die Praktische Theologie – mit Blick auf die kritische Reflexion kirchlichen Handelns – in ihrer Ritualdebatte auf Passagen konzentriert. Nur: Es könnte sein, dass sich in dieser Konzentration eine Verengung auf menschliche Lebenssituationen und Handlungs- und Verhaltensformen zeigt, die eben dem Blick auf kirchliches Handeln geschuldet ist.

Einmalige Passagen und Kontinuität stiftende Rituale

Das menschliche Leben ist weder nur von den großen lebensgeschichtlichen Passagen her verstehbar noch als eine unabschließbare Serie von kleineren Passagen. Der Alltag ist in der Regel durch die Zeiterfahrung der Dauer bestimmt.[192] Beziehungen jeder Art wollen alltäglich gestaltet werden, sie erledigen sich nicht in den großen Augenblicken von Beginn und Trennung. Die Taufe beinhaltet das Versprechen, dass der Übergang vom Tod zum Leben ein für allemal gilt – aber was daraus wird, in der Beziehung zwischen Eltern und Kindern, zwischen der erwachsenen und heranwachsenden Generation, entscheidet sich in den ungezählten Situationen, in denen in Begleitung und Bildungsangeboten die Selbsttätigkeit der Kinder und Jugendlichen gefördert, ihr Leben von Lebenszerstörendem bewahrt und für Heilsames wahrnehmungsoffen werden kann. Auch der Segen, der in einem Konfirmationsgottesdienst oder bei einer kirchlichen Trauung empfangen wird, will lebensweltlich wahrgenommen werden und Gestalt gewinnen. Der Alltag ist nicht vor allem durch die Klein-Passagen von Aufbrechen und Ankommen bestimmt. Darum sind auch und gerade im Alltag rituelle Vergewisserungen nötig.

In der Wahrnehmung von Ritualen werden deshalb für die Praktische Theologie die begleitenden, Kontinuität sichernden Rituale im gleichen Maße wichtig wie Passagerituale. Nicht nur die kulturanthropologischen Forschungen von van Gennep und Victor Turner, sondern die von Mary Douglas und an sie anschließende akademische Debatten werden damit wichtig für das praktisch-theologische Nachdenken über das „Ritual".[193] Ihre Grundeinsicht ist, dass ohne Rituale Beziehungen und soziale Gemeinschaften sterben. Die Beständigkeit, die Selbstverständlichkeit, bisweilen auch die Intensität, mit der Rituale, und zwar

---

tungsgottesdienst beginnen lässt: Kristian Fechtner: Kirche von Fall zu Fall. Kasualien wahrnehmen und gestalten, 2. überarbeitete Auflage, Gütersloh 2011, 53ff.

[192] Vgl. dazu Henri Bergson: Durée et simultanéité, Paris 1910.

[193] Vgl. Mary Douglas: Ritual, Tabu und Körpersymbolik. Sozialanthropologische Studien in Industriegesellschaft und Stammeskultur, Frankfurt a.M. 1986 (1970). Einen guten Überblick über die Debatten im Anschluss geben David J. Krieger/Andréa Bellinger (Hgg.): Ritualtheorien. Ein einführendes Handbuch, Opladen 1998.

vor allem alltagsbegleitende Rituale begangen werden, ist ein Anzeichen für die Lebendigkeit von intimen Beziehungen ebenso wie von Milieus, Teilgesellschaften, auch von Religionen.

Es ist schlicht realitätsangemessen, die Aufmerksamkeit auf alltagsbegleitende Rituale zu richten. Dies gilt in besonderem Maße auch für die praktisch-theologische Wahrnehmung und Interpretation der Trauerarbeit. Mit dem Tode eines geliebten oder lebensgeschichtlich bedeutsamen Menschen verändert sich die Beziehung zu diesem Menschen in fundamentaler Weise. Der Tod muss realisiert werden. Nach und nach muss Trauer ihre lebensbestimmende Macht verlieren. Neues Leben muss eröffnet und gewonnen werden. Mit dem Tod eines Menschen beginnt die Beziehung zum Verstorbenen erst. Alles, was bisher möglich war, wird so nicht mehr sein. Trotzdem: Es ist nicht das Ende, sondern der Anfang einer Beziehung.[194]

Trauer leben – Neue Rituale des Abschieds

Rituale, die einerseits den Tod begreifbar und Übergänge begehbar machen, und die anderseits die Beziehung der Hinterbliebenen zu den Verstorbenen rituell und medial vermittelt gestalten, finden in der praktisch-theologischen Forschung sowie in der Arbeit von Bestatter*innen, der Seelsorger- und Trauerbegleiter*innen wieder vermehrt Beachtung.

Die neuere Trauerforschung fokussiert das Fortbestehen der lebendigen Beziehungen von Angehörigen zu Verstorbenen und dokumentiert, dass Verstorbene im Leben der Hinterbliebenen aktive, soziale Rollen einnehmen.[195] Sie werden zum Beispiel in imaginierten Dialogen um Rat gefragt, Erbstücke oder Orte bekommen besondere Bedeutung, Musik schafft einen Erinnerungsraum u.a.m. Erinnerung an und Begegnung mit den Toten sind immer medial vermittelt. Digitale Medien geben dieser rituellen und medialen Form der Beziehungsgestaltung zu unseren Toten neue Chancen. Auf digitalen Gedenkseiten, in sozialen Netzwerken etc. werden Kommunikationszusammenhänge sichtbar, die auch offline schon immer stattgefunden haben: Menschen sprechen an den Gräbern oder an anderen Orten mit ihren Verstorbenen.

---

[194] Vgl. dazu Hans-Martin Gutmann: Mit den Toten leben – eine evangelische Perspektive, Gütersloh 2002. soweit ich das beurteilen kann, ist in der älteren Auflage prägnanter und etwas schärfer formuliert.

[195] Vgl. Dennis Klass, Phyllis R. Silverman, Steven L. Nickman (Hgg.): Continuing Bonds. New Understandings of Grief, Washington DC 1996.

Nicht nur mithilfe digitaler Trauerportale betten Menschen sich in soziale Beziehungsstrukturen ein und halten diese symbolisch präsent, aber in digitalen Räumen wird die Verbundenheit zwischen Lebenden und Toten medial inszeniert und die Kommunikationspraxen öffentlich zur Darstellung gebracht.[196] Diese sind auch in digitalen Räumen ritualisiert und werden bewusst repetiert: Auf Gedenkseiten werden an bedeutenden (Feier-)Tagen oder an Gedenktagen Gedichtverse oder persönliche Wünsche gepostet und digitale Kerzen angezündet.

Neue Rituale des Abschieds bilden sich außerhalb und innerhalb kirchlich-institutionalisierter Kontexte auch für Kollektive aus. Beispielhaft sei hier einerseits verwiesen auf die Chatandachten zu Totensonntag, bei denen die Namen derer online eingetragen werden, denen gemeinsam gedacht wird. Unabhängig vom Sterbedatum werden die eingetragenen Namen in die Andacht und Fürbitte eingeschlossen. Ein kirchliches Ritual wird in den digitalen Raum überführt und erweitert. Der Ausgangspunkt für eine solche Transformation und Verbreitung eines Rituals kann auch im digitalen Bereich liegen.

Mit den Toten leben – Lebendige Beziehungen gestalten

Die Beziehung zu den Verstorbenen will gestaltet werden. Die Chance der Beziehungsgestaltung im Raum des evangelischen Christentums lebt aus der Zusage der Lebensgewissheit, dass alle Schuld aufgehoben, in Leben, Sterben und Auferstehen Jesu Christi ein für allemal erledigt ist. Die Beziehung zu den Verstorbenen kann ohne jede Verschuldungsphantasie leben.

Wie in der Beziehung zwischen Lebenden, so zeigt sich die Lebendigkeit einer Beziehung auch in der Beziehung zwischen Lebenden und Toten an der Selbstverständlichkeit und zwanglosen Konstanz, in der Rituale begangen werden. Gedanklich Kontakt zum*zur Verstorbenen aufzunehmen, kann unterschiedliche Formen finden: Zu Zeiten, in denen hierfür Raum ist, Bilder ansehen, in denen sich die Lebendigkeit und Schönheit gemeinsam geteilten Lebens zeigt. Vielleicht eine Ecke in der Wohnung aufsuchen, in denen Erinnerungsgegenstände an den*die Verstorbene aufgestellt sind, und sich dem Fluss der inneren Bilder hingeben. Das Grab besuchen, die Bepflanzung pflegen, die Erinnerungen kommen lassen, Gedanken auf einer digitalen Gedenkseite posten, vielleicht mit

196 Vgl. dazu Swantje Luthe: Social Media und ihre Relevanz für die Kasualtheorie. Eine Case-Study im Feld der Sepulkralkulturen, in: Ilona Nord, Swantje Luthe (Hgg.): Social Media, christliche Religiosität und Kirche. Studien zur Praktischen Theologie mit religionspädagogischem Schwerpunkt, Jena 2014, 303-319.

den Verstorbenen Zwiesprache halten, vielleicht beten, vielleicht einen Segen sprechen, einen Gottesdienst zum Totensonntag besuchen.

Immer sind diese Formen ritualisiert, d.h. sie sind eingespielt, redundant, wiederholbar. Sie müssen nicht jedes Mal erneut erfunden werden. Ihre Kraft lebt aus ihrer Vertrautheit und Selbstverständlichkeit. Schon immer – und nicht erst mit der Erfindung und Verbreitung der sozialen Netzwerke des Internet – sind diese Ritualbegegnungen medial bestimmt. Das Bild vom Verstorbenen, das ich ansehe und darüber ins Nachdenken, Nachsinnen und Träumen komme, ist das Medium, das diesen inneren Prozess vermittelt und ermöglicht. Es eröffnet eine andere Wirklichkeit, in der die gemeinsame Beziehung mit dem*der Verstorbenen hier und jetzt lebendig wird – und dies gilt im Grunde für alle Begegnungsmöglichkeiten mit den Toten.

Welche Aufgabe, aber auch welche Chance haben kirchliches Handeln, aber auch theologische Reflexion angesichts von Sterben und Tod in der spätmodernen Gesellschaft? Unbestreitbar wirkmächtige gesellschaftliche Tendenzen – die Fragmentierung von sozialen Milieus und konsistenten Lebensläufen im gesellschaftlichen Individualisierungsprozess, die Pluralisierung von Lebensstilen einschließlich weltanschaulicher und religiöser Orientierungen, der Verlust an Plausibilität verbindlicher religiöser Traditionen in der spätmodernen Sozialität – werden heute in ihren Konsequenzen für theologische Reflexion, vor allem aber auch für die Arbeitsmöglichkeiten der Kirche bisweilen so wahrgenommen, dass das Angebot sinndeutender religiöser Sprechhandlungen auf die Verstehens- und Rezeptionsmöglichkeiten der Angesprochenen zugespitzt werden. Die dogmatischen Traditionen, die kirchlichen Bekenntnisse, die biblischen Erzähltraditionen und die rituellen Gestalten gottesdienstlichen Lebens sind, so die hermeneutische Grundüberlegung, den Zeitgenoss*innen in dem Maße noch mitzuteilen, wie sie es für ihre lebensgeschichtliche Selbstreflexion „plausibilisieren" können. Angesichts der Tatsache jedoch, dass die Kirche in einer vielfältig pluralisierten modernen Gesellschaft mit ebenso vielfältigen Sinnanbietern für ihre Deutungsangebote keinesfalls selbstverständliche Zustimmung erwarten kann, kann sie nicht selbstverständlich annehmen, die Rechtfertigungsverheißung – als Mittelpunkt protestantischer Frömmigkeit und Theologie – durch Wiederholung von überkommenen Bekenntnisformulierungen oder entleerten Ritualen mit der Selbstdeutung der Individuen in Kontakt zu bringen. Insgesamt liegt die Aufgabe der Praktischen Theologie im Sinne Wilhelm Gräbs, der diese Sicht der Dinge in seinen Werken einflussreich vertreten hat[197] – durchgeführt an

[197] Vgl. Wilhelm Gräb, Lebensgeschichten – Lebensentwürfe – Sinndeutungen. Eine praktische Theologie gelebter Religion. Gütersloh 1998; sowie zahlreiche weitere Texte dieses Autors.

den traditionell gegebenen Praxisfeldern kirchlichen Handelns und hier insbesondere in ihrer Kasualpraxis mit besonderer Aufmerksamkeit auf die Bestattung – in der Durchmusterung des Bestandes an überkommenen biblischen Erzählungen, an symbolischen und rituellen Traditionen gegenüber der Frage ihrer Relevanz für individuelle Lebensdeutung unter den Bedingungen der Moderne. „Die Theologie kann deutlich machen, wie die christliche Religion Kontingenz in Notwendigkeit überführt, etwa indem sie Krankheit als prinzipielle Störanfälligkeit unserer irdischen Leiblichkeit verstehen lässt, Sterben als Widerfahrnis unserer Endlichkeit, Ungerechtigkeit als Resultat des in die conditio humana fallenden Selbsterhaltungsstrebens. Das ist jedoch nur ihre eine Stoßrichtung. Die Theologie zeigt, wie die christliche Religion in die kontingenzverarbeitenden Deutungszuschreibungen zugleich immer auch eine Reflexionskehre einbringt. Sie tut dies, indem sie in der Perspektive der Rechtfertigung bzw. des Reiches Gottes die Symbolisierung eines umfassenden Seins- und Sinngrundes aufbietet …“[198] Diese praktisch-theologische Perspektive hat erhebliche Konsequenzen auch für die Frage, wie Seelsorger*innen (hauptamtliche, aber auch ehrenamtliche und spontane Begleiter*innen) sich angesichts von Sterben und Tod äußern und verhalten sollen.

Hier wird stärker die „Angebotsseite“ religiöser Sprechhandlungen und Rituale betont – auf dem Hintergrund der Einsicht, das Pastor*innen als Ritualleiter*innen beispielsweise eines evangelischen Bestattungsgottesdienstes es nicht in der Hand haben können, wie die Zuhörenden die vernommene Zusage des Evangeliums in je eigenen Lebenssinn übersetzen. Verantwortlich und haftbar zu machen sind die Gestalter*innen eines evangelischen Bestattungsgottesdienstes allerdings dafür, die biblische Erzähltradition und den symbolischen Reichtum der evangelischen Kirche in diesem Kontext so zur Gestalt zu bringen, dass die Zusage des Evangeliums deutlich artikuliert wird und hier und jetzt Gestalt gewinnt, so dass sie als konturiertes Angebot von trauernden Hinterbliebenen überhaupt wahrgenommen und in Anspruch genommen werden kann. Wenn heute Kinofilme (aber auch andere Werke und Inszenierungen massenwirksamer populärer Kultur) mit religiösen Symboltraditionen „basteln“ und in diesem Zusammenhang immer wieder auch kirchliche Rituale, biblische Erzähltraditionen, ja selbst theologisch-dogmatische Reflexionsmuster verarbeiten[199], dann wäre die Aufgabe konturierter Gestaltfindung unterbetont, wenn diejenigen, die angesichts von Sterben und Tod als Angehörige der Kirche Jesu Christi und im

198 Ebd., 59.

199 Vgl. mit besonderer Prägnanz die Reflexionen des Theologen und Regisseurs Lothar Warneke. In: ders., Religiöse Dimensionen im Medium Film. In: Lothar Warneke, u.a., Transzendenz im Populären Film. Beiträge zur Film- und Fernsehwissenschaft, Band 59, 42. Jahrgang, Berlin 2001, 39ff.

Namen Gottes zu sprechen, zuzuhören und in anderer Weise zu handeln haben, dies vorab auf (immer ja nur vermutete) Plausibilität für die Selbstthematisierung der Zeitgenoss*innen hin verkürzen wollten.

Wie die Menschen, die als Trauernde einen Bestattungsgottesdienst feiern, die als Sterbende oder Abschiednehmende auf seelsorgliche Begleitung hoffen oder in anderer Weise mit kirchlichen Handlungsvollzügen in Kontakt treten, all dies hören und für sich verarbeiten, ist von denen, die zu ihnen predigen, die ihnen Gottes Segen zusprechen, mit ihnen beten, sie seelsorglich begleiten usw. nicht zu beherrschen. Die Selbstthematisierung der Individuen ist und bleibt deren Sache, ist Gegenstand ihres Lebensvollzugs. Theologisch so reflektieren oder kirchlich so handeln zu wollen, dass dieser Prozess von Seiten der Professionellen bestimmt wird, wäre eine (faktisch wahrscheinlich hilflose) Allmachtsphantasie. Um aber für die Selbstreflexion der Menschen überhaupt hörbar, unterscheidbar, in distinkter Weise wahrnehmbar zu werden, ist dies gefordert: Deutlichkeit in den rituellen und symbolischen Inszenierungen, in der Zusage der Verheißung, im Weiter-Erzählen der biblischen Erzähltradition genauso wie in der Wahrnehmung der Lebenssituation der Menschen, die dies brauchen. Es wird sich immer wieder herausstellen, dass das, was hier zu sagen ist, aus der Perspektive anderer, heute aktueller Interpretations- und Handlungsperspektiven keinesfalls abständig ist.

Nachdenken über Trauer und Trauerarbeit

Seit seinem Erscheinen zu Beginn der siebziger Jahre ist das Buch „Der Prozess des Trauerns" von Yorick Spiegel für die Selbstverständigung kirchlichen Handelns in diesem Bereich überaus wirksam gewesen[200]; aus der phasenweise recht komplexen Argumentation, die Spiegel in Auseinandersetzung mit der psychoanalytischen Theoriebildung der Freud-Schule hier vorträgt, ist vor allem sein Vier-Phasen-Modell der Trauerarbeit rezipiert worden. Auf die Phase des Schocks (hier können Nicht-Wahr-Haben-Wollen und Aggression gegen mögliche Schuldige am Tode dominieren) folgt die kontrollierte Phase (hier können Geschäftigkeit nach außen sich mit inneren Gefühlen von Unwirklichkeit und Leere verbinden) und die regressive Phase: Hier ziehen sich Trauernde aus den Standards von Selbstkontrolle und Realitätsangemessenheit zurück, die ihr Erwachsenen-Ich kennzeichnet, und sie können dazu neigen, ein übergroßes und übergutes Bild von Verstorbenen zu zeichnen und von ihrer Umgebung ein

200 Yorick Spiegel, Der Prozess des Trauerns. München 1973, 8. Aufl. Gütersloh 1995.

Übermaß an Schutz und Schonung zu erwarten. In der letzten Trauerphase, der Adaptionsphase, gelingt es den Trauernden allmählich, den Verlust des Verstorbenen anzuerkennen, ihn als inneres Bild in der eigenen psychischen Struktur zu integrieren und sich in alltägliche Lebensvollzüge wieder einzugliedern. Die Bestattung fällt nach Spiegels Modell in den Übergang von der ersten zur zweiten Trauerphase; zugleich interpretiert er die Leistung des Rituals dahingehend, dass gewissermaßen im „Schnelldurchlauf" alle Phasen des Trauerprozesses durchmessen werden. Die Teilnahme am Bestattungsritual gibt so den Trauernden ein Versprechen: Sie können hoffen, im Abschluss ihres lebensgeschichtlich oft lang andauernden Trauerprozesses schließlich den Standard von Ich-Integration und Realitätsangemessenheit zu erreichen, der am Ende des Rituals schon einmal da war.

Die Kenntnis von Spiegels Trauer-Modell ist eine Hilfe, an sich selbst und anderen in Trauerprozessen verstrickten Menschen Veränderungen wahrzunehmen und zuzulassen, die ohne diese Interpretationshilfe beängstigend sein können. Kritisch ist die unausgesprochene, aber wirksame Zurichtung des Blicks auf systemische Stabilität zu vermerken: Gelungene Trauerarbeit ist im Kern – nach Phasen von Regression und Drop-Out – eine Wiedereingliederung in die alltäglichen Standards von Selbstkontrolle, Wertschätzung gegenüber sich selbst und anderen und sozialer Integration.

Die zentrale These von Kerstin Lammer[201] in ihrem Buch „Den Tod begreifen" ist demgegenüber, dass bisherige Seelsorge-Modelle in der Begleitung von Trauernden in einem entscheidenden Punkt zu kurz greifen. Die Situation des unmittelbaren Abschiednehmens bei einem Trauerfall wird in viel rezipierten Stadienmodellen der Trauerarbeit als „Schockphase" wahrgenommen, damit zugleich aus dem Gegenstandsbereich seelsorglicher Begleitung ausgeschlossen. Kerstin Lammer kann zeigen, dass gerade in diesen frühen Situationen der Trauer entscheidende Weichenstellungen für die weiteren Chancen der Trauerarbeit gestellt werden. Das von ihr vorgeschlagene Stichwort „perimortale Trauerbegleitung" deutet die Perspektiven für eine Neuorientierung der Seelsorge im Trauerfall an. Nicht die weit verbreiteten und gerade auch im kirchlichen Kontext stark rezipierten Phasenmodelle einer Trauerentwicklung sind für Wahrnehmung, Verständnis und Praxis hilfreich, sondern ein „Aufgabenmodell der Trauerbegleitung".

---

201 Kerstin Lammer, Den Tod begreifen. Neue Wege in der Trauerbegleitung. Neukirchner Verlag 2. Aufl. 2004; Vgl. zum Folgenden auch: Hans-Martin Gutmann, Rezension zu: Kerstin Lammer, Den Tod begreifen. In: Theologische Literaturzeitung, 131. Jahrgang Heft 11, November 2006, Sp. 1217-1219.

Als Aufgaben werden benannt: 1. Den Tod realisieren helfen; 2. den Verlust validieren; 3. Trauerreaktionen auslösen helfen; 4. die Lebens- und Beziehungsgeschichte von Verstorben und Hinterbliebenen rekonstruieren helfen, 5. den Abschied gestalten helfen und zur Hinwendung zum Leben ermutigen; 6. Bewältigungsressourcen und Risikofaktoren evaluieren.

Ein Gegenüber den Deutungen von Yorick Spiegel und in anderer Weise auch von Kerstin Lammer alternatives Verständnis von Trauer bietet die Psychoanalytikerin und Ethnologin Ina Rösing an; sie hat nächtliche Heilungsrituale der in den Hochanden lebenden bolivianischen Callawaya-Indianer untersucht und unter die Überschrift „Verbannung der Trauer" gestellt.[202] Bei diesen indianischen Medizinmännern gilt Trauer nicht als innerpsychischer Prozess, sondern als äußerlich auf den Menschen einwirkende Macht, genauso unheilvoll wie Krankheit und Tod, die den Verstorbenen bereits hingerafft haben. Deshalb muss die Trauer in einem ausführlichen Ritual einige Wochen nach dem Todesfall aus dem Körper, aber auch aus den Personen und Dingen der unmittelbaren Lebensumwelt der von Trauer befallenen Menschen vertrieben werden. Ina Rösing beschreibt die differenzierte und lang andauernde Prozedur solcher Heilungsrituale, zu denen körperbezogene Handlungen (nach zahlreichen Schritten z.B. ein Reinigungsbad, das den Körper, die Kleider, alle vom Körper berührten Dinge einschließt) gehören, aber auch Sprachgesten, in denen altindianische Gottheiten, aber auch die christliche Trinität und das reichhaltige Personal der Heiligen der katholischen Kirche angerufen werden.

Entscheidend ist die Bewegungsrichtung: Durch exorzistische Handlungen – Körper- und Sprachgesten – wird die unheilvolle Macht der Trauer verbannt; und in lang andauernden Evokationen werden heilsame Mächte angerufen, dass sie in die nunmehr von der Trauer befreiten Menschen einziehen. Wir finden eine analoge Bewegung beispielsweise auch im Evangelischen Gesangbuch 396,6: „Weicht, ihr Trauergeister, denn mein Freudenmeister, Jesus, tritt herein."

Die von Ina Rösing an den Heilungsritualen herausgearbeitete Bewegungsrichtung – Verbannung der zerstörerischen Macht, Anrufung und Einzug der heilsamen Lebensmacht – habe ich in einer eigentümlichen Entsprechung in einem Text Martin Luthers wiedergefunden.

Luthers „Sermon von der Bereitung zum Sterben" von 1519[203] zeigt eine abweisende, ausstoßende und eine hinführende, ja einkörpernde Bewegungs-

---

202 Ina Rösing, Die Verbannung der Trauer. Nächtliche Heilungsrituale in den Hochanden Boliviens. Frankfurt a.M. 1987.

203 Martin Luther, Ein Sermon von der Bereitung zum Sterben. 1519. Hier zitiert nach: Luthers Werke für das christliche Haus. Hg. W. Kawerau u.a., Sechster Band: Erbauliche Schriften, Braunschweig 1891, 61ff. Vgl. auch die Rezeption dieses Textes in praktisch-theologischem Interesse bei Reiner Preul, Der Tod des ganzen Menschen. Luthers Sermon von der Bereitung zum Sterben.

richtung. Luther beschreibt Sterben zunächst als Analogie zum Geburtsvorgang „Und es geht hier zu, gleich wie ein Kind aus der kleinen Wohnung, seiner Mutter Leib, mit Gefahr und Aengsten geboren wird in diesen weiten Himmel und Erde, das ist, auf diese Welt; also geht der Mensch durch die enge Pforte des Todes aus diesem Leben. Und wiewohl der Himmel und die Welt, darin wir jetzt leben, groß und weit angesehen wird, so ist doch alles gegen den zukünftigen Himmel viel enger und kleiner, denn der Mutter Leib gegen diesen Himmel ist.“[204]

Ehe sich der Sterbende auf diese neue Geburt vorbereitet, nämlich sich im Glauben der heilsamen Macht der Sakramente öffnen kann, muss er eine abweisende Bewegung in drei Perspektiven vollziehen: Er muss das schreckliche Bild des Todes und der Todesfurcht vertreiben; denn mit diesen Angstbildern erweist der Teufel seine Macht. Sie bringen den Menschen dazu, sich am Leben festzuklammern und Gott zu vergessen. Er muss zum zweiten das Grübeln über das eigene Leben und insbesondere über eigenes Versagen vertreiben.[205] Und er muss zum dritten das Bild der Hölle vertreiben, weil sich hier mit der Frage nach dem eigenen Erwähltsein eine Größenphantasie zeigt, die Grenze zwischen Gott und Mensch überschreiten zu können[206]

Die hinführende Bewegung lässt sich als Ein-Bildung, besser noch als Ein-Körperung verstehen. „Sondern deine Augen, deines Herzens Gedanken und alle deine Sinne gewaltiglich kehren von demselben Bild, und den Tod stark und emsig ansehen nur in denen, die in Gottes Gnade gestorben und den Tod überwunden haben, vornämlich in Christo, darnach in allen seinen Heiligen.“[207] Diese Einkörperung entspricht in ihren drei Schritten der abweisenden Bewegung. Gegenüber dem Tod und der Todesfurcht: Durch die Ein-Bildung in Christus wird der Tod selbst „im Leben erwürgt und überwunden.“[208]. Gegenüber dem Drang, über die eigene Lebensgeschichte nachzusinnen und insbesondere über eigenes Versagen zu grübeln, wirkt das Bild Christi im Sinne einer heilsamen Entmächtigung als Desensibilisierung: „Sondern musst abkehren deine Gedanken und die Sünde nicht, denn in der Gnade Bild ansehen, und dasselbe Bild mit aller Kraft in dich bilden und vor Augen haben. Der Gnade Bild ist

---

In: Volker Drehsen u.a. Hg., Der ‚ganze Mensch‘. Perspektiven lebensgeschichtlicher Individualität. Festschrift für Dietrich Rössler zum siebzigsten Geburtstag. Berlin/New York 1997, 111-130.- Luthers Sermon von der Bereitung zum Sterben steht im Zusammenhang mit der spätmittelalterlich-frühneuzeitlichen ars moriendi, die ebenfalls durch die doppelte Bewegungsrichtung der Abweisung zerstörerischer und der Hinwendung in heilsame Ein-Bildungen gekennzeichnet ist. Eine gute Einführung hierzu gibt: Arthur E. Imhof, Die Kunst des Sterbens. Wie unsere Vorfahren sterben lernten. Impulse für heute. Leipzig 1998.

204 Martin Luther, a.a.O., 63.

205 Ebd., 65.

206 Ebd., 66.

207 Ebd., 67.

208 Ebd., 68.

nichts anderes, denn Christus am Kreuz“[209] Schließlich entmächtigt die Konzentration auf das Bild Christi, der selbst in der Hölle gewesen und sie überwunden hat, auch dieses Angst-Bild und die Panik des Sterbenden, ob dieser Ort für ihn vorgesehen sei: „Darum sieh das himmlische Bild Christum an ..., Sieh, in dem Bild ist überwunden deine Hölle und deine ungewisse Vorsehung gewiss gemacht.“[210]

Hier handelt es sich keinesfalls um einen Prozess der Selbstreflexion. Der sterbende Mensch braucht starke Bilder und Sprüche, durchschlagende Worte aus der Heiligen Schrift, um sich gegenüber der zerstörerischen Macht der auf ihn einflutenden Bilder erwehren zu können. Er braucht das starke Bild des Gekreuzigten, in dem alle seine Gedanken und Ängste und selbst der Tod aufgesogen und verschlungen werden. Man kann sich dies psychodynamisch im Sinne der Macht von „Imagines“, inneren Bildern, der Ersetzung von zerstörerischen durch heilsame innere Objekte übersetzen[211], oder man kann der Eigenlogik der von Luther gewählten religiösen Sprachebene folgen und bei der Rede von Ein-Bildung, Einkörperung, Einleibung bleiben.

Der Münchener römisch-katholische Pastoralreferent und Notfallseelsorger Ulrich Keller[212] sieht das Potenzial von Phasenmodellen der Trauer darin, Chaos zu ordnen und Klarheit und Orientierung zu schaffen. Auf der anderen Seite teilt Keller mit weiteren Trauerforschungen die Einsicht, dass Phasenmodelle der Realität und Komplexität von Trauer nicht wirklich standhalten.[213] Er schlägt demgegenüber die Metapher eines „Trauerhauses“ vor.

Das Bild eines Trauerhauses mit verschiedenen Räumen macht anschaulich, wie Trauernde zwischen verschiedenen Gemütszuständen hin und her wechseln. Im Trauerprozess bewegen sich Trauernde zwischen verschiedenen „Räumen“ hin und her. Sie gestalten verschiedene Intensitäten und Gesichter ihrer Trauer selbst. Trauerbegleitung soll die Trauernden selbst ihren Trauerprozess bestimmen lassen und sie nicht drängen. „Gib der Trauer einen Raum, dann werden andere Räume frei.“[214]

Die Aufgabe der Trauerbegleitung kann im Modell des „Trauerhauses“ so beschrieben werden: Trauerbegleiter*innen sind Hüter*innen des Zwischen-

---

209 Ebd.

210 Ebd., 69.

211 Vgl. z.B. Donald Winnicott, Reifungsprozesse und fördernde Umwelt. Studien zur Theorie der emotionalen Entwicklung. Frankfurt a.M. 1993 (1965); in narzissmustheoretischer Perspektive: Heinz Kohut, Narzissmus. Eine Theorie der psychoanalytischen Behandlung narzisstischer Persönlichkeitsstörungen. Frankfurt a.M., 4. Aufl., 1983

212 Ulrich Keller, Krise im Kontext von Trauer. In: funktionelle Entspannung. Beiträge zur Theorie und Praxis. Heft 33, Mai 2006, 6-27.

213 Ebd., 11.

214 Ebd., 10.

raums. Sie entwickeln Gespür dafür, in welchem Raum ihres Trauerhauses Trauernde gerade sind: Sind sie offen, den Raum zu wechseln, Ressourcen wahrzunehmen? Trauerbegleiter*innen können den spirituellen Zwischenraum stärken. Sie können feinfühlig Angebote machen, diesen Raum zu „möblieren“: mit Ritualen, Erzählungen, Symbolen, vielleicht mit Gebeten. Trauerbegleitung hat Wächterfunktion, dass alle Türen offen bleiben und Wandlung/Bewegung möglich ist.

Das Leben feiern I: Hochzeit

Hochzeitsgottesdienste sind Segensgottesdienste. Wer als Pastor*Pastorin öfter Trauungen durchführt, weiß, dass die vorbereitenden Gespräche mit dem Brautpaar oft stärker um organisatorische Fragen kreisen und darum, wie der Gottesdienst verlaufen kann – als darum, dass tiefe existenzielle Gefühle mitgeteilt werden. Oft sind die Brautleute viel zu kribbelig und zu aufgeregt. Und auch zu lebensfroh. Was aber in diesen Gesprächen wichtig ist: der*die Pastor*in kann die lebensgeschichtlichen Stationen erfragen, die in der Liebe zwischen diesen beiden wichtig geworden sind – und damit in der Traupredigt auf behutsame, aber zugleich Mut machende Weise umgehen.

Hochzeitsgottesdienste sind Segensgottesdienste – die Trauung des Brautpaares im rechtlichen Sinne geschieht seit den 1870er Jahren im Stadesamt. Trauungen sind Segensgottesdienste – allein deshalb ist die Unterscheidung zwischen kirchlicher Trauung für heterosexuelle Paare und Segensgottesdiensten für homosexuelle und lesbische Paare theologisch nicht haltbar – und wird in den meisten Landeskirchen auch so nicht mehr vertreten Im Zentrum der Trauhandlung steht die Segenszusage; und damit wird, wenn auch das Traugespräch oft eine existenzielle Tiefe nicht erreicht, das Ritual der Trauung selbst seelsorglich wichtig: als Begleitung, als Empowerment in einer lebensgeschichtlich brisanten Krisen- und Umbruchsituation.

Was kann die Mitteilung von Segen für die bewirken, die Segen empfangen? In diesem Zusammenhang haben mir vor allem Überlegungen von Ulrike Wagner-Rau eingeleuchtet, wie sie sie in ihrem Buch „Segensraum“ Gestalt gewonnen haben.[215] Im Anschluss an Donald W. Winnicotts Nachdenken über „Übergangsobjekte“[216] sieht sie die Gottesdienste und vorbereitenden Seelsorge-

---

[215] Ulrike Wagner-Rau, Segensraum. Kasualpraxis in der modernen Gesellschaft. Stuttgart u.a., 2. Aufl. 2008.

[216] Donald W.Winnicott, Übergangsobjekte und Übergangsphänomene. In: ders., von der Kinderheilkunde zur Psychoanalyse. Frankfurt a.M. 1983, 300-319.

gespräche aus Anlass lebensgeschichtlicher Übergänge und Krisen – Bestattung, Trauung, Konfirmation, Taufe – als intermediäre, umfriedete, geschützte Räume. Diese Räume wirken klärend und heilsam, insofern Anlass und Freiraum zum Erzählen, aber auch symbolischen Gestalten eröffnet wird. „Menschen erzählen im Dialog mit dem Pfarrer*der Pfarrerin, wer sie sind, wie sie geworden sind und wie sie ihre Zukunft antizipieren. In der erzählenden Selbstdarstellung, die sich in Gesprächen und performatorischen Handlungen entwickelt, vergewissert und verwandelt sich das Selbstverständnis.“[217] Dieser Raum kann zum Segensraum werden, in dem Leben als gesegnetes Leben wahrgenommen werden kann, das aus Beziehung lebt und aus dem ihm Zukunft und Shalom versprochen ist. „Die lebensförderlichen und erhaltenden Kräfte erwachsen aus der freundlichen Zuwendung Gottes. Leben existiert nicht aus sich selbst heraus und ist sich nicht selbst genug, sondern verdankt sich einem Anderen. Im Segen wird das, was gut und heilvoll ist, erkennbar als Geschenk.“[218]

Ehe und Familie in der Moderne

Die Entstehung der modernen Familie.[219] Oft wird davon gesprochen, in der vormodernen Gesellschaft sei die vorherrschende Lebensform das „Haus“ gewesen, in dem mehrere Generationen sowie nicht verwandte Arbeitsgehilfen in einem Haushalt unter der Vorherrschaft des Hausvaters zusammen leben und arbeiten.

Die Institution des „Hauses“, die z.B. auch in Johann Hinrich Wicherns ebenso wie in Martin Luthers Texten vorausgesetzt wird, ist aber keinesfalls identisch mit der empirischen sozialen Wirklichkeit. Auf dem Lande und erst recht in den Städten sind die großen Handwerker- und Gutshäuser keineswegs in der Lage, die Unterschichten insgesamt in einen Verantwortungs-Raum einzubeziehen, in dem Herrschaft und wechselseitiger Verpflichtung miteinander verbunden werden. Die sozialen Unterschichten leben zum großen Teil in nicht rechtlich geregelten Formen zusammen. Die vorherrschende Form des Zusammenlebens ist die Kleinfamilie und nicht das „Haus“.

Das „Gerücht“, also die in einer Lebenswelt verbreitete Nachricht gilt als ausreichende Begründung einer Ehe: dass dieser Mann und diese Frau Tisch und Bett miteinander teilen.

---

217 Ulrike Wagner-Rau, a.a.O., 133.
218 Ebd., 169.
219 In diesem Abschnitt sind Auszüge aufgenommen aus: Hans-Martin Gutmann, Martin Luthers „Christliche Freiheit“ in zentralen Lebenskonflikten heute..., Berlin 2013.

Institutionell geregelte Eheschließungen sind an Einkommen und sozialen Aufstieg (in der Regel die Meisterwürde) gebunden und für die Armen unerschwinglich. Kinder und Jugendliche aus den Unterschichten, vor allem aus der Armutsbevölkerung wachsen durch Mitleben, durch das Hineinwachsen in Arbeits- und Wohnzusammenhänge der Erwachsenenwelt auf. Arbeit und Wohnen sind in der Regel nicht klar getrennt oder trennbar. Die kleinen solidarischen Gruppen teilen sich die Not. Oft wird trotz gemeinsamer Anstrengung nicht erreicht, das gemeinsame Überleben durch Subsistenzproduktion, durch Arbeit für die feudale Herrschaft, oder auch durch Bettel zu gewährleisten.

Auch in der Reformationszeit zeigt sich: Familie kann nicht als universale Institution mit überhistorisch gültiger Form des Zusammenlebens verstanden werden. Vielfältige und je nach ihrem historischen, sozialen und kulturellen Ort unterschiedliche Formen von Verwandtschaft, Ehe und Familie stehen nebeneinander. Familienformen verändern sich mit dem gesellschaftlichen Kontext, insbesondere mit der Produktionsweise.[220]

Es ist historisch unzutreffend, dass sich die moderne patriarchalische Kleinfamilie aus dem mittelalterlichen „Ganzen Haus“ entwickelt hat. Denn die Vorstellung vom „Ganzen Haus“ eine regulative Ideologie, die im 19. Jahrhundert angesichts der Bedrohung des gesellschaftlichen Status Quo durch massenhaften Pauperismus entwickelt wurde.[221]Auch die Rede vom „Funktionsverlust“ der Familie in der modernen Gesellschaft ist nicht zutreffend. Damit wird gesagt, dass die Familie im Laufe ihrer historischen Entwicklung verschiedene grundlegende Funktionen an andere Institutionen verloren hat (z.B. die Produktion an den „Betrieb“; die Hausarbeit im Sinne einer Herstellung von Verbrauchsgütern wie Bier und Konserven; die Erziehung an Kindergarten, Schule und Berufsschule). Ein anderes Denkmodell erklärt die historische Realität besser: Die Familie als intime, von der Liebe der Partner getragene, kindzentrierte Personengemeinschaft ist historisch erst nach und nach entstanden. Voraussetzung ist die Trennung von Produktions- und Reproduktionsbereich und damit der Bereiche von Arbeiten und Wohnen. Es entstehen intime Räume als Rückzugsmöglichkeiten aus der für die mittelalterliche Gesellschaft noch typischen allumfassenden „Sozialität“ gleichzeitig im sozialen Raum anwesender Menschen.

Die Entstehung der „modernen Familie“ wird in verschiedenen Theoriekonzepten unterschiedlich beschrieben: Als neue Konstituierung von Öffentlichkeit und Privatheit.[222] Als zunächst in den neu entstehenden bürgerlichen Schichten angesiedelte und sich von hier als Leitbild über die ganze Gesellschaft verbrei-

---

220 Heide Rosenbaum, Formen der Familie, Frankfurt a.M. 1982.

221 Vgl. vor allem Wilhelm Heinrich Riehl, Die Familie, Stuttgart/Augsburg 1855.

222 Jürgen Habermas, Strukturwandel der Öffentlichkeit, Neuwied/Berlin 1968, 2lff.

tende Lebensform.[223] Oder als zunächst in der Arbeiterschaft des 18./19. Jahrhunderts entstehende Form einer auf „romantische Liebe“ gegründeten intimen Beziehung.[224] Heide Rosenbaum untersucht in minutiöser Analyse des historischen Materials, wie bis zur Durchsetzung des Industriekapitalismus im 19. Jahrhundert vielfältige familiale Lebensformen existieren: das Bauernhaus und das Handwerkerhaus als Integration von Arbeitsbereich und Wohnbereich; das Adelshaus als um Herrschaftssicherung zentriertes Gebilde mit Gesindehaltung; die Heimarbeiterfamilie mit Integration von Betrieb und Wohnung als Übergang zur modernen Familie. Diese Vielfältigkeit wird zugunsten zweier Formen zurückgedrängt: nämlich der „proletarischen“ und der „bürgerlichen“ Familie. Beide sind durch Trennung von Betrieb und Arbeit auf der einen, Wohnen und Freizeit sowie Hausarbeit auf der anderen Seite gekennzeichnet, aber nur die bürgerliche Familie durch die Möglichkeit von Intimität und Bildung. Aus diesen beiden Formen hat sich schließlich die heutige „moderne“ Familie entwickelt.[225]

Hans Bertram hat bereits vor einigen Jahren eine sozialhistorische Untersuchung vorgelegt, die in vieler Hinsicht einen neuen Blick auf Ehe und Familie notwendig macht.[226] In den letzten Jahrzehnten haben sich nämlich die Lebenszeitperspektiven von Menschen radikal verändert. Menschen leben länger. Heute können Männer und Frauen mit Wahrscheinlichkeit damit rechnen, dass sie ihre Enkel, vielleicht sogar ihre Urenkel über ganze Lebensphasen kennen werden. Dies war noch zu Beginn des zwanzigsten Jahrhunderts vollständig anders.

Im Zusammenleben in Ehe und Familie ist vor allem eine Veränderung einschneidend: Die lebenslange Gestaltung der Beziehung zur Elterngeneration

223 Philippe Ariès, Geschichte der Kindheit, München 1979.

224 Edward Shorter, Die Geburt der modernen Familie, Reinbek 1977.

225 Ilona Nord hat in „Individualität, Geschlechterverhältnis und Liebe. Partnerschaft und ihre Lebensformen in der pluralen Gesellschaft“ (Gütersloh 2001) in einer Auseinandersetzung mit philosophischen und theologischen Gesprächsbeiträgen (Georg Simmel, Paul Tillich und Andrea Maihofer) die Entwicklung zu Individualisierung/Individualität und Beziehung/Intimität in den Gestaltfindungen von Liebesbeziehungen, Ehe und Familie nachgezeichnet. Ilona Nord zeigt: Individualität ist in der Spätmoderne niemals durch Deduktionen aus einem wie immer gearteten Allgemeinen („Ordnungen“) zu gewinnen. Sondern Individualität findet ihre Gestalt im Spiel von Begründung, Differenz und Verweisung, so dass die Selbsttätigkeit des Individuums dem Allgemeinen immer ein aus diesem heraus nicht Deduzierbares – und damit etwas unableitbar Neues hinzufügt. Im zweiten Teil dieses Werkes kommt mit Blick auf die Gestaltung von Beziehung/Intimität in ihrer unaufhebbaren Bezogenheit auf Individualität – neben Georg Simmel und Paul Tillich – jetzt vor allem Antony Giddens Analyse des Wandels der „Intimität“ in den Blick, und hier vor allem sein Postulat einer demokratischen Gestaltung von Intimität in einer enttraditionalisierten Liebe. Vgl. auch: Ilona Nord, Über das Sakramentale zwischen Mann und Frau und den Mythos vom Elternpaar – Aspekte zu Paul Tillichs Deutung des Geschlechterverhältnisses (1926-1933). In: dies. u.a. Hrsg., Theologie der Liebe im Anschluss an Paul Tillich. Tillich-Preview 2013, Münster 2013, 21-39.

226 Hans Bertram, Familien leben. Neue Wege zur flexiblen Gestaltung von Lebenszeit, Arbeitszeit und Familienzeit. Gütersloh 1997. Vgl. auch ders., Die multilokale Mehrgenerationenfamilie – Von der neolokalen Gattenfamilie zur multilokalen Mehrgenerationenfamilie, in: Berliner Journal für Soziologie 12, 2002, 517-529.

bekommt gegenüber der Partnerbeziehung als Lebensthema größere Wichtigkeit. Sie bleibt über eine immer weitere Lebenslänge bestehen und muss in Nähe und Distanz, Zuwendung und Konflikt ausbalanciert werden. Demgegenüber kann sich die Beziehung zum*zur Liebespartner*in auf spezifische Lebensphasen erstrecken, in anderen dagegen an Bedeutung verlieren oder auch durch neue Beziehungen ersetzt werden.

Die intime bürgerliche Kleinfamilie ist nicht mehr die einzige, weithin sogar nicht mehr die vorherrschende Familienformation. Mit zunehmend gleicher Plausibilität und immer größerer Rechtssicherheit leben Menschen in Fortsetzungsehen, nichtehelichen hererosexuellen Beziehungen, gleichgeschlechtlichen Partnerschaften/Ehen und Single-Haushalten. Bertram spricht von einer neuen Familienformation: Typisch für heute ist ein multilokaler generationsübergreifender Verband, der über die Zeit und die verschiedenen Beziehungsaufnahmen und -abbrüche innerhalb der gleichen Generation weiterhin da ist und „Verwandtschaft" im traditionalen Sinne ergänzt, teilweise ersetzt.

„Familie" kann heute nur dann realistisch wahrgenommen und gelebt werden, wenn ein nicht rigides, ein offenes, ein eher an der Gestaltung von „Beziehung" als an der Erfüllung von „Ordnung" orientiertes Verständnis gewählt wird. Ebenso wenig wie seinerzeit das frühneuzeitliche „Haus" ist heute die rechtlich institutionalisierte heterosexuelle Kleinfamilie die einzige Möglichkeit. Vielfältigkeit und Wahlfreiheit müssen geachtet werden: in sexueller Orientierung der Partner*innen. In der Aufteilung von Erwerbstätigkeit und reproduktiver Arbeit in der Familie, die keinesfalls entlang der traditionellen Gender-Zuschreibungen verläuft.

Zugleich gibt es Dimensionen, die über veränderte Zeiten hinweg verbindlich bleiben: Partner*innen gehen dauerhafte und verantwortlicher Beziehungen ein. Vertrauen und Verlässlichkeit sollen innerhalb der gleichen und zwischen den Generationen gelten. Die Orientierung an „Familie" als Lebensform kann gemeinsam geteilten Alltag mit allen zu gestaltenden Dimensionen (zwischen Haushaltsorganisation, Aufteilung von Arbeit und Finanzen, freier Zeit und Verantwortungsübernahme usw.) einschließen. Auf der anderen Seite einer gedachten Skala von Möglichkeiten ist auch die Zugehörigkeit zum gemeinsamen „Familienverbund" über verschiedene Regionen oder sogar Erdteile möglich – in Analogie zum „multilokalen generationsübergreifenden Verband" (Hans Bertram). Entscheidend ist, dass die Zugehörigkeit nicht „erworben", sondern „zugeschrieben" ist. Familie ist, wo du nicht rausfliegen kannst.

Ein Beispiel: Hochzeitsgottesdienst Max und Mia

Begrüßung

Im Namen Gottes, des Vaters und des Sohnes und des Heiligen Geistes.

Liebe Mia, lieber Max, liebe Familien Müller und Meyer, liebe Freunde und Freundinnen, Nachbarn und andere Lebenskünstler.

Wir sind heute zusammengekommen, um die Hochzeit von Mia und Max zu feiern. Wir erbitten für die Beziehung dieser Eheleute den Segen Gottes und die Hilfe der Freunde. Und wir sind zusammengekommen, um Beate zu taufen. Ein neues Menschenkind, ein bezauberndes Geschenk Gottes.

Wir freuen uns mit allen Menschen, die Mia und Max, Paule und Beate gern haben.

Weil wir wissen, dass der gemeinsame Weg zweier Menschen keine harmonische Reise ins Paradies ist, sondern sich auch in schweren Tagen bewähren muss; weil wir wünschen und hoffen, dass Mia und Max einen Weg finden, als eigenständige Menschen zu leben und doch den Partner, die Partnerin zu lieben, zu achten, seine*ihre Nähe zu suchen und in schlechten Zeiten ertragen zu können, deshalb erbitten wir für eure Beziehung den Segen Gottes.

Und weil ihr, Eltern und Paten wollt, dass Beate zu Gott und zur Gemeinde Jesu Christi gehört – im Angesicht eurer Liebe und eurer Sehnsucht, dass dieses Leben behütet sein möge, im Wissen um die Zerbrechlichkeit eines Lebens und in glühender Hoffnung gegen alles, was dieses Leben zerstören kann, deshalb erbitten wir für Beate Gottes Macht und Sein Erbarmen, dass Tod und Teufel keine Macht über sie haben und dass sie in der Gemeinde Jesu Christi einen Raum findet, in dem sie als freier und aufrechter Mensch aufwachsen, Liebe empfangen und geben kann – für sich und für andere.

Ansage

Kollekte für die Initiative Arche in Jenfeld, einem Ort in Hamburg, der durch die Nachricht über ein zu Tode gekommenes Kind traurige Berühmtheit gewonnen hat. Wir sammeln für diese Initiative, einen Mittagstisch für verwahrloste Kinder einzurichten.

Lied

Lobet den Herren, den mächtigen König der Ehren EG 316, 1-5

Gebet

Lasst uns beten:

Guter Gott,
Wir bitten dich für Mia und Max.
Sie haben sich einander anvertraut.
Sie werden aufeinander einwirken in ihrem Charme und ihren Macken,

mit ihren Stärken und Schwächen,
mit dem, was sie sich sagen und dem, was unausgesprochen bleibt,
mit dem, was sie sich geben und schuldig bleiben.
Gott, wir bitten dich:
Gib ihnen Kraft und Mut, immer wieder neu anfangen zu können.
Geduld, aufeinander zu warten,
Klarheit in den nötigen Konflikten
Und Lebendigkeit in der Liebe.
Wer liebt, hofft mehr, als er und sie selbst zustande bringt.
Guter Gott, begleite du diese Liebenden mit deinem Segen.
Amen.
Psalmlesung: Psalm 85
„Doch ist ja Seine Hilfe nahe denen, die ihn fürchten, dass in unserm Lande Ehre wohne;
dass Güte und Treue einander begegnen, Gerechtigkeit und Friede sich küssen;
dass Treue auf der Erde wachse, und Gerechtigkeit vom Himmel schaue;
dass uns auch der Herr Gutes tue, damit unser Land sein Gewächs gebe;
dass Gerechtigkeit dennoch vor ihm bleibe und im Schwange gehe.“
Lied: Alles ist an Gottes Segen EG 352,1-3
Predigt
„Liebe Mia, lieber Max,

Ihr feiert heute das Fest eures Lebens. Wir alle, die heute mit euch feiern, erbitten den Segen Gottes für eure Liebe und für euer gemeinsames Leben. Wie lebendig euer Leben ist, habt ihr auf eurem bisherigen Weg erfahren. Ihr wohnt schon lange genug zusammen, Mia, Max und Paule, um das zu wissen: Die Lebendigkeit eures Lebens kann durch „Ordnung“ allein nicht still gestellt werden. Das ist auch nicht anders, wenn ihr jetzt als verheiratete Liebende in der Institution Ehe zusammenlebt. Euer Zusammenleben kann, wenn es gelingt, mit diesem Schritt eine Form gewinnen, die die Lebendigkeit eures Lebens ausdrückt und unterstützt. Ein Weg, der immer wieder gefunden werden muss und beim Gehen erst entsteht. Für sein Gelingen wollen wir heute Gott um seine Hilfe bitten.

Ihr habt für Eure Trauung ein Wort aus dem 85. Psalm ausgewählt: „Dass Güte und Treue einander begegnen, Gerechtigkeit und Friede sich küssen (Psalm 85,11). Dieser Satz hat im Psalm einen Vor-Satz, der ein Versprechen ist: „Doch ist ja Gottes Hilfe nahe denen, die ihn fürchten, ... dass Güte und Treue einander begegnen, Gerechtigkeit und Friede sich küssen.“

Das ist ein tolles Bild, oder? Eine Begegnung, eine Liebesszene. Ein Kuss. Güte und Treue, Gerechtigkeit und Friede. All das, was zum Leben notwendig dazugehört und doch oft schwer zusammengeht. Gerade Gerechtigkeit und Friede gehen normalerweise schwer zusammen. Viele Konflikte, auch Kriege im Großen und im Kleinen entstehen, um Gerechtigkeit durchzusetzen. Friede ohne Gerechtigkeit nutzt vor allem denen, die aus der Ungerechtigkeit Gewinn ziehen. Wenn beides zusammengeht, wenn es zu diesem Kuss kommt, dann ist das ein Wunder Gottes. Ein lebensnotwendiges Wunder, nicht nur in der Beziehung zwischen Liebenden. Oder, wie es im Psalm heißt, ein Versprechen, eine Verheißung, ein Geschenk Gottes für seine Menschen. ‚Doch ist ja seine Hilfe nahe denen, die ihn fürchten.'

Gemeint ist nicht: vor Gott Angst haben, sondern: sich auf ihn verlassen. Was oft so schwer zusammengeht – Güte und Treue, Gerechtigkeit und Frieden – das wird einfach, wenn man sich nicht abmühen muss, das alles richtig hinzukriegen und immer einzuhalten und jedes Mal zu schaffen. Das wird einfach, wenn ihr euch für Gottes Hilfe öffnen und euch auf sie verlassen könnt. Wenn ihr euch in den Fluss seiner Liebe aufnehmen lasst, die alles Leben hervorbringt und erhält.

Die Liebe ist eine Kraft Gottes. Liebe ist wie eine machtvolle und heilsame Atmosphäre, die jeden und jede, die sie umhüllt, in die Beziehung aufnimmt, aus der alles Leben entstanden ist und die Jesus mit Gott verbindet. Liebe ist mehr und größer und umfassender, als wir selbst herstellen und „schaffen" könnten. Liebe ist, wie es in der Bibel auch heißt, stärker als der Tod.

Wie wenig eure Liebe etwas ist, das ihr in der Hand habt – das ihr planen und herstellen und durchsetzen könnt – das habt ihr von Anfang an erfahren. Die erste Begegnung zwischen euch beiden war, wie ihr erzählt habt, eher zufällig. Ihr habt euch getroffen, weil gerade ein Freund nicht zu Hause sein und den Gastgeber spielen konnte, als Mia gemeinsam mit einer Freundin eine Unterkunft gesucht hat. Und dann hat Max das übernommen. Auch dass ihr euch nach drei Monaten wieder gesehen habt, hattet ihr vorher nicht in der Hand, und erst recht war all das nicht von euch aus planbar, was dann entstanden ist: Pizzabacken im Großformat und Musik auflegen, die Reisen nach Sardinien und Madagaskar, die Geburt von Paule und euer Zusammenleben zu dritt, die Unterstützung eurer Familien und der Freunde, all das, was es euch geholfen hat, euer gemeinsames Leben zu gestalten und eure Eigenständigkeit zu leben – bis heute, wo endlich Beate unter euch ist und wieder alles neu wird, einschließlich Schlafreduktion für alle Beteiligten. So viele Begegnungen, Überraschungen, auch Konflikte mit anderen liebeswerten Menschen, in denen die Macht der Liebe euch umhüllt hat, euch Augen und Herzen geöffnet hat und ihr euch „erkannt habt", wie es in der Bibel heißt, wenn zwei Menschen sich ineinander verlieben.

‚Dass Güte und Treue einander begegnen, Gerechtigkeit und Frieden sich küssen.'

Mir ist eingefallen, dass dieser Satz auch in dem Film „Babettes Fest" im Zentrum steht. Dieser Film erzählt, wie ein starr und zerstritten und lebensunfroh gewordener Lebenszusammenhang durch ein Fest verzaubert wird. Das Fest gewinnt dadurch eine verwandelnde Kraft, dass eine der Beteiligten für dieses eine Festessen einen ganzen Lottogewinn verbrät. Und außerdem phantastisch kochen kann. Eine Verausgabung, die alles neu macht und verzaubert: Lange verfeindete Streithähne können zusammen lachen, und ein mittlerweile in die Jahre gekommenes Paar kann sich endlich ihre Liebe gestehen.

Das gibt es: die Zeiten, in denen alles fließt, in denen man vor Glück alles vergessen kann. Lust und Ekstase, Ruhe und Sorglosigkeit. Das Aufblühen des Körpers, der Seele, der Intellektualität. Wenn alles fließt, wenn man seiner selbst sicher sein kann, ohne über sich nachdenken zu müssen. Den anderen, die andere genau wie sich selbst vollkommen spüren.

Das gibt es, und ich wünsche euch, dass die Liebe euch diese Zeiten immer wieder schenkt und dass ihr euch diesem Geschenk immer wieder öffnen könnt.

Jesus von Nazareth hat seine Zusage und sein Gebot an seine Freundinnen und Freunde, in seiner Liebe zu bleiben, gerade auch in höchster Gefahr und Lebensbedrohung ausgesprochen, auf dem Weg zum Kreuz. Dieser Weg in Elend und Tod war kein Weg von der Liebe weg. Es ist gerade die Hoffnung dieser Zusage, dass sie im Schrecken nicht verstummt, sondern gerade hier laut wird. Wie eng die helle und die dunkle Seite des Lebens und der Liebe zusammengehören, davon erzählt die Bibel immer wieder, und davon erzählen heute auch Filme und populäre Songs, wenn sie etwas taugen: Der Weg der Liebenden ist, wie es der Filmemacher Truffaut sagen würde, ein Weg „Auf Liebe und Tod".

Wie wenig ihr das Leben auch nach dieser dunklen Seite hin in der Hand habt, habt ihr in eurem Zusammenleben immer wieder erfahren, in kleineren und größeren Portionen. Liebende lieben sich im Angesicht der Ambivalenz des Lebens, die die Hoch-Zeiten umfasst, aber auch das, was das Leben gefährdet.

Geschenktes Glück will wahrgenommen werden, aber auch die Situationen, in denen Klarheit, Aufrichtigkeit und Konfliktbereitschaft um der Liebe willen nötig sind. Das kann für euer Zusammenleben heißen: Vollendete Harmonie ist kein menschliches und menschenfreundliches Projekt, gerade in einer Liebesbeziehung nicht. Nein, es geht darum, die Sehnsucht nach der Fülle des Lebens und die alltäglichen Konflikte, den Wunsch nach vollendeter Harmonie und die immer wiederkehrende Erfahrung der Fremdheit des anderen in ein lebensfreundliches Verhältnis zu bringen. Den anderen, die andere in ihrer Fremdheit und Eigenständigkeit genauso zu akzeptieren wie in ihrer, seiner Nähe und Vertrautheit.

Ihr seid euren gemeinsamen Weg schon ein ganzes Stück gegangen, und trotzdem ist dieses Fest heute ein Einschnitt. Eine Unterbrechung des Alltäglichen, in der beide Seiten, Hoffnungen genauso wie Ängste vor dem weiteren gemeinsamen Weg besonders lebendig sind. Wird es euch gelingen, eure Hoffnung zu leben, dass ihr euch weiter als eigenständige Menschen begleiten und unterstützen könnt? Wird es gelingen, eure Liebe im Trott alltäglicher Anforderungen zwischen Berufssorgen und Kinderbetreuung vor Erstickungsanfällen zu bewahren? Werdet Ihr euch ertragen können, wenn, gerade in stressigen Zeiten, das besonders deutlich zutage tritt, was euch aneinander stört, und werdet ihr Worte und Gesten finden, wieder zueinander zu kommen?

‚Dass Güte und Treue einander begegnen, Gerechtigkeit und Frieden sich küssen.‘

Euer Trauspruch kann in all dem gerade dadurch eine Hilfe sein, wenn ihr ihn nicht zuerst als Gebot versteht, sondern als Zusage. Dass ihr auf eurem gemeinsamen Weg immer wieder Güte und Treue begegnen werdet, und dass Gerechtigkeit und Frieden eure Liebe in ihren Kuss einbeziehen. Dass ihr euch auf die Liebe verlassen könnt, euch von ihr tragen lassen und euch umhüllen lassen könnt. Dass ihr euch von diesem Geschenk immer wieder beschenken und von dieser Kraft immer wieder erfüllen lasst, auch im Angesicht dessen, was auf eurem Weg immer neu dagegenstehen kann.

Wir feiern die Hochzeit von Mia und Max. Und in diesem Gottesdienst taufen wir Beate Müller. Wenn ihr, Eltern, Paten und Freunde, Beate jetzt zur Taufe bringt, dann teilt ihr das mit: Wir sind so froh, dass du da bist. Wir haben uns so auf dich gefreut, und jetzt ist alles ganz anders und noch viel toller. Selbst wenn du immer wieder unsere Alltagsplanung durcheinander haust und wir weniger zum Schlafen kommen. Und wir schon manchmal Sorgen um dich haben mussten. Und Paule, du bist jetzt schon der große Bruder. Auch aufregend. Vielleicht gar nicht so einfach, aber irgendwie toll und neu. Ihr bringt heute Beate zur Taufe und sagt ihr damit: Du bist ein wunderbares Geschenk für unser Leben. Wir wollen Gott danken und bitten, dass er Beate mit seiner Barmherzigkeit umhüllt.

Wenn wir Beate heute taufen, dann geben wir Gottes Liebeserklärung an sie weiter. Die Macht seiner Liebe ist stärker als alles, was das Leben gefährdet. Eine machtvolle Zusage: Beate, keine Macht der Welt kann Dein Leben im Innersten beherrschen. Mit der Taufe gehörst Du zur Gemeinschaft der Freunde und Freundinnen Jesu Christi. Durch die Taufe wird ein Menschenkind in eine enge Gemeinschaft mit Jesus Christus gebracht. Die Bibel spricht von dieser Gemeinschaft in intensiven Bildern: Leib Christi, Einswerden mit Christus, zu seinen Freundinnen und Freunden gehören. Die Taufe ist die Entmachtung des Todes und aller Macht, die das Leben zerstört.

Ihr habt für Beate einen Taufspruch aus dem Neuen Testament ausgewählt, aus dem 2. Brief an Timotheus: „Gott hat uns nicht gegeben den Geist der Furcht, sondern der Kraft und der Liebe und der Besonnenheit." (2 Tim 1,7) Ihr habt das in eurem Leben erfahren, und wir wissen es alle, wenn wir unser Leben realistisch ansehen: Es gibt keinen leichten Weg zum Glücklichsein. Es gibt so vieles, was ein Leben bedrohen und gefährden kann. Und trotzdem und im Angesicht dessen müssen wir das Leben nicht im „Geist der Furcht" ansehen. Gott verspricht, dass er da ist in allem, was geschieht. Dass er seine Menschen trägt und mit seiner Barmherzigkeit umhüllt, gerade dann, wenn sie es nötig brauchen.

Wenn wir jetzt Beate taufen, dann tun wir das nicht in der Meinung, die Taufe sei eine Art Schutzimpfung gegen die Schwierigkeiten im Leben. Die Bedrohungen dieses Lebens sind sehr real, auch in unserer relativ immer noch reichen und gesicherten Gesellschaft. Wir wissen das, wenn wir die Augen aufmachen. Wird Beate in eine Welt hineinwachsen, in der sie ohne Angst vor Vergiftung Luft holen, essen und trinken kann? Wird sie in einer politischen Kultur leben können, in der Konflikte in einer Weise ausgetragen werden, dass das menschliche Antlitz des anderen geachtet wird? Wird sie der Botschaft, die die Gesellschaft durch fehlende Arbeitsplätze von Zeit zu Zeit immer wieder einmal den Heranwachsenden macht: wir brauchen euch nicht, eigene Lebensgewissheit entgegensetzen und Freunde und Freundinnen finden, die diese Lebensgewissheit unterstützen? Wird Beate in ein Leben hineinwachsen, in dem sie sinnvoll und lebensfroh leben, lieben und arbeiten kann?

Diese und andere Sorgen sind absolut realistisch. Hilflos würde es machen, sich in ihnen zu verlieren. Dagegen setzt der Taufspruch für Beate diese machtvolle Zusage: „Gott hat uns nicht gegeben den Geist der Furcht, sondern der Kraft und der Liebe und der Besonnenheit." Wenn wir Beate taufen, dann setzen wir gegen den Geist der Furcht das Vertrauen. Gott will das Leben dieses Menschen. Gott kommt uns entgegen, er nimmt uns an mit unserem krummen Gang und unseren halben Träumen.

Beate, Gott will dich auf deinen Wegen begleiten, gegen die Mächte des Todes, die dein und unser Leben bedrohen. Dein Leben gehört wie alles Leben zu Gott. Es hat in Gott seinen Ursprung und wird in Gott sein Ende haben. Gott ist uns Vater und Mutter. Das ist auch eine Mahnung an alle, die Macht über dieses Menschenkind haben, an Eltern und Lehr*innen, erwachsene Freundinnen und Freunde, später dann einmal Arbeitgeber und Behörden: diesem Menschenkind mit Achtung und Respekt begegnen, ihre Selbstständigkeit respektieren auch dann, wenn es konfliktreich und schwierig wird. Auch dann, wenn ihr eure

Tochter irgendwann gehen lassen müsst. Ihr habt das Leben von Beate nicht in der Hand. Aber ihr könnt und sollt es unterstützen und auf den Weg bringen, auf dem sie dann als aufrechter Mensch gehen kann.

Ich sage das heute euch als Eltern und Paten vor dieser Gemeinde, und ihr könnt das durch die Weise, wie ihr mit Beate zusammenlebt, an sie weitergeben.

Beate, du kannst dich darauf verlassen: der Geist Jesu Christi, der das Leben neu macht, begleitet auch dein Leben. Dein Taufspruch gibt dir dieses Versprechen: „Gott hat uns nicht gegeben den Geist der Furcht, sondern der Kraft, der Liebe und der Besonnenheit."

Gott segne euer gemeinsames Leben.

Amen. Das heißt: Das werde wahr."

Lied: Alles ist an Gottes Segen EG 352,4-6

Trauhandlung

Und nun hört Gottes Wort über die Ehe:

Im Alten Testament im Buch Prediger 4, 9-12 heißt es:

„So ist's ja besser zu zweien als allein; denn sie haben guten Lohn für ihre Mühe.

Fällt einer von ihnen, so hilft ihm sein Gesell auf. Weh dem, der allein ist, wenn er fällt! Dann ist kein anderer da, der ihm aufhilft.

Auch wenn zwei beieinander liegen, wärmen sie sich: wie kann ein einzelner warm werden?

Einer mag überwältigt werden, aber zwei können widerstehen, und eine dreifache Schnur reißt nicht leicht entzwei."

Und im Neuen Testament heißt es im Kolosserbrief 3,12ff.: „So zieht nun an als die Auserwählten Gottes, als die Heiligen und Geliebten, herzliches Erbarmen, Freundlichkeit, Demut, Sanftmut, Geduld; und ertrage einer den anderen und vergebt euch einander, wenn jemand Klage hat gegen den anderen: wie Gott euch vergeben hat, so vergebt auch ihr."

Liebe Mia, lieber Max,

Die Heilige Schrift bezeugt, dass Gott die Liebe zwischen Mann und Frau will und dass er das eheliche Leben mit Seinem Segen begleitet. Als Antwort auf diese Zusage sagt euch jetzt vor Gott und dieser Gemeinde euer Ehegelöbnis zu:

„Mia, ich nehme dich als meine Ehefrau aus Gottes Hand.

Ich will dich lieben und achten, dir vertrauen und treu sein.

Ich will dir helfen und für dich sorgen, will dir vergeben, wie Gott uns vergibt,

Ich will zusammen mit dir Gott und den Menschen dienen,

solange wir leben.

Dazu helfe mir Gott. Amen.

Max, ich nehme dich als meinen Ehemann aus Gottes Hand.

Ich will dich lieben und achten, dir vertrauen und treu sein.

Ich will dir helfen und für dich sorgen, will dir vergeben, wie Gott uns vergibt,

Ich will zusammen mit dir Gott und den Menschen dienen,

solange wir leben.

Dazu helfe mir Gott. Amen.

Guter Gott, Du bist der Ursprung unseres Lebens und die Hilfe auf unseren Wegen. Wir bitten Dich für diese Eheleute: Lass es gut werden, was sie mit ihrem Fest des Lebens heute feiern. Schenke ihnen Geduld, sich auszuhalten und einander beizustehen, und schenke ihnen die Liebe, die Fülle des Lebens ist, Dein Geschenk. Sei Du bei ihnen und begleite sie auf ihrem Weg mit Deinem Segen.

Gebt einander die Trauringe als Zeichen eurer Liebe

Gebt einander die rechte Hand."

(ich lege meine Hand drauf)

„Was Gott zusammengefügt hat, soll der Mensch nicht scheiden.

Kniet nieder und lasst euch Segen des dreieinigen Gottes zusprechen."

(Segen mit Handauflegung):

„Gott wird Freund für euch sein, ihr werdet es erleben, in allem was euch geschieht. Ihr werdet vertrauen und hoffen können, vergeben und lieben. Der Segen Gottes sei bei euch und bleibe bei euch alle Zeit. Amen."

Taufe

Lied: EG 566 Kind, du bist uns anvertraut

Aufforderung an Eltern, Paten und alle Kinder, sich um den Taufstein zu versammeln

„Unser Herr Jesus Christus spricht: mir ist gegeben alle Gewalt im Himmel und auf Erden. Darum gehet hin und machet zu Jüngern alle Völker: Taufet sie auf den Namen des Vaters und des Sohnes und des heiligen Geistes und lehret sie halten alles, was ich euch befohlen habe. Und siehe, ich bin bei euch alle Tage bis an der Welt Ende."

Frage an Eltern und Paten:

„Liebe Mia, lieber Max, liebe Paten:

Wollt ihr, dass dieses Kind auf den Namen des dreieinigen Gottes getauft wird, Jesus Christus im Glauben angehört und in der Gemeinschaft der christlichen Gemeinde heranwächst, so antwortet: Ja, mit Gottes Hilfe."

So bekennt nun gemeinsam mit der ganzen Gemeinde für dieses Kind den Glauben an den dreieinigen Gott und sprecht mit mir gemeinsam:

„Ich glaube an Gott den Vater

den Allmächtigen, den Schöpfer des Himmels und der Erde

Und an Jesus Christus, seinen eingeborenen Sohn, unsern Herrn.

Empfangen durch den Heiligen Geist, geboren von der Jungfrau Maria, gelitten unter Pontius Pilatus, gekreuzigt, gestorben und begraben, am dritten Tage auferstanden von den Toten, aufgefahren in den Himmel; er sitzt zur Rechten Gottes, des allmächtigen Vaters, von dort wird er kommen zu richten die Lebenden und die Toten.

Ich glaube an den Heiligen Geist, die heilige christliche Kirche, Gemeinschaft der Heiligen, Vergebung der Sünden, Auferstehung der Toten und das ewige Leben. Amen."

Taufe über Taufbecken

Nennt noch einmal den Namen des Kindes

Beate Müller, ich Taufe dich auf den Namen Gottes des Vaters, des Sohnes und des Heiligen Geistes. +

„Gott hat uns nicht gegeben den Geist der Furcht, sondern der Kraft, der Liebe und der Besonnenheit."

Kind abtupfen, vielleicht Beate hochheben

Taufkerze übergeben

Gebet: „Gott, wir danken dir für dieses Menschenkind, für Beate, die du den Menschen anvertraut hast, die sie lieben: Mia, Max und Paule, aber auch all denen, die ihr begegnen und sie in ihrem Leben begleiten werden.

Du hast Beate Ohren gegeben zu hören – nicht nur, was sie hören soll.

Und Augen zu sehen: sie kann auch Leuten die Augen öffnen, die größer sind als sie.

Einen Mund zum Essen und Trinken, zum Lächeln und zum Brüllen, auch später zum Die-eigene-Meinung-Sagen. Auch wenn das für die Erwachsenen anstrengend werden kann.

Du hast Beate Hände geschenkt zum Geben und Empfangen, Beine, um den aufrechten Gang zu lernen. Es ist alles an ihr dran, ein richtiges Wunder.

Wir bitten dich: umhülle Beate mit deinem Schutz, wenn ihr Böses und Unmenschliches begegnet. Lass sie geborgen sein bei denen, die ihr Aufwachsen behüten. Und gib, dass wir, die wir erwachsen sind, diesem Kind kein Ärgernis geben. Amen."

Segen

„Gott segne euch. Gott hat seinen Engeln befohlen, dass sie dich behüten auf allen deinen Wegen, dass sie dich auf Händen tragen und du deinen Fuß nicht an einen Stein stoßest. Amen."

Lied: EG 7, 1-4 O Heiland, reiß die Himmel auf, 1-4

Fürbitte

(HMG gemeinsam mit Freunden des Brautpaars)

„Lasst uns im Frieden unseren Gott anrufen
Um seinen Frieden, dass wir Frieden finden für unser Leben
Und Frieden schaffen unter den Menschen.
Um seine Barmherzigkeit, dass auch wir miteinander Erbarmen haben
Um seine Kraft, dass wir Leiden annehmen und gegen das Leiden kämpfen
Lasst uns bitten und gemeinsam singen: Kyrie eleison
Wir bitten dich für alle, die in Elend und Not und Verfolgung leben
Für die Hungernden und die Flüchtenden
Für die Einsamen und Verzweifelten
Für die Gescheiterten auf den Straßen und in den Häusern
Für die Kranken und die Sterbenden
Dass alle Menschen aus ihrem Elend errettet werden
Lasst uns bitten und gemeinsam singen: Kyrie eleison
Wir bitten dich für die Liebenden und für die, die an der Liebe leiden
Für die Lesben und Schwulen, dass sie endlich Recht und Respekt bekommen
Für die Paare, deren Glück jetzt beginnt,
dass sie das Leben feiern und doch voneinander nicht zu viel erwarten.
Für die, die in Schwierigkeiten sind, dass sie einen Ausweg sehen
und ein Neubeginn möglich wird.
Für die, die sich trennen müssen, dass sie ohne Haß und Verzweiflung auseinandergehen.
Lasst uns bitten und gemeinsam singen: Kyrie eleison

Wir bitten dich für die Kinder, dass ihre Eltern und Lehrer*innen sie mit Respekt, Klarheit und Solidarität begleiten

Für die verantwortlichen Bildungspolitiker in unserer Stadt, dass sie sich vom Protest der Schüler*innen beeindrucken lassen und aberwitzige Entscheidungen korrigieren.

Für uns alle, dass wir mutig und konfliktfähig werden im Umgang mit den Heranwachsenden und mit uns selbst

Lasst uns bitten und gemeinsam singen: Kyrie eleison
Wir bringen in stillem Gebet unsere Gedanken und sorgen vor Dich
Pause
Wir bitten gemeinsam und singen: Kyrie eleison

Nimm Dich unser gnädig an. Rette und erhalte uns. Dein grenzenloses Erbarmen begleite uns auf all unseren Wegen. Denn dir allein gebührt der Ruhm und die Ehre und die Anbetung, dem Vater und dem Sohn und dem Heiligen Geist.“

Vater unser; Segen
Lied EG 7, 1-4 O Heiland, reiß die Himmel auf
Auszug

Das Leben feiern II: Konfirmation

Ein Beispiel: Ein Konfirmationsgottesdienst in einer dörflichen Gemeinde
Konfirmationsgottesdienst in der Schlosskirche Salder 1989

Einzug der Konfirmanden (Die Gemeinde steht dazu auf)

Lied EKG 128,1+8: Gott ist gegenwärtig, lasset uns anbeten und in Ehrfurcht vor ihn treten.

Gott ist in der Mitten. Alles in uns schweige und sich innigst vor ihm neige.

Wer ihn kennt, wer ihn nennt, schlagt die Augen nieder. Kommt, ergebt euch wieder.

Herr, komm in mir wohnen, lass mein Geist auf Erden dir ein Heiligtum noch werden.

Komm, du nahes Wesen, dich in mir verklären, dass ich dich stets lieb und ehre.

Wo ich geh, sitz und steh, lass mich dich erblicken und mich vor dir bücken."

Begrüßung

Lied: EKG 234, 1-3+5

„Lobe den Herren, den mächtigen König der Ehren, meine geliebete Seele, das ist mein Begehren. Kommet zuhauf, Psalter und Harfe wacht auf, lasset den Lobgesang hören.

Lobe den Herren, der alles so herrlich regieret, der dich auf Adelers Fittichen sicher geführet, der dich erhält, wie es dir selbst gefällt; hast du nicht dieses gespüret?

Lobe den Herren, der künstlich und fein dich bereitet, der dir Gesundheit verliehen, dich freundlich geleitet. In wieviel Not hat nicht der gnädige Gott über dir Flügel gebreitet.

Lobe den Herren, was in mir ist lobe den Namen. Alles, was Odem hat, lobe mit Abrahams Samen. Er ist dein Licht, vergiß es ja nicht. Lobende, schließe mit Amen."

Ehr sei dem Vater und dem Sohn und dem Heiligen Geist, wie es war im Anfang, jetzt und immerdar und von Ewigkeit zu Ewigkeit. Amen.

Chor: Kyrie eleison Gem.: Herr, erbarme dich Chor: Christe eleison

Gem.: Christe, erbarme dich Chor: Kyrie eleison Gem.: Herr, erbarm dich über uns

Pastor: Ehre sei Gott in der Höhe

Gem.: Und auf Erden Fried, den Menschen ein Wohlgefallen. Amen.

Pastor: Der Herr sei mit Euch

Gem.: und mit Deinem Geist

Gebet

Lesung Gemeinde: Halleluja

Lied EKG 231,1-3 + 5: „Nun danket all und bringet Ehe, ihr Menschen in der Welt, dem, dessen Lob der Engel Heer im Himmel stets vermeldt.

Ermuntert euch und singt mit Schall Gott, unserm höchsten Gut, der seine Wunder überall und große Dinge tut.

Der uns von Mutterleibe an frisch und gesund erhält und, wo kein Mensch nicht helfen kann, sich selbst zum Helfer stellt.

Er gebe uns ein fröhlich Herz, erfrische Geist und Sinn und werf all Angst, Furcht, Sorg und Schmerz in's Meeres Tiefe hin."

Lesung + Glaubensbekenntnis

Kirchenchor

Predigt

„Gnade sei mit euch und Friede von Gott, unserem Vater, und dem Herrn Jesus Christus, Amen.

Liebe Konfirmandinnen und Konfirmanden, liebe Gemeinde!

‚Heilige Stunde![227] Heut zum ersten Male hat Dein Heiland dich mit Wonne getränkt! Er hat dir in seinem Abendmahle einen Vorgeschmack ewiger Freude geschenkt. O du Freude! Fühlst du wohl die Wonne? Hast du wohl gefühlt, dass er dich liebt? Und dass deines Gottes Gnadensonne Wonnevolleres als die Erde gibt?'

Liebe Konfirmanden, mit diesen Worten hat vor etwa 80 Jahren eine Salzgitteraner Konfirmandin beschrieben, was sie bei der Konfirmation erlebt hat. Ich glaube, so würdet ihr heute nicht reden – oder übermorgen, wenn ihr in der Schule euren Freunden und Freundinnen von eurer Feier erzählt. Und mir fällt es auch schwer, die Sprache und die Gefühle der Konfirmandin aus dem Jahre 1907 zu verstehen.

Ich kann mir eher vorstellen, dass sich heute Abend folgende Szene ergeben kann: Wenn die Feier vorbei ist, wenn der Tisch abgeräumt ist der „gemütliche Teil" beginnt, dann kommt es zu Gesprächen von Mann zu Mann (seltener vielleicht von Frau zu Frau): So, mein Junge – oder meine Kleine – das hast du jetzt hinter dir. Jetzt bist du konfirmiert, und jetzt fängt das Leben an. Und das Leben sieht ganz anders aus als das, was man so im Konfirmandenunterricht lernt. Mit: Liebe deinen Nächsten wie dich selbst oder Gottes eingeborenem Sohn. Jetzt fängt der Ernst des Lebens an.

[227] Unveröffentlichter hektographierter Text im Fundus der Kirchengemeinde Salder.

Ich kann solche Warnungen schon verstehen. Aus solchen Worten kann die Sorge sprechen, Ihr könntet mit falschen Vorstellungen ins Leben treten. Und man möchte euch Enttäuschungen ersparen.

Denn, das Leben sieht anders aus, mein Junge, das Leben sieht anders aus, mein Mädchen. Der christliche Glaube, das ist doch so etwas wie ein letzter Garten in einem Industrieneubaugelände. Mit Rosenhecke und ein bisschen Romantik zum Wohlfühlen. Und für Kinder wegen der Hecke ringsum. Und für alte Menschen wie die Salzgitteraner Konfirmandin von 1907. Aber irgendwann muss der Mensch ja einmal hinaus ins feindliche Leben...

Aber wenn das stimmt, dann hätten wir uns die Zeit des Konfirmandenunterrichts auch schenken können. Mit all dem, was gut war und was daneben gegangen ist. Mit unserem Nachdenken über das, was uns Angst macht und was uns Mut macht. Und mit dem Gespräch über eure Wünsche für die nächsten Jahre: Ihr habt sie im Vorstellungsgottesdienst an den Lebensbaum gehängt und so der Gemeinde vorgestellt. – Übrigens: was ihr mit euren Wünschen ausgedrückt habt, ist vielleicht gar nicht so etwas anderes als das, was die Konfirmandin vor 80 Jahren in ihrer etwas fremden Sprache beschrieben hat. – Und wenn das stimmt, dass jetzt alles vorbei ist, dann müsste auch die Feier heute nicht sein: Und das wäre für alle Beteiligten sehr schade. Und ihr lasst euch heute ja konfirmieren. Und ich möchte noch einmal sagen, was ihr damit tut.

Wenn ihr euch heute konfirmieren lasst, dann übernehmt ihr für eure eigene Person das Bekenntnis, das die Eltern und Paten für euch gesprochen haben, als ihr noch kleine Würmchen wart und diese Entscheidung nicht für euch selbst treffen konntet. Bis auf Markus, der hat sich als Jugendlicher heute selbst zu diesem Schritt entschieden. Damals haben die Erwachsenen versprochen, dass ihr im Glauben an den dreieinigen Gott erzogen werdet, dass ihr unserem Herrn Jesus Christus im Glauben angehört und bei seiner Gemeinde bleibt. Es ist heute oft unverständlich und schwer nachzuvollziehen, was damit eigentlich gemeint ist. Deshalb haben wir uns zwei Jahre lang getroffen, um diese Sätze mit Wissen und mit Leben zu füllen. Das ist uns mal gut und mal weniger gut gelungen.

Darüber haben wir gesprochen, und das habt ihr im Vorstellungsgottesdienst noch einmal zusammengefasst: all das, was wir gelernt haben, wo wir es schwer miteinander hatten und wo wir etwas voneinander gehabt haben: Ihr untereinander, ihr von mir und ich von euch.

Im Grunde lässt sich alles das, was der christliche Glaube bedeutet, mit einem Wort zusammenfassen: Gott hat mit uns Menschen und mit allem Leben um uns einen Freundschaftsbund geschlossen, und er bietet uns seine Freundschaft immer wieder an – auch und gerade dann, wenn wir das Gefühl haben, dass wir nichts mit Gott zu tun haben wollen oder dass er uns allein gelassen hat.

Ohne die Hoffnung auf Freundschaft kann niemand leben. Deshalb ist auch oft davon z.B. in Poesiealben die Rede. Das ist oft kitschig, das macht aber nichts. Es drückt den Wunsch aus, jemanden zu haben, mit dem man sich verbünden kann, der einen nicht im Stich lässt.

Und die älteren unter Ihnen, Eltern und Paten, erinnern sich vielleicht noch – ich habe es gerade wieder gehört, deshalb komme ich darauf – wie hinreißend sentimental etwa Hans Albers die Freundschaft besungen hat: „Goodbye Johnny...warst mein bester Freund. Eines Tages, Johnny, sind wir wieder vereint."

Wir brauchen alle Freunde. Ohne Freunde können wir nicht leben. Vielleicht kann man das Heranwachsen eines Kindes einfach so umschreiben: „Immer auf der Suche nach Bundesgenossen." Das gilt nicht nur für Kinder und Jugendliche. Auch für Erwachsenen passt der Spruch, der in den letzten Jahren unter Jugendlichen die Runde gemacht hat: „Allein machen sie dich ein." Wir leben in einer Welt, in der, wie es so schön heißt, die „Ellenbogenmentalität" herrscht. Menschen werden vereinzelt und kleingemacht, besonders solche, die unbequem sind, und von denen gibt es ohnehin nicht sehr viele. Gerade für solche, die nicht einfach mit dem Strom schwimmen wollen, ist es wichtig, Bundesgenossen zu haben. Vor allem in Krisensituationen, z.B. wenn jemand arbeitslos ist. Der einzelne und die einzelne Familie sind dann oft überfordert. Und der andere Ausweg, der Griff zur Flasche, macht einen und eine, der oder die allein ist, nur noch einsamer. Es kann sein, dass die Frage nach Bundesgenossen buchstäblich zu einer Frage des Überlebens wird.

Die Bibel jedenfalls sieht das so, und so steht es beim Prediger Salomonis im Alten Testament: „Einer mag überwältigt werden, zwei werden widerstehen, und eine dreifache Schnur reißt nicht so leicht entzwei!"

Aber nun wieder zurück zu euch. Ich habe gesagt: es ist unheimlich wichtig, einen Freund, eine Freundin zu haben, jemanden, mit dem man sich auch verbünden kann. Und das gilt von Geburt an.

Als ihr klein wart, habt ihr versucht, euch mit der Mutter zu verbünden, denn die hattet ihr am nötigsten. Dann kam der Vater, dann vielleicht auch die Geschwister („Ich habe einen Bruder, wenn du mir was tust, dann kannst du was erleben!"), dann auch die Paten, vor allem, wenn sie nicht so weit weg wohnen.

Wichtig war – man sagt, bei Mädchen wichtiger als bei Jungen, aber das weiß ich nicht so recht. – einen verlässlichen Freund zu haben gegen die Gefahren der Nacht: Paul der Teddy oder Ole der Pinguin. An dem kann man sich festhalten, wenn die Dunkelheit an der Gardine herunterkriecht. Auf den ist Verlass!

Später kommen andere Bundesgenossen. Gleichaltrige. Meist mehrere. In geballter Ladung sind sie der Schrecken des Lehrers im Unterricht, auch im Konfirmandenunterricht. Die Bundesgenoss*innen sind wichtig, denn man möchte in diesem Alter nicht mehr alles mit den Eltern besprechen („Ablösephase“ nennt man das), und überhaupt findet man sowieso alles irgendwie ätzend. Und dann braucht man solche, denen es ebenso ergeht.

Das ist übrigens auch die Zeit der ersten Enttäuschungen. Und auch darüber bringt das Poesiealbum Enthüllendes: „Mädchen, lerne MENSCHEN kennen, denn sie sind veränderlich; die dich heute Freundin nennen, reden morgen über dich.“ – Und dann – und in diesem Alter seid ihr jetzt, nehme ich an – beginnt die Suche nach „richtigen“ Freunden. Freundschaften, die eine ganze Zeit halten.

Die Bibel erzählt von einer „wunderbaren Freundschaft“ von zwei jungen Männern, die unter sehr schwierigen Bedingungen entstanden ist. David, ein junger Hirte, hatte mit einem Wurf aus der Steinschleuder den feindlichen Heerführer, den Riesen Goliath besiegt und kam an den Königshof zu König Saul. Saul aber war von Anfang an gegenüber diesem strahlenden jungen Mann misstrauisch. Er witterte einen Konkurrenten für sich selbst und für seinen Sohn. Er ließ David beschatten. Anders sein Sohn Jonathan: David und Jonathan, die eigentlich die geborenen Feinde sind, werden Freunde. Sie schließen Blutsbrüderschaft. Die Bibel nennt das: „Sie machen einen Bund“. Und zum Zeichen dieses Bundes tauschten sie ihre Kleidung und Waffen. Und als Saul Vorbereitungen traf, um David umbringen zu lassen – er wollte den Thron für Jonathan vor David retten – nahm Jonathan seinen Freund vor dem Vater in Schutz. Saul geriet bei dieser Szene derart in Wut, dass er den Speer (wie schon vorher einmal nach David) nach seinem Sohn schleuderte und ihn fast an die Wand gespießt hätte.

Jonathan und David blieben Freunde. Diese Freundschaft dauerte bis zum Tode. Jonathan fiel, zusammen mit seinem Vater, im Kampf. David hatte ihn nicht retten können. – David war todtraurig. Wir hören seine Klage um seinen toten Freund.

„Ich weine um dich, mein Bruder Jonathan. Du, mein bester Freund. Deine Freundschaft hat mir mehr bedeutet als die Liebe von Frauen.“ – Das war die biblische Geschichte einer „wunderbaren Freundschaft“.

Bei der Freundschaft von David und Jonathan ist in der Bibel auch immer wieder von einem „Bund“ die Rede, wenn es um die Freundschaft zwischen Gott und den Menschen geht.

Nach der Sintflut schloss Gott einen Freundschaftsbund mit Noah von der Arche. Gott verpflichtet sich, die Erde nicht wieder zu verrichten. Als Zeichen für diesen Bund setzt Gott den Regenbogen in die Wolken.

Als Gott sein kleines Volk aus der Sklaverei in Ägypten herausgeholt hatte, schloss er wieder einen Freundschaftsbund mit seinem Volk. – Das Zeichen für diesen Bund: Es sind die zehn Gebote, die das Zusammenleben auf der Erde regeln und damit ermöglichen. Viel später sagt der Prophet Jeremia, dass Gott wieder mit den Menschen einen Bund schließen will. Das Zeichen dieses Bundes ist: Jeder wird von nun an Gott selbst erkennen. Er braucht keine Volksführer und Vorbeter mehr.

Und schließlich ist hier zu reden von der berühmtesten Freundesgruppe der Weltgeschichte: Jesus und seine Freunde und Freundinnen, die Jünger. Darüber haben wir im Konfirmandenunterricht in den letzten zwei Jahren immer wieder gesprochen. Diese Freundschaft war selbst mit dem Tode nicht zu Ende. Sie hielt auch, nachdem Jesus gekreuzigt worden war, und sie ist bis heute nicht vorbei. Das Zeichen dieses Freundschaftsbundes war und ist das Abendmahl. Jesus bietet uns seine Freundschaft bei jedem Abendmahl an. Auch heute. Das habt ihr gestern Abend einander zugesagt, als ihr gemeinsam Abendmahl gefeiert habt.

Liebe Konfirmandinnen und Konfirmanden. Ich wünsche euch, dass ihr in den kommenden Jahren Freundschaft erfahren und Freundschaft schenken könnt. Freundschaft zu euch selbst: Lasst euch nicht unter Druck setzen, weder von dem Kampf um mehr Geld noch um mehr Macht. Habt euch selbst gern: Ihr seid tolle und einzigartige Menschen.

Freundschaft zu anderen Menschen: lasst euch nicht selbst wie Sachen behandeln und behandelt auch andere nie wie Sachen. Ich wünsche euch Zeit und Kraft, zu lieben und zu arbeiten: gegen alle Mächte, die das Leben zerstören. Und ich wünsche euch, dass ihr Menschen findet, mit denen ihr spielen, feiern und glücklich sein könnt.

Und Freundschaft zu dem Leben rings um euch her: denkt daran, dass diese Welt einzigartig ist und dass unser Leben nur Teil des Lebens ist, das um uns her ist. Das Leben darf nicht Gegenstand der Ausbeutung sein. Es muss geliebt und geschützt werden.

Und der Friede Gottes, der höher ist alle Vernunft, erhalte unsere Herzen und Sinne in Christus Jesus.

Amen. Das heißt: Das werde wahr."

Lied: KL 83: Herr, Deine Liebe

Konfirmationshandlung

Friedensgebet + Vater Unser

Kirchenchor

Lied: EKG 99 „Nun bitten wir den Heiligen Geist um den rechten Glauben allermeist, dass er uns behüte an unserm Ende, wenn wir heimfahrn aus diesem Elende. Kyrieleis.

Du wertes Licht, gib uns deinen Schein, lehr uns Jesum Christ kennen allein, dass wir an ihm bleiben, dem treuen Heiland, der uns bracht hat zum rechten Vaterland.

Du süße Lieb, schenk uns deine Gunst, lass uns empfinden der Liebe Brunst, dass wir uns von Herzen einander lieben und im Frieden auf einen Sinn bleiben.

Du höchster Tröster in aller Not,hilf, dass wir nicht fürchten Schand noch Tod, dass in uns die Sinne nicht verzagen, wenn der Feind wird das Leben verklagen."

Gratulation des Kirchenvorstandes, der Eltern, Paten und Freunde

Abkündigungen

Kirchenchor

Fürbittengebet

Vater Unser

Segen

Lied

EKG 139: „Verleih uns Frieden gnädiglich, Herr Gott zu unsern Zeiten. Es ist doch ja kein andrer nicht, der für uns könnte streiten. Denn, du unser Gott alleine."

Auszug

Konfirmation: Passageritual ohne Passage?

Es ist für die Kirche heute in vieler Hinsicht schwierig, die symbolische Tradition der Bibel, der Liturgie des Gottesdienstes, des Lebenszusammenhanges der kirchlichen Gemeinde auf der einen Seite und das Lebensgefühl und die Lebenssituation der betroffenen Menschen auf der anderen Seite aufeinander zu beziehen. Die kirchlichen Ritualisierungsangebote von krisenhaften Übergängen im Lebenslauf durch sogenannte „Passageriten"[228] sind insgesamt von diesem Problem betroffen. Besonders deutlich zeigt sich dies an der Schwierigkeit, dass die Konfirmation in der Regel den Übergang von der schulischen Eingebundenheit der Jugendlichen hin zur beruflichen Tätigkeit nicht mehr trifft: Die Konfirmation ist scheinbar zu einem Passageritual ohne Passage geworden. Dennoch bleibt die Konfirmation wichtig: als Feier des Lebens in einer unübersichtlichen Lebensphase, mitten in der Pubertät.

228 Arnold van Genneps Untersuchungen zu Übergangsritualen, die er bereits zu Beginn des vergangenen Jahrhunderts veröffentlicht hat, sind für die neuere Diskussion vor allem durch Victor Turner (a.a.O.) zugänglich gemacht worden. Vgl. Arnold van Gennep, Übergangsriten. Frankfurt/New York 1986 (franz. Original 1909).

Insgesamt findet sich bei Jugendlichen heute eine galoppierend zunehmende Entfremdung von Lebensvollzügen der ausgearbeiteten Religionsgestalt institutionalisierter Kirchlichkeit. Es erscheint spontan einleuchtend, dieses Ergebnis auf dem Hintergrund der sogenannten „Individualisierungsthese“ zu interpretieren. Dann wäre die Abwendung von der institutionalisierten Religion und Kirchlichkeit bei heutigen Jugendlichen als ein Element einer umfassenderen Bewegung wahrnehmbar, die die lebensweltliche ebenso wie die institutionelle Verfasstheit gesellschaftlichen Lebens insgesamt betrifft, also nicht nur die ausgearbeitete Religionsgestalt kirchlicher Handlungsfelder.

Die Bielefelder Pädagogen die Dieter Baacke und Wilhelm Heitmeyer haben sich mit den Phänomenen der „Individualisierung“ in der Jugendkultur auseinandergesetzt. Baacke spricht von einer „Entstrukturierung der Jugendphase“.[229] Die Pubertät wird vorverlagert und die Kindheit wird früher abgeschlossen, auf der anderen Seite verweilen die Menschen heute in der Regel heute länger als früher im Bildungssystem. Hinzu kommt, dass „Erwachsensein“ als sogenannte „Zielspannung“ nachgelassen hat. Auch 50jährige tragen heute Jeans und Turnschuhe. Sie joggen und besuchen Discos, kurz: Die Kennzeichen jugendtypischen Verhaltens sind immer weniger an eine Altersgruppe gebunden Man kann heute Jugend nicht mehr als „Übergangszeit“ verstehen, nicht mehr als Spiel- und sozialen Erprobungsraum, da die Anfänge und die Endpunkte von Jugend nicht mehr deutlich bestimmbar sind.

Jugendliche leben heute mit einer Fülle unauflösbarer Probleme, mit Dilemma-Situationen. Dilemmata sind einander widersprechende Handlungsaufforderungen, die nicht gleichzeitig befolgt werden können, aber von den Jugendlichen faktisch gleichzeitig befolgt werden müssen. Ein Beispiel: Arbeit und Ausbildung auf der einen Seite, und Freizeit und Medienkonsum auf der anderen Seite fördern verschiedene Wertorientierungen. Auf der einen Seite sind Leistungsbereitschaft gefordert, Selbstkontrolle, soziale Verantwortung, Selbstdisziplin, Nüchternheit im Verhalten, konsequente Lebensführung; auf der anderen Seite wird von der Konsum- und Mediensphäre der Unterhaltungsindustrie die Grundhaltung des Hedonismus, Emotionalität und Erotik, eine Haltung der Augenblicksorientierung, ja der ekstatischen Selbstaufgabe gefordert.

Eine weitere Widersprüchlichkeit in der Situation der Jugendphase liegt im Gegeneinander von mittelbarer und unmittelbarer Kommunikation. Unmittelbare Beziehungen bestehen immer dann, wenn Menschen ungeplant, spontan, im direkten Ich-Du-Kontakt ihre Interaktionen gestalten. In der modernen

[229] Dieter Baacke, Individualisierung und Privatisierung von Religion. In: Ingrid Lohmann und andere, Dialog zwischen den Kulturen..., Münster/New York 1994, 187ff.

Gesellschaft leben die meisten Menschen aber über vermittelte Beziehungen, und solche Beziehungen sind nicht spontan, sondern über Institutionen geregelt: die Familie, die Schule, die Firma, die Universität. Gleichzeitig sind jedoch die Jugendlichen in Prozesse eingebunden, durch die gerade die mittelbaren, also über Institutionen vermittelten Kommunikationsformen gestört oder sogar zerstört werden. Und hier schlägt der Individualisierungsprozess zu: Gewachsene Lebensumwelten werden zerstört, Arbeiterquartiere ebenso wie landschaftliche Gliederungen verschwinden, die Traditionen von Nachbarschaften und vertrauten Quartieren, die Verbindlichkeit von familialen Lebensformen und Freundschaften werden aufgelöst oder zumindest schwächer, die Umwelt wird nach Verkehrsschnelligkeit und nicht nach Kommunikationsdichte gestaltet. Alles, was die mittelbaren Beziehungen strukturiert hat oder strukturieren kann – die Familien, die Nachbarschaften, die Milieus –, wird in der Konsequenz tendenziell entwertet. Im Gegenzug entstehen jedoch neue Formen von quasi-unmittelbaren Beziehungen, die durch die Medien vermittelt werden; beispielsweise können zu Hiphop-Stars wie Apache 207 Beziehungen entwickelt werden, die einer unmittelbaren Beziehung zumindest sehr nahe kommen, selbst wenn sich die Interaktionen ganz auf der Ebene der virtuellen Realität abspielen.

In diesem Sinne bedeutet „Individualisierung" für die Jugendphase auf der einen Seite eine historisch unbekannte Zunahme von Freiheitsräumen, in der Kehrseite jedoch eine krisenhafte Tendenz: Nämlich eine Entstrukturierung, eine Verundeutlichung und eine zunehmende Gestaltlosigkeit des Jugendalters.[230]

Wenn diese These zum Lebensgefühl und zur Lebenssituation des Jugendalters zutrifft, dann bekommt die Feier der Konfirmation als Passageritual eine neue, für diese Lebenssituation hilfreich und vielleicht sogar notwendige Bedeutung: In einer unübersichtlichen und für die Jugendlichen schwer zu strukturierenden Lebensphase wird ein Fest des Lebens begangen, das Orientierung ermöglicht, Lebensmut verheißt und ermöglicht, eine Gestalt für einen lebensgeschichtlich wichtigen Schritt anzubieten: die Jugendlichen können sich selbst als erwachsener gewordene Menschen verstehen und in ihren Peergroups, aber auch gegenüber der Welt der Erwachsenen diesen neuen Status zu einer guten Gestalt bringen. Im alltäglichen Lebensvollzug kann so aufgenommen werden,

---

[230] Zudem bleibt die Erklärungskraft der „Individualisierungsthese" in Beziehung auf die Jugendkultur eingeschränkt. Untergründig wirken die traditionellen Zugehörigkeiten zu Klasse, Schicht, Milieu, Geschlecht und Nationalität auch in der individualisierten Gesellschaft weiter. Wenn auch auf subtilere Weise als in früheren Zeiten, so werden dennoch noch Chancen und Angebote für Lebenswege und für die Partizipation an kulturellen, politischen und ökonomischen Lebensmöglichkeiten strukturell ungleich verteilt: Nach Geschlecht, nach ethnischer Zugehörigkeit, nach sozialer Herkunft. Vgl. Hildegard Mogge-Grotjahn, Von der möglichen Wirklichkeit und der wirklichen Möglichkeit ..., a.a.O. 1995.

was im Passageritual der Konfirmation bereits verheißen vorden ist – unter dem Segen Gottes, der alles Leben begleitet und erhält.

Eine Möglichkeit, unter diesen Bedingungen sinnvoll Konfirmand*innenarbeit zu gestalten, ist die schulkooperative Arbeit. Schulkooperation kann dabei den Konfirmand*innenunterricht am Ort und in den Zeitplänen der Schule einschließen – und zugleich weitere Arbeits- und Lebensfelder umfassen.

Das Stichwort „Schulkooperation" schließt in einer multireligiösen und pluralen Gesellschaft nicht nur die Kirchen, sondern perspektivisch auch andere Religionsgemeinschaften ein. In Ansätzen einer bereits Gestalt gewinnenden Kooperation von Schulen und Kirchen lassen sich Chancen für schulkooperative Arbeit wie folgt beschreiben.

Schulkooperative Arbeit bietet insgesamt die Chance auf eine anregungsreiche und intensive Betreuung von Kindern und Jugendlichen. In den Schulen kommen unter den Bedingungen der Ganztagsschule viele verschiedene (junge) Menschen zusammen, die hier z.T. viel Zeit ihres Lebens verbringen. Ihnen kann der sinnstiftende Horizont von Religion und Spiritualität hilfreich sein für die Gestaltung und Bewältigung ihres Lebens: durch Beratungs- und Begleitungsangebote, religiöse Feiern und Seelsorge, aber auch durch ein gestaltetes Schulleben oder durch gemeinsame Projekte im Gemeinwesen. „In jedem Fall geht es darum, durch Vernetzung und Kooperation ein für die einzelnen Kinder und Jugendlichen zu gewährleistendes Gesamtangebot zu ermöglichen, das über bloß punktuelle Begegnungen in Schule und Gemeinde hinausgeht."[231]

Insbesondere von kirchlicher Jugendarbeit können Impulse ausgehen für das Einbeziehen von Kindern und Jugendlichen bei der Mitgestaltung der ganztäglichen Bildung und Betreuung[232]. Was brauchen junge Menschen, wenn sie einen großen Teil ihrer Lebenszeit in einer Ganztagsschule verbringen? Und wie ist ihre Sichtweise auf Schule als „Ganztagsveranstaltung"? Partizipation mit Kindern und Jugendlichen einzuüben und hilfreiche Strukturen hierfür zu entwickeln, ist eine Aufgabe kirchlicher Mitarbeiter*innen in der Jugendarbeit, die auch für die Gestaltung von Ganztagsschulen an Bedeutung gewinnen kann.

In schulkooperativer Arbeit übernimmt die Kirche Bildungsverantwortung im Raum Schule. Und angesichts zunehmender ethnischer, kultureller und religiöser Differenzierung in unserer Gesellschaft und in den Schulen werden zuneh-

---

[231] EKD: „Kirche und Bildung. Herausforderungen, Grundsätze und Perspektiven evangelischer Bildungsverantwortung und kirchlichen Bildungshandelns", Hannover 2009, 65.

[232] „Kinder und Jugendliche sind in allen Belangen, die ihre Lebenswelt in der Kirche betreffen, an der Entscheidungsfindung in angemessener und altersgerechter Form zu beteiligen." Artikel 12 der Verfassung der Ev.-Luth. Kirche in Norddeutschland (2012).

mend weitere Religionsgemeinschaften in diesen Prozess einbezogen werden. In solchen Prozessen werden Wege gebahnt, in denen Religion als Dimension von Bildung zugänglich wird. Bildung ist mehr als unterrichtsbezogener Wissenserwerb. Neben dem formalen Lernen im Unterricht ist das non-formale und informelle Lernen bedeutsam für gelingende Bildungsprozesse. Religion ist eine konstitutive Dimension allgemeiner Bildung: Religion und Glaube liefern Anregungspotentiale, Entfaltungsräume, Gelegenheiten und Inhalte für eine lebenslaufbezogene und auf die wertschätzende Wahrnehmung des Anderen bezogene Bildung von Kindern und Jugendlichen.[233]

Vielleicht gewinnt das evangelische Profil sogar an Kontur, wenn Kinder und Jugendliche aus kirchenfernen sozialen Milieus lebenspraktische Angebote kirchlicher Mitarbeiter*innen kennen lernen und gelebten Glauben in Alltagszusammenhängen erfahren können. Wenn Kirche ihre Bildungsverantwortung ernst nimmt, darf sie sich nicht allein auf ihre Kirchenmitglieder beziehen. Dem christlichen Menschenbild liegt die tiefe Überzeugung zugrunde, dass in jedem Menschen die Ebenbildlichkeit Gottes angelegt ist und durch Persönlichkeitsbildung zur Entfaltung kommt.

Konfirmand*innenunterricht kompakt – an anderem Ort

Es gibt – neben der schulkooperativen Arbeit – mittlerweile viele Formen, den Konfirmand*innenunterricht außerhalb des wöchentlich wiederkehrenden Stundenplans kompakt zu gestalten. Konfirmand*innenunterricht in Wochenendseminaren, als projektbezogener Unterricht (wobei die Jugendlichen Arbeitsfelder innerhalb der Gemeinde durch eigene Praxis kennen lernen), oder auch mehrwöchige Konfirmandenferienseminare an „dritten Orten" außerhalb der Gemeinden.

Ich selbst hatte über zwanzig Jahre lang, vom Beginn meines Theologiestudiums an über verschiedene theologische Arbeitsfelder in Gemeinde und Universität die Chance, jeweils in den Sonmerferien am dreiwöchigen „Konfirmandenferienseminar" in Gemeinden der Braunschweiger Landeskirche mitzuarbeiten. Es handelt sich um ein religionspädagogisches Großprojekt: über 500 Konfirmand*innen fahren mit einem Sonderzug in ein Tal der Zillertaler Alpen in Südtirol, leben hier in Gesprächskreisen, Wanderungen, Gottesdiensten, ästhetischen Angeboten (wie z.B. das Drehen eines Video-Spielfilms) zusammen. Für

233 Matthias Spenn verwendet diese Stichworte konzentriert auf Kirche und christliche Religion: Ders., Hintergründe für die gegenwärtige Diskussion um Kooperation von „Kirche" und Schule. Vortrag. AES Fachforum 2009.

mich war und ist dies ein in vieler Hinsicht prägender kirchlicher Lebens- und Handlungszusammenhang.[234]

Das Konfirmanden-Ferien-Seminar (KFS) der Evangelisch-lutherischen Landeskirche in Braunschweig ist ein dreiwöchiges Seminar, das seit 1968 jedes Jahr in den Sommerferien im Ahrntal in Südtirol stattfindet – und dieses Projekt wird bis heute fortgesetzt.

Diese drei Wochen stehen unter dem Thema der Kirchentags- oder der Jahreslosung; sie sind geprägt durch ein Gleichgewicht von Gesprächsgruppen, kreativen Angeboten und Wanderungen sowie durch das intensive Zusammenleben. Dies gewinnt u.a. Gestalt in einem gemeinsam strukturierten Tagesablauf, der neben den o.gen. Aktivitäten die Mahlzeiten, liturgische Elemente, eine ‚Tageskonferenz' (in der Gruppenkonflikte besprochen und der je folgende Tag geplant werden können) und einen ‚Abendausklang' (eine meditative Ruhephase vor dem Schlafengehen) umfasst ... Das KFS wird vorbereitet und getragen von dem ‚Arbeitsausschuss KFS', einem Zusammenschluss von Pfarrer*innen und anderen Mitarbeiter*innen aus den ca. 35 Gemeinden, die das KFS durchführen. An dem Projekt nehmen in jedem Jahr in den Sommerferien etwa 500-600 Konfirmand*innen teil, die gemeinsam mit einem Sonderzug der Bundesbahn nach Südtirol fahren. Im Ahrntal teilt sich die Gesamtgruppe dann auf einzelne Häusergruppen in einer Stärke von 20-40 Jugendlichen und Betreuer*innen auf. Die Teilnahme am KFS ersetzt ein Jahr des wöchentlichen Konfirmandenunterrichtes. Die Synode der ev.-luth. Landeskirche in Braunschweig hat in mehreren Beschlüssen (1977 und 1990) das KFS-Projekt als in der Landeskirche legitime Form des Konfirmandenunterrichtes anerkannt. In diesem Kontext sind auch die Videodrama-Projekte entstanden, die ich seit 1994 an den Universitäten Paderborn und dann Hamburg bis zu meiner Emeritierung durchgeführt habe; zuvor habe ich „Videodramen" 15 Jahre lang als einwöchige Phase im dreiwöchigen Konfirmandenferienseminar mit Konfirmand*innen durchgeführt.[235] Ein Videodrama ist ein kreatives Filmprojekt im Raum eines biblischen Textes, in dem die Bewegung und Konfliktstruktur des biblischen Textes in eine neue Filmerzählung überführt wird, die das Lebensgefühl der Jugendlichen hier und jetzt aufnimmt und zu einer „guten Gestalt" bringt.

---

[234] In diesem Abschnitt werden Überlegungen aufgenommen aus: Hans-Martin Gutmann, Symbole zwischen Macht und Spiel..., Göttingen 1996.

[235] Vgl. Julian Sengelmann, Das Videodrama. Ein religionspädagogisches Filmprojekt im interdisziplinären Dialog. Springer Verlag 2021.

Das Leben feiern III – Beginnen: Taufe als Initiation in ein christliches Leben

Ist die Taufe Sakrament oder Kasualie – oder beides? Wie verhält sich die Gestalt eines Rituals, das die religiöse Initiation in die Gemeinschaft der Heiligen, die Schwelle von der Eingebundenheit in alltäglich-lebensweltliche Machtkonstellationen zur Zugehörigkeit zur Kirche Jesu Christi, den Übergang vom Tod zum Leben, von den Alltagsmächten zum Leib Christi begehbar macht, zu der familialen Schwellensituation, in der eine neugeborenes Menschenkind begrüßt, für bisheriges Wohlergehen gedankt und Segen für ein in seinem Gelingen immer ungewisses, ungesichertes kommendes Leben erbeten wird? Was sind Kasualien – religionstheologisch betrachtet; und können Schwellenräume, die die Überschreitung von einem Status zu einem anderen begehbar machen, auch als Räume wahrgenommen werden, in denen ein Kontakt zur heilsamen Kraft Gottes möglich wird? Diese und ähnliche Fragen sind zu diskutieren, wenn wir heute über Taufe nachdenken. Ich gebe zunächst eine Skizze zum Diskussionsstand, um dann einige Überlegungen anzuschließen, die ich in diesem Feld für notwendig halte.

Taufe als Kasualie

Eine exemplarische Position zum Verständnis der Taufe als Kasualien soll zunächst in den Blick kommen: die Forderung des verstorbenen Berliner praktischen Theologen Wilhelm Gräb, dass die Symbole, Rituale und Erzählungen der christlichen Religionstradition – und in diesem Falle auch die Taufe – daraufhin befragt und kritisiert werden, was sie zur Lebensdeutung der menschlichen Subjekte gerade in den krisenhaften Übergängen ihres Lebens beitragen. Wilhelm Gräb versteht diese Frage radikal: weder die Bibel noch die kirchlichen Bekenntnisse, weder die gottesdienstlichen Feiern noch die Eigensinnigkeit reformatorischer theologischer Grundentscheidungen bieten aus sich heraus einen verbindlichen Anhalt und eine Orientierung für christliches Leben heute, sondern nur im gründlichen Durchgang durch die Frage, ob all dies für die Selbstvergewisserung und Lebensdeutung menschlicher Subjekte heute tragfähig werden kann. Hier konkurriert die christliche Religion mit ihrem ganzen Arsenal von Erzählungen, Symbolen und Ritualen mit einer Vielfalt weiterer Sinndeutungsangebote in Internet und Fernsehen, Fußball und Kino. Gräb schlägt vor, damit zu rechnen, dass allen menschlichen Individuen eine Selbstvertrautheit mit ihrer eigenen Lebensgeschichte – in welcher Brüche auch immer – eigen ist („Religion I"), ein Horizont von Plausibilitäten und Lebensdeutungsmustern, für deren Lebendigkeit und Kraft die Gestalten der religiösen Tradition (Erzählungen und Bekenntnisse, Gebete und Rituale, Gottesdienste und seelsorgliche Handlungen) in dem Maße bedeutsam und wichtig werden, wie sie die vorauszusetzende Selbstthematisierung der Subjekte erreichen, vertiefen, bisweilen auch verstören können. „Der Zweck religiöser Kommunikation in der Kirche, des Austausches symbolischer Zeichen und der Beziehung ritueller Formen ist, dass es zu subjektiv evidenten, einen Menschen überzeugenden Erschließung dieser Existenzverfassung, der christlichen Sinneinstellung und Lebensform, des Grundgefühls der Dankbarkeit für das Geschenk des Lebens und einer kommunikativen, auch den anderen in seinen Freiheitsrechten anerkennenden Freiheit kommt. Dass sich diese Sinneinstellung und Lebensdeutung mitteilt, dazu vor allem ist die Kirche da, auch wenn sie weder Alleinvertretungsansprüche aufrechterhalten kann, noch an die Stelle der frommen Subjekte, der Individuen, zu deren mehr oder weniger privaten Angelegenheit der religiöse Glaube heute geworden ist, sich setzen kann."[236] Und mit ausdrücklichem Blick auf die Taufe: „Nicht die paulinische, augustinische oder lutherische Tauflehre gilt es zu predigen. Nicht von der Erbsünde ist zu reden und dass das Taufwasser sie abwäscht. Nicht vom Mitsterben mit Christus und dem Mit-ihm-Auferstehen zu neuem Leben, auch nicht unbedingt von der Kirche als dem Leib Christi, in den das Kind nun mit der Taufe eingegliedert wird ... Anders ist zu reden, human plausibler. Der Dank an Gott ist auszusprechen, den Schöpfer des Lebens ... dass Gott uns Menschen geschaffen hat, zu seinem Bild, wir ihm also gleich sind, jeder Mensch, so nun auch dieses Kind, Gottes Kind, von unendlichen Wert und unverletzlicher Würde, unbedingt zu achten und zu lieben, über alle seine biologischen Eigenschaften und sozialen Zugehörigkeiten hinaus: das ist die religiöse Deutung vom Geschenk des Lebens, welche die Taufansprache als Dank an Gott zur Sprache bringt und mit der sie der Freude der Eltern, dem Grundgefühl ihrer Dankbarkeit Worte gibt. Zugleich sind da Ängste angesichts der ungewissen Zukunft, ein Bewusstsein um die Grenzen unseres Verfügen Könnens ... Deshalb spricht die Taufpredigt von Gottes Begleitung, seiner schützenden und segnenden Hand, geht der Dank über in die Bitte um Gottes Segen."[237] Die Taufpredigt gibt in einer existenziell für alle Beteiligten brisanten Lebenssituation ein Deutungsangebot, indem sie die Deutungsleistung der christlichen Religion überhaupt auf diese besondere Situation hin konkretisiert. Christliche Religion soll einen Beitrag leisten können zur Lebensdeutung der Individuen; wo sie hierzu nicht in der Lage ist, wird

---

[236] Wilhelm Gräb, Kasualien religionstheologisch betrachtet, in: Erich Garhammer u.a. Hg., zwischen Schwellenangst und Schwellenzauber. Kasualpredigt als Schwellenkunde. München 2002, 57.
[237] Ebd., 60.

sie überflüssig. Ein Einspruch gegen diese gegenwärtig sehr verbreitete praktisch-theologische Meinung ist beispielsweise von dem früheren Bischof der Nordkirche Gerhard Ulrich vertreten worden. Er meint: wenn sich Pastorinnen und Pastoren bei ihrer Arbeit in der Gestaltung von Gottesdiensten, in diesem Falle von Kasualgottesdiensten und insbesondere der Taufe ausschließlich und unbefragt von einer praktisch-theologischen Perspektive leiten ließen, in der sie auf die Vermittlung von biblischen Inhalten verzichten oder sie glätten würden, weil das sowieso sonst niemand mehr verstehe, dann würde die evangelische Kirche heute den Traditionsabbruch gerade verstärken, dem sie auf diese Weise doch begegnen will. Seit den siebziger Jahren finden sich Agendenformulare, in denen versucht wurde, der fortgeschrittenen religiösen Sprachlosigkeit auf eine Weise Rechnung zu tragen, dass das scheinbar Unverständliche eliminiert oder doch geglättet wird; dies hat, so Ulrich, erheblich dazu beigetragen, dass die Menschen religiös heimatlos geworden sind. Natürlich muss das Evangelium auf eine Weise mitgeteilt werden, dass heutige Menschen es verstehen können. Und viele Pastorinnen und Pastoren erleben genau diesen Erfahrungshintergrund einer weit verbreiteten Sprachlosigkeit gerade in Taufgesprächen, wenn sie beispielsweise nach den spirituellen Gründen für den Taufwunsch gefragt werden. Während es den Geistlichen vor allem um die Inhalte und theologischen Implikationen der Taufe geht, treffen sie oft auf ein Interesse, das sich vor allen Dingen an Äußerlichkeiten ausrichtet: Wie lange dauert das? Darf gefilmt werden? usw. Es mobilisiert Widerstände, wenn man den Eindruck hat, als Zeremonienmeister zu dienen und einer schönen Familienfeier ein frommes Sahnehäubchen aufsetzen zu sollen. Aber die Konsequenz kann nicht in einer Verdünnung biblischer Inhalte liegen. Ulrich formuliert: „Ich plädiere eindrücklich dafür, kirchliche Handlungen nicht bestimmen zu lassen vom Markt der Möglichkeiten. Wir haben stattdessen das Eigene in seiner Unüberbietbarkeit wieder zu entdecken! Ich sehe uns vor der Herausforderung, nicht auf kirchliche Lehre zu verzichten, sondern ihr ‚prägendes Format' (Wilhelm Gräb) zu stärken und in der heutigen Realität offensiv zu platzieren. Woher, wenn nicht aus der Tradition, wenn nicht aus biblischer Quelle schöpfen wir denn unser Wissen vom Leben und seinem Sinn? Dass Menschen Traditionen und biblische Implikationen nicht mehr verstehen: muss das nicht zu anderen Konsequenzen führen als zu der, dass man nicht mehr darüber und aus ihnen heraus redet?"[238]

In diesem Sinne können Kasualien überhaupt, insbesondere auch die Taufe als „Schikanen" verstanden werden nach der Weise, wie viel befahrener Straßen in Wohngebieten durch Blumentöpfe oder Fahrradständer so unterbrochen

[238] Gerhard Ulrich, Von Schwellen und Krafträumen. In: a.a.O., 81f.

werden, dass Hindurchrasende ihre Geschwindigkeit drosseln müssen. Rituale sind Schikanen, sie sind heilsame Unterbrechungen, sie fordern zu Verlangsamung des Lebens und darin zu einer aufmerksamen Wahrnehmung heraus. Die Lebensgeschichte von Menschen ist keine konfliktfreie „freie Fahrt für freie Bürger", sondern gerade an Knotenpunkten des Lebens durch tiefe Ambivalenzen geprägt. Kirchliche Rituale an den Schwellen des Lebens haben die Aufgabe, die Verheißung der biblischen Botschaft mit diesen Lebensschwellen in ihren grundlegenden Verstörungen und Verunsicherungen, aber auch ihren Hoffnungen auf Lebenschancen in Kontakt zu bringen. „Das Sakrament der Taufe birgt seine Kraft für das Leben eben darin, dass es redet von der Möglichkeit des Sterbens angesichts der Freude über die Geburt. Wie Anfang und Ende zusammenkommen, wird dort erlebbar, im geschützten Raum nachvollziehbar. Immer wieder offenbaren Eltern, die ihre Kinder zu Taufe bringen, in aller Freude auch ihre Sorge um das Leben, das ihnen anvertraut ist. Diffuse Ängste haben darum ihren Raum wie geahnte Hoffnung. Im Symbol des Kreuzes wird es deutlich wie in der Benennung der Realität des Bösen."[239]

Kasualien sind Krafträume für das Leben, sie können es zumindest werden, gerade auch die Taufe: an den Schwellen der Lebensgeschichte ist da die Einladung, in Gottes Kraftfeld einzutreten, einen Raum zu finden, in dem Gottes Kraft sich zu mir als seinem Kind hin entfaltet und erschließt. Eine Einladung an alle, sich stärken, begleiten, segnen zu lassen für den weiteren Weg. Ein Raum, der aus der jahrhundertealten Geschichte von Menschen mit ihrem Gott durch Generationen und Zeiten hindurch aufgeladen, mit Kraft und Bedeutung gefüllt ist, ein heilsamer Raum, für dessen Gestalt und Offenheit, für dessen Deutlichkeit und einladenden Charakter wir als Pastorinnen und Pastoren da sind.

Unterscheidung zwischen Taufe als Sakrament und Segenshandlung

Manfred Josuttis hat in einem 1997 erschienenen Beitrag vorgeschlagen, „Die Taufe der Sünder und die Segnung der Kinder"[240] als unterscheidbare Wahrnehmungseinstellungen ernst zu nehmen, also mit Blick auf Taufe zwischen ihrem Charakter als Sakrament und als Segenshandlung zu unterscheiden. Als Sakrament ist die Taufe ein transitorischer Akt, der aus der Todeswelt des vergehenden Äons in die Lebenssphäre des Christus führt. Todgeweihte Sünder*innen werden

[239] Ebd., 83.

[240] In: Manfred Josuttis, „Unsere Volkskirche" und die Gemeinde der Heiligen. Erinnerungen an die Zukunft der Köche. Gütersloh 1997, 109ff.

mit Lebenskraft angefüllt. Josuttis erinnert in diesem Zusammenhang an Ernst Käsemanns Auslegung der urchristlichen Taufliturgie in Kolosser 1,15-23[241]: „In der Taufe wechselt der Christ den Herrschaftsbereich. Er gehört fortan nicht mehr dem Kosmos, sondern dem Kosmokrator. Er hat die Abhängigkeit von den Gewalten der Welt abgestreift und untersteht nunmehr einzig dem Sohne, dessen Reich Vergebung der Sünden heißt. Es steht damit wieder dort, wo die Welt am Anfang gestanden hat und am Ende stehen wird, im Schöpfungs- und Auferstehungslicht. Denn er lebt im Leibe Christi, als in der Möglichkeit des *einai ek* vom Haupte Christus her, der beides ist, Anfang und Ende, Offenbarung der Schöpfung wie der Auferstehung." Als Sakrament ist Taufe radikaler Abbruch und Neuanfang, Übergang vom Tod zum Leben. Darin ist sie mehr als ein Bewusstseinsakt, und die Kritik an der Kindertaufe führt ins Leere, wenn man diesen Transitus als Bewusstseinsakt interpretiert, in dem nur dort mit der Kraft der Taufe gerechnet wird, wo ein*e einzelne*r das Bekenntnis zu Christus mit Bewusstsein und Verantwortung nachsprechen kann. „Die biblische Tradition dagegen rechnet damit, dass die göttlichen Atmosphären nicht nur einen Kopf, sondern ein ganzes Haus erfüllen."[242]

Gegenwärtig wird in der empirischen Volkskirche dieser religiöse Transitus als Segnung der Kinder gefeiert. Josuttis kritisiert: der Unterschied zwischen Sakrament und Segensakt ist in der christlichen Praxis verwischt. Als Sakrament ist die Taufe, kirchengeschichtlich in der Frühzeit mit langen Phasen der Abgrenzung von der Alltagswelt verbunden, ein Akt, der ohne Trennung und Befreiung aus der Macht des Bösen, ohne Abgrenzung gegenüber der Welt und der Unterscheidung von ihren Zwängen und Verheißungen ihre Kraft verlieren würde. Die Taufe der Sünder ist in der Liturgiegeschichte immer anders gestaltet worden als eine Segnung der Kinder, in der die Lebenskraft Gottes wie allem Lebendigen, so auch hier und jetzt diesem Kind mitgeteilt wird. Die Taufe ist Herrschaftswechsel und deshalb immer auch Trennungsprozess und Befreiungsaktion. Transitus schließt beides ein: Trennung und Hinwendung, Absage an die Macht des Bösen und Zusage der Lebenskraft Gottes. Gerade in dieser Zweiseitigkeit wird, so meint Josuttis, auch ein innerfamilialer Ambivalenzkonflikt bearbeitet. Im Anschluss an Joachim Scharfenberg formuliert er: das Untertauchen im Wasser stellt eigentlich ein lebensbedrohenden Akt dar. Es erinnert an das Ersäuftwerden des alten Menschen, und es erscheint nicht unwahrscheinlich, dass die Attraktivität der Taufe auch heute in der Möglichkeit besteht, den eigenen unbewussten Aggressionen gegen das Kind einen symbo-

241 Ernst Käsemann, Eine urchristliche Taufliturgie, in: Exegetische Versuche und Besinnungen 1, Göttingen 1960, 46.
242 Manfred Josuttis, a.a.O., 113.

lisch verschlüsselten, deshalb aber auch entlastenden Ausdruck zu verleihen, nämlich den Grundkonflikt der Ambivalenz zu bearbeiten, ohne ihn voll ins Bewusstsein rücken zu müssen. Aggressionen gegen das neugeborene Kind, das immer auch Freiheit nimmt, Schlaf entzieht und Lebensperspektiven durcheinanderwirbelt, können auf diese Weise verschlüsselt bearbeitet werden.

Josuttis nimmt diese Deutung auf, erweitert sie aber über ihre familiendynamische und psychologische Konnotation hinaus: „Wenn hier wirklich ein Machtwechsel erfolgt, dann sind nicht nur die Bemächtigungsversuche der Eltern und Geschwister, sondern die Machtansprüche aller anderen Instanzen zurückgewiesen. Kein Staat und keine Gesellschaft, kein Wirtschaftssystem und keine Institution kann gegenüber getauftem Leben Rechte anmelden, die etwa in der Hingabe dieses Lebens bestehen. Das Ritual der Taufe impliziert immer eine Gesellschafts- und natürlich auch eine Kirchenkritik: denn es wird im Raum jenes Gottes vollzogen, der Menschen aus der Macht des Bösen befreit und sie damit aus den absoluten Bindungen durch andere Mächte herauslöst."[243]

Taufe im Horizont der Lebenswelt des Indiviuums

Erst Deutlichkeit verhilft zur Deutung. Die in der Amtshandlungspraxis der Volkskirche gelingendenfalls angebotene Lebensdeutung würde dann in ihren Möglichkeiten überzogen, wenn unterstellt würde, dass sich die menschlichen Individuen heute die Deutung ihres Lebens von kirchlichen Amtsträgern und Amtsträgerinnen vorgeben lassen würden. Dann würde doch gerade die individuelle Subjektivität der Menschen geringgeschätzt, die im Zentrum dieser praktisch-theologischen Bemühung steht. Wir dürfen und wir müssen damit rechnen, dass die Menschen, die in den Gottesdienst kommen und die ihr Kind zu Taufe bringen, in ihrem Leben besser zu Hause sind als wir sein können. Unsere Aufgabe als Pastorinnen und Pastoren ist, die Verheißung Gottes so mitzuteilen, dass die Leute, die sie hören, sie selbst für ihre Lebensdeutung annehmen können. Diesen Schritt können wir als Seelsorger*innen und Prediger*innen nicht beherrschen, und es wäre m.E. eine haltlose Größenphantasie, das tun zu wollen. Was wir allerdings tun können und sollen ist: die Verheißung Gottes so deutlich machen, dass sie überhaupt wahrgenommen und angenommen werden kann. Gottes Verheißung, die ohne Vorleistung einem jeden und einer jeden gilt, in der Gott sich mir und allen Menschen in unserem krummen Gang, unseren halben Träumen und den wie auch immer gebrochenen Versuchen eines geglückten Lebens selbst

[243] Ebd., 119.

schenkt, uns mit seinem Erbarmen umhüllt und in seinem Segen trägt. Diese Verheißung haben wir so deutlich wie möglich weiterzusagen. Wir können dies tun, indem wir hier und jetzt, mit diesem besonderen Menschen in ihrer Lebenssituation, in Kontakt sind, am Alltagsleben zwischen Verein und Supermarkt, Kino und Gespräch über den Gartenzaun (oder in der U-Bahn) partizipieren und deshalb wissen können, mit wem und zu wem wir sprechen und was die Leute bewegt. Und wir können dies vor allen Dingen darin tun, dass wir durchlässig werden für die heilsame Lebenskraft des barmherzigen Gottes, indem wir sie weitergeben an alle, die es besonders nötig haben, indem wir die biblischen Erzählungen, die Verheißungen und Gebote, die Gebete und Weisungen, Lieder und Bekenntnisse laut werden lassen, indem wir uns in unseren Gottesdiensten in die Sprache der Verschiedenen einfügen, in der über viele Jahrhunderte ein heilsamer Raum aufgebaut wurde, eine Atmosphäre, die Leben hervorbringt und erhält. Dieses Durchlässig-Werden wird nicht gehen, ohne uns selbst immer wieder neu in der Bibel, im Gebet, in den Bekenntnissen einzuüben. Ohne eigene Übung in der Praxis der Frömmigkeit werden wir für die Verheißung Gottes nicht so durchlässig werden können, dass sie die erreichen kann, die sie besonders brauchen.

Deutlichkeit ist gefordert, um überhaupt zu Lebensdeutung beitragen zu können. Das meint etwas Anderes als das gegenwärtig in institutionspolitisch eng geführten Selbstinszenierungen des Protestantismus vorherrschende marktlogische Konkurrenzdenken, die Kirche müsse deshalb prägnant sein, um sich von anderen Anbietern am Markt unterscheiden zu können. Ersetzung der Orientierung an der Verheißung Gottes durch die kapitalistische Marktlogik wäre in meinen Augen nichts Anderes als glatter Verrat am Evangelium.

Deutlichkeit meint im Nachdenken über die Taufe: Wir sollen die biblischen Erinnerungen und die reformatorischen Unterscheidungen genauso ernst nehmen wie die Lebenssituation der Menschen, die ihr Kind zur Taufe bringen. Ich kann den Satz genauso anders herum formulieren. Beide Perspektiven haben gleiches Gewicht. Aber: soll es zu einem heilsamen Kontakt kommen, sollten sie nicht von vornherein miteinander vermischt werden.

Biblische und reformationstheologische Erinnerungen

Die Jünger*innen des Jesus von Nazareth, die dem Auferstandenen begegnen, aber auch die Christen, die sich in späteren Jahrhunderten taufen lassen und Abendmahl feiern und ihr Leben vom Glauben an den Gekreuzigten und Auferstandenen bestimmen lassen, gewinnen selbst Anteil am Auferstandenen. Um die vollendete Intimität, ja Ein-Körperung der Christen in diese Beziehung zu Sprache zu bringen, hat Paulus immer wieder von der Gemeinschaft der Christen als dem „Leib Christi" gesprochen, beispielsweise im 1.Korintherbrief im 12.Kapitel: „Denn wie der Leib einer ist und doch viele Glieder hat, alle Glieder des Leibes aber, obwohl sie viele sind, doch ein Leib sind: so auch Christus. Denn wir sind durch einen Geist alle zu einem Leib getauft, wir seien Juden oder Griechen, Sklaven oder Freie, und sind alle mit einem Geist getränkt" (V.12 ff). Der Machtbereich, in den die Christen eintreten und an dem sie durch die Taufe, durch das Abendmahl und im ganzen Lebensvollzug des Glaubens Anteil gewinnen, ist von einer solch durchdringenden Kraft, dass alle Ordnungen und Grenzen entmächtigt werden, die das soziale Alltagsleben der Christen bestimmen – und die ja auch durch die Zugehörigkeit zur christlichen Gemeinde als dem Leib Christi nicht einfach aufgehoben sind: solange sie leben, bleiben die Christen in ihrem Geschlecht, ihrem sozialen Status, in ihrer Nationalität in die jeweils existierenden sozialen Ordnungen eingebunden.[244]

Gerade unter den Bedingungen einer individualisierten und religiös pluralen Gesellschaft ist die Kirche gefordert, das, was sie zu erzählen und zu feiern hat, deutlich zu tun; Konturiertheit im Eigenen muss sich mit Respekt vor Anderem verbinden, aber der Hinweis darauf, dass es vieles andere auch gibt, bzw. dass die Menschen mit dem, was man selbst zu sagen hat, nicht bereits vertraut sind, ist kein Argument dafür, das Eigene nicht bzw. nur auf dem vermuteten Erwartungsniveau zu äußern. Ohnehin sind diese Probleme nicht so neu; sie stellen sich vergleichbar unter Bedingungen, die mit heutigem Blick als erheblich weniger pluralisiert und entkirchlicht wahrgenommen werden. In Martin Luthers „Taufbüchlein" findet sich beispielsweise eine bemerkenswerte Passage: „Sondern da siehe auf, dass Du im rechten Glauben dastehest, Gottes Wort hörest und ernstlich mitbetest. ... Auch sollen seines Gebets Wort mit ihm zu Gott im Herzen sprechen alle Paten und die umbher stehen. Darumb soll der Priester diese Gebet fein deutlich und langsam sprechen, dass es die Paten hören und vernehmen künnden und die Paten auch einmütiglich im Herzen mit dem Piester beten, des Kindleins Not aufs allerernstlichst fur Gott tragen, sich mit ganzem Vermügen für das Kind wider den Teufel setzen und sich stellen, dass sie es ein Ernst lassen sein, das dem Teufel kein Schimpf ist ... Derhalben es auch wohl billich und recht ist, dass man nicht trunken und rohe Pfaffen täufen lasse, auch nicht lose Leute zu Gevattern nehme, sondern feine, sittige, ernste, fromme Priester und Gevattern, zu den man sich versehe, dass sie die Sach mit Ernst und

[244] Vgl. hierzu die Argumentation in: Hans-Martin Gutmann, Mit den Toten leben. Gütersloh 2002, 124ff.

rechtem Glauben handeln, damit man nicht dem Teufel das hohe Sakrament zum Spott setze und Gott verunehre, der darinnen so überschwenglichen und grundlosen Reichtum seiner Gnaden über uns schüttet, das er selbst ein ‚neue Gepurt' heißt, damit wir aller Tyrannei des Teufels ledig, von Sunden, Tod und Helle los, Kinder des Leben und Erben aller Güter Gottes und Gottes selbs Kinder und Christus' Brüder werden."[245]

Unter den Bedingungen der frühen Reformationszeit des 16.Jahrhunderts, die gemeinhin nicht als Inbegriff einer individualisierten Religionskultur wahrgenommen wird, hat bereits der Reformator Martin Luther die Notwendigkeit gesehen, den Teilnehmer*innen an einer Taufe einzuschärfen, das Geschehen des Grenzüberschritts vom Tod zum Leben ernsthaft zu realisieren; umgekehrt kann man sagen: die Notwendigkeit, Deutlichkeit und Ernsthaftigkeit bei der Gestaltung von Gottesdiensten überhaupt und so auch der Taufe einfordern zu müssen und nicht einfach mit der fraglosen Geltung rechnen zu können, ist keinesfalls erst das Problem der heute zeitgenössischen spätmodernen Gesellschaft.

Taufe als körperliches Erleben

Ich möchte einen Aspekt in der Tauftheologie Martin Luthers aufnehmen, der oft unterbetont wird: nämlich die unaufgebbare Wichtigkeit des Körpers, des Körperlichen im menschlichen Leben – und so auch in der Schwelle, dem Transitus zum christlichen Leben. Gerade dieser Schwerpunkt auf Körperlichkeit wird, gegen weit verbreitete Vorurteile, in der Tauftheologie Martin Luthers deutlich gesetzt. Eine weit verbreitete Annahme ist: die Reformation zielt auch auf eine Entwichtigung des menschlichen Körpers. Es handelt sich, so wird oft gedacht, um eine Schwerpunktverlagerung in der Aufmerksamkeit von der Körperoberfläche zum Körperinnern, von den Gebärden zum Herzen, vom Verhalten zum Glauben. Wenn man das „Taufbüchlein" Martin Luthers (1526) im Anhang des Kleinen Katechismus[246] genauer ansieht, differenziert sich dieses Bild.

Unstrittig ist, dass Luther für eine Reduktion magischer Handlungen und insbesondere Körpergesten im Taufritual eintritt. „So gedenke nun, dass in dem Täufen diese äußerlichen Stücke die geringsten sind, als da sind: unter Augen blasen, Kreuz anstreichen, Salz in den Mund geben, Speichel und Kot in die

245 Martin Luther, Das Taufbüchlin verdeutscht und aufs neu zugericht. BSLK 537, 9ff.
246 Martin Luther, zit. nach BSLK, 2. Aufl., Göttingen 1952, 535ff. Brisant erscheint dieser Text auch wegen der zentralen Bedeutung seines Gegenstandes für das christliche Leben: „... ist doch die Taufe unser einiger Trost und Eingang zu allen göttlichen Gütern und aller Heiligen Gemeinschaft." (ebd., 537, 46ff.). Vgl. zu diesem Abschnitt auch: Hans-Martin Gutmann, Symbole zwischen Macht und Spiel..., Göttingen 1996, 243ff.

Ohren und Nasen tun, mit Öle auf der Brust und Schuldern salben und mit Cremen die Scheitel bestreichen, Westerhembd anziehen und brennend Kerzen in die Händ geben, und was das mehr ist, das von Menschen, die Taufe zu zieren, hinzugetan ist ...“[247]

Allerdings: Handelt es sich bei Luthers Einspruch um eine Entmächtigung magischer Praktiken und Körpertechniken, oder muss nicht eher von ihrer Konzentration gesprochen werden? Offenbar verlieren für Luthers Verständnis die Körperöffnungen an Bedeutung. Augen, Ohren, Mund und Nase sollen nicht mehr angeblasen, mit Kot und Speichel bestrichen werden. Auch die Körperoberfläche an den Extrempunkten des Oberkörpers – Schultern, Brust und Scheitel – werden nicht mehr gesalbt. Es bleibt aber beim Kreuzschlagen an Stirn und Brust, von Luther in dieser Liste ganz unproblematisch in die übrigen Gesten eingereiht und in ihrer Würde nicht unterschieden; das Kreuzeszeichen kann nach Lage und Richtung als symbolische Konzentration der Salbung von Schultern, Brust und Scheitel gedeutet werden. Und die Körpergrenzen behalten auch bei der Entmächtigung der Öffnungen ihre Bedeutung. Dafür spricht vor allem, dass in der abweisenden Sprechhandlung der Körper als Innenraum definiert wird, der vom unreinen Geist – Luther spricht in diesem Text sonst den Namen des Teufels aus – verlassen werden muss, ehe er vom Heiligen Geist erfüllt werden kann.

Dennoch wird gegenüber der Tradition das Gewicht der Körpergrenzen vermindert. Was tritt an ihre Stelle? Auf der einen Seite der soziale Raum der versammelten Gemeinde; dazu gleich mehr. Zentral ist offenbar die Opposition von Teufel und Gott, also die Gegeneinanderstellung von Herrschaftsbereichen: die Taufe ist der zentrale Passageritus von dem einen Herrschaftsbereich in den anderen. Es geht beim Sakrament der Taufe um beide Bewegungsrichtungen: um die Abweisung zerstörerischer Macht und Einverleibung in die heilvolle Sozialität des Leibes Christi, um Absage und Hinwendung, Abfließen böser und Zuströmen heilsamer Energie. Es geht um den Weg vom Tod in das Leben. Sprechhandlung und Körpergebärde sind für Luther beides „äußerliche Handlung“, machen jedenfalls nicht den zentralen Unterschied aus. Ebenso wie die Körpergebärde und das Wasserbad ist die äußerliche mündliche Predigt des Evangeliums ein sinnlich-körperliches Geschehen. Allerdings kommt dem gesprochenen Wort eine gegenüber allen anderen Körperhandlungen gesteigerte Wirksamkeit zu: Die Kraft und Macht Gottes dringt durch das Ohr, also ein äußerlich-körperliches Sinnesorgan in das Herz des Menschen ein.

Die Schwerpunktverlagerung vom Verhalten auf die Einstellung, vom rite vollzogenen Sakrament zum Glauben beinhaltet im Sinne Luthers deshalb keine

[247] Zit. nach BSLK, a.a.O., 536, 25ff.

Entmächtigung, sondern geradezu eine Verstärkung der Körperzentrierung: Von den Körpergrenzen zum Zentrum. Das Wort des Evangeliums geht durch das Ohr in das Herz des Menschen.

Jetzt kann auch die Frage beantwortet werden, welcher „Raum" – wenn die Körpergrenzen relativiert sind – an ihre Stelle tritt: Durch Gottes Kraft wird eine neue Sozialität, eine neue menschliche Gemeinschaft begründet. Sie wirkt als Gemeinschaft der Priester und Mit-Priester bereits in der Taufe und rettet durch abweisende Sprechhandlungen und Körpergebärden das Menschenkind aus dem Machtbereich des Teufels. Der Raum des Heiligen entfaltet seine Macht in dieser neuen Gemeinschaft. Sie ist auch dadurch bestimmt, dass sie vom Machtbereich des „Geldes" unterschieden ist, dass hier andere Kommunikationsmittel gelten als Macht und Geld. Luther schreibt: Wenn es beispielsweise einen Arzt gäbe, der die Kunst beherrschte, dass die Menschen nicht sterben müssten, „wie würde die Welt mit Geld zuschneien und regenen, dass fur den Reichen niemand künnde zukommen? Nu wird hie in der Taufe idermann ümbsonst fur die Tur gebracht ein solcher Schatz und Arznei, die den Tod verschlinget und alle Menschen beim Leben erhält."[248]

Wenn Luther in seinen Überlegungen zur Taufe das Gewicht der Körpergrenzen des Täuflings gegenüber der Tradition vermindert und den Raum, den sozialen Körper der Gemeinde an dieser Stelle aufwertet, dann nimmt er unmittelbar paulinische Redeweise auf. Für Paulus gehört der Subjektwechsel, der in der Taufe geschieht, mit der Vorstellung von der Inkorporation in den Leib Christi zusammen; und die Rede vom „Leib" meint hier mehr als eine Metapher. „Oder wisst Ihr nicht, dass alle, die wir auf Christus Jesus getauft sind, die sind in seinen Tod getauft? So sind wir ja mit ihm begraben durch die Taufe in den Tod, damit, wie Christus auferweckt ist von den Toten durch die Herrlichkeit des Vaters, auch wir in einem neuen Leben wandeln. Denn wenn wir mit ihm verbunden und ihm gleich geworden sind in seinem Tod, so werden wir ihm auch in der Auferstehung gleich sein" (Römer 6,3-5).

Die Inkorporation, die Einleibung, von der hier die Rede ist, verliert dann den Anschein theologischer Abstraktion, wenn man zentrale Konflikte in der menschlichen Lebens- und Beziehungsgeschichte wahrnimmt: Die Geburt ist eine radikale Krise am Beginn des eigenen Lebens. Ich denke, dass diese Krise noch unterbestimmt bleibt, wenn sie als ein Ende der Einkörperung des menschlichen Individuums (im Bauch der Mutter) und als Beginn seiner losgelösten, vereinzelten individuellen Existenz verstanden würde. Sondern diese Krise mar-

[248] Ebd., 699, 40ff.

kiert den Beginn einer lebenslangen Geschichte vielfältiger Einkörperungen in Beziehungen mit anderen Menschen und Dingen.

Damit soll nicht geleugnet werden, dass es im Prozess des Erwachsenwerdens, wenn er denn gelingt, zu einer zunehmenden Individuation kommt; nur ist diese niemals total wirksam, sondern nur in dem Maße möglich, wie der erwachsen werdende Mensch verschiedene und vielfältige Einkörperungen in Beziehungen unterschiedlicher Intensität und Intimität ausbalancieren lernt. Der im neuen Kapitalismus zunehmend vorherrschende Zwang zur Flexibilisierung von Beziehungen und Verbindungen führt zur Zerstörung, nicht zur Freisetzung von Individualität, die sich nur im Miteinander mit langfristigen und tragfähigen Inkorporationen in Beziehungen herausbilden kann.[249]

Dies ist es, was in der Taufe mitgeteilt und gefeiert wird: Ich bin‘s nicht, von dem ich mein Leben habe, auch nicht meine leibliche Mutter und mein leiblicher Vater; in diesen und in der ganzen Welt der Beziehungen zu anderen Menschen und Dingen finde ich nicht mein Leben; und die Rettung der individuellen wie der sozialen Existenz hängt an der Einkörperung in den Auferstehungsleib Christi. Die Taufe ist Einverleibung in den Leib Christi und ermöglicht erst, die individuellen und sozialen Größenphantasien der Selbstbegründung menschlichen Lebens genau als das wahrzunehmen, was sie sind.

Der eigene Körper ist die erste und intimste Raum-Erfahrung, und die Rhythmen von Wachen und Schlafen, Hungrigsein und Sattsein, Anspannung und Erholung geben eine körpereigene Zeitwahrnehmung, die trotz allem lebendig bleibt. Bei aller lebensgeschichtlich und gesellschaftlich erlernten Unterwerfung unter die abstrakten Zeiten von industrieller Produktion und gesellschaftlichem Verkehr meldet sie sich zu Wort: in Lust, Trauer, Kranksein, aber auch im erfüllten Augenblick.[250] Es liegt in der „Richtung und Linie“ der Theologie Luthers, wenn die Körperlichkeit des Menschen – gegen einen starken Strom der Leibfeindlichkeit in der Geschichte gerade der protestantischen Kirchen – wieder stärkere Achtung erfährt: nicht zuletzt in der Feier des Gottesdienstes. Wenn nicht hier, wo sonst: in meinem Körper zuerst ist spürbar, wie im Kontakt mit dem Heiligen der Strom neuen Lebens die Blockaden gegenüber der eigenen Lebendigkeit ebenso überspült wie gegenüber der Wahrnehmung der Lebensbedürfnisse meines Nächsten.

---

[249] Vgl. dazu: Richard Sennett, Der flexible Mensch. Die Kultur des neuen Kapitalismus. Berlin 1998.

[250] Am ehesten gelingt diese Wahrnehmung wohl im Werk von Manfred Josuttis. Vgl. aber auch: Hans-Günther Heimbrock, Wolf-Eckart Failing: Gelebte Religion wahrnehmen…, Stuttgart, Berlin Köln 1988, 37ff., 123ff.

Wahrnehmungen und praktische-theologische Perspektiven zur Taufe

Ich möchte in einem letzten Schritt einige Überlegungen meines Mainzer Kollegen Kristian Fechtner[251] zur Wahrnehmung und Gestaltung der Taufe in praktisch-theologischer Perspektive aufnehmen und weiterdenken. Zunächst einige Wahrnehmungen: Anders als andere Kasualien – Hochzeit, Bestattung, Konfirmation – ist die Taufe noch relativ unumstritten; der Streit um die Legitimität der Kindertaufe hat an Brisanz verloren, und für immer noch zahlreiche Christen gehört die Taufe unbedingt zum Evangelisch-sein dazu. Dies mag daran liegen, dass anders als bei den anderen „Amtshandlungen" im Feld der Taufe kein konkurrierendes nichtkirchliches Angebot wirksam ist. Zugleich lässt sich beobachten, dass sich der lebensgeschichtliche Ort der Taufe verschiebt: neben der Säuglingstaufe nehmen die Taufen in späteren Lebensjahren zu, und zwar in der ganzen Spannbreite zwischen Krabbelalter und Konfirmationsalter. Die Taufe wird seltener unmittelbar nach der Geburt gefeiert; zugleich bleibt der Anteil der Erwachsenentaufen konstant niedrig. Diese empirischen Wahrnehmungen sind mehr als bloß Kirchenstatistik. Der unmittelbare Deutungszusammenhang zwischen Geburtsereignis und Taufe wird gelockert, allerdings nicht aufgehoben. Vielmehr wird die Taufe in einen Raum persönlicher und innerfamiliärer Auseinandersetzungen und oft existenzieller Gespräche eingebunden: wann ist Taufe dran und wo ist sie dran?

Der schließlich gefundene Tauftermin hat oft wieder einen existenziellen Charakter, bindet sich nämlich an einen lebensgeschichtlich in Übergang, z.B. die Einschulung oder auch die Konfirmation. Von den Beteiligten wird die Taufe als Segensvermittlung in besonders brisanten Übergangssituationen wahrgenommen, wo Fürsorge an die Grenzen eigener Möglichkeiten gerät: „Dann gibt's irgendwo so 'nen Punkt, wo man weiß, da kannste nicht mehr die Hand drüber halten."

Mit diesem Verschiebungen der Taufe verbindet sich auch eine Veränderung in der praktisch-theologischen Thematisierung: Bis in die siebziger Jahre wurde Taufe vornehmlich als Verkündigungsakt wahrgenommen; in der folgenden Zeit stärker als seelsorgliche Begleitung einer spezifischen Lebenssituation; in den achtziger Jahren tritt die Taufe im Prozess gemeindepädagogischer Praxis und des Gemeindeaufbaus in den Fokus der Aufmerksamkeit, und in jüngerer Zeit könnte man von einer Rückkehr der liturgischen Perspektive sprechen. Die prak-

[251] Kristian Fechtner, „Wasser des Lebens". Praktisch-theologische Erwägungen zur gegenwärtigen Bedeutung der Taufe. In: Erich Garhammer u.a. Hg., Zwischen Schwellenangst du Schwellenzauber, a.a.O. 111ff.

tisch-theologischen „Leitdisziplinen" wechseln also von Homiletik, Seelsorge, Gemeindepädagogik/Gemeindeaufbau zu Liturgik. Man wird sicherlich nicht eines gegen das Andere ausspielen können, aber es kann doch wahrgenommen werden, dass gegenwärtig der Gottesdienst, das Ritual selbst im Mittelpunkt der praktisch-theologischen Aufmerksamkeit steht und damit auch die Frage nach seiner angemessenen Gestaltung, nicht nur durch die Pastoren und Pastorinnen, sondern auch durch die übrigen Beteiligten. Zugleich werden Fragen wichtig wie z.B. die nach dem Prozess und Gestaltung des Raumes, des Körpers und der symbolischen Elemente.

Im Raum verschiedener, teilweise auch konkurrierender Beziehungsmuster – die Familie; die Peer-Group der Freunde; die Schule; die Kirche, perspektivisch auch die Frage nach Beruf und anderen Möglichkeiten gesellschaftlicher Partizipation – markiert das liturgische Geschehen der Taufe die Grenze der familialen Einbindung. Die Taufe löst symbolisch-rituell den Täufling aus dem Binnenraum seiner Familienbeziehungen heraus. Die Taufe findet im Raum der Kirche statt, vor versammelter Gemeinde, und in der Taufhandlung tritt der Pate*die Patin in den Vordergrund, und zwar als rituelles Gegenüber zu den Eltern. Die Pfarrerin vollzieht den Taufakt, und das geistliche Amt steht dafür, dass sie nicht einen familienreligiösen Zweck erfüllt.

Zugleich ist die Taufe ein unmittelbar am Körper vollzogener ritueller Akt. Der Täufling bekommt sinnlich-körperlich zu spüren, dass etwas geschieht, und zwar ihm*ihr etwas geschieht – neben dem Wasser etwa auch die Berührung mit dem Kreuzzeichen. Im Ritus der Taufe wird der Sinn und die Wirkung des Geschehens buchstäblich hautnah zur Geltung gebracht. Die Zentralstellung des Körpers in der liturgischen Handlung korrespondiert der Wichtigkeit von Körperinszenierungen in der gegenwärtigen Moderne und insbesondere auch in der Jugendkultur: in der Inszenierung des Körpers liegt für viele Menschen die Hoffnung, einen unverrückbaren Bezugspunkt der persönlichen Identität zu finden. Zugleich ist der Körper eines Menschen Inbegriff seiner Verletzlichkeit. In diesem Zusammenhang erscheint die Taufe als ein schützendes Ritual, eine segensvolle Handlung in brisanter Situation. „Kind, du bist uns anvertraut ..." – Segen wird gegeben angesichts der Erfahrung und Ahnung unmittelbarer Verletzlichkeit des menschlichen Körpers trotz aller medizinischen Vorsorgemöglichkeiten. Und zugleich ist die Taufe alles andere als ein sicherer Ort; Taufe ist ein abgründiges Geschehen. Hier wird leiblich-symbolisch vollzogen, was immer droht: nämlich dem Leben ungeschützt ausgesetzt zu sein. Der Schutz, den die Taufe als Segenshandlung gewähren kann, liegt also nicht darin, dass die Verletzlichkeit des Lebens aufgehoben wird. Aber in dieser Verletzlichkeit empfängt der Täufling ein körperliches Zeichen, das verbürgt, dass jenseits menschlicher

Kräfte die schützende und rettende Macht Gottes da ist. Darin ist die Taufe ein Versprechen, und zwar anders als alle Verheißungen und Versprechen der medialen Welten und der Konsumwelt ein Versprechen, das nicht gebrochen werden kann.

Wichtig ist, dass diejenigen, die die Taufe leiten und durchführen, dies in einer Weise tun können, dass die verschiedenen Dimensionen von Energie, Kraft und Bedeutung, die hier im Spiel sind, auch zu einer Gestalt kommen können. Kristian Fechtner spricht in diesem Zusammenhang von „liturgischer Kompetenz" darin, einen Sinn für die Dramaturgie der Taufe zu entwickeln. Die Taufe-Agende (beispielsweise das Taufbauch der EKU) bietet eine Vielzahl ritueller Handlungen, die sich um den eigentlichen Taufritus herum anlagern können – von einer Salbung des Täuflings bis zur rituellen Übergabe eines Taufgewandes. Hier ist es nötig, dass diejenigen, die die Taufe leiten, sorgfältig und kompetent mit diesen rituellen Elementen umgehen können, damit es nicht zu einer bloßen und mehr oder weniger überladenen Ansammlung von Symbolen kommt. Außerdem erscheint es wichtig und gehört unbedingt zur liturgischen Kompetenz hinzu, dass die Pastoren und Pastorinnen die übrigen Beteiligten zur Partizipation am Taufgeschehen befähigen. Das Taufgespräch kann als ein liturgiedidaktischer Ort wahrgenommen werden, um gemeinsam mit den Beteiligten die einzelnen Sprechhandlungen, Symbole und Gesten der Taufe zu planen und zu gestalten. „Es könnte ja sein, dass in der Taufe direkt nach einer höchst gefahrvollen Geburt der traditionelle Muttersegen wichtig ist (statt eines heute vorgesehenen Elternsegens) oder dass bei der Taufe einer Dreijährigen Teilhabe anders gestaltet sein muss als bei einem Säugling. Partizipation zu ermöglichen, schließt ein, plausibel zu machen, warum manche Formen gewünschter Beteiligung liturgisch schief oder sogar widersinnig sind."[252] Schließlich gehört zur liturgischen Kompetenz in der Taufe auch, die Taufansprache so zu gestalten, dass sie um der symbolischen Handlung willen dar ist und nicht umgekehrt. Die Taufpredigt ist Auslegung und Entfaltung des Taufrituals daraufhin, was dieses lebensdeutend und lebensbestimmend zu sagen hat.

Ich stimme den Überlegungen von Kristian Fechtner in vieler Hinsicht zu, möchte aber noch einen Aspekt verstärken. Ich denke, dass die Taufe als Segenshandlung, als Mitteilung der heilsamen Lebensmacht Gottes für diesen besonderen Menschen in seinem Lebenszusammenhang von Familie und Freunden und als Bezeichnung der Grenze dieser Verbindlichkeiten, zugleich notwendig die Gestaltung und Inszenierung des Transitus braucht, also auch die Gestaltung der Absage an die zerstörenden, dieses und alles Leben gefährdenden Mächte, und

[252] Ebd., 124.

zwar sowohl als Sprechhandlung in der Taufpredigt wie als rituelle Inszenierung. Hier ist von der Gesamtbewegung der Taufe in der frühen Kirche, die über viele Wochen und Monate eine Separation von der alltäglichen Lebenswelt mit all ihren Verpflichtungen, Zwängen und Versprechungen vor dem eigentlichen Taufereignis eingeübt hat, ebenso zu lernen wie von der Absage an die Macht des Bösen, die im Eingang von Luthers Taufbüchlein steht. Es ist ja nicht nur die Bindungsmacht der Familie, die die Individuation und Eigenständigkeit dieses Menschenkindes gefährden kann. Es sind im eigentlichen Sinne lebensbedrohende Mächte, denen dieses Leben immer wieder so oder so ausgesetzt sein wird, von den Zumutungen und Verheißungen der Wirtschaftsgesellschaft, die einen Menschen nur nach dem misst, was er bringt und leistet, über den lebensgefährlichen und lebensgefährdenden Umgang mit der natürlichen Lebensumwelt in der spätindustriellen Moderne mit allen ökologischen Katastrophenanzeichen bis hin zur gegenwärtig brisanten Gefahr, dass der Krieg näher an die Grenzen unserer Lebenswelt heranrücken könnte, als wir uns dies vorstellen können.

Die Taufe ist der zentrale Schritt in ein neues Leben. Die Taufe ist die Absage an den Tod und an alle Macht, die das Leben zerstört. Keine Macht der Welt kann dieses Menschenkind im Innersten beherrschen: Weder Geld noch politische Herrschaft noch Karrierezwänge und Verarmungsängste. Mit der Taufe gehört es zur Gemeinschaft der Freunde und Freundinnen Jesu Christi.

Wenn Eltern und Paten ihr Kind zur Taufe bringen, dann sagen sie: Es ist schön, dass Du da bist. Wir freuen uns, dass wir Dich unter uns auf der Erde begrüßen können. Wir sind dankbar, dass Du den bisherigen Weg gesund überstanden hast. Du hast unser Leben verändert: wir schlafen weniger und müssen unsere Zeit genauer einteilen, aber Du bist ein Geschenk, das unser Leben lebendiger gemacht hat. Dafür danken wir. Wir wünschen Dir, dass Du dich selbst gern haben kannst und andere Menschen glücklich machst. Wir wollen Dich auf deinem Weg unterstützen, gegen die Mächte des Todes, die Dein und unser Leben bedrohen. Wir wollen dich unterstützen, aber wir wissen, dass wir Dich nicht besitzen können.

Der Pastor, die Pastorin, die diese Taufe leitet, wird diese Perspektive aufnehmen und dem Kind zusagen – und mit den Beteiligten vielleicht auch Gesten und Symbole finden, die diese Mitteilung verdichten: Dein Leben gehört wie alles Leben zu Gott. Es hat in Gott seinen Ursprung und wird in Gott sein Ende haben. Gott ist unser aller Vater und Mutter: Das ist eine Erinnerung an alle menschlichen Väter und Mütter, eine Erinnerung an die Lehrer*innen und an alle, die Macht über dieses Kind haben werden: sie sollen die Kinder ehren, sollen ihre Selbständigkeit respektieren, und sie auch einmal gehen lassen, wenn sie zu erwachsenen Menschen geworden sind – auch wenn das dann weh tut.

Die Bezeichnung der Grenze der familalen Einbindung dieses Menschenkindes beinhaltet auch die Zusage einer neuen Einkörperung: wir geben diesem Kind die Chance, in der christlichen Gemeinde aufzuwachsen. Diese Zusage ist eine Ermächtigung, das eigene Leben so oder so zu verantworten: Ob Du aus dieser Chance etwas machen wirst, wirst Du später entscheiden. Heute sprechen wir an Deiner Stelle das Bekenntnis zu Christus aus: der Geist Jesu Christi, der das Leben neu macht, begleitet auch Dein Leben.

Medien der Seelsorge

Das Gespräch

Das vorwiegende Medium der Seelsorge ist das Gespräch. Dieses Gespräch ist in seinem Zustandekommen grundsätzlich freiwillig und in seinem Ergebnis grundsätzlich offen. Wenn es sich ernsthaft um ein Gespräch handelt und nicht um eine verkappte Ansprache, dann bestimmen beide Partner gemeinsam und tendenziell gleichberechtigt den Gang des Gespräches. Dies gilt für jedes gute Gespräch. Und zugleich ist ein seelsorgliches Gespräch nicht ein Gespräch wie jedes andere auch. Im seelsorglichen Gespräch überlässt der*die Seelsorger*in seinem*ihrem Gesprächspartner*seiner Gesprächspartnerin den Vortritt. Er*sie lässt sich auf einen Weg einladen, von dem er Richtung und Ausgang nicht kennt: das ist Sache des*der Ratsuchenden. In der Seelsorge zeigt sich, dass die Kirche des Wortes zugleich Kirche des Zuhörens ist. Zuhören ist eine äußerst aktive und kreative Weise, für einen anderen Menschen da zu sein.

Ich gebe einen stichwortartigen Überblick über Dimensionen des „Gesprächs“: Seelsorge findet in der Regel als Gespräch statt: meist zwischen zwei Personen, manchmal auch zwischen mehreren. Berühmte Buchtitel: „Seelsorge als Gespräch“ (Joachim Scharfenberg)[253], „Unter vier Augen“, „Du hast mich angesprochen“ (Hans van der Geest)[254] weisen auf diese Wirklichkeit.

Alltagsgespräche sind Bezugspunkte – dies ist erheblich voraussetzungsvoller, als sich dies zunächst anhört.

Zugänge zum Verständnis des Alltagsgesprächs bieten z.B. die Sprechakttheorie (Jürgen Habermas[255] in Aufnahme von Sprechakttheorie-Traditionen: John L. Austin[256]).

Alltagsgespräche laufen so lange problemlos, wie keine Störung auftritt in den Dimensionen

Wahrheit: Übereinstimmung oder doch Tendenz der Übereinstimmung mit dem, was der Fall ist.

Richtigkeit: Übereinstimmung oder doch Tendenz der Übereinstimmung mit dem, was moralisch-ethisch gelten soll

253 Joachim Scharfenberg, Seelsorge als Gespräch. Zur Theorie und Praxis der seelsorglichen Gesprächsführung. 1992, 5. Aufl. Göttingen 1991, 36ff.

254 Hans van der Geest: Ders., Unter vier Augen. Beispiele gelungener Seelsorge. Zürich, 5. Aufl. 1995.

255 Jürgen Habermas, Theorie des kommunikativen Handelns, 2 Bände, Frankfurt a.M. 1981.

256 John L. Austin, Zur Theorie der Sprechakte, Stuttgart 1972.

Wahrhaftigkeit: alle Sprecher*innen wären auf Anfrage in der Lage, über ihre Intentionen, Absichten, Interessen Auskunft zu geben, kommunizieren also ohne Täuschungsabsicht.

Sobald eine Störung in einem Feld auftritt, muss die Ebene der Kommunikation verlassen werden und so lange auf der Ebene von Metakommunikation verhandelt werden, bis die Störung beseitigt ist.

Inhalts- und Beziehungsaspekte von Sprechhandlungen (Paul Watzlawick[257], Friedemann Schulz von Thun[258]): Alltagsgespräche gelingen dann, wenn es zwischen beiden Ebenen keine Missverständnisse bzw. die Möglichkeit gibt, bei Störungen problemlos Übereinkunft herzustellen.

Z.B.: „Die Tür steht offen. Es zieht":

Ebene der Wahrheit: Mitteilung eines Sachverhaltes

Ebene der Richtigkeit (Beziehungsmitteilung I): Das soll aber nicht so sein. Tür soll zu sein, es soll nicht ziehen.

Ebene der Wahrhaftigkeit (Beziehungsmitteilung II): diese Ebene ist hoch komplex. Kann man sich darauf verlassen, dass der Sprecher ohne verdeckte Interessen Mitteilungen über die Wirklichkeit macht?

Möglichkeit 1: Die Intention wird authentisch mitgeteilt: z.B.: Ich möchte, dass die Tür zugemacht wird. Wer von uns beiden steht auf? (Jetzt können sich Verhandlungen, Verabredungen usw. anschließen)

Möglichkeit 2: Die Intention wird verdeckt mitgeteilt: Immer lässt du die Tür offen! Willst du mich ärgern, willst du, dass ich ins Krankenhaus komme???

Missverständnis treten auch dann auf, wenn die Ebene der ausdrücklich mitgeteilten Intention auf der Beziehungsebene und die Inhaltsebene nicht übereinstimmen.

Verben, in denen Intentionen ausdrücklich mitgeteilt werden, sind z.B.: einladen; versprechen, befehlen, auffordern, bitten usw. (1. Pers. Sing.)

Alltagsgespräche laufen so lange problemlos, wie beide Ebenen übereinstimmen, z.B.: „ich lade Sie alle ein, nachher mit mir zusammen Eis zu essen." Das ist tatsächlich eine Einladung. Sie hat allerdings zur Voraussetzung, dass der in der 1. Pers. Sing. formulierende Sprecher tatsächlich meint, was er sagt (also auf der Sprechakt-Ebene der Wahrhaftigkeit keine Täuschung beabsichtigt, oder ihm keine Täuschung unterläuft).

Dagegen ist der folgende Satz von vornherein problematisch: „Ich lade Dich ein, mein Zimmer aufzuräumen". Dies ist, anders als die in 1. Pers. Sing. formu-

---

[257] Paul Watzlawick u.a., Menschliche Kommunikation, Formen, Störungen, Paradoxien. Bern u.a. 4. Aufl. 1974.

[258] Friedemann Schulz von Thun, Verena Hars, Miteinander reden Band 3: Das „innere Team" und situationsgerechte Kommunikation. Reinbek 2010.

lierte Intention, keine Einladung, weil in einer Einladung der*die Eingeladene Vorteil Gewinn, Freude usw. daraus ziehen muss.

In dieser Hinsicht gibt es z.B. gerade in Gottesdiensten jede Menge daneben gehende Sprechhandlungen, z.B. in Abkündigungen: „Ich lade Sie ein, jetzt möglichst tief in Ihren Geldbeutel zu fassen und für ... zu spenden."

Ähnliche Problemformulierung finden sich bei Watzlawick: analoge und digitale Ebene von Sprechhandlungen. Hier sind nicht nur ausdrücklich formulierte Sprechhandlungen im Blick, sondern auch körpersprachliche Signale wie Gesten und Mienenspiel (und, wenn diese undurchdringlich oder nicht interpretierbar bleiben: Erwartungen angesichts einer Beziehungsgeschichte).

Beispielsweise „Ich liebe dich". Fallen hier Satzinhalt und körpersprachliche Signale auseinander, kommt es zum Problem. Bei immer wiederkehrenden Sprechsituationen dieser Art, wenn sie zwischen superiorer und inferiorer Position ausgetauscht werden und die superiore Position nicht verlassen werden kann (z.B. dominante Eltern und von Lebensunsicherheit bestimmte Kinder), kommt es zu paradoxen Beziehungsmustern – in der Schizophrenieforschung ist dies ein wichtiges Thema.

Übertragung

Gespräche finden in der aktuellen Zeit des Hier und Jetzt statt; zugleich können, teils unbewusst, frühere lebensgeschichtlich zentrale Konflikte mit agiert werden: zum Vater, zur Mutter, zu Geschwistern, zu Lehr-Personen, zu „significant others" (George Herold Mead[259]) werden und das eigentliche Geschehen auf Inhalts- und Beziehungsebene überlagern.

Ein Beispiel: Ein Gespräch zwischen einem Studierenden und einer Professorin über eine nicht besonders gut geratene Hausarbeit. Gleichzeitig können teils verdrängte Erinnerungen an ähnliche Schul-Szenen mit begleitenden Gefühlen von Beschämung, Zurücksetzung usw. wach werden. Oder Erinnerungen an Familienszenen, in denen zum Thema wurde, dass das damalige Kind etwas falsch gemacht hat – bis hin zu Bestrafungs-Szenen. All dies lädt den gegenwärtigen Konflikt in einer Weise auf, die nicht oder kaum zu handhaben ist, unter Umständen von beiden Seiten.

In Seelsorge-Situationen müssen Seelsorgende immer mit Übertragungssituationen rechnen. Sie können sie (bei entsprechender Ausbildung, in der Regel psychoanalytisch) auch selbst einsetzen und dann thematisieren.

[259] George Harold Mead, Geist, Identität, Gesellschaft. Frankfurt a.M. 1968.

Gefühlsambivalenzen in Zeit und Raum

Ein Dimensionierungsmodell für Gefühlsambivalenzen hat Joachim Scharfenberg ins Gespräch gebracht.[260] Er will „die grundlegendsten Begriffe zur Strukturierung, ja zur Konstruktion von Wirklichkeit überhaupt", nämlich Zeit und Raum, mit dem Begriff der „Gefühlsambivalenz" in Verbindung bringen. Er unterscheidet auf der Zeitachse die Ambivalenz zwischen dem Gefühl, vorwärts gehen zu wollen oder sich zurückzuwünschen (Progression und Regression), von der Ambivalenz auf der Raumachse, nämlich der Ambivalenz zwischen dem Gefühl, eingebettet zu sein, irgendwo hinzugehören, und dem Gefühl, mich loszulassen, frei zu sein, für mich allein zu sein (Partizipation und Autonomie). In Beziehung auf das Wirklichkeitserleben unterscheidet er zwischen dem Wunsch, die Wirklichkeit zu erkennen, wie sie ist und sich ihr anzupassen, und der Möglichkeit, sie auch ganz anders vorzustellen (Realität und Phantasie). Damit schlägt Scharfenberg ein räumliches Schema vor, dessen Pole von jedem Individuum in seinem Selbstverhältnis und von den Partner*innen einer jeden Beziehung ausbalanciert werden müssen. Ungleichgewichtigkeiten zwischen den Dimensionen sowie Polarisierungen der Anteile auf die verschiedenen Partner zeigen eine Störung in der individuellen psychischen Konstitution bzw. in der Beziehung an. In Alltagsgesprächen treffen immer verschiedene Dimensionierungsmodelle aufeinander. Es kommt dann nicht zu Missverständnissen, wenn spontanes Gelten-Lassen des Andersseins möglich sind; ansonsten ist der Wechsel auf metakommunikative Thematisierungsebene nötig.

Transaktionsanalyse

Transaktionsanalyse[261]/Strukturanalyse: Wenn man spontane Sozialaktivitäten beobachtet, so wird man bemerken, dass sich z.B. Anschauungsweisen, Stimmlage, Vokabular und andere Verhaltensaspekte bei bestimmten Individuen als durchaus typisch durchhalten, gleichzeitig auch je nach Situation bestimmten Veränderungen unterliegen, wobei Veränderungen im Verhalten oft von Veränderungen im Gefühlsbereich begleitet sind. Eric Berne schlägt vor, die Regelmäßigkeiten in den stabilen wie in den veränderlichen Verhaltensformen mit dem Begriff ‚Ich-Zustände' zu begreifen. Ich-Zustände sind kohärente Empfindungssysteme, denen eine kohärente Verhaltensstruktur entspricht. Der Begriff des

260 Joachim Scharfenberg, Einführung in die Pastoralpsychologie. Göttingen 1985, 54ff.
261 Eric Berne, Spiele der Erwachsenen. Psychologie der menschlichen Beziehungen. 1964, hier: Reinbek 1997.

Ich-Zustandes soll von dem der ‚Rolle' unterschieden werden, insofern nicht nur Erwartungshaltungen und die entsprechenden Verhaltensbereitschaften gemeint sind, sondern stabile psychische Dispositionen.

Berne schlägt vor, folgende Ich-Zustände zu unterscheiden: 1. Ich-Zustände, die denen von Elternfiguren ähneln; 2. Ich-Zustände, die autonom auf eine objektive Erfassung der Wirklichkeit ausgerichtet sind; und 3. solche, die regressive Relikte darstellen, nämlich Ich-Zustände, die bereits in früher Kindheit fixiert wurden und immer noch wirksam sind. Umgangssprachlich zielt diese Unterscheidung darauf, zwischen Eltern-Ich, Erwachsenen-Ich und Kindheits-Ich zu differenzieren. In Interaktionen bringt ein Individuum sein Eltern-Ich, sein Erwachsenen-Ich oder sein Kindheits-Ich zum Ausdruck – im Sinne eines energetischen Schwerpunktes, wobei die übrigen Ich-Zustände auch untergeordnet beteiligt sein können. In der Regel sind Kommunikationspartner*innen in der Lage, mit jeweils unterschiedlichem Schnelligkeitsgrad von dem einen auf einen anderen Ich-Zustand umzuschalten.

Das Eltern-Ich kann sich in zweierlei Form manifestieren, in einer direkten und indirekten Form: als aktiver Ich-Zustand und als Einflussfaktor. Im ersten Falle nimmt ein Individuum in einer gegebenen kommunikativen Situation die gleiche Gefühls- und Geisteshaltung ein wie eines seiner*ihrer Elternteile, und reagiert so, wie er*sie es getan haben würde: mit der gleichen Haltung, den gleichen Gesten, dem gleichen Vokabular, den gleichen Empfindungen usw. Macht sich das Eltern-Ich als indirekter Einflussfaktor geltend, dann reagiert der Mensch so, wie seine Eltern es von ihm erwartet hätten. Im ersten Fall identifiziert sich das Individuum mit seinen Eltern, im zweiten passt es sich ihren Anforderungen an.

Dominiert in einer kommunikativen Situation das Erwachsenen-Ich, so wird ein Individuum ein autonomes, tendenziell objektives Erfassen der Situation erkennen lassen. Ein Mensch argumentiert, trägt Probleme oder gezogene Schlussfolgerungen in unvoreingenommener Form vor. Berne meint: Jedes Individuum einschließlich von Kindern, Menschen mit mentalen Entwicklungsstörungen und Schizophrenen verfügt über diese Fähigkeit zur objektiven Übermittlung von Informationen, wenn sich denn der angemessene Ich-Zustand aktivieren lässt.

Wenn das Kindheits-Ich dominiert, so entspricht die Art und Weise einer Reaktion derjenigen, die ein Individuum als kleiner Junge bzw. als kleines Mädchen gezeigt haben würde. Zu den vom Kindheits-Ich aktivierbaren Verhaltensdispositionen gehören beispielsweise Anmut, Freude und schöpferischer Impuls. Auch das Kindheits-Ich zeigt sich in zwei Formen, dem angepassten Kindheits-Ich und im natürlichen Kindheits-Ich. Das angepasste Kindheits-Ich modifiziert sein Verhalten unter dem Einfluss des Eltern-Ichs. Es verhält sich so, wie sein*ihr Vater bzw. seine*ihre Mutter es von ihm*ihr erwartet haben: z.B. willfährig oder altklug. Oder es passt sich an, indem es sich zurückzieht oder wimmert. Das natürliche Kindheits-Ich manifestiert sich in Spontanreaktionen, z.B. Rebellion oder schöpferischem Impuls.

Das Persönlichkeitsbild eines jeden Individuums schließt alle drei Ich-Zustände ein; jedes Individuum verfügt in seiner psychischen Struktur also über ein Eltern-Ich, ein Erwachsenen-Ich und ein Kindheits-Ich. In kommunikativen Situationen werden die jeweils dominierenden Ich-Zustände der beteiligten Kommunikationspartner*innen Transaktionen austauschen:

EL (Eltern-Ich)
ER (Erwachsenen-Ich)
K (Kindheits-Ich)

Transaktionsanalyse: Transaktionen sind die kleinsten Einheiten in der Begegnung zweier Menschen. Begegnen zwei oder mehr Menschen einander im Rahmen eines Sozialaggregates, dann beginnt früher oder später eine*r von ihnen zu kommunizieren: zu sprechen oder in irgendeiner anderen Weise – Gesten, Körperhaltung, Mienenspiel – von der Gegenwart des*der anderen Notiz zu nehmen. Diesen Vorgang nennt man ‚Transaktions-Stimulus'. Reagiert die angesprochene Person in einer Weise, die sich in irgendeiner Form auf den vorangegangenen Stimulus bezieht, so bezeichnet man diesen Vorgang als ‚Transaktions-Reaktion'.

Die Transaktionsanalyse versucht zu ergründen, welcher Ich-Zustand den Transaktions-Stimulus ausgelöst hat und welcher die Reaktion auf diese Transaktion vollzogen hat. Die einfachsten Transaktionen sind diejenigen, bei denen sowohl der Stimulus als auch eine durch ihn ausgelöste Reaktion vom Erwachsenen-Ich der beteiligten Person ausgehen. Beispielsweise wird eine Information zur politischen Lage geäußert, und der Angesprochene reagiert ebenfalls mit einem Statement zur politischen Lage. Fast ebenso einfach sind Transaktionen zwischen Kindheits-Ich und Eltern-Ich. Ein fieberkrankes Kind bittet um ein Glas Wasser, und der Vater, der es pflegt, bringt es ihm. In beiden Fällen handelt es sich um Komplementär-Transaktionen, d.h. eine Reaktion ist der Situation angemessen, sie ist direkt auf den Transaktions-Stimulus bezogen und antwortet auf ihn. Berne postuliert hieraus eine Kommunikationsregel: Kommunikation vollzieht sich so lange reibungslos, wie die Transaktionen komplementär verlaufen. Solange Transaktionen komplementär bleiben, kann ein Kommunikationsvorgang im Prinzip unbegrenzt andauern. Beispiele für Komplementär-Transaktionen sind: zwei Menschen finden sich zu einem Klatsch zusammen (Eltern-Ich/

Eltern-Ich), lösen gemeinsam ein Problem (Erwachsenen-Ich/Erwachsenen-Ich) oder spielen miteinander (Kindheits-Ich/Kindheits-Ich oder Eltern-Ich/Kindheits-Ich).

Die entgegengesetzte Regel besagt, dass die Kommunikation gestört ist, nicht problemlos weiterlaufen kann und unterbrochen wird, wenn es zu einer ‚Überkreuz-Transaktion' kommt. Die wohl häufigste Überkreuz-Transaktion, die in Beziehungen unterschiedlichster Nähe – in intimen Beziehungen von Ehe und Liebesbeziehung, in einer Freundschaft, aber auch im Berufsleben – Kommunikationsstörungen auslöst, folgt diesem Typ: Der Stimulus leitet sich aus einer Transaktion zwischen Erwachsenen-Ich und Erwachsenen-Ich ab, z.B.: „Wir sollten einmal versuchen, herauszufinden, warum Du in letzter Zeit soviel getrunken hast" oder: „Weißt Du, wo meine Manschettenknöpfe sind?" Die angemessene Reaktion von Erwachsenen-Ich zu Erwachsenen-Ich wäre in diesen beiden Fällen: „Wir sollten das wirklich einmal tun. Ich möchte es im Grunde selbst gerne wissen!" bzw. „Auf dem Schreibtisch". Wenn der reagierende Partner aber aufbraust, dann wird er etwa folgendermaßen reagieren: „Du kritisierst mich ständig, genauso wie das mein Vater immer getan hat", bzw.: „Immer gibst Du mir die Schuld an allem". Beide Male handelt es sich um eine Reaktion vom Kindheits-Ich zum Eltern-Ich hin; würde man diese Transaktionen auf dem Transaktionsdiagrammen einzeichnen, könnte man sehen: die Vektoren überkreuzen einander. Deshalb das Stichwort: „Überkreuz-Transaktion". In solchen Fällen müssen die Probleme des Erwachsenen-Ichs in Bezug auf das Trinken bzw. die Manschettenknöpfe solange ungelöst bleiben, bis sich die Vektoren wieder aufeinander abstimmen lassen. Dies kann bei unterschiedlichen Problemfeldern unterschiedlich lange dauern: Beispielsweise beim Trinken mehrere Monate oder im Fall der Manschettenknöpfe innerhalb weniger Sekunden. Dieser Beziehungstyp – der Urheber der Transaktionen spricht auf der Basis des Erwachsenen-Ichs, der Reagierende antwortet auf der Ebene des Kindheits-Ichs und zielt dabei auf das Eltern-Ich – ist auch die typische Konstellation, die in der Psychoanalyse als ‚Übertragung' bekannt geworden ist: Der Klient erfährt den Therapeuten als den eigenen Vater bzw. wie die eigene Mutter.

Einfache Komplementär-Transaktionen sind bei oberflächlichen Beziehungen am Arbeitsplatz oder auf gesellschaftlicher Ebene die Regel. Sie lassen sich durch einfache Überkreuz-Transaktionen leicht aus dem Gleichgewicht bringen. Komplexer sind ‚verdeckte Transaktionen', bei denen mehr als zwei Ich-Zustände gleichzeitig wirksam werden. Berne nennt ein Beispiel: Handelsvertreter verstehen sich besonders gut auf ‚Angulär-Transaktionen', bei denen drei Ich-Zustände beteiligt sind. Ein Beispiel:

Vertreter: „Dieser Apparat hier ist besser, aber den können Sie sich nicht leisten.“

Hausfrau: „Genau den werde ich nehmen.“ Analysiert man diese Transaktion, so zeigt sich folgendes: Der Vertreter trifft mit seinem Erwachsenen-Ich zwei objektive Feststellungen: Dieser Apparat ist besser; und: Sie können ihn sich nicht leisten. Auf äußerlich vorgeschobener sozialer Ebene richten sich beide Appelle an das Erwachsenen-Ich der Hausfrau, das nun seinerseits antworten müsste: Sie haben in beiden Punkten Recht. Der verdeckte psychologische Vektor wird jedoch von dem trickreichen und erfahrenen Erwachsenen-Ich des Vertreters an das Kindheits-Ich der Hausfrau gerichtet. Die Antwort des Kindheits-Ichs der Hausfrau bringt im Prinzip folgendes zum Ausdruck: ohne Rücksicht auf finanzielle Konsequenzen werde ich diesem arroganten Burschen schon zeigen, dass ich mir ebensoviel leisten kann wie seine anderen Kunden. Auf beiden Ebenen handelt es sich hier um eine Komplementärtransaktion, denn die Antwort der Hausfrau wird für bahre Münze genommen und als Kaufvertrag zwischen Erwachsenen akzeptiert.

All diese Informationen sind im Seelsorgegespräch insbesondere auch in diesen Perspektiven wichtig: Wie in jedem Alltagsgespräch werden auch hier die skizzierten Dimensionen und Probleme präsent sein.

Seelsorgegespräche können eine Hilfe sein, Menschen zu unterstützen, die in ihren alltäglichen Interaktionen unter dauerhaft oder auch aktuell „schief gehenden“ Beziehungsmustern in Gesprächen leiden: als Ort, ohne aktuellen Beziehungsdruck zu thematisieren, möglicherweise Alternativen anzuspielen.

Seelsorger*innen sollen in diesen Gesprächen immer einen Blick für die Grenzen ihrer Kompetenz haben: von einem bestimmten Punkt an ist die Hilfe von therapeutisch ausgebildeten Helfer*innen nötig.

Erzählung

Der Alltag, aber auch die Träume und Ängste von Menschen heute sind entscheidend dadurch bestimmt, wie sie in wirtschaftliche Beziehungen eingebunden sind.[262] Ich erzähle zwei Lebensgeschichten; Leute, wie sie bei jedem*r um die Ecke wohnen könnten. Zunächst die Geschichte von Heinrich und seinem Sohn Ralf. Der Sozialwissenschaftler Richard Sennett hat den Vater etwa vor längerer Zeit kennengelernt. „Bei unserer ersten Begegnung hatte Heinrich seit zwanzig

[262] Wilhelm Schapp, In Geschichten verstrickt. Zum Sein von Mensch und Ding. Frankfurt a.M. 5. Aufl. 2012.

Jahren in einem Pförtnerhäuschen eines mittelständischen, aber durchaus erfolgreichen Betriebes in einer mittleren Großstadt gesessen, später in diesem Betrieb als Hausmeister gearbeitet.[263] Er tat es ohne Murren, aber er machte sich auch keine Illusion, den Traum ‚vom Tellerwäscher zum Millionär' auszuleben. Seine Arbeit hatte ein einziges und dauerhaftes Ziel, den Dienst an seiner Familie. Er hatte fünfzehn Jahre gebraucht, um das Geld für ein Haus zusammenzusparen, das er im Vorort seiner Stadt kaufte … Am stärksten war mir an Heinrich und seiner Generation aufgefallen, wie linear die Zeit in ihrem Leben verlief: Jahr um Jahr gingen sie Arbeiten nach, die sich von Jahr zu Jahr kaum unterschieden. Entlang dieser Zeitlinie war der Erfolg kumulativ: Heinrich und Erna (seine Frau) überprüften jede Woche das Anwachsen ihrer Ersparnisse und maßen ihr häusliches Leben an den verschiedenen Verbesserungen und Anschaffungen für ihr Häuschen. Schließlich war auch die Zeit, in der sie lebten, berechenbar. … Er formte sich eine klare Lebensgeschichte, innerhalb derer er seine Erfahrung, seinen Besitz, sein seelisches Kapital ansammelte; so wurde ihm sein Leben als lineare Erzählung verständlich … Der Hausmeister hatte das Gefühl, zum Autor seines Lebens zu werden, und obwohl er der Unterschicht angehörte, gab ihm dieser Erzählrahmen eine hohe Selbstachtung …"

Ganz anders ist die Geschichte von Heinrichs Sohn Ralf. „… Ich erfuhr, dass Ralf[264] den Wunsch seines Vaters nach sozialem Aufstieg zwar erfüllt, aber sich zugleich von dessen Lebensgrundsätzen abgewandt hat … Und er hat Erfolg gehabt. Während Heinrichs Lohn im unteren Viertel der Einkommensskala lag, kletterte Ralf in die oberen fünf Prozent. Dennoch hat diese Geschichte für ihn kein wirkliches Happy-end." Ralf ist – nach Studium und Heirat – innerhalb von vierzehn Arbeitsjahren viermal umgezogen. Er beginnt sein Berufsleben bei einer High-Tech-Firma. Ralf sieht seine Frau Marion als gleichberechtigt arbeitende Partnerin. „Zu dem Zeitpunkt, als Marions Karriere nach oben wies, bekam das Paar ihre Kinder. In dem Büropark in Hamburg holten die Ungewissheiten der neuen Ökonomie den jungen Mann ein. Während seine Frau befördert wurde, fiel Ralfs Stelle einer Umstrukturierung zum Opfer – seine Firma wurde von einer größeren geschluckt, die einen eigenen Analysten besaß. Also zog das Paar zum vierten Mal um, in die Nähe von München. … (Er gründet hier eine kleine Consultingfirma) Ralf sieht sich einem ständig wechselnden Netz von Geschäftsbeziehungen unterworfen. Jeder Anruf muss beantwortet, noch die flüchtigste Bekanntschaft ausgebaut werden. Um Aufträge zu bekommen, ist er von der Tagesordnung von Personen abhängig, die in keiner Weise gezwungen

[263] Leicht veränderter, auf deutsche Verhältnisse übertragener Auszug aus: Richard Sennett, Der flexible Mensch. Die Kultur des neuen Kapitalismus. Berlin, 6. Aufl. 1998, 15ff.
[264] Ebd., 18ff.

sind, auf ihn einzugehen ... Ralf hat als Berater keine feste Rolle in einer Institution, die es ihm erlauben würde, zu anderen zu sagen: ‚Dies ist meine Aufgabe, hierfür bin ich verantwortlich'"[265], und für anderes eben nicht. Außerdem fehlt wegen der häufigen Umzüge ein unterstützender Freundeskreis, eine vertraute Nachbarschaft. Den Kindern ist es wegen der mehrmaligen Kindergarten- und Schulwechsel nur unzureichend gelungen, sich am Ort ein Beziehungsnetz zu schaffen.

Was hat sich verändert? Ralf und Marion – und ihre Situation ist vergleichbar mit der vieler anderer aus der Generation der heute Zwanzig- bis Vierzigjährigen – haben gegenüber der Generation ihrer Eltern einen erheblichen wirtschaftlichen Aufstieg geschafft. Sie bezahlen das damit, dass sie keine zusammenhängende Lebenswelt aufbauen können, die ihnen alltägliche Selbstverständlichkeit, vielleicht ein erhebliches Maß an Unfreiheit und sozialer Kontrolle, aber auch Vertrautheit und Schutz gewähren könnte, wie dies im Alltag von Vater Heinrich und Mutter Erna noch selbstverständlich war. Und nicht nur die Lebenswelt zerfällt in viele unzusammenhängende Teile: auch die Lebensgeschichte lässt sich kaum noch zu einem sinnvollen Erzählfaden zusammenbinden. Dass ich mir mein Leben als ein sinnvolles Ganzes vergegenwärtigen kann, hat zur Voraussetzung, dass ich in langfristige vertraute Beziehungen eingebunden bin. Bei Ralf handelt es sich aber eher um ein Puzzle von einzelnen Episoden und Begegnungen.

Heute diskutieren Sozialwissenschaftler*innen sehr ausführlich und kontrovers darüber, wie diese Entwicklung zu verstehen und zu bewerten ist. Die Grenzen, die früher durch soziale Klassen, durch das Geschlecht, durch nationale Zugehörigkeit gezogen wurden, verwischen zusehends. Geschlossene Milieus, wie man sie früher auf dem Dorf mit Schützenverein, Kirche und Kirmes kannte, wo du nur richtig dazugehörst, wenn du da geboren bist; oder Arbeitersiedlungen wie manche Zechenviertel im Ruhrgebiet mit Eckkneipe, großen Gärten und Stall für die Kuh oder das Schwein hinter dem Haus: all das gibt es immer weniger. Und die Menschen, die hier einmal gelebt haben, können sich heute in der Regel nicht mehr darauf verlassen, dass sie den Beruf, den sie einmal gelernt haben, bis zur Verrentung ausüben werden, dass sie ihren Arbeitsplatz – wenn sie ihn denn behalten – am gleichen Ort haben, dass sie hier wohnen bleiben und ihren Freundeskreis und ihre Nachbarschaft behalten. Selbst über Ralf und Marion, die es ja immerhin zu Wohlstand gebracht haben, hängt diese Unsicherheit.

[265] Ende der Zitatmontage: ebd., 21.

All dies wird heute unter dem Stichwort „Individualisierung" diskutiert, und manche Sozialwissenschaftler*innen streichen auch die Chancen dieses Prozesses heraus: Menschen sind heute nicht mehr durch ihre Zugehörigkeit zu Klasse und Milieu, zu Geschlecht und Nationalität festgelegt, sondern haben die Chance, sich ihre Biographie in größerer Freiheit als je zuvor „zusammenzubasteln". Die örtliche und soziale Mobilität sind enorm gewachsen. Männer und Frauen können ihre Rolle und ihre Verpflichtung in der Familienarbeit und in der öffentlichen Berufstätigkeit individuell aushandeln, und gerade für Frauen bietet die Individualisierung größere Freiheit als je zuvor, berufliche Erwerbstätigkeit mit der Beziehungsarbeit für Kinder und Mann – Ehemann oder Freund – zu verbinden.[266]

Ich will diese Chancen nicht rundweg bestreiten, sehe die Entwicklung aber skeptischer, ähnlich wie Richard Sennett, aus dessen Buch „Der flexible Mensch" ich die Lebensgeschichten von Heinrich und Erna, Ralf und Marion übernommen habe. Sennett fragt: was geschieht eigentlich mit Menschen, die ihr Leben nach den Zumutungen des neuen, globalen Kapitalismus ausrichten müssen, der eine neue Form eines auf Kurzfristigkeit und Elastizität ausgerichteten Wirtschaftens hervorgebracht hat? Die Zumutung an den „flexiblen Menschen" heißt: du musst dir ständig neue Aufgaben stellen. Du musst immer bereit sein, deine Arbeitsstelle, deine berufliche Orientierung, deinen Wohnort zu wechseln. Aber Menschen sind, wenn sie als Menschen aufwachsen und leben können wollen, auf Langfristigkeit, auf Verlässlichkeit, auf Entwicklung angewiesen. Wenn Menschen keine langfristigen, verlässlichen Beziehungen mehr aufbauen können, dann entsteht das, was Sennett „Drift" nennt, ein zielloses Dahintreiben. Ein außenorientiertes Leben, immer darauf angewiesen, Erfolg zu haben und Scheitern zu vermeiden. Es würden auch die psychischen Kapazitäten fehlen, das verarbeiten zu können.

Welche Chancen haben Menschen im neuen Kapitalismus, ihre Lebensgeschichte selbst zu „schreiben"? Sind sie selbst Baumeister oder wenigstens Hobby-Konstrukteure ihrer Bastelbiographie? Sind sie Subjekte ihres Lebens? Ich vermute, dass das nicht so ist. Ich vermute außerdem, dass die Chancen zur Selbstbestimmung nicht in dem Maße gewachsen sind, wie die alten Grenzen von Klasse, Geschlecht und Nationalität gefallen sind. Und wenn man genau hinsieht, stimmt ja nicht mal das: sonst hätte die Tochter einer türkischen Änderungsschneiderin in unserer Gesellschaft die gleichen Lebenschancen wie der älteste Sohn des deutschen Textilfabrikanten in der gleichen Stadt, oder

266 Die sozialwissenschaftliche Debatte über den Individualisierungsprozess ist wesentlich angestoßen worden durch: Ulrich Beck, Risikogesellschaft. Auf dem Weg in eine andere Moderne. Frankfurt a.M. 1986.

wenigstens wie die Tochter einer Pfarrerin oder eines Theologieprofessors. Ausländer*innen, vor allem Asylsuchende sind in Deutschland nicht in dem Maße in den Prozess der Individualisierung eingebunden wie die gesellschaftlichen Mittel- und Oberschichten. Oft sind die Chancen und Spielräume für soziale und räumliche Mobilität sehr gering. Dies spiegelt sich nicht zuletzt in den Untersuchungsergebnissen zur Verbindlichkeit religiöser Lebenspraxen. Umgekehrt kann mit Gründen eine Korrelation vermutet werden: In dem Maße, wie Kinder und Jugendliche aus Migrant*innenfamilien in den Individualisierungsprozess einbezogen werden, nimmt auch die Verbindlichkeit religiöser Lebenspraxen und Zugehörigkeiten ab.

Kehren wir zu den Lebensgeschichten zurück und nehmen wir einmal an, Ralf und Marion, deren Lebensgeschichte uns im Moment beschäftigt, würden sich die Ruhe nehmen und gründlich darüber nachdenken, was ihr Leben eigentlich bestimmt. Wer ist Subjekt unserer Lebensgeschichte, wer entwirft unser Leben? Ich denke, wenn sie lange und ehrlich genug nachdenken würden, würden sie sagen: der wirtschaftliche Erfolg. Oder wenigstens: dass wir nicht wirtschaftlich scheitern, dass wir keine Kunden verlieren oder sogar unseren Arbeitsplatz. Wer entwirft diese Lebensentwürfe? Letzten Endes nicht die Menschen selbst, sondern das Geld. Das Geld ist wichtiger als Nachbarn und Freunde, als die Sehnsucht oder sogar das dringende Bedürfnis, sich irgendwo zu Hause fühlen zu können. Und: Man kann so wenig daran ändern, dass man sich diese Lebensrealität im Alltag nicht einmal mehr vor Augen führt.

Das marktwirtschaftlich-kapitalistische System lebt in seinem Zentrum – also in der Frage, ob das Geld, ob das Kapital Wert hat und behält, davon, dass die Menschen ihm Vertrauen schenken. Geld und Religion funktionieren in diesem zentralen Punkt genauso. Es geht um die religiöse Natur des Kapitalismus. Sie ist nicht erst heute offenkundig. Martin Luther beispielsweise legt 1528/29 im Großen Katechismus das erste Gebot aus. „Ich bin JHWH, dein Gott, du sollst keine anderen Götter haben neben mir." Die Frage ist, wem man im Innersten vertraut, woran man sein Herz hängt. Daran entscheidet sich in einer jeden individuellen Lebensorientierung die Gottesfrage. „Worauf du nu (sage ich) dein Herz hängst, das ist eigentlich dein Gott."[267] – „Es ist mancher, der meinet, er habe Gott und alles gnug … Siehe, dieser hat auch einen Gott, der heißet Mammon, das ist Geld oder Gut, darauf er alle sein Herz setzet, welchs auch der allergemeinest Abgott ist auf Erden."[268] Das Geld ist in dieser Perspektive die eigentliche Gefahr für die

---

267 Martin Luther, Der Große Katechismus deutsch. BSLK 560.
268 Ebd.

Gottesbeziehung des Menschen, und damit für das Zentrum seiner Selbstvergewisserung wie seines Zusammenlebens mit anderen Menschen.

Wenn man den großen Kirchenmitgliedschaftsbefragungen seit „Wie stabil ist die Kirche ...“ oder allein schon dem Augenschein im Sonntagsgottesdienst einer durchschnittlichen Gemeinde traut, bietet die Lebensorientierung des christlichen Glaubens und die Zugehörigkeit zu einer Kirche für Menschen wie Ralf und Marion schwerlich eine wählbare Alternative. Das Problem ist nicht vor allem, dass das Milieu, dem sie zugehören, ziemlich genau im Schnittpunkt der beiden großen Abwanderungsbewegungen aus der Kirche liegt: der Gebildeten seit der Aufklärungszeit des 17. und 18. Jahrhunderts und der Industriearbeiterschaft seit dem 19. Jahrhundert. Die Veränderung, die der neue Kapitalismus für die Arbeitsmöglichkeiten von Kirchengemeinden bedeutet, ist ja noch einmal einschneidender und ist auch mit den sinkenden Kirchensteuereinnahmen heute nicht ausreichend beschrieben. Die Elterngeneration, Menschen wie Heinrich und Marion in unserer Lebensgeschichte also, hätte durchaus, obwohl sie zur Arbeiterschaft gehörte, in der Kirchengemeinde des Stadtteils eine Heimat finden können. Erst der beständige Zwang zur Mobilität, zur Bereitschaft, alle verbindlichen Beziehungen auf die kurzfristigen Schwankungen der Markterfordernisse einzustellen, macht die Orientierung von Menschen wie Marion und Ralf an der Lebenswelt einer Kirchengemeinde sinnlos, und diese massenhafte Situation ist Gift für die Arbeit der Kirche heute.

Dies ist jedoch keine zureichende Antwort auf die Frage nach Religion, und zwar über die christliche Perspektive hinaus auch für Menschen anderer Religionszugehörigkeit in unserem Lande. Ein Feld, wo man heute sehr eindrücklich etwas über die oft uneingestandenen Sehnsüchte und Träume von einem besseren Leben herausfinden kann, ist die populäre Kultur. „Elf Freunde sollt ihr sein“. Zwischen Fußballstadion und Fernsehen, Kino und Rockkonzert werden heute viele Rituale inszeniert und Geschichten erzählt, die trotz aller Vielfalt eine Erzählung immer wieder aufführen. Jede*r kann sich in sie verwickeln lassen, kann sich für einige Stunden auf eine Reise in eine Welt hinter der Welt begeben und sich in einen Fluss von Bildern, Tönen und Klängen aufnehmen lassen, kann intensiven Gefühlen Raum geben, je nach Temperament im Kino viele Tempotaschentücher verbrauchen oder auf der Fußballtribüne die Reißfestigkeit der Stimmbänder ausprobieren.

Die eine, immer wieder abgewandelte Geschichte, die in populärkulturellen Werken und Ritualen inszeniert wird, ist: Das Leben ist nur zu gewinnen, wenn sich einer rückhaltlos für den anderen, für die anderen einsetzt. Es ist im Kern immer wieder diese Geschichte: wenn in Titanic (USA 1997, Regie: J. Cameron) Rose das Leben von Jack rettet, als er im Unterdeck des sinkenden Schiffes an ein Heizungsrohr gekettet ist, und Jack dann sein Leben für Rose hingibt, als in den eisigen Fluten auf der dünnen Holzplanke nur für einen Menschen Platz ist. Es ist dieselbe Geschichte, wenn in der Bundeliga ein Libero unter Einsatz seiner körperlichen Unversehrtheit (Muskelfaserriss) ein Tor klärt, wenn der stumme Rächer der Outlaws im Film „Leichen pflastern seinen Weg“ (Italien/Frankreich 1968, Regie: S. Corbucci), selbst schon schwer verletzt, sein Leben dahingibt, um die verhungernden und erfrierenden Ausgestoßenen vor dem Kopfgeldjäger (Klaus Kinski) zu retten; und dieselbe Geschichte, wenn in der Kino-Endzeit-Seifenoper „Armageddon“ (USA 1998) der von Bruce Willis gespielte Held sein Raumschiff mit dem auf die Erde zurasenden Meteoriten kollidieren lässt, um nicht nur die Liebe seiner Tochter, sondern die ganze Welt zu retten.

Wenn man diese in vielen Einzelgeschichten immer wieder neu erzählte Geschichte ansieht, dann fallen vor allem zwei Dinge ins Auge: Es ist die ziemlich genaue Gegengeschichte zu dem, was Menschen im neuen Kapitalismus alltäglich erleben und wonach sie ihr Leben ausrichten müssen. Hier gilt: ich werde auf dem Markt nur dann überleben, wenn ich meine eigenen Interessen, mein eigenes Lebensrecht gegen alle anderen durchsetze, auch um den Preis, dass andere dabei untergehen. Und das zweite: Je genauer man einzelne Erzählungen der populären Kultur interpretiert, um so deutlicher wird man wahrnehmen, dass hier biblische Geschichten, dass vor allem die Christusgeschichte die Vorlage ist, die immer wieder erzählt, abgewandelt, neu zusammengesetzt wird. Das Leben kann nur erhalten, das Heil nur erworben, das Böse nur entmächtigt werden, wenn eine*r sein oder ihr Leben für die vielen dahingibt.

Die Gegenüberstellung eines individualisierten, durch wirtschaftliche Zwänge und Erfolgshoffnungen bestimmten Alltagslebens und den populärkulturellen Erzählungen von einem ganz anderen, durch Solidarität und Selbstpreisgabe fürs Ganze und die Lebensrechte der Anderen bestimmten Leben ist interessant, auch mit Blick auf Seelsorge. Wie verhalten sich die Erzählungen vom geglückten, gemeinschaftsbezogenen und „altruistischen“ Zusammenleben zur alltäglichen Aufgabe, zwischen ökonomischer Knappheit und Aufstiegshoffnung, Arbeits- und Konkurrenzdruck und Verpflichtung gegenüber familialen und freundschaftlichen Nahbeziehungen einen Lebensentwurf zu finden und ein Konzept von Lebensführung zu entwickeln? Ist das Verhältnis zwischen populärkultureller Erzählung und Alltagsrealität im Sinne von Traum und Realität, Vertröstung und Anpassung zu bestimmen? Oder liefern die populärkulturellen Erzählungen ein heilsames Gegenbild, das einen – auch seelsorglich wichtigen – Ansatz bieten könnte, grundlegende Lebensorientierungen neu zu überdenken, vielleicht sogar zu verändern?

Erzählen schafft Wirklichkeit. Das ist die erste zu diskutierende Antwort auf diese Fragen. Erzählen kann zum Sprechakttyp der performativen Sprechakte gehören[269]: im Unterschied zu anderen Sprechakten, in denen Tatsachen mitgeteilt werden, die in der Wirklichkeit bereits da sind, oder aber in denen moralische Normen gesetzt bzw. angesprochen werden, stellen performative Sprechakte die Wirklichkeit selbst her, die sie aussprechen. Die Grundform performativer Sprechakte ist das Versprechen: z.B. vor dem Traualtar: Ich nehme Dich, Maria, zu meiner Frau. Oder das Gerichtsurteil: Im Namen des Volkes spreche ich Sie schuldig und verurteile Sie zu einer Gefängnisstrafe. Die Wirklichkeit schaffende Wirksamkeit von Erzählungen ist weniger offenkundig. Ich möchte es so formulieren: Sie schaffen gedankliche Vertrautheiten, wirksame innere Bilder, bisweilen Körperinszenierungen und akzeptierte Handlungsmuster. Oft lassen sich Szenen und Milieus, in denen bestimmte Erzählungen in dieser Weise wirksam werden, von anderen unterscheiden, in denen das nicht der Fall ist.

Erzählungen sind nicht nur übers Kino oder andere elektronische Medien wirksam. Manchmal sind es literarische Erzählungen, die ungeahnte Macht entfalten. Ein Beispiel: Längst ist „Harry Potter“ in die Fänge der Kulturindustrie geraten und durchgefeiert, aber zu Beginn haben sich diese Bücher, jenseits aller Marktstrategien, durch die Kraft ihrer Erzählung („Story-Telling“) durchgesetzt, haben Lesewut, Phantasiereisen und Körperinszenierungen bei Kindern und Erwachsenen provoziert und einen geradezu atemberaubenden ökonomischen Erfolg begründet. Es bleibt die Frage, ob sich Kraft und Charme dieser Erzählung gegen ihre totalisierte Vermarktung werden behaupten können.

Offensichtlich gehört nicht jedes Erzählen zu diesem Typus der wirklichkeits-setzenden Erzählungen. Es gibt viele Erzählungen, die langweilig sind oder selbstverständlich oder bereits bekannt: sie schaffen keine neue Wirklichkeit. Ein großer Teil alltäglicher Kommunikationen, aber auch medialer Erzählungen gehören zu diesem Typ. Oder, ich muss differenzieren: Nicht ihr Inhalt ist das Wirklichkeit-Setzende, sondern allein die Tatsache, dass dieses Erzählen stattfindet. Auch unspektakuläre Erzählungen sind – auf die Dauer und in ihrer bloßen Wiederholung – wirklichkeits-schaffend. Auf die Dauer werden kommunikative Räume aufgebaut, die einzelne und die Beziehungen zwischen Menschen umhüllen. Ob es sich nun um Erzählungen vom Fußball oder vom Wohnungs-Einrichten, vom Essen-Kochen oder Mit-dem-Hund-Spazierengehen, um Erzählungen vom Größerwerden der Kinder oder den Schlaflosigkeiten und gesundheitlichen Zipperleins der Erwachsenen handelt: Man könnte in Anlehnung an Peter Slo-

[269] Vgl. John L. Austin, Zur Theorie der Sprechakte, Stuttgart 1972.

terdijk[270] – je spezifisch für Individuen, Beziehungen, Szenen oder auch Milieus – von „Blasen“ sprechen, die die alltägliche Realität der Menschen umkleiden; oder im Anschluss an Horst Albrecht ein stärker körperbezogenes Bild verwenden: Albrecht spricht in Hinblick auf die den Alltag begleitende Macht medialer Töne und Bilder, Songs und Erzählungen von einem „elektronischen Amulett“[271], das Menschen davor bewahren kann, sich unvorhergesehenen Ereignissen und Begegnungen ungeschützt stellen zu müssen.

In diesem beständigen Fluss alltäglicher und medialer Erzählungen gibt es dann manche, die ich als machtvolle Erzählungen bezeichnen möchte. Sie haben eben diese Qualität: sie setzen die Wirklichkeit, die sie erzählen, und sie setzen sie neu bzw. modifizieren vorhandene Wirklichkeit. Der kommunikative Raum, der durch sie entsteht, hat die Kraft, die Gestimmtheit und auch die Wege der Gedankentätigkeit von Menschen zu gestalten, aber auch Beziehungen zwischen Menschen zu eröffnen und zu trennen. Im Sinne der neuen Phänomenologie, z.B. bei Hermann Schmitz, geben machtvolle Erzählungen einer Atmosphäre Gestalt, die sich als Gefühlsraum im äußeren Raum aufbaut und von den Individuen in ihrem „inneren“ Raum, als Gestimmtheit gespiegelt wird.[272]

Ich denke, machtvoll wirklichkeits-schaffend sind tatsächlich die Erzählungen, nicht die bloßen Ereignisse. Die Erzählungen machen die Ereignisse langfristig wirksam, indem sie diese immer wieder erinnern, bekräftigen, sie „auf die Reihe bringen“. Von den vielen Küssen im Hausflur war dieser Kuss mit dieser Frau der Beginn einer langen, vielleicht lebenslangen Liebesgeschichte. Oder: dieser Streit, dieses schreckliche Wort, das du zu mir gesagt hast, dieses vergessene Versprechen oder diese mir nicht erzählte andere Beziehung: das war der Beginn unserer Trennungsgeschichte. Ich denke, wir kennen das alle aus unserer eigenen Lebensgeschichte, und die Inszenierungen der populären Kultur, vor allem Kinofilme und Serien, inszenieren zu einem erheblichen Anteil genau diese machtvollen, beziehungsbegründenden und beziehungstrennenden Erzählungen immer wieder aufs Neue. Jede Liebesgeschichte hat ihre Ursprungserzählung: wie wir uns das erste Mal verabredet haben, wie wir uns zum ersten Mal ernsthaft geküsst haben ... Auch hierfür gibt es zahllose Beispiele medial wirksamer Erzählungen. In den Kinofilm „Harry und Sally“ beispielsweise, (When Harry met Sally, USA 1989, Regie: Bob Reiner, mit Billy Cristal und Meg Ryan), selbst eine wunderbar erzählte Geschichte über den Beginn und eine über viele Stationen und jahrelange Verwirrungen schließlich doch glückliche Rea-

270 Vgl. Peter Sloterdijk, Sphären. 3 Bde. Blasen. Globen. Schäume. Frankfurt a.M. 2004.
271 Vgl. Horst Albrecht, Die Religion der Massenmedien. Stuttgart 1993.
272 Vgl. Hermann Schmitz, System der Philosophie. Der Raum – Zweiter Teil. Bonn, 2. Aufl. 1981, 98ff.

lisierung einer Liebesbeziehung, werden immer wieder quasi-dokumentarische Sequenzen eingewoben, in denen alt gewordene Ehepaare ihre Ursprungsszene erzählen, wie sie sich einmal kennen gelernt haben.

Solche Erzählungen haben, so könnte man sagen, beziehungsbegründende Kraft, und jedes Mal, wenn sie wieder erzählt werden, schaffen sie den Kontakt zur Ursprungssituation und verbinden die Alltäglichkeit gemeinsam gelebten Lebens mit dem Charme und der Kraft des Anfangs. Man kann sie als lebensgeschichtlich-persönliche Analogie zu der Weise beschreiben, wie der Religionsphänomenologe Mircea Eliade[273] die Kraft von religiösen Mythen in alten Gesellschaften – und in gebrochener Weise bis heute in spätmodernen Gesellschaften – beschreibt. Im Mythos, in der heiligen Erzählung wird die alltägliche Raum-Zeit-Erfahrung unterbrochen. Der Mythos qualifiziert die Zeit des Festes, durch die heilige Erzählung wird diese Zeit als die eigentliche Zeit gesetzt, qualifiziert eben durch die heilige Erzählung, die ursprüngliche Zeit hier und jetzt wieder, in der die Götter dereinst die Ordnung vom Chaos getrennt haben.

Aufgabe der Seelsorge in Hinblick auf Erzählungen ist, Ratsuchende darin zu unterstützen, ihr Leben trotz aller Abbrüche und versagten Lebensträume als zusammenhängende Geschichte sich vergegenwärtigen zu können und auf diese Weise Lebensgewissheit zu gewinnen.

Die Bibel ins Gespräch bringen

Ausgangspunkt im Seelsorge-Buch des früheren Moderators der Reformierten Kirche, Peter Bukowski, „Die Bibel ins Gespräch bringen“[274], ist: Der Streit aus den Anfängen der Seelsorgebewegung in den 60er und 70er Jahren zwischen Seelsorgern/Seelsorgerinnen, die sich humanwissenschaftlich-psychologischen Methoden und insbesondere der Psychoanalyse verpflichtet fühlen, und solchen, die ein theologisches Proprium kirchlicher Seelsorge gegenüber einer bloßen psychotherapeutischen Beratungshilfe bewahren wollen, hat an Brisanz und auch zu einem guten Teil sein Recht verloren. Peter Bukowski versteht dies als Einspruch sowohl gegenüber einem quasi-religiösen Anspruch von humanwissenschaftlichen Beratungsverfahren, wenn beispielsweise in der Gesprächspsychotherapie von Carl Rogers auf die Fähigkeit des Menschen zur Selbstheilung gesetzt wird, aber auch in manchen Äußerungen von Vertretern der Gestaltthe-

273 Vgl. Mircea Eliade, Die Religionen und das Heilige. Elemente der Religionsgeschichte. Paris 1949, Frankfurt a.M. 1986, 413-470.

274 Peter Bukowski, Die Bibel ins Gespräch bringen – Erwägungen zu einer Grundfrage der Seelsorge. Neukirchen 1994.

rapie, die sich kaum anders verstehen lassen als so, dass mit dieser Methode überkommene Ansprüche der Religion vererbt werden sollen. Bukowskis Einspruch richtet sich aber auch gegen die undifferenzierte Abwehr gegenüber humanwissenschaftlichen Methoden, wie sie aus einer theologisch begründeten Position beispielsweise mit Hinweis auf die grundlegende Unvereinbarkeit von Menschenbildern oder auf die unhintergehbare Sündhaftigkeit des Menschen immer wieder vorgetragen wurden und gegenwärtig von Seiten einer evangelikalen Position aus erneuert werden, die auf die unbefragbar normative Geltung gesetzlich verstandener biblischer Positionen[275] verweisen. Die Gesprächslage hat sich mittlerweile vollständig verändert. Die Chance, die in der Aufhebung wechselseitiger Blockierungen liegt, ist jedoch noch nicht ausreichend genutzt worden; Bukowski spürt dies in seinem Arbeitsfeld, nämlich im Gespräch mit denen, die im Predigerseminar die handwerklichen Fähigkeiten des Seelsorgens lernen und über die eigene Rolle reflektieren. Er gibt in seinem Buch, so könnte man sagen, einen seelsorgetheoretisch-systematischen Begründungsvorschlag für eine evangelische – im kritischen Unterschied zu einer gesetzlichen – biblische Seelsorge, die Bibel in seelsorgliche Gespräche zu bringen.

Bukowski selbst ist lebensgeschichtlich beiden Traditionen gegenüber verpflichtet: einer biblischen Theologie und einer gestalttherapeutischen Psychotherapie; so kann er kompetent und anschaulich zeigen, welche Brücken mittlerweile zwischen beiden Orientierungen begehbar geworden sind. Die Reflexion dieses Buches kreist um zwei Sätze, die wie Parolen formuliert sind: „Die Bibel ins Gespräch bringen" – wobei in Analogie zu den Regeln der themenzentrierten Interaktion nach Ruth Cohn das Recht und die Würde aller Beteiligten geachtet werden sollen: Der Bibel, der Situation des Gespräches und der Interaktion von Ratsuchenden und Seelsorgern und Seelsorgerinnen; und: „Lebenshilfe als Glaubenshilfe". Mit dieser Parole ist eine nicht-rigide, nicht-gesetzliche, evangeliumsgemäße Hilfe zum Glauben in der Aufarbeitung von zentralen Lebenskonflikten intendiert.

Die Bibel kann deshalb auf menschliche Lebenskonflikte bezogen werden, weil sie selbst ein ‚Buch voller Leben'[276] ist. In ihr kommen Ängste und Hoffnungen, Lebenszugewandtheit und tiefe Verzweiflung, Konflikthaftigkeit und Zur-Ruhe-Kommen zur Sprache, in verdichteten Erzählungen, bildhafter Rede, in gebundener sprachlicher Gestalt. Und weil in der Bibel menschliches Leben in

---

275 Vgl. in diesem Zusammenhang vor allem Seelsorge-Konzeptionen aus einem biblizistischen und evangelikalen Anspruch: Jay E. Adams, Befreiende Seelsorge, Gießen 8. Aufl. 1988; sowie ders., Seelsorge mit der Bibel, Gießen 1988.

276 So der Titel eines weiteren Buches Bukowskis: Sylvia und Peter Bukowski, Ein Buch voller Leben. Entdeckungen in der Bibel. Predigten zu ungepredigten Texten. Neukirchen 1992.

seiner Vielfalt und Ambivalenz, auch seiner Abgründigkeit zur Sprache kommt, kann sie hilfreich in die seelsorgliche Bearbeitung menschlicher Lebenskonflikte eingebracht werden und hier Gefühlen, Ambivalenzen und Konflikten eine Sprache geben, die anders nicht oder nicht in dieser Intensität wahrgenommen werden könnten. Eine seelsorgliche Beziehung eröffnet einen Raum, in dem Konflikte und Ängste nicht verleugnet, sondern beim Namen genannt werden.[277]

Die Bibel ist „ein Buch voller Leben“, und Leben ist in der biblischen Erzählperspektive Verheißung und Geschenk. Die Menschen, die biblische Texte lesen oder hören, werden eingeladen, ihr Leben heute zu leben, ohne sich in Sorge um die Zukunft zu verzehren und ohne sich von dunklen Bildern des Versagens in der Vergangenheit fesseln zu lassen. Ratsuchende müssen sich im Angesicht der Bibel selbst dann nicht als Versager*innen fühlen, wenn ihnen diese Lebenshaltung nicht gelingt. Sie können ‚ihrer Straße fröhlich ziehen‘ (Apg. 8,26-40) – und dies ist etwas Tieferes als ein momentanes Gefühl guter Laune; es ist ein Lebensgefühl, das sich nicht erwerben lässt, sondern dem man sich nur wie einem Geschenk öffnen kann: Innerlich zur Ruhe kommen, Lebensgewissheit gewinnen. Die Bibel spricht Traurigen Trost zu; sie werden auf dem Weg der Trauer begleitet, werden unterstützt, vor der obszönen Hässlichkeit des Todes nicht zu verzagen, in der Ungewissheit ihrer Lebenskrisen nicht zu versinken und im Angesicht des eigenen Todes hoffen zu können, dass die biologische Lebensgrenze nicht der Abbruch aller Existenz und Beziehung ist. Dazu braucht es die gute Nachricht von der Auferweckung Jesu, dazu braucht es auch Hoffnungsbilder und Visionen wie Jesu Predigt vom Reich Gottes und wie die Zusage und Erwartung des Paulus, dass das Reich Gottes so unmittelbar bevorsteht, dass wir selbst es noch erleben werden (1. Thessalonicher 4, 13-18). Bukowski geht es darum, im seelsorglichen Gebrauch biblischer Texte diese nicht zu verbrauchen. Die Bibel ist nicht ein ‚Topf auf den Deckel‘, sondern sie kann deshalb und nur dann zur Hilfe werden, wenn sie gegenüber den Bedürfnissen und Erwartungen der Menschen auch in ihrer Fremdheit und Andersheit wahrgenommen und geachtet wird.

---

[277] Bukowski zeigt beispielhaft, wie biblische Texte solche Konflikte wahrnehmbar und sprachfähig machen. Dazu gehören beispielsweise Alltagsprobleme wie die Schwierigkeiten von überbelasteten Menschen, die Grenzen ihrer körperlichen Leistungsfähigkeit und ihrer zeitlichen Möglichkeiten zu respektieren – hier kann ein Text aus dem zweiten Buch Mose, aus Exodus Kapitel 18, 13-24 ‚ins Spiel‘ gebracht werden, in dem davon erzählt wird, wie Mose Aufgaben, die über seine Kraft gehen, mit den Ältesten des Gottesvolkes teilt. Dazu gehört weithin verdrängte oder verharmloste Gewalt wie sexualisierte Gewalt, oder vor allen Frauen oft von Kindheit und Jugend an ausgesetzt sind – hier kann eine Erzählung aus dem 13. Kapitel des 2. Samuelbuch des Alten Testamentes angesprochen werden, in der davon berichtet wird, wie einer der Söhne des Königs Davids eine Halbschwester zwingt, ihm sexuell zu Willen zu sein.

Bedeutet es nicht einen Bruch im seelsorglichen Gespräch, wenn der*die Seelsorger*in eine biblische Geschichte, einen Psalm, einen freien oder gebundenen Gebetstext in das helfende Gespräch mit einbringt? Bukowski zeigt: dieses Argument, das aus der Tradition der beratenden Seelsorge – z.B. in der Tradition von Carl Rogers – gegen diese Konzeption gerichtet werden könnte, „die Bibel ins Gespräch zu bringen", trifft ja auch die ‚profane' Beratung: Auch hier findet sich eine Bruchstelle im Gespräch, wenn der*die Berater*in beispielsweise Konflikte anspricht, eine Konfrontation für nötig hält, Deutungshilfen von sich aus einbringt, wenn er*sie selbst als Ausdruck eigener Echtheit auch eigene Gefühle anspricht, aus der eigenen Wahrnehmung des Konfliktes den Ratsuchenden zielstrebig begleitet und unterstützt. Auch in ‚profanen' Gesprächsbeiträgen des*der Berater*in wird gegenüber den Gefühlen der Situationswahrnehmung des Ratsuchenden etwas Anderes, Neues eingetragen.

Bukowski arbeitet als gestalttherapeutisch ausgebildeter Psychotherapeut; er bringt die biblischen Texte auch vor dem Hintergrund seiner Kenntnisse um Probleme der ‚Gestalt', um die Ausbalancierung des Figur-Grund-Problems zur Geltung. Er zeigt, wie alttestamentliche Psalmen eine Möglichkeit bieten, nicht zugelassene und verdrängte Gefühle, gerade auch Gefühle von Wut, Hass und Müdigkeit, die im Hintergrund für aktuelle Konflikte stehen können, selbst zur „Figur", einer Gestalt zu erheben, sie erlebbar zu machen und so nicht hilflos überflutet zu bleiben. Nicht nur einzelne biblische Texte, sondern auch umfassendere biblische Themen, z.B. die Vergebung der Sünden können dem Seelsorger*der Seelsorgerin eine Orientierung für ihre Gesprächsführung geben, und zwar auch dann, wenn dies im seelsorglichen Gespräch gar nicht explizit ausgesprochen werden muss: als Entlastung von der Größenphantasie, in dieser je konkreten seelsorglichen Situation alles richtig machen zu sollen oder auch nur zu können.

Zentral wichtig bleibt in all diesen Überlegungen, dass der Seelsorger und die Seelsorgerin die Situation des Gespräches und die Gefühle des*der Ratsuchenden sensibel wahrnimmt und so den eigenen Gesprächsbeitrag genau und hilfreich platzieren kann. Es macht z.B. einen Unterschied, ob vom Ratsuchenden theologische Fragestellungen und biblische Themen selbst angesprochen werden – und dies ist oft keinesfalls eine einfache Gesprächssituation, weil es heißen kann, dass die konkreten Konflikte beiseitegedrängt werden – oder aber, ob der*die Seelsorger*in erkennt, dass angesichts der Gesprächssituation eine biblische Geschichte oder ein Gebet eine Verdeutlichung, eine Öffnung oder eine strukturierende Gestalt geben kann. In jedem Falle muss der Zeitpunkt einer solchen Gesprächsintervention sorgfältig gewählt werden. Eine zu früh eingebrachte biblische Erinnerung kann den Gesprächsprozess blockieren. Die Gestaltung der Interaktion muss sorgfältig bedacht sein: Es soll kein anderes, kein neues Thema gesetzt werden. Es soll kein ‚Nebenkriegsschauplatz' gegenüber den bearbeiteten Konflikten eröffnet werden. Und es muss eine möglichst kurze und prägnante sprachliche Form gefunden werden. Oft reicht eine angedeutete und nicht ausgiebig erzählte Geschichte, oft ein einziger Satz. Und dies ist das Entscheidende: Der*die Seelsorger*in darf sich von der Verpflichtung befreit sehen, unter allen Umständen die Bibel ins Gespräch zu bringen. Das ist keinesfalls eine gesetzliche und für jedes Gespräch sinnvolle Forderung.

Hier kommt die zweite ‚Parole' in Bukowskis Buch zum Tragen: „Lebenshilfe als Glaubenshilfe". Im Umgang mit der Bibel im seelsorglichen Gespräch soll zwischen Verheißung und Aufgabe unterschieden werden. Denn es steht eben nicht in der Macht von Menschen, Glauben zu wecken.[278] Seelsorgliche Gespräche werden verkümmern und ihren helfenden Charakter verlieren, wenn der*die Seelsorger*in beständig ein ‚zweites Programm' innerlich mitlaufen lässt und auf eine Möglichkeit wartet, wie er eine glaubenseröffnende sprachliche Intervention „an den Mann" bzw. die Frau bringen kann. Es ist Verheißung und eben nicht abzufragende Aufgabe des seelsorglichen Gespräches, dass der Gesprächspartner*die Gesprächspartnerin einen Weg zum Glauben finden kann. Dies kann der*die Seelsorger*in getrost Gott überlassen, er*sie wird die Bibel dann und nur dann ins Gespräch bringen, wenn sie wirklich eine Hilfe ist. Die Einsicht des Seelsorgers bzw. der Seelsorgerin in die Begrenztheit der eigenen, auch der biblisch bezogenen Seelsorge ist ebenso Ausdruck von Realismus wie von Hoffnung: „Die Kraft Gottes, unter dessen Schutz wir einander begegnen, reicht gewiss weiter, als unsere Augen zu sehen vermögen, und sie wird unser Gegenüber auch dann weiterhin begleiten, wenn unsere seelsorgliche Begegnung an ein Ende gekommen ist."[279]

Bukowski selbst begründet die Legitimation, die Bibel ins seelsorgliche Gespräch anzubringen, unter anderem mit dem Hinweis auf die Variablen von Carl Rogers – Echtheit, Wertschätzung, Sympathie – und damit in positiver Anknüpfung an die nicht-theologischen Beratungskonzepte des helfenden Gespräches: Der*die Seelsorger*in könne die Bibel deshalb ins Gespräch bringen, weil sie zu seinem eigenen alltäglichen Glaubensleben dazugehört; indem er*sie dies tut, kommt so ein Stück authentischer eigener Lebensgestalt zum Ausdruck. Hier stellt sich allerdings die Frage, ob mit diesem Legitimationsversuch Macht und Bedeutung der Bibel als Heiliger Schrift nicht unnötig individuell eng geführt wird: als wäre die Wirksamkeit der biblischen Erzähltradition an das individuelle Glaubenszeugnis des Seelsorgers*der Seelsorgerin gebunden.

---

[278] An dieser Stelle nimmt Bukowski den bei Thurneysen formulierten Einspruch gegen Größenphantasien in der seelsorglichen Arbeit auf.

[279] Peter Bukowski, Die Bibel ins Gespräch bringen, a.a.O. 23.

Bukowski bringt an einer anderen Stelle seines Buches einen weiterführenden Gedanken zur Geltung, wenn er von einer „Energiezufuhr" spricht, die die Bibel in ein helfendes Gespräch einbringen kann. „Darüber hinaus bringe ich durch eine Geschichte, gerade auch durch eine biblische Geschichte, ein Element von Neuheit und Überraschung ins Gespräch. Deshalb ist eine Geschichte besonders geeignet, festgefahrene Erlebniss- und Handlungsmuster, die sich in einem festgefahrenen Gesprächsverlauf widerspiegeln, in heilsamer Weise zu unterbrechen – gegebenenfalls sogar zu durchbrechen..."[280] Hier wird der biblische Text nicht zuerst unter dem Aspekt von Bedeutung und Deutung, sondern unter dem Aspekt von Energie bzw. Kraft und der Frage danach wahrgenommen, von wem wirklich gute, heilende, helfende Energiezufuhr zu erhoffen ist.

Metaphern und Symbole

Was ein Symbol ist und wie es wirkt, darüber wird in verschiedenen Gesprächszusammenhängen nachgedacht: beispielsweise in Sprachwissenschaft und Philosophie, Psychoanalyse und Theologie. Einige besonders prägnante Positionen sollen skizziert werden.

In einigen neueren Veröffentlichungen zur Metapherntheorie (z.B. Wheelwright; Rudolph) gilt ein Symbol als „stabilisierte Metapher". Metaphern tragen das Moment des Neuen und der Sinnstiftung, sie haben schöpferische Kraft, insofern sie einen neuen Sinnzusammenhang aufdecken und „Sprachgewinn" eröffnen können (Jüngel). Metaphern führen in oft überraschenderweise zwei Wirklichkeitsbereiche zusammen, die beide auf diese Weise neu gesehen werden können (wobei das Überraschende einer Metapher durch Gewöhnung verloren gehen kann, z.B. in den johanneischen Ich-Bin-Worten wie „Ich bin der Weinstock, ihr seid die Reben", Joh 15,5).[281] Durch „bizarre Prädikationen" werden Wirklichkeitsbereiche aufgeschlossen, die anders nicht sagbar wären (Ricoeur).

Gegenüber der Wirklichkeit neu schaffenden Macht von Metaphern haben Symbole in dieser Interpretationsperspektive den Charakter von Resultaten. „Symbole sind abgeschlossene Prozesse. Sie sind Geschichte, oder besser: Darstellungen dessen, was offenbar Geschichte hat werden können" (Rudolph, 327). Was im Entstehungsprozess von Texten als Metapher, als „bizarre Prädikation" angesehen werden kann, kann sich im Verlauf einer Überlieferungsgeschichte zum Symbol stabilisieren.

---

280 Ebd., 61.

281 Silke Petersen, Brot, Licht und Weinstock: Intertextuelle Analysen Johanneischer Ich-Bin-Worte. Brill Verlag 2008.

In einem etwas anders gelagerten linguistischen Interpretationsvorschlag (Lakoff/Johnson) gelten kulturspezifische und religiöse Symbole als besondere Metonymien (bei einer Metonymie steht eine Entität für eine andere, z.B. die Taube für den Heiligen Geist). „Der Grund, weshalb die Taube das Symbol des Heiligen Geistes ist und nicht etwa das Huhn, der Geier oder der Strauß, ist folgender: Die Taube stellen wir uns als etwas Schönes, Sanftes und vor allem Friedvolles vor ... Die kulturspezifischen und religiös geprägten Konzeptsysteme sind im Kern metaphorisch. Symbolische Metonymien sind entscheidende Bindeglieder zwischen der Alltagserfahrung und den kohärenten metaphorischen Systemen, durch die Religionen und Kulturen gekennzeichnet sind“ (ebd., 51) Nach diesem Interpretationsvorschlag gebrauchen Menschen Symbole für die Wahrnehmung und Artikulation ihrer Erfahrungen, weil die Symbole bereits in der Geschichte ihrer Erfahrung (z.B. Raum- und Wahrnehmungserfahrungen, Erfahrungen in Hinblick auf körperliche Abläufe) und damit ihrer jeweiligen Kultur präsent sind. Ob Symbole wirken, entscheidet sich je nach historischen und kulturellen Selbstverständlichkeiten („die Taube ... stellen wir uns vor“).

So plausibel dieser Zugang auf den ersten Blick erscheinen mag, so wenig werden durch ihn zwei allerdings zentrale Phänomene verständlich, die sich bei genügend gründlicher Beobachtung auftun: Wenn Menschenkinder heranwachsen, wachsen sie in eine Welt hinein, in der alle – symbolisch vermittelten – Bedeutungen bereits vor und außer ihnen da sind. Und: viele, insbesondere lebensgeschichtlich zentrale Erfahrungen werden als Erfahrung für das Subjekt erst zugänglich durchs Symbol. Beide Wahrnehmungen deuten darauf hin, dass Symbole gerade dadurch Kraft und Bedeutung gewinnen, dass sie gegenüber dem menschlichen Subjekt, das Erfahrungen macht und für ihre Artikulation eine Gestalt sucht, vorgängig und als Anderes da sind.

Zum Verständnis dieses Sachverhaltes bietet sich ein psychoanalytischer Zugang zum Symbol an. In einem einflussreichen Gesprächsbeitrag werden Symbole als „Übergangsobjekte“ verstanden. Das heranwachsende Menschenkind muss mit Versagungen leben lernen, beispielsweise mit der temporären Abwesenheit der Mutter und anderer erster Betreuungspersonen, und findet in einem Teddy, einer Kuscheldecke oder im eigenen Daumen ein Symbol, das die Anwesenheit der Mutter vertritt. „Im einfachsten Fall eignet sich ein normales Baby ein Stück Stoff oder eine Windel an und wird ihr hörig; der Zeitpunkt ist vielleicht sechs Monate bis ein Jahr oder später. Die Untersuchung dieser Erscheinung in der analytischen Arbeit macht es möglich, von der Fähigkeit zur Symbolbildung in Form der Verwendung eines Übergangsobjekts zu sprechen“ (Winnicott, 1993, 143).

Auf der einen Seite sind die Menschenkinder an der Symbolbildung beteiligt – durch ihre Wahl, durch die Besetzung der ausgewählten Gegenstände mit Gefühlen usw. –, auf der anderen Seite nehmen sie notwendigerweise Gegenstände für ihre Wahl in Anspruch, die außerhalb und vor ihnen schon da sind. Beide Seiten, die subjektive wie die objektiv-gegenständliche Seite der Symbolbildung, werden in der psychoanalytischen Symbolinterpretation ernst genommen; ein zentrales Feld, an dem dies diskutiert wird, ist das Sprechen-Lernen des heranwachsenden Menschenkindes. In diesem Zusammenhang ist es auch zu einer – gegenüber der Anfangszeit psychoanalytischer Theoriebildung – positiveren Wertung von Symbolen gekommen. Während der Begründer der Psychoanalyse Sigmund Freud Symbole unter der Perspektive eines negativen, weil unzureichenden innerpsychischen Schutzmechanismus (in Träumen, aber auch bei Neurosen) angesehen hat – durch Symbolisierung (z.B. einen Waschzwang) werden Triebwünsche verdrängt und verschoben und auf diese Weise der Realitätskontrolle der innerpsychischen „Ich"-Instanz entzogen –, werden Symbole in der neueren Diskussion als notwendig für die Entwicklung menschlicher Subjektivität und Intersubjektivität angesehen (Lorenzer, 85ff., 109ff., 152ff.).[282]

Symbole entstehen in einer gelingenden Begegnung zwischen dem zunächst vorsprachlichen Subjekt eines kleinen Menschenkindes und der außer ihm schon existierenden sozialen Regelhaftigkeit, die ihm in Interaktionen mit den ersten Betreuungspersonen begegnet und zunehmend sprachlich vermittelt ist. Etwa im fünften Lebensmonat wird die ungebrochene Einheit, in der ein menschlicher Fötus mit der Mutter lebt, noch im Mutterleib selbst durch erste Interaktionen differenziert. Der Fötus spürt beispielsweise Druck, Stöße und auch Streicheln auf dem Bauch der Mutter. Bei diesen Interaktionserfahrungen, die sich in den Monaten nach der Geburt weiter ausdifferenzieren, handelt es sich um vorsprachliche, sensorisch-gestisch vermittelte und im Organismus wahrgenommene Erfahrungen: wie die Mutter beispielsweise den Säugling aufnimmt und liebkost, wie sie ihr lächelndes Gesicht dem seinen zuwendet, wie sie das kleine Mädchen*den kleinen Jungen an die Brust legt und wickelt. Aus diesen Interaktionssequenzen entwickeln sich im Erfahrungsschatz des Kleinkindes szenische Bilder, die seine psychischen Dispositionen formen. Der unartikulierte körperliche „Bedarf" wird so Schritt für Schritt zum „Bedürfnis", das der Säugling wiederum gestisch-motorisch auf eine solche Weise äußern kann, dass die Mutter in der Lage ist, es zu interpretieren: Sie „weiß", dass der*die Kleine jetzt Hunger hat, gestreichelt werden möchte, in die Windel geschissen hat. Das

282 Vgl. Alfred Lorenzer, Das Konzil der Buchhalter. Die Zerstörung der Sinnlichkeit, Frankfurt a.M. 1988 (1984).

Gesamt dieser zunehmend entfalteten und differenzierten Szenen, die sich im psychischen Habitus des Säuglings als innere Bilder und Stimmungen aufbauen, bezeichnet Lorenzer als Interaktionsform.

Nach und nach kommt es zum Kontakt des Menschenkindes mit der Sprache; Ort dieser Erfahrung ist zunächst die Mutter-Kind-Dyade. Das Kind entwickelt allmählich eine Fähigkeit zur doppelten Registrierung: es lernt, bestimmte Interaktionsformen mit bestimmten Lauten zu verknüpfen: beispielsweise sagt es „Mama", wenn sich das lächelnde Gesicht der Mutter (oder auch des Vaters und weiterer erster Bezugspersonen) nähert, und verknüpft mit diesem Wort ein Gesamt von Bedürfnissen, Gerüchen und Gefühlen, die es bereits vorsprachlich artikulieren und wahrnehmen konnte. Die „doppelte Registrierung" ist von vornherein von ambivalenter Bedeutung für das menschliche Subjekt: Es entwickelt auf der einen Seite eine zunehmende Unabhängigkeit von direkt präsenten Szenen (die sprachlich repräsentierte „Mama" kann als inneres Bild auch dann herbeigerufen werden, wenn sie selbst nicht im Raum ist); auf der anderen Seite muss der Säugling seine vorsprachlichen Impulse einem Regelsystem anvertrauen, das selbst unabhängig von ihm entstanden und im gesellschaftlichen Verkehr normativ verbindlich ist.

Im Kontakt mit der Sprache geht vom vorsprachlichen, in der Interaktionsform geprägten Impuls immer ein Überschuss an Sinn verloren; zugleich kann, in lebensgeschichtlicher Perspektive in zunehmendem Maße, der Impuls nur artikuliert werden, indem ihn das Subjekt dem sprachlichen Regelsystem anvertraut. Gelingt die Verknüpfung von vorsprachlicher Interaktionsform und regelgeleiteter Sprache, so spricht Lorenzer von Symbol (demgegenüber bleibt ein Klischee unmittelbar, ohne Freiheitsgewinn fürs Subjekt, an die auslösende „Szene" gebunden; das Zeichen wiederum weist nicht über sich hinaus und kann einen gefüllten Kontakt zwischen Sprache und je-subjektiver Erfahrung nicht vermitteln). „‚Symbol' ist in meinem Konzept die Einheit von Interaktionsform und Sprachfigur, eine Einheit, die inhaltlich von beiden praxisanwendenden Systemen, der Matrix der einsozialisierten Interaktionsformen und dem System der Sprachfiguren, gebildet wird … Das Symbolisierte geht im Symbol auf – ‚verändert', weil der Sprache anvermittelt. Die konkrete Sprache der Individuen enthält, sobald diese Einheit gebildet wird (im Akt der Symbolbildung), die einsozialisierten Praxisfiguren. Die Operation mit konkreten, individuell angeeigneten Sprachfiguren ist deshalb nicht ‚praxislose' Zeichenoperation, sondern ‚Probehandeln' mit Praxiskomplexen, die einen Anteil nichtsprachlicher Sinnlichkeit haben" (ebd., 93).

Nach diesem psychoanalytischen Verständnis kann von einem Symbol nur gesprochen werden, wenn ein Kontakt zwischen den Intentionen, Begehrungen,

Gefühlen usw. des menschlichen Subjektes auf der einen und historisch und kulturell geprägten Formen auf der anderen Seite gelingt, die „schon da" sind und dem Subjekt als Anderes gegenüberstehen. Sprachliche und dingliche kulturelle Symbole, aber auch im engeren Sinne religiöse Symbole werden von denen, die sie gebrauchen, nicht eigens erfunden, sondern sie sind „schon da" – in Sprechhandlungen wie Gebeten oder Bekenntnissen, in Verhaltens- und Handlungssequenzen wie der Liturgie eines Gottesdienstes, in Raum-Gestalten z.B. eines Kirchenraumes.

Gerade in einer zentralen Metapher der christlichen Religion – Christus ist der Gekreuzigte – wird ein menschheitlich uraltes Symbol in Anspruch genommen: Das Kreuz, an dem Jesus von Nazareth hingerichtet wurde, war im römischen Reich Folter- und Hinrichtungsinstrument. Dass das Kreuz zum zentralen Symbol der christlichen Religion hat werden können, findet seinen Grund aber nicht vor allem in diesem Hinrichtungsinstrument (vielmehr ist bereits in neutestamentlichen Texten darüber debattiert worden, ob die Predigt vom Kreuz nicht eher als „Ärgernis" oder „Torheit" – wir würden heute formulieren: Provokation oder Blödsinn – verstanden werden müsse, 1 Kor 23). Seine Macht als Symbol findet das Kreuz auch dadurch, dass es eine in zahlreichen Kulturen und Religionen verbreitete, sogar in prähistorischen Funden (im Zusammenhang der Jagd, aber auch von Opfergaben) wiederholt vorkommende Gestalt ist, in der Horizontale und Vertikale, Kosmos („Himmel") und Mikrokosmos (die Leiblichkeit des Menschen z.B. im Schulter- und Beckenbereich) miteinander verbunden werden. Kreuzesdarstellungen finden sich schon viele Jahrhunderte vor der Kreuzigung des Jesus von Nazareth.

Für die in theologischen Gesprächszusammenhängen besonders wirksame Symbolinterpretation bei Paul Tillich gilt das Kreuz als zentrales Symbol, ja als Maß für die Wahrheit von Symbolen überhaupt, weil das Kreuz in einzigartiger Verdichtung über sich selbst hinaus auf seinen Grund hinweise: Im gekreuzigten Jesus von Nazareth ist Gott gegenwärtig. Im Kreuz Jesu Christi sind, so Tillich, Mythos und Ereignis, symbolische Mächtigkeit und geschichtliche Wirklichkeit verbunden. Im Hintergrund dieser Überlegung steht eine differenzierte theologische Symboltheorie, die große Wirkung entfaltet hat und deshalb als exemplarischer theologischer Gesprächsbeitrag zum Gegenstand vorgestellt werden soll.

Das Symbol kann nicht durch „Übersetzung" in andere – beispielsweise existenzielle oder rationale – Begrifflichkeit vollständig übertragen und vor allem nicht überflüssig gemacht werden, weil im Symbol auch in der modernen Kultur die Wirklichkeitsbereich des Mythischen, Religiösen und Wissenschaftlichen vereint sind, die im Laufe der historischen Entwicklung sich voneinander getrennt haben. Tillich rechnet ausdrücklich nicht mit einer evolutionären Entwicklung in dem Sinne, dass in alten Gesellschaften vorherrschendes mythisches Weltverhältnis durch Religion und schließlich durch Wissenschaft aufgehoben wäre. Allerdings kommt es im historischen Prozess zu einer Trennung des zunächst Vereinten: Die Elemente des Religiösen (auf das Unbedingte gerichtet), des Wissenschaftlichen (auf die Welt der Dinge gerichtet) und des Mythischen (als Vergegenständlichung eines Transzendenten mit Anschauungen und Begriffen empirischer Wirklichkeit) fallen zunehmend auseinander.

Auch in der modernen Gesellschaft braucht jedoch nicht nur Religion, sondern auch Wissenschaft wirklichkeitstranszendente Begriffe (Tillich verweist z.B. auf den Begriff des „Fortschritts"), um ihre Weltsicht aufbauen zu können. Hier liegt die Kraft des Symbols: Das Symbol partizipiert an der alten Macht des Mythos und kann auch unter den Bedingungen der Moderne die zerfallene Einheit von Wissenschaft und Religion wieder präsent machen. Gegenüber der Welterfahrung früherer Kulturen sind Symbole in der Moderne allerdings nur „gebrochen" wirksam. Sie stehen in ihrem Geltungsanspruch neben der rationalen Wissenschaftssprache. Der Preis für die bleibende Geltung liegt in der „Brechung" Symbole: sie können nicht mehr buchstäblich, wortwörtlich, eigentlich verstanden werden.

Tillich hat in immer neuen Anläufen sein Symbolverständnis entfaltet. In einem grundlegenden Text „Das religiöse Symbol" (Tillich, Symbol, 1928, 196ff.)[283] legt er folgende Symbolmerkmale fest:

Uneigentlichkeit: Das Symbol meint nie sich selbst, sondern weist über sich auf ein Symbolisiertes hinaus. Religiöse Symbole verweisen auf das Unbedingte.

Anschaulichkeit: Im Symbol wird etwas Unanschauliches anschaulich, etwas Ungegenständliches gegenständlich.

Selbstmächtigkeit: Ein Symbol hat, im Gegensatz zum Zeichen, „eine ihm selbst innewohnende Macht."

Anerkanntheit: Ein Symbol hat seinen sozialen Ort, hat Bedeutung in einer spezifischen sozialen Gemeinschaft; umgekehrt kann ein Symbol „sterben", wenn es diese Anerkanntheit einbüßt.

Ein Symbol ist gegenständlich (schon insofern es „anschaulich" und „anerkannt" ist), weist zugleich über sich hinaus, wird im Ungegenständlichen aufgehoben und so in seiner Gegenständlichkeit negiert. Der Prozess, in dem ein Symbol gesetzt und aufgehoben wird, weist darauf hin, dass das Symbol seine Macht von außen, also von etwas Ungegenständlichem, eben: dem Unbedingten erst empfängt – hier liegt auch eine immer wieder kritisierte theoretische Schwierigkeit im von Tillich vorgeschlagenen Symbolmerkmal der „Selbstmächtigkeit".

---

[283] Paul Tillich, Symbol, 1928, 206.

Es ist eine Analogie erkennbar zwischen dem Symbolverständnis Tillichs und seinem Nachdenken über Gott. Was zum Symbol mit Blick auf menschliche Verstehensmöglichkeit ausgesagt wird, gilt zuinnerst für die Gottesrede: Die bedingte, in der religiösen Tradition überkommene Rede von Gott ist im „Unbedingten" aufgehoben.

Tillich schlägt in seiner Entfaltung seines Symbolverständnisses eine Unterteilung von Symbolschichten vor: „Wir unterscheiden zwei Schichten der religiösen Symbole, eine fundierende Schicht, in der die religiöse Gegenständlichkeit gesetzt wird, und die selbst unfundiert ist; und eine fundierte Schicht, die auf jene Gegenstände verweist" In der ersten Schicht ist das Symbol „Gott" grundlegend. Einerseits meint „Gott" ein höchstes Wesen mit spezifischen Eigenschaften und Handlungen, andererseits das Unbedingte, welches über jede Setzung eines Wesens, also auch eines höchsten Wesens hinausgeht. „Das Wort ‚Gott' lässt also im Bewusstsein einen Widerspruch erscheinen zwischen einem uneigentlich Gemeinten, das Bewusstseinsinhalt ist, und einem eigentlich Gemeinten, das von diesem Inhalt vertreten wird" (ebd., 207).

In einer zweiten Symbolschicht werden Eigenschaften und Handlungen des gegenständlichen Gottes dargestellt: Gott ist die Liebe, ist der Schöpfer usw. Diese Hinweissymbole sind selbst wieder als uneigentlich zu verstehen, insofern sie über sich hinausweisen, sich selbst negieren und so das Unbedingte durchscheinen lassen. Der Wert des Symbols als Symbol hängt an seiner Verweisfunktion auf das Unbedingte: „Ein Symbol, das ... ein Bedingtes zur Würde des Unbedingten erhebt, ist zwar nicht unrichtig, aber dämonisch" (ebd., 208).

Im Übergang von der ersten zur zweiten Symbolschicht schlägt Tillich eine weitere Symbolebene vor, nämlich die der historischen und natürlichen Objekte, die als Symbole wirken. Hierzu gehören historische Persönlichkeiten wie der Mensch Jesus von Nazareth. Sie vertreten die Gegenwärtigkeit des Unbedingt-Transzendenten in der Erscheinung. Unter dieser Symbolebene liegt die Schicht der Hinweissymbole, an zentraler Stelle das Kreuz.

Rituale

Was sind Rituale? In alltagspraktischem Verständnis sind Rituale immer wiederkehrende Verhaltensabläufe, die nach einer festen Regelhaftigkeit ablaufen. Alltagsrituale zwischen morgendlichem Zähneputzen, abendlichem Tagesschau-Gucken und dem Besuch in immer wieder der gleichen Eckkneipe stellen in ihrer Regelhaftigkeit Sicherheit her, bieten Ordnung. Dies kann gerade in unübersichtlichen Zeiten wichtig sein: Rituale verwandeln Unübersichtlichkeit und Chaos in Ordnung.

Darüber hinaus gibt es eine Reihe von Ritualen, die gerade den Kontakt mit dem Anderen der alltäglichen Ordnung ermöglichen. In der praktisch-theologischen Debatte hat die Ritualtheorie von Victor Turner in diesem Zusammenhang einen großen Einfluss gewonnen. Ich skizziere sein Ritualverständnis:

Victor Turners („Vom Ritual zum Theater“[284]) Aufmerksamkeit gilt der Frage: Welche Bedeutung hat das „Ritual“ im Leben einer Gesellschaft und im Erleben von Individuen?[285]

Rituale finden ihren Ort in Situationen des Umbruches, wenn nämlich ein „Status quo“ – also ein Gesamt von Regeln, die für eine bestimmte Zeit selbstverständlich gültig sind – an sein Ende kommt und eine neue Phase beginnt, in der andere Regeln, Erwartungen, Zuschreibungen an die Individuen gültig sind.

Diese Bedeutung können Rituale in individuell-lebensgeschichtlicher Perspektive z.B. im Übergang vom Jugend- zum Erwachsenenalter, von der Altersklassengruppenzugehörigkeit zur Ehe, vom Leben in den Tod haben; oder in gesellschaftlicher Perspektive, z.B. in der Umstellung des Arbeitslebens mit dem Wechsel der Jahreszeiten, im Übergang von friedlichen zu kriegerischen Zeiten, in der Etablierung eines neuen Herrschers.

Im Ritual wird der Bruch zwischen verschiedenen, in sich jeweils stabilen, untereinander jedoch unterschiedenen Phasen dargestellt und bearbeitet. Turner spricht von der Schwellenfunktion (bzw. der „liminalen/liminoiden“ Funktion) des Rituals, und er legt diese Funktion sowohl auf gesellschaftliche als auch auf individuell-lebensgeschichtliche Phasenbrüche hin aus.[286] Das Ritual dient nicht vornehmlich zur Vergewisserung des Status quo einer in sich stabilen Phase. Vielmehr wird im Ritual/Spiel gerade das „Andere“ der Ordnung dargestellt: das Chaotische, aus dem Ordnung allererst gewonnen werden kann. Das Ritual/Spiel verschafft Zugang zur „Anti-Struktur“, ohne die „Struktur“ überhaupt nicht bestehen könnte. Der Überschuss an Möglichem: das Chaotische, Spielerische, Ungeordnete ist das Reservoir, aus dem Wirklichkeit entstehen kann. Ohne Zugangsmöglichkeit zur „Anti-Struktur“, die das Ritual gibt, wäre „Ordnung“ leere Form, wäre jede „Struktur“ abstrakt, unlebendig und lebensfern. Erst der

284 Victor Turner, Vom Ritual zum Theater, 1989 (1982). Vgl. hier insbesondere den im Band enthaltenen Aufsatz „Das Liminale und das Liminoide in Spiel, ‚Fluss‘ und Ritual ..., ebd., 28ff.

285 Mit der Frage nach der „Bedeutung“ von Ritualen stellt sich Turner bewusst in die durch Dilthey begründete Tradition einer geisteswissenschaftlichen, hermeneutischen Methode. Vgl. ebd., 7ff.

286 An dieser Stelle geht Turner über die Untersuchung Arnold van Genneps hinaus, auf die er sich sonst positiv beruft. Vgl. Arnold van Gennep, 1986 (1909).

Zwischenraum zwischen Phasen stabiler Ordnung erzeugt „Bedeutung“ für die Phasen stabiler Ordnung selbst.[287]

Die Anti-Struktur kann durch eine Körper-Technik bzw. -erfahrung erreicht werden, die das Ritual begehbar macht. Ähnlich wie die Bioenergetik, wenn auch ohne direkten Bezug auf sie bezeichnet Turner diese Technik als „Fluss“ bzw. „Fließen“ und beschreibt sie im Anschluss an Mihaly Csikszentmihalyi[288] als Erfahrung, die im Spiel, in der Kunst und in der Religion zugänglich ist.

„Fießen“ und „Fluss“ bezeichnen „die ganzheitliche Sinneswahrnehmung, die wir haben, wenn wir mit totalem Engagement handeln, (und ist) ein Zustand, in dem nach einer inneren Logik, die kein bewusstes Eingreifen unsererseits erforderlich macht, Handlung auf Handlung folgt ... Wir erleben diesen Zustand als ein einheitliches Fließen von einem Augenblick zum nächsten. In diesem Zustand fühlen wir, dass wir unsere Handlungen absolut unter Kontrolle haben und es keine Trennung zwischen Selbst und Umwelt, Reiz und Reaktion, Vergangenheit, Gegenwart und Zukunft gibt.“[289]

Auf dem Höhepunkt des Rituals wird, wenn die Fluss-Technik erfolgreich ist, die „Communitas“-Erfahrung erreicht. Turner bezeichnet hiermit eine Begegnung mit sich selbst und dem anderen jenseits der durch Rollen definierten gesellschaftlichen Zurichtung.[290] Er betont jedoch, dass es sich nicht um eine symbiotische Vereinigung handele, in der die Subjektgrenzen in der Vermi-

---

287 Vgl. ähnlich Joachim Küchenhoff, Das Fest und die Grenzen des Ich, in W. Haug und R. Warning Hg., Das Fest ..., Poetik und Hermeneutik XIV, sowie andere in diesem Band versammelte Beiträge.

288 Mihály Csikszentmihalyi, Flow: Studies of Enjoyment, University of Chicago, 1974.

289 Mihály Csikszentmihalyi, 1975, zit. nach Victor Turner, a.a.O., 88, 88ff. Die „Fluss“-Erfahrung ist bei der Erforschung verschiedener Spiel- und Sportarten festgestellt worden, genauso aber auch bei kreativen Zuständen, in denen künstlerische oder wissenschaftliche Produktionen entstehen, und bei religiösen Erfahrungen. Turner nennt folgende Charakteristika:

- Erleben des Verschmelzens von Handeln und Bewusstsein. Ein Handelnder mag sich zwar bewusst sein, was er tut, kann sich jedoch nicht dieses Bewusstseins bewusst sein; sonst kommt es zu einer kognitiven und verhaltensbedingten Störung des Rhythmus.
- Bündelung der Aufmerksamkeit auf ein begrenztes Reizfeld. Das Bewusstsein muss genau auf den Brennpunkt der Aufmerksamkeit verengt, intensiviert und gebündelt sein. Vergangenheit und Zukunft müssen aufgegeben werden; nur das Jetzt zählt.
- Ichverlust. Der Handelnde ist im Fluss untergetaucht; das „Selbst“, das normalerweise zwischen Handlungen verschiedener Personen und zwischen affektivem Impuls und sozialer Regel vermittelt, ist irrelevant. Wirklichkeit wird tendenziell so stark vereinfacht, dass sie verständlich, definierbar und handhabbar wird.
- Ein Mensch, der sich im Zustand des Flusses befindet, hat Kontrolle über seine Handlungen und über die Umwelt.
- „Fluss“ umfasst gewöhnlich kohärente, nicht widersprüchliche Handlungsaufforderungen und gibt so dem Handelnden die Möglichkeit, eine eindeutige Rückmeldung auf sein Tun zu bekommen.
- Schließlich ist „Fluss“ in sich selbst befriedigend, d.h. ein Handelnder*eine Handelnde scheint keine äußeren Ziele oder Belohnungen zu benötigen (Turner, a.a.O., 91f.).

290 Diese Erfahrung kann – außer im Ritual – auch spontan auftreten, z.B. in der Erfahrung des Sich-Verliebens.

schung aufgehoben werden. Gemeint ist vielmehr die Erfahrung vollständiger Versöhnung zwischen Individualität und Sozialität.[291]

Vgl. in diesem Zusammenhang auch die These von Mary Douglas, dass mit dem Verlust an ritueller Gestalt in der Moderne auch ein Verlust an Verpflichtung und gesellschaftlicher Solidarität verbunden ist. Antiritualismus und Verinnerlichung gelten hier nicht als positive Errungenschaften europäischer Gesellschafts- und Geistesgeschichte, sondern vielmehr als Indikatoren für den Zerfall der Sozialität.[292]

„Rituale" sollen als „performative Inszenierungen" gelten. In Analogie zu entsprechenden Überlegungen in der Sprechakttheorie haben Rituale ein spezifisches Wirklichkeitsverhältnis, insofern sie nicht (tatsächliche oder sollensmäßige) Sachverhalte in der Realität nur spiegeln oder abbilden. Rituale konstitutieren durch ihren Vollzug Wirklichkeit – in Analogie zu Sprechakten wie dem Versprechen, dem Urteil vor Gericht, der Liebeserklärung.[293] Rituale sind performances auch insofern, als immer ein spezifisches Verhältnis von Überkommen/Vorgegeben/Regelhaftem auf der einen und der Selbsttätigkeit/Spontaneität der Ritualteilnehmer*innen auf der anderen Seite vorherrscht. Dabei gilt auf einer gedachten Strecke, dass die Pole niemals „rein" erreicht werden: Selbst bei noch so sorgfältiger Beachtung vorgegebener Regeln ist ein „reiner" Regelvollzug ohne jede Selbsttätigkeit der Teilnehmenden nicht möglich; und „rein" spontane Inszenierungen wären keine Rituale.

Auf dem Weg von traditionalen zu modernen Gesellschaften verschiebt sich die Gewichtung in Richtung Spontaneität: die Freiheit in der Regelobservanz, aber auch in der Teilnahmeverpflichtung wird größer; es setzen sich (z.B. im Theater, in Inszenierungen der populären Kultur zwischen Fußball, Kino und Musikkultur) massenhaft ritualähnliche perfomances durch, die mit überkommenen Ritualelementen „spielen" und für die Teilnehmenden analoge Wertigkeiten und Bedeutungen haben können[294].

Es gehört konstitutiv zum menschlichen Lebensvollzug, dass Begehungen, Reisen, Grenzüberschreitungen aus dem Bereich der Alltäglichkeit und Ordnung in den Bereich des Anderen der Ordnung, des Reservoirs an überschüssigen Möglichkeiten, des Chaotischen und Ekstatischen möglich sind. Die religiös ausge-

291 Vgl. Victor Turner, a.a.O., 72ff.

292 Vgl. Mary Douglas, Ritual, Tabu und Körpersymbolik ..., a.a.O., insbesondere 11ff.; 36ff.; 58ff. Mary Douglas, Ritual, Tabu und Körpersymbolik. Sozialanthropologische Studien in Industriegesellschaft und Stammeskultur. 1970. Frankfurt a.M. 1986.

293 Vgl. John L. Austin, Zur Theorie der Sprechakte, dt. Bearb. von Eike von Savigny, Stuttgart, 2. Aufl. 2002; sowie John R. Searle, Sprechakte. Ein sprachphilosophischer Essay, Frankfurt a.M. 1971.

294 Vgl. Victor Turner, z.B. The Ritual Process. Structure and Anti-Structure. London 1969; sowie ders., Vom Ritual zum Theater. Der Ernst des menschlichen Spiels. Frankfurt a.M., New York 1989 (1982).

prägte Form bietet dem anthropologischen, mit dem menschlichen Lebensvollzug gegebenen Bedürfnis nach Grenzüberschreitung eine ausgearbeitete Gestalt.

Nach dieser Überlegung kann der Ort des spezifisch religiösen Rituals im Kontext allgemeinanthropologischer Ritualisierungen bestimmt werden.

Alle Rituale, auch die alltäglichen regelmäßigen Verhaltensvollzügen (z.B. Begrüßungen) geben die Möglichkeit, Chaos durch Ordnung zu bannen.

Eine ganze Reihe von Alltagsritualen leisten es darüber hinaus, dass es zur „Communitas"-Erfahrung jenseits der Rollenbindung der Individuen, dass es zur Begehung des „Anderen" der Ordnung kommt – dies ist die Leistung von Parties, Drogenkonsum, auch der Begehungen der Jugendmusikkultur.

Das religiös ausgearbeitete Ritual, der religiöse Gottesdienst/Kult macht diese Leistung eines jeden Rituals ausdrücklich.[295]

Rituale unterscheiden sich von anderen Formen des Handelns/Verhaltens dadurch, dass die Beteiligten weniger spontan als vielmehr rezeptiv handeln, und darin ihre Teilnahme eher über Tradition/Herkommen/Vertrautheit begründen als durch Entscheidung/Reflexion – obwohl es hier in der Entwicklung zur Moderne Verschiebungen gibt. Auch dort, wo für Spontaneität, Selbsttätigkeit und auch Distanzierungsmöglichkeiten in der Gestaltung des Rituals zugelassen werden, erlauben es Rituale den Feiernden, eingespielte und vorgegebene Sprechakte, Gesten und Wege der Begehung in Anspruch zu nehmen, entlasten also davon, für jeden lebensgeschichtlichen Übergang, gesellschaftlichen Konflikt oder – positiv – für jedes Verlangen nach Solidarität, Kommunion und Versöhnung neue Formen zu „erfinden".

Rituale werden auch für Arbeit der Seelsorge wichtig, und zwar in mehrfacher Hinsicht. Ratsuchende können darin unterstützt werden, für sich selbst Rituale zu entwickeln, die eine Art Schutzraum anbieten.[296] Sie geben einen sicheren Ort und eine sichere Zeit auch und gerade in lebensgeschichtlichen Situationen, in denen vieles unsicher wird. Beispielsweise in Trauerprozessen, wenn die Trennung von einem geliebten Menschen oder ein Todesfall verarbeitet werden muss. Oder, wenn die Begegnung mit dem Glück des Lebens alle bisherigen Selbstverständlichkeiten aus der Kurve haut. Oder wenn durch Erwerbslosigkeit eine Minderung der materiellen Lebensmöglichkeiten, vielleicht der Verlust von sozialen Kontakten, möglicherweise aus der Zwang droht, die bisherige Lebenswelt zu verlassen, weil alles nicht mehr finanziert werden kann. Hier kann es hilfreich sein, wenn Menschen – möglichst schon vor den akuten Phasen der Lebensverunsicherung/Rituale entwickelt haben, die sie wie eine

295 Siegfried R. Dunde Hg., Wörterbuch der Religionspsychologie, 168.

296 Vgl. Miriam Löhr, Rituale von Zwang bis Segen. Zwangsstörungen in seelsorglicher Perspektive. Berlin 2020.

zeitliche Heimat (so die Formulierung meines muslimischen Kollegen Achmed Aries) überallhin begleiten können. Hier gibt es verschiedene Möglichkeiten, die für unterschiedliche Ratsuchende je nach ihrer Lebensorientierung und ihrem Lebenskontext eine jeweils spezifische Gestalt gewinnen können.

Eine Möglichkeit ist, dass Ratsuchende einen bestimmten Ort in ihrer Wohnung auswählen, der zumindest für diese Zeit von Störungen frei sein sollte und selbst symbolisch nicht in anderer Weise aufgeladen sein sollte (z.B. durch laufendes Fernsehen oder schimmernden Computer-Schirm). Sie wählen sich einen überschaubaren Zeitraum, der ihre sonstigen Alltagsverpflichtungen und -bedürfnisse nicht sprengt, also ohne allzu großen Aufwand in den Tagesablauf eingebaut werden kann. In diesem geschützten Raum-Zeit-Kontinuum, der einen Rahmen von fünf Minuten bis hin zu einer Viertelstunde haben kann, kann ein Psalm laut gebetet werden oder ein freies Gebet gesprochen werden. Der*die Ratsuchende stellt sich vor das innere Auge, was ihn oder sie gerade besonders quält und belastet, und wählt eine abweisen Körperbewegung (z.B. das harte, ganzkörperlich begleitete Nach-vorn-Stoßen der Faust mit dem ganzen Arm bei gleichzeitigem scharfem Ausatmen), um diese zerstörerische Einbindung loszuwerden. Er und sie wendet sich nach dieser abweisenden Bewegung einem Symbol zu, das für ihn in besonderer Weise das Geschenk des Lebens und die Zärtlichkeit des Gebers dieses Lebens symbolisiert. Dies kann beispielsweise eine Christusdarstellung sein, eine Ikone, eine lebensgeschichtlich wichtig gewordene Bibel oder auch ein lebensgeschichtlich in anderer Weise wichtig gewordenes Symbol, beispielsweise das Bild eines besonders lieb gewordenen Menschen, ein Geschenk, das einmal die Seele erfreut hat, manchmal auch ein Stofftier. Das persönliche Ritual kann dann mit Vater Unser und Segensgebet abgeschlossen werden.

Für Menschen, die mit christlicher Religion oder überhaupt mit ausgearbeiteten Religionstraditionen lebensgeschichtlich nicht verbunden sind, können Privat-Rituale in anderer Gestalt eine ähnliche Wichtigkeit bekommen. Ein reiches Feld ist hier gegenwärtig die populäre Kultur. Ich gebe einige Beispiele. Eine allein stehende junge Frau richtet sich ihren Berufsalltag so ein, dass sie in jedem Falle die Fernseh-Talkshow „Fliege“, die die ARD nachmittags ausstrahlt, nicht verpasst. Sie organisiert auch ihre Freizeit um die Abend-Talkshows zwischen „Beckmann“ (ARD) und „Johannes B. Kerner“ (ZDF) herum und kommt morgens oft übernächtigt ins Büro, weil sie bis 2.00 Uhr nachts noch den Telefon-Talk mit „Domian“ (WDR) ansehen muss. Ihr Kollege am Schreibtisch hatte Ende 2003 eine Phase leichter Orientierungslosigkeit und Übellaunigkeit, weil die tägliche Spätabendstunde vor dem Fernseher mit der damals sehr einflussreichen „Harald-Schmidt-Show“ (damals in SAT 1) aus dem Tagesablauf gestrichen wurde. Eine vierzehnjährige Gymnasiastin kann keine Sendung aus der Reihe „Gute Zeiten, schlechte Zeiten" auslassen, obwohl sie im Gespräch bereitwillig zustimmt, dass diese Serie eine ziemliche Grütze ist. Für ihre Freundin ist das Handy der ständig präsente Kontakt zur Welt der Beziehungen und zugleich Halt in schwierigen alltäglichen Situationen in der Schule oder der Freundesclique. Eine Rentnerin, seit einigen Monaten durch ihr Hüftleiden an die Wohnung gefesselt, ist „Daueranruferin" bei der örtlichen Telefonseelsorge. Nicht nur Jugendliche bewegen sich täglich stundenlang im Internet, und die „Chat-Rooms" des Netzes sind eine ihrer wichtigsten Kontaktmöglichkeiten. Autofahrer*innen und Schreibtischarbeiter*innen brauchen die Dauerbeschallung ihrer Radiostation als „elektronisches Amulett"[297]: Alles, was sich an beruflichen Unwägbarkeiten zwischen Stress, kleinen Konflikten oder auch Freundlichkeiten abspielt, wird in der Hülle des Klang-Raumes auf ein vertrautes Maß gebracht.

Die Kette dieser Beispiele ließe sich beliebig fortsetzen. Menschen suchen heute Orientierung, Lebensmut und -gewissheit, vielleicht auch nur Strukturierungshilfen für ihr alltägliches Leben im Konsum und in der Teilnahme an den vielfältigen, immer wiederkehrenden Ritual-Angeboten der Mediengesellschaft. Traditionelle Leistungen der Seelsorge werden von immer mehr Menschen nicht mehr im Gespräch „unter vier Augen"[298], sondern vor dem Fernseh- oder Computer- Bildschirm oder am Telefonhörer gesucht.[299] Angesichts vielfältiger Umwege und Brüche und (in den noch an Erwerbstätigkeit partizipierenden Bevölkerungsgruppen) historisch bisher unbekannter Wahlmöglichkeiten auf dem Weg, die eigene Biographie zu gestalten, wird Seelsorge zunehmend zur Aufgabe, lebensgeschichtliche Übergänge im Sinne einer „kasuellen Praxis" zu begleiten. Und in diesem Prozess werden mediale Formen von Seelsorge empirisch immer stärkeres Gewicht bekommen. Hans-Ulrich Gehring schreibt: „Seelsorge als kasuelle Praxis entwickelt ein Sensorium für die prekären Übergangssituationen heutiger Biographien und bietet von ihren biblisch-christlichen Grundlagen her deutende Begleitung an. Sie tut dies allerdings nicht unter Absehung gesellschaftlicher Rahmenbedingungen, die solche Übergänge prekär werden lässt ...Von der glückenden Geste bis zur streng liturgischen Formung, vom Austausch im Chatroom bis zum persönlichen Vier-Augen-Gespräch entwi-

---

297 So Horst Albrecht in einer frühen Stellungnahme zum Feld „populäre Kultur und Religion": Ders., Die Religion der Massenmedien. Stuttgart u.a. 1993, 63ff.

298 So das immer noch wegweisende, immer wieder aufgelegte Seelsorge-Werk von Hans van der Geest: Ders., Unter vier Augen. Beispiele gelungener Seelsorge. Zürich, 5. Aufl. 1995.

299 Hans-Ulrich Gehring, Seelsorge in der Mediengesellschaft. Theologische Aspekte medialer Praxis. Neukirchen 2002.

ckelt sie ein Sensorium für situativ geeignete Medien einer solchen ‚Lebenskunst der Übergänge'".[300]

Seelsorgende werden sich – je nach Vorlieben in der Wahrnehmung und Beteiligung an populärkulturellen Ritualen – auch offen dafür halten, welche dieser Rituale ihnen selbst in der Bewahrung ihrer Lebensgewissheit helfen. Und sie werden ihre Ratsuchenden Gesprächspartner*innen auf darin begleiten und unterstützen können, in diesem Feld Gestalten zu wählen, die hilfreich und nicht wiederum problematisch und Orientierungslosigkeit und Lebensungewissheit verstärkend wirken. Hier wäre über verschiedene mediale Angebote zwischen Internet, Kino und Fußball-Event zu diskutieren, zu denen ich meine Auffassungen habe, über die wir auch diskutieren können, deren ausführliche Vorstellung aber an dieser Stelle zu weit führen würde.

Wenn Pfarrer*innen oder andere Mitarbeiter*innen in der Seelsorge Ratsuchende darin unterstützen, dass sie sich für die eigene Lebenssituation passende Rituale wählen, die ausdrücklich aus einer christlich-religiösen Tradition ihre Gestalt gewinnen, und sie darin unterstützen, sich diese Rituale als ein Haus in der Zeit, als eine transportable Heimat auszubauen, so werden sie dies dann und in dem Maße in hilfreicher Weise tun können, wie sie selbst eine Form von gestalteter Frömmigkeit üben. Ich habe schon mehrfach darüber gesprochen, dass dies nicht in rigider, sondern evangelischer Weise geschehen soll. Aber es braucht die Regelmäßigkeit und Übung, ohne die alle Kompetenzen sich verflüchtigen, nicht nur die religiösen Kompetenzen.

Es gibt analoge Fälle in anderen Feldern alltäglicher Lebenspraxis. Musiker*innen und bildende Künstler*innen können ohne regelmäßige Übung ihrer Technik nicht kreativ arbeiten. Oder ein anderes, ganz unspektakuläres Alltagsbeispiel: wenn Sie manchmal als geübte Autofahrerin sonntags Auto fahren, an einem Tag also, an dem viele Menschen mit dem Auto unterwegs sind, die dies sonst nicht tun, können sie angesichts der hier vorgeführten Kompetenz sicheren und zügigen Autofahrens schon manchmal graue Haare bekommen. Genauso verhält es sich mit der Übung religiöser Rituale: die Kompetenz hierzu verfällt, wenn keine gestaltete Regelmäßigkeit in der Übungspraxis eingehalten wird.

Fulbert Steffensky hat in seinem Buch „Schwarzbrot-Spiritualität" eine Liste von Regeln aufgestellt, die diejenigen beherzigen sollen, die sich in Spiritualität einüben.[301] Wir geben sie zum Abschluss unserer Überlegungen wieder:

„Entschließe dich zu einem bescheidenen Vorhaben auf dem Weg zum Gebet! [...] Ein solcher bescheidener Schritt könnte sein, am Morgen oder am

[300] Ebd. 68f.
[301] Fulbert Steffensky, Schwarzbrot-Spiritualität, 20ff.

Abend einen Psalm in Ruhe zu beten, sich einige Minuten für eine Lesung freizuhalten [...]. Wenn dies nicht möglich ist, liegt es nicht an der Hektik oder der Überlast unseres Berufes, sondern daran, dass wir falsch leben [...]. Gib deinem Vorhaben eine feste Zeit! Bete nicht nur, wenn dir danach zu Mute ist, sondern wenn es Zeit dazu ist. Regelmäßig beachtete Zeiten sind Rhythmen, Rhythmen sind gegliederte Zeiten. Erst gegliederte Zeiten sind erträgliche Zeiten [...]. Gib deinem Vorhaben einen festen Ort! Orte sprechen und bauen an unserer Innerlichkeit [...]. Sei streng mit dir selbst! Mache deine Gestimmtheit und deine augenblicklichen Bedürfnisse nicht zum Maßstab deines Handelns! Stimmungen und Augenblicksbedürfnisse sind zwielichtig. Die Beachtung von Zeiten, Orten und Methoden reinigt das Herz [...]. Rechne nicht damit, dass dein Vorhaben ein Seelenbad ist! Es ist Arbeit- labor! –, manchmal schön und erfüllend, oft langweilig und trocken. Das Gefühl innerer Erfülltheit rechtfertigt die Sache nicht, das Gefühl innerer Leere verurteilt sie nicht. Meditieren, Beten, Lesen sind Bildungsvorgänge. Bildung ist ein langfristiges Unternehmen [...]. Sei nicht auf Erfüllung aus, sei vielmehr dankbar für geglückte Halbheit! Es gibt Ganzheitszwänge, die unsere Handlungen lähmen und uns entmutigen [...]. Beten und Meditieren sind kein Nachdenken. Das sind Stellen hoher Passivität. Man sieht die Bilder eines Psalm oder eines Bibelverses und lässt sie behutsam bei sich verweilen. Meditieren und Beten heißt frei werden vom Jagen, Beabsichtigen und Fassen. Man will nichts außer kommen lassen, was kommen will [...]. Fange bei deinem Versuch nicht irgendwie an, sondern baue dir eine kleine, sich wiederholende Liturgie. Beginne z.B. mit einer Formel (‚Herr, öffne meine Lippen'), mit einer Geste (der Bekreuzigung der Lippen), lass einen oder mehrere Psalmen folgen! Lies einen Bibelabschnitt! Halte eine stille Zeit ein! Schließe mit dem Vater Unser oder einer Schlussformel. Psalmen und Lesungen sollen vor deiner Meditation feststehen. Fang also nicht an zu suchen während einer Übung! [...]. Lerne Formeln und kurze Sätze aus dem Gebets- und Bildschatz der Tradition auswendig (Psalmverse, Bibelverse)! Wiederholte Formeln wiegen dich in den Geist der Bilder. Sie verhelfen uns zur Passivität. Sie sind außerdem die Notsprache, wenn einem das Leben die Sprache verschlägt [...]. Wenn du zu Zeiten nicht beten kannst, lass es! Aber halte den Platz frei für das Gebet, d.h. tue nicht irgendetwas anderes, sondern verhalte dich auf andere Weise still! Lies, setze dich einfach ruhig hin! Verlerne deinen Ort und deine Zeit nicht! [...]. Sei nicht gewaltsam mit dir selbst! Zwinge dich nicht zu Gesammeltheit! Wie fast alle Unternehmungen ist auch diese kleine brüchig, da soll uns der Humor über dem Misslingen nicht verloren gehen [...].“[302]

[302] Ebd.

Konflikte in der Seelsorge

Konflikte in intimen Beziehungen

Angst vor Nähe

Hans und Petra sind über Jahre hin miteinander befreundet. Es gibt immer wieder einmal Probleme in der Beziehung, aber insgesamt empfinden beide sie als gut und stabil. Schließlich kommen sie an einen Punkt, dass sie sagen: eigentlich könnten wir jetzt zusammen wohnen. Die bisherigen Wohnungen von beiden sind zu klein; es muss eine neue gesucht werden. Und während der Suche brechen so starke Probleme zwischen beiden auf, dass sie eine Beratung aufsuchen. Im Verlauf dieser Beratung entschließen sie sich zur Trennung.

Sehnsucht nach Dauer, Kampf um Ordnung

„Aber wir haben uns doch die Ehe versprochen."

Herr und Frau x sind seit 10 Jahren verheiratet. Schon seit einigen Jahren sind sich die Eheleute immer fremder geworden, und auf Initiative der Frau haben sie eine Beratung begonnen. Sie schildert den Konflikt so: Herr x habe sich immer mehr nur noch um die eigenen Probleme gekümmert. Er geht zur Rennbahn, geht gern und viel im Wald spazieren, kümmert sich eigentlich nur noch um seine Hobbys; seinen Beruf hat er vernachlässigt, und seine Karriere ist so gut wie am Ende. Frau x kann nicht verstehen, dass er sich so von ihr und der gemeinsamen Zukunft abwendet: Schließlich haben sie sich füreinander entschieden, haben sich versprochen, ein Leben lang zusammenzubleiben, auch in schweren Zeiten. Sie erinnert ihn immer wieder an diese Entscheidung: er soll jetzt endlich etwas für den Erhalt der Ehe tun. Aus diesem Grund hat sich Frau x auch gerade an eine kirchliche Beratungsstelle gewandt: sie hofft, dass ihr Mann hier zur Einhaltung des Eheversprechens ermahnt wird. – Aber Herr x fühlt sich durch die Vorwürfe seiner Frau in seinem augenblicklichen Lebensgefühl überhaupt nicht verstanden. Er empfindet ihr Drängen als Druck und Vorwurf. Er zieht sich immer stärker zurück.

Kampf um Harmonie

Herr und Frau y, seit acht Jahren verheiratet, sind in die Eheberatung gekommen, weil sie in eine nicht auflösbare Streitsituation verwickelt sind. Beide leiden darunter. Sie denken: eigentlich dürfen wir uns nicht streiten. Wir wollen doch harmonisch zusammenleben. – Sie schildert eine typische Situation. Es ist Muttertag, die Eheleute können ausschlafen. Er lässt die Rollos am Fenster herunter, und sie interpretiert dies so: er möchte noch weiterschlafen. Er steht aber dann doch auf, und sie merkt, dass wieder eine verzweifelte Stimmung in ihr wächst. Sie verstehen sich eben doch nicht. – Er ist aufgestanden, um für sie, weil Muttertag ist, das Frühstück zu bereiten. Auf die gleiche Idee ist aber schon der siebenjährige Sohn gekommen: Er hat den Tisch gedeckt, Blumen aus dem Garten geholt usw. Frau y kommt darauf zu, wie Vater und Sohn sich streiten, wer nun Mutter den Tisch decken und den Kaffee ans Bett bringen darf. Darauf entsprinnt sich ein Streit zwischen den Eheleuten. Das Thema ist: Wir wollten uns verstehen und harmonisch zusammenleben, also dürfen wir uns nicht streiten. Wir streiten uns aber bei den kleinsten Gelegenheiten. In Wirklichkeit können wir also gar nicht zusammenleben.

Konfliktmuster

In den drei Fallbeispielen sind typische Konfliktkonstellationen in der Dynamik von Familienbeziehungen und Partnerschaften sowie im Verhältnis Ehe*Familie – gesellschaftliches Umfeld angesprochen.

In jeder Beziehung zwischen Menschen, besonders in einer Liebesbeziehung zwischen Mann und Frau oder gleichgeschlechtlichen Partner*innen, muss ein angemessenes Verhältnis von Nähe und Distanz ausbalanciert werden.[303]: Die Angst vor Nähe ist die Angst vor der Selbsthingabe, diese wird als Ich-Verlust und Abhängigkeit erlebt; die Angst vor Distanz ist die Angst vor der Selbstwerdung, diese wird als Ungeborgenheit und Isolierung erlebt. Angst vor Nähe ist Konfliktgegenstand in ersten Fallbeispiel. Nähe und Intimität zwischen Menschen vermitteln nicht nur Faszination, Schutz und Sich-Fallen-lassen-können, sondern signalisieren auch die Todesgefahr, die in der Auflösung der Grenzen des Subjekts liegt, „als Angst vor der Macht der ungebändigten eigenen Gier und Zerstörungswut, vor dem Verlust aller inneren und äußeren Grenzen, Struktur und Ordnung, vor dem Verschlungen werden.“[304]

Eine Beziehung gilt dann als gestört, wenn es den Partnern nicht gelingt, Nähe und Distanz auszubalancieren. Ein Beispiel für eine solche Beziehungsstörung ist, dass die Sehnsucht nach Nähe und das Bedürfnis nach Distanz sich auf die Partner so polarisieren, dass der eine übermäßig den einen, die andere den

303 Hartmut Albath, Jörg Eickmann, Zusammenleben. Mit Konflikten in Partnerschaft, Familie und Gruppe umgehen lernen. Hamburg 1982, 33.

304 Helm Stierlin, Das Tun des Einen ist das Tun des Anderen. Eine Dynamik menschlicher Beziehungen. Frankfurt a.M., 1976 (1971), 43. Zum Zusammenhang von Intimität und Opfer vgl. Georges Bataille, Das theoretische Werk. Bd. 1: Die Aufhebung der Ökonomie. München 1975 (1967), 76.

anderen Aspekt repräsentiert. Oder aber – wie in unserem Fallbeispiel: die Angst beider Partner vor Nähe führt zum Abbruch der Beziehung.

Die Ausbalancierung von Dauer und Augenblick, von Ordnung und Spontaneität ist eine weitere Aufgabe, die von den Partnern, einer Beziehung gelöst werden muss. Auch für diese Dimensionen (Dauer – Augenblick) gilt, dass in einer gestörten Beziehung die Forderungen auf die beiden Partner polarisiert werden können; dies ist im zweiten Fallbeispiel deutlich der Fall. – In diesem Fallbeispiel wird noch ein anderes Problem illustriert. Offensichtlich verlieren Traditionen, die die Dauer einer Beziehung sichern sollen – wie das Eheversprechen und das öffentlich vollzogene Ritual der Trauung – an plausibler Geltung, wenn die intime Beziehung selbst für die oder einen der Partner unbefriedigend wird. Ein Ausdruck hiervon ist der Anstieg der Scheidungsraten besonders in städtischen Populationen.

Es hat in der familientherapeutischen Forschung und Praxis verstärkte Bemühungen gegeben, solche Beziehungsprobleme zu verstehen, wie sie im „Kampf um Harmonie" im dritten Fallbeispiel enthalten sind. Es geht dabei zum einen um die Auswirkungen paradoxer Kommunikation,[305] zum anderen um die Interpretation von Sehnsüchten wie der nach Harmonie und Konfliktfreiheit, völliger Ruhe und Geborgenheit in ihrer Bedeutung für eine Liebesbeziehung und für die lebensgeschichtliche Entwicklung der Individuen. Ob man mit Wolfgang Schmidbauer[306] von „Anpassungsbeziehung" und „Symbiose", mit Jörg Willi[307] von „narzisstischer Kollusion" oder mit Helm Stierlin[308] von „negativer Gegenseitigkeit" redet: immer geht es um das Problem, inwieweit sich in Beziehungskonflikten und den Sehnsüchten der Partner*innen der Wunsch nach einer Regression, nach einer Rückkehr in eine frühkindliche oder gar vorgeburtliche Mutter-Kind-Beziehung ausdrückt und mit Distanz- und Selbstständigkeitsbedürfnissen vermittelt werden kann. Die Sehnsucht der Partner nach Harmonie wird so interpretiert, dass die Partner ihre Liebesbeziehung als Beziehung zweier erwachsener Menschen mit der Situation des Einsseins, der Versorgtheit, der Konfliktfreiheit und Ruhe verwechseln möchten, wie sie in der frühen Beziehung zur Mutter erlebt wurde.[309]

---

305 Vgl. Paul Watzlawick u.a., Menschliche Kommunikation, Formen, Störungen, Paradoxien. Bern u.a. 1974[4] (1969), 178ff. Der „Kampf um Harmonie" hat eine ähnliche paradoxe Struktur wie die Handlungsaufforderung „sei spontan!".

306 Vgl. Wolfgang Schmidbauer. Die Angst vor Nähe. Reinbek/Hamburg 1985, 61ff.

307 Vgl. Jörg Willi, Therapie der Zweierbeziehung. Analytisch orientierte Paartherapie…, Reinbek/Hamburg 1978, 11ff.

308 Vgl. Helm Stierlin, Das Tun der einen…, a.a.O., 1976, 66f.

309 Zum Narzissmus-Paradigma vgl. H. Kohut, Die psychoanalytische Behandlung narzisstischer Persönlichkeitsstörungen. 1969.

Es ist üblich, die vielfältigen Konfliktkonstellationen, die individualpsychologisch wie in intimen Beziehungen auftreten können, nach grundlegenden Strukturmustern zu dimensionieren. Dabei werden Polaritäten gebildet und begrifflich fixiert, wobei die jeweiligen Pole idealtypische Begriffe sind, die rein in der Realität kein empirisches Gegenüber finden[310]. Es wird als Aufgabe für das Individuum in seinem Selbstverhältnis wie für die Partner einer Beziehung beschrieben, diese Pole auszubalancieren bzw. miteinander zu „versöhnen".

Das von Fritz Riemann in „Grundformen der Angst" vorgetragene Modell ist in verschiedenen Feldern der praktischen Theologie rezipiert worden; sie sind auch für die Arbeit der evangelischen Ehe- und Lebensberatung wichtig. Riemann dimensioniert auf einer „räumlichen" Achse die Pole Distanz („dass wir ein einmaliges Individuum werden sollen") und Nähe („dass wir uns der Welt, dem Leben und den Mitmenschen vertrauend öffnen"), auf einer „zeitlichen" Achse die Pole Dauer („dass wir Dauer anstreben sollen") und Augenblick („dass wir immer bereit sein sollen, uns zu wandeln").[311]

Der Heidelberger Psychotherapeut und Familientherapeut Helm Stierlin schlägt – neben den von Riemann genannten (Distanz und Nähe, Dauer und Augenblick) – folgende Dimensionen vor, die in jeder Beziehung zum Zuge kommen und miteinander „versöhnt" werden müssen[312]:

Verschiedenheit und Gleichheit

Die Verschiedenheit bringt Asymmetrie, bringt ein Gefälle in eine Beziehung; dies kann zum Motor ihrer Bewegung werden. Wichtig wird Verschiedenheit besonders im Bereich sexuellen Luststrebens. Die Verschiedenheit des Partners ermöglicht die Ergänzung meiner selbst, sie ist – im Finden unserer Grenzen – wesentlich für das existenzielle Erlebnis der Überwindung von Todesfurcht. Sie realisiert sich im biologischen Unterschied der Geschlechter und in der Machtverteilung zwischen den Positionen. Die Verschiedenheit muss mit Gleichheit versöhnt werden: mit der Erfahrung des Bekannten, Vertrauten, der Gleichheit von Positionen und Eigenschaften. Gleichheit zu realisieren, verlangt die charakteristische Arbeit des Sich-Hineinversetzens in den anderen und des Sich-Herausnehmens aus dem anderen. Dieser Prozess ist verstehbar mithilfe der psychoanalytischen Begriffe Projektion und Identifikation: Projektion von

---

310 Zum Begriff des Idealtypus vgl. Max Weber, Zur „Objektivität" sozialwissenschaftlicher uns sozialpolitischer Erkenntnis. 1904. In: Jörg Winckelmann, Hg., Max Weber. Methodologische Schriften. Frankfurt a.M. 1968.

311 Vgl. Fritz Riemann, Grundformen der Angst..., a.a.O., 1961/82, 20ff., 59ff., 195ff., 156ff.

312 Helm Stierlin, Das Tun des Einen..., a.a.O., 1976 (71) 38ff. Stierlin entwickelt diese Kategorien unter Aufnahme der Kategorien Hegels (Begierde – Genuss; (intrapsychische) Arbeit; Todesfurcht) und Freuds (Lust – Unlust; Aktiv – Passiv; Subjekt – Objekt).

Gefühlen und Wünschen in den anderen; Identifikation mit den Gefühlen und Wünschen des anderen.

Befriedigung und Versagung

Befriedigung in vegetativen (Hunger/Sattheit) und sexuellen (Orgasmus) Bedürfnissen, wobei der Rhythmus von Begierde und Genuss geschlechtsspezifisch unterschiedlich ist: „Es stellt sich ... angesichts der Offenheit jeder möglichen sexuellen Befriedigung des Menschen (gegenüber der Instinktgebundenheit des Tieres, HMG) die Aufgabe, diese Offenheit zu schließen, das Verschwinden aufzuhalten, die Befriedigung aus der Unbefriedigung herauszulösen..." In dieser psychischen Arbeit spielt die Versagung eine entscheidende Rolle. Versagung muss erlebt und verarbeitet werden, wenn „die Begierde daran verhindert werden (soll), am Genuss zu verschmachten."[313]

Stimulierung und Stabilisierung

Diese Polarität hat eine enge Beziehung zu der zwischen Gleichheit und Verschiedenheit einerseits, Befriedigung und Versagung andererseits. Verschiedenheit der Partner wird zur Quelle von Stimulierung und Anregung, Gleichheit begünstigt das Ergebnis von Sicherheit und Stabilität. Andererseits können Stimulation und Stabilisation gleichermaßen als Befriedigung und Versagung erlebt werden. „In jeder Beziehung, die sich weiter bewegt, muss sich ... dieses Gleichgewicht von Stabilisierung und Stimulation auf immer neuer und komplexerer Ebene wiederholen."

Ein immer wiederkehrendes Problem in Familienbeziehungen und anderen langfristigen Beziehungen ist, dass Beziehungen im Sinne einer „Strategie der Symbiose" verzerrt werden. Schmidbauer beschreibt dies mit dem Stichwort der „magischen Erwartungen"[314]: „Der magisch Handelnde glaubt, er könne durch seine Stärke, seine liebevolle Rücksicht, seine gesammelte Aufmerksamkeit den anderen so beeindrucken, dass er ebenso umfassend versorgt wird. Gleichzeitig gibt er keine Bedürftigkeit zu erkennen".[315] Der Gabentausch, der alle intimen Beziehungen im Unterschied zu Waren-Beziehungen in den öffentlichen Interaktionen in einer kapitalistischen Gesellschaft bestimmt, wird hier zu einer Verpflichtung des Partners missbraucht, wobei er*sie auch noch erraten soll, was

---

313 Helm Stierlin, a.a.O., 56; 59; 60. Hier wird nicht allein der sexuelle Bereich thematisiert.

314 Vgl. Wolfgang Schmidbauer, Die Angst vor Nähe. Reinbek 1985. Unabhängig von der Sinnfälligkeit der von Schmidbauer beschriebenen Phänomene muss aus heutiger Sicht sein diffamierender Begriff von „Magie" kritisch gegengelesen werden, Vgl. Dazu: H.-G. Heimbrock und H. Streib Hg., Magie. Katastrophenreligion und Kritik des Glaubens. Eine theologische und religionstheoretische Kontroverse um die Kraft des Wortes. Kampen 1994.

315 W. Schmidbauer, Die Angst vor Nähe..., a.a.O., 120.

ich gerade nötig habe. „Wenn ich freundlich bleibe, obwohl ich mich ärgere, zwinge ich den anderen dazu, auch freundlich zu werden und mich nicht mehr zu ärgern".

Solche Strukturen können dadurch aufgelöst werden, dass die Riemannschen Dimensionen der Distanzierung/Individuierung und der Spontaneität zur Geltung gebracht werden. Liebespartner müssen untereinander, Kinder den Eltern und Eltern den Kindern gegenüber lernen, auf die eigenen Gefühle, Bedürfnisse und Wünsche zu achten, sie artikulieren und auch in Konflikten durchhalten zu lernen, und sie mit den durch die Gabentauschstruktur repräsentierten Loyalitätsverpflichtungen auszubalancieren. In diesem Sinne setzt ein Gelingen von Intimität den Anspruch der Individuen auf Selbstdurchsetzung voraus und fordert gerade nicht deren Preisgabe. Zur Illustration soll ein Fallbeispiel berichtet werden:

Frau z wurde als fünftes Kind kurz nach dem Kriege geboren. Der Mann der Mutter ist gefallen. Als Kind kann sie des Öfteren hören, wie die Mutter ihretwegen bedauert wird: all dieses Leid, der Mann tot, und jetzt auch noch dieses Kind großziehen... Sie erlebt es immer wieder, dass am gedeckten Tisch ein Gedeck fehlt: an sie ist nicht gedacht worden. Aber Frau z bleibt bei ihrer Mutter wohnen, als sie erwachsen wird, auch nachdem die Geschwister das Haus längst verlassen haben. – Nachdem Frau z zunächst vorhatte zu studieren, beginnt sie die Arbeit in einem helfenden Beruf. Sie wird Schwester in einem Krankenhaus, und sie zeigt die typischen Anzeichen des Helfersyndroms: nie lässt sie eigene Schwierigkeiten erkennen, ist immer freundlich, ist um jeden einzelnen Patienten bemüht. Sie geht mit ganzer Seele in ihrem Beruf und in der Beziehung zu anderen Menschen auf. Auch hat sie beständig Schulden; sie kann nicht „nein" sagen, wenn sie angepumpt wird.

Sie ist des häufigeren von Männern fasziniert, die in irgendeiner Weise auffällig sind: sie sind verschwenderisch, trinken, sind auf ihre Fürsorge und finanzielle Zuwendung angewiesen, verlassen sie aber immer wieder. Eine vierte Beziehung ist gerade zum Ende gekommen, eine fünfte hat begonnen, und schließlich, eine sechste, im Hintergrund, ist anders: diesmal ist es ein „ordentlicher" Mann. Leider stirbt dieser Mann sehr bald in einem Krankenhaus an Herzschwäche. Dies ist die Situation, als die Ratsuchende nach einem Suizidversuch zur Nachbehandlung in eine Beratungsstelle überwiesen wird.

In der ganzen Zeit, auch noch während der Beratung, ist die Beziehung zur Mutter dominant geblieben. Doch irgendwann kommt es hier zu einem Durchbruch: irgendwann, nachdem die Ratsuchende in zig Beratungsgesprächen über Streitigkeiten mit ihrer Mutter gesprochen hat – dass sie Aufträge der Mutter immer noch prompt erfüllen müsse, die Wohnung saubermachen muss; dass die Mutter versuche, in ihre Männerbeziehungen hineinzureden usw. –, irgendwann, eigentlich an einer Lappalie, ist Frau z etwas klar geworden: „Dieser Staub ist mein Staub." – Ihre Mutter hatte sie immer wieder beschimpft, sie sei unordentlich, sie räume nicht auf, lasse die ganze Wohnung verstauben, und plötzlich wächst in Frau z der Gedanke: Das ist mein Staub. Ich kann ihn wegwischen und liegenlassen, wie es für mich gut ist. – Und von diesem Punkt an wird ihr Schritt für Schritt Trauer und eine Abgrenzung von der Mutter möglich.

In der Arbeit der Seelsorge kann es nötig und hilfreich sein, Ratsuchende darin zu unterstützen, Metaphern und Symbole zu finden und zur Gestalt zu bringen, in denen sie Kontakt zu ihren Gefühlen, zur Wahrnehmung der Gefühle ihres Gegenübers und auch zur Wahrnehmung und darin zur Distanzierung und Neubestimmung von eingefahrenen Konfliktstrukturen kommen können.

Angst

Der Religionspädagoge Ingo Baldermann hat in seinem Buch ‚Wer hört mein Weinen?' (Neukirchen 1986, 3. Aufl. 1992) über den Psalter in einer biblisch-didaktischen Perspektive nachgedacht, und zwar so, dass Kinder ihre eigenen Ängste in den gebundenen sprachlichen Formen des Psalters wahrnehmen und aussprechen lernen – während sie bei der Frage nach dem, was ihnen Angst macht, eben nicht in einen lebendigen Kontakt mit ihren Gefühlen treten können. Ich denke, dass aus diesem religionspädagogischen Ansatz viel für die Arbeit der Seelsorge zu lernen ist. Es gilt ebenfalls keinesfalls allein für Kinder, dass wir Schwierigkeiten haben, Sprach-Bilder für unsere Ängste zu finden. Die Brisanz dieser Einsicht liegt darin, dass ohne solche symbolischen Zugänge die Ängste selbst diffus bleiben, sie besetzen den Leib, sie beherrschen die Seele, sie lähmen den Verstand. Durch sprachliche Bilder gelingt es erst, zu ihnen in Kontakt zu kommen, sie auf diese Weise nicht nur wahrnehmen zu können, sondern zugleich und im selben Augenblick ins Fließen zu bringen. Ich habe mich müde geschrieen. Mein Hals ist heiser. Meine Augen sind trübe geworden.

Diese Einsicht kann auch für seelsorgliche Arbeit fruchtbar gemacht werden. Baldermann setzt vor allen Dingen bei den ‚Klageliedern des Einzelnen' an und konzentriert sich zunächst innerhalb dieser Gattung auf die Form der Klage, also die Bilder von Angst und Bedrohung. Er beschreibt seine Erfahrung, dass er diese Bilder aus eigenen Angstträumen kenne: Das Wasser steigt mir bis an die Kehle; ich versinke in tiefem Schlamm. Der Sog zieht mich hinunter. Ich gleite, ich stürze und falle. Ich liege da, wie gelähmt, und die anderen stehen um mich herum und schauen auf mich herab. Ich stürze in einen dunklen Schacht, und das Loch über mir schließt sich. Es sind keinesfalls nur Angst-Bilder, die für kindliches Erleben charakteristisch sind. Und es gilt ebenfalls keinesfalls allein für Kinder, dass wir Schwierigkeiten haben, Sprach-Bilder für unsere Ängste zu finden. Die Brisanz dieser Einsicht liegt darin, dass ohne solche symbolischen Zugänge die Ängste selbst diffus bleiben, sie besetzen den Leib, sie beherrschen die Seele, sie lähmen den Verstand. Durch sprachliche Bilder gelingt es erst, zu ihnen in Kontakt zu kommen, sie auf diese Weise nicht nur wahrnehmen zu können, sondern zugleich und im selben Augenblick ins Fließen zu bringen. „Ich habe mich müde geschrien. Mein Hals ist heiser. Meine Augen sind trübe geworden." Baldermann hat vorgeschlagen, die Sätze des Psalters für den Unterricht zu elementarisieren, also einzeln aufzuschreiben und auf diese Weise für das seelische Erleben produktiv werden zu lassen. Diese Einsicht kann auch für seelsorgliche Arbeit fruchtbar gemacht werden. Wichtig ist aber, dass die gesamte Bewegung des Psalms von der Klage und Anklage hin zum befreienden Lob nicht unterbrochen wird. Solche elementarisierten Sätze sind beispielsweise: Ich bin einsam und elend. Die Angst meines Herzens ist groß (Psalm 25, 16f.). Ich bin so müde vom Weinen (Psalm 6, 7). Ich bin ausgeschüttet wie Wasser. Meine Kräfte sind vertrocknet wie eine Scherbe. Kraftlos sind meine Hände und Füße. Sie aber stehen da und schauen auf mich herab (Psalm 22, 15-18). Ich weine und faste bitterlich und man spottet mein dazu (Psalm 69, 11).

Insbesondere der 69. Psalm bietet eine Fülle solcher verdichteten Sprachbilder, die Kontakt zu Emotionen ermöglichen und sie zugleich in Fluss bringen. „Das Wasser geht mir bis an die Kehle. Ich versinke im tiefen Schlamm, wo kein Grund ist. Mich umgeben mächtige Stiere. Die Riesen vom Basan umringen mich und reißen ihren Rachen gegen mich auf. Löwen reißend und brüllend. Wie Wasser bin ich dahingegossen. Alle meine Knochen lösen sich. Sie lähmen mir Hände und Füße. Ich kann alle meine Knochen zählen. Sie aber stehen da und sehen auf mich herab."

Ingo Baldermann hat seinen Ansatz der Arbeit mit Psalmen beispielsweise an Psalm 22 eindrucksvoll vorgeführt, ein Psalm, der auch in der Geschichte des Jesus von Nazareth eine erhebliche Rolle spielen wird, denken Sie nur an den Höhepunkt der Passionserzählung.

Die Bilder von Angst und Furcht, von Verstörung und Zerstörung, die im Psalm hier in gebundener Sprache gegeben werden, sind nicht nur auf die Intimität zwischenmenschlicher Beziehung, sondern vor allen Dingen auf die ursprüngliche Intimität körperlicher Erfahrung bezogen. Ich kann spüren, wie mein Gaumen von der Zunge angefüllt ist, die ringsherum festgeklebt ist und mir die Luft zum Atmen nimmt. Ich kann es spüren, wie an der Stelle, wo mein

Herz schlagen sollte, nur noch die kraftlose Soße zerschmolzenen Wachses ist. Wie intensiv diese Bilder sind und wie notwendig es ist, eine körperorientierte Bilderwelt in Anspruch zu nehmen, wenn man sich Gefühlen, wie Angst, Furcht, Trauer, nähern will, zeigt auch der populär-kulturelle Psalm, den Herbert Grönemeyer in seiner LP „Mensch“ an vielen Stellen ausspricht: „Es tropft ins Herz“. Die Bilder der wilden Tiere: der Löwen mit den aufgerissenen Rachen, die brüllen und reißen; die gewaltigen Stiere, die rings um mich herum stehen. Dies sind auf der einen Seite Bilder aus der konkreten natürlichen Lebensumwelt einer altorientalischen Gesellschaft, und zugleich sind es Bilder, die über diese konkrete historische und geographische Situation hinaus große Intensität und Kraft haben.

Schuld

Ich sehe Schuld als eine spezifische Form, eine eigentümliche Gestalt des unmöglichen Austausches an. Sie ist seine radikale Gestalt.

Paul Ricœur erinnert in seinen Überlegungen zum „Rätsel der Vergangenheit“ – in seinen Dimensionen Erinnern, Vergessen und Verzeihen[316] – an die Zeit-Beziehung der Schuld. Wie die Sorge die Menschen, die von ihr beherrscht sind, an die – kalkulierte und doch nicht beherrschbare, deshalb gefürchtete – Zukunft bindet, so die Schuld an die Vergangenheit. In ihrer Zeit-Bindung an die Vergangenheit stehen sich Schulden und Schuld[317], was ihre Lösungsmöglichkeit in Austausch-Beziehungen angeht, direkt gegensätzlich gegenüber: Schulden müssen vom Schuldner zurückgezahlt („wieder gutgemacht“) werden; es deklassiert und zerstört ihn, wenn er hierzu nicht in der Lage ist. Schuld ist das, was vom Schuldner selbst prinzipiell nicht gelöst („wieder gut gemacht“) werden kann: Verzeihen ist niemals Sache des Täters selbst, sondern, wenn überhaupt, dann die des Opfers.

„Die Schuld ist die Last, welche die Vergangenheit der Zukunft aufbürdet. Das Verzeihen möchte diese Last leichter machen. Zunächst aber lastet diese

---

[316] Paul Ricœur, Das Rätsel der Vergangenheit. Erinnern – Vergessen – Verzeihen, Göttingen (1998) 3. Aufl. 2002, 56. Ricœur entwickelt in diesem Text seine Überlegungen in Auseinandersetzung vor allem mit Martin Heidegger, Sigmund Freud und Marcel Mauss – in den Perspektiven der Sorge, der Melancholie und der Grenze der Gaben-Reziprozität. Mit der hier vorgetragenen Reflexion auf die Zeit-Bindung von Schuld im Sinne einer Aufhebung des linear fortschreitenden Zeitflusses hat Ricœur sein Nachdenken über Schuld von evolutionär-linearen Entwicklungsvorstellungen gelöst, wie es noch in seinem Werk „Symbolik des Bösen“ vorherrschend war (vgl. ders., Symbolik des Bösen [1960] Freiburg/München 1971).

[317] Vgl. in diesem Zusammenhang auch: Magdalene Crüsemann, Willi Schottroff (Hgg.), Schuld und Schulden. Biblische Traditionen in gegenwärtigen Konflikten, München 1992.

Last. Und zwar belastet sie die Zukunft. Die Schuld verpflichtet. Wenn es eine Pflicht, sich zu erinnern, gibt, dann umwillen der Schuld, die das Gedächtnis, indem sie es zur Zukunft hin umwendet, im wahrsten Sinne des Wortes in die Zukunft setzt, ins Futur: Du wirst dich erinnern! Du wirst nicht vergessen!“ [318]

Schuldner können sich von dieser Bindung an die Vergangenheit, von dieser Verpflichtung sich zu erinnern und dem Verbot zu vergessen, niemals selbst befreien. Was die Fixierung an die Vergangenheit angeht, besteht in diesem Punkte Analogie zwischen Schulden und Schuld: Schuldner, die in der Gabenkommunikation in inferiorer Position sind, die eine Gabe nicht zurückgezahlt haben oder sogar nicht zurückzahlen können, können aus der Fixierung und Einschießung auf die Vergangenheit nur vom ursprünglichen Geber der Gabe, die sie zurückzahlen müssen, befreit werden – oder aber durch eine soziale Übereinkunft, die die Geber zum Erlassen der Schuld verpflichtet. Dies ist der Sinn des Sabbatjahrgebots der hebräischen Bibel.

Auch Schuld, in der ein Schuldner im Sinne der zerstörerischen Reziprozität schuldig geworden ist, fixiert ihn auf diesen Punkt in der Vergangenheit: Einen Schuldner also, der sich einer Gewalttat schuldig gemacht hat, andere in ihrer körperlichen und seelischen Integrität verletzt hat, sie ihrer Lebensmöglichkeiten beraubt und unter dem Niveau der gesellschaftlich möglichen Teilhabe am – ökonomischen, sozialen, kulturellen – Reichtum festgehalten hat.[319] Aber Schuld ist durch Austausch, durch Anstrengung, eine reziproke Verpflichtung einzuhalten, niemals zu lösen. Schuld ist der Punkt, an dem die Wirkweise des symbolischen Tausches versagt: es gibt hier keine wirksamen „Wiedergutmachungszahlungen“, nicht nur im Falle der Beziehung Nachkriegsdeutschlands zum entstandenen Staat Israel nicht. Hier können sich die Schuldner – in dieser Perspektive sind dies immer auch zugleich die Täter – niemals selbst verzeihen und so aus ihrer Fixierung auf die Vergangenheit lösen. Dies ist in der Thematisierung des monströsen Verbrechens der Shoah immer wieder herausgestellt worden, aber in jüngerer Zeit auch in der Debatte über die angemessene Ahndung sexualisierter Gewalt. Verzeihen können allein die Opfer, nicht die Schuldigen/Täter.

„Darüber hinaus bleibt das Verzeihen im Unterschied zum eskapistischen Vergessen nicht in einem narzisstischen Selbstverhältnis befangen; es setzt die Vermittlung durch ein anderes Bewusstsein voraus, das Bewusstsein des Opfers nämlich, welches allein befugt ist, zu verzeihen. Der Hauptakteur der Ereignisse,

[318] Paul Ricoeur, Das Rätsel der Vergangenheit, a.a.O., 56.

[319] Die zuletzt genannte Dimension von Gewalt entspricht der Definition, die Johan Galtung dem Phänomen struktureller Gewalt gegeben hat (vgl. Johan Galtung, Strukturelle Gewalt. Beiträge zur Friedens- und Konfliktforschung, Reinbek 1975, 7-37.

welche das Gedächtnis verletzen – der Urheber des Unrechts – kann nur um Verzeihung bitten [...] Wenn das Verzeihen zur Heilung des verletzten Gedächtnisses beitragen soll, muss es durch die Kritik des leichten Vergessens hindurchgegangen sein.“[320]

Mit Blick auf Schulden besteht die Möglichkeit der – gewissermaßen „ekstatischen“, die Ordnung durchbrechenden – Befreiung von reziproker Verpflichtung durch eine generöse Gabe, die als reines Geschenk, als „Gnade“ von jeder Gegengabe-Verpflichtung frei ist.[321] Mit Blick auf Schuld dagegen kann die Generosität des Schuldners keine Lösung anbieten; und Generosität von Seiten der Opfer steht in der Ambivalenz der „billigen Gnade“, des „leichten“, nämlich allzu leichten Verzeihens, das dem Leiden der Opfer ein weiteres Mal Hohn sprechen könnte.

Paul Ricœur hat in dem bereits zitierten Text darauf hingewiesen, dass Jesus von Nazareth in der Bergpredigt die Handlungslogik einer Reziprozität der Gesellschaftsmitglieder unterstreicht („Alles nun, was ihr wollt, dass euch die Leute tun sollen, das tut ihnen auch! Das ist das Gesetz und die Propheten“ – Matthäus 7,12) und zugleich radikal in Frage stellt: „Aber ich sage euch, die ihr zuhört: Liebet eure Feinde; tut wohl denen, die euch hassen; segnet, die euch verfluchen; bittet für die, die euch beleidigen“ (Lukas 6,27f.). Ricœur interpretiert: „Das absolute Maß der Gabe ist die Feindesliebe; an sie knüpft sich der Gedanke einer Leihgabe ohne Hoffnung auf eine Gegenleistung.“[322] Es handelt sich hier keinesfalls um einen Unterschied zwischen der matthäischen und lukanischen Lesart des Evangeliums (vgl. Lukas 6,31: „Und wie ihr wollt, dass euch die Leute tun sollen, so tut ihnen auch!“), sondern vielmehr um eine charakteristische Verhältnisbestimmung zwischen gewahrter und aufgehobener Reziprozitätsvorstellung in den Erzählungen, aber auch in der Lebenspraxis – den Heilungen und den Feiern, den Gesprächen und der Verkündigung des Jesus von Nazareth. Ricœur interpretiert:

„Ich möchte damit nicht nur sagen, dass lediglich der kommerzielle Austausch der Kritik anheimfällt, sondern dass es hier um eine höhere Form des Austauschs geht. Alle Einwände setzen ja ein Interesse voraus, das sich hinter der Großzügigkeit verbirgt. Sie bewegen sich damit selbst in der Sphäre der

---

320 Paul Ricœur, Das Rätsel der Vergangenheit, a.a.O., 145.

321 Vgl. Marcel Mauss, Die Gabe, a.a.O., und Bernhard Waldenfels, Das Un-Ding der Gabe, in: ders. u.a. (Hgg.), Einsätze des Denkens, Zur Philosophie von Jacques Derrida, Frankfurt a.M. 1997, 385-409, gegen J. Derrida (dazu: Ethik der Gabe. Denken, hg. von M. Wetzel u.a., Berlin 1993; vgl. auch: Magdalene L. Frettlöh, Der Charme der gerechten Gabe, a.a.O., 123) darauf zu bestehen, dass die ungeschuldete, freie Gabe immer im Kontext von reziproken Gabentauschbeziehungen steht und auch nur in diesem Kontext – und nicht in ihrer vollständigen Negation – ihre Macht und Bedeutung entfalten kann. (Theo Ahrens, Ungeschuldetes Geben, a.a.O., 7).

322 Paul Ricœur, Das Rätsel der Vergangenheit, a.a.O., 151.

kommerziellen Güter, die zwar ihre Berechtigung hat, aber innerhalb einer Ordnung, in der die Erwartung der Gegenseitigkeit die Form der Forderung nach Gerechtigkeit und nach monetarischer Äquivalenz einnimmt. Die Feindesliebe aber bricht nicht nur mit diesem Kalkül, sondern weckt die Erwartung einer anderen Qualität des Austauschs: dass nämlich der Feind eines Tages mein Freund werden könnte."[323]

In der Hebräischen Bibel, dem Alten Testament wird in Exodus 23,5 die Wandlung der Beziehung zum Feind hin zu einer solidarischen, helfenden Beziehung an die gemeinsame Verpflichtung gegenüber einem Dritten gebunden: der Verpflichtung nämlich, das Leiden der Mit-Kreatur gemeinsam zu beenden – und damit auch die Feindschaft zum Anderen. „Wenn du den Esel deines Widersachers unter seiner Last liegen siehst, so lass ihn ja nicht im Stich, sondern hilf ihm zusammen mit dem Tier auf."[324]

Die Unterbrechung der Reziprozität, die im Gebot der Feindesliebe in aller Radikalität gefordert wird, führt – anders als die Freiheitsgeschichte einer kommerziell orientierten bürgerlichen Subjektivität und Gesellschaftlichkeit – nicht zu einer Aufhebung sozialer Verantwortlichkeit, sondern zu ihrer neuen Begründung: in der Achtung vor dem Gesicht, dem Antlitz, den (auch mir gegenüber fremden und möglicherweise feindlichen) Lebensinteressen des Anderen in seiner radikalsten Gestalt: der des Feindes. Die Unterbrechung der Reziprozität führt hier nicht zum Verlassen, sondern zu einer neuen Begründung und Gewichtung der Verpflichtung gegenüber dem*den anderen Menschen. Es liegt in der Interpretation – und in der für die Gestalt christlicher Kirchen relevanten Rezeption – dieser Texte aus der Bergpredigt alles daran, dem Hinweis Jesu zu trauen, dass er hier die Tora und die prophetischen Texte ebenso verbindlich aufnimmt („Das ist das Gesetz und die Propheten") wie – in ihrer „Richtung und Linie" – neu gewichtet („Ich aber sage euch").

Scham

Scham ist zerstörerischer fürs menschliche Subjekt als Schuld. Scham trifft das menschliche Individuum in totaler und für seine/ihre seelische Situation in unausweichlicher Weise. Scham vernichtet das menschliche Subjekt in seinen Grundfesten. Schuld zerrüttet Beziehungen, kann aber im gelingenden Fall abgetragen – oder vergeben – werden. Scham ist mit Gesehen-Werden verbun-

323 Ebd.

324 Vgl. auch: Frank Crüsemann, Die Tora. Theologie und Sozialgeschichte des alttestamentlichen Gesetzes, München 1992, 219-223.

den. Wer aufgrund eines desaströsen Vergehens, und sei es noch so unbewusst, dem Tribunal der Blicke ausgesetzt ist, ist der Erbarmungslosigkeit des begehrlich-vernichtenden Blicks der Vielen[325] ausgeliefert. Er ist in seiner Identität, seinem Selbstwert, in seinem sozialen Status irreparabel beschädigt.

Ein zentrales Beispiel für den Scham-Schuld-Diskurs ist Sophokles Tragödie Ödipus[326]. In diesem Drama aus dem alten Griechenland, das über die Psychoanalyse Sigmund Freuds für den intellektuellen Diskurs in Europa und Nordamerika lange einflussreich war, geht es – anders als Freud meinte – nicht zuerst um Schuld, sondern um Scham. Schuld ist spezifischer als Scham. Schuld ist ein Regelverstoß, den die soziale Gemeinschaft ebenso wie das Individuum lokalisieren kann, an einem spezifischen Vergehen festmachen kann, ahnden, rächen, bearbeiten kann, wie auch immer. Scham dagegen wirkt total. In Sophokles' Tragödie ist der Chor mit seinen Urteilen und Verwerfungen immer präsent. Das Tribunal der Blicke. Ödipus versucht, das Unheil, das über die soziale Gemeinschaft gekommen ist, zu spezifizieren, an einem eingrenzbaren Vergehen festzumachen, einen Schuldigen zu suchen, der dafür büßen muss, so dass das zerstörerische Desaster ein Ende nehmen kann. Das Vergehen, unbewusst in vormaliger Zeit begangen, ist aber so total, so desaströs, dass es nicht durch Strafmaß gemessen und abgetragen werden könnte. Es vernichtet die individuelle und soziale Existenz vollständig. Iocaste, Ödipus' Geliebte, Gattin und Mutter, nimmt sich sofort das Leben, als sie vor dem Tribunal der Blicke mit der Wahrheit konfrontiert wird, und Ödipus blendet sich – er kann vor den Blicken der vielen in keiner Weise mehr bestehen – und verschwindet im sozialen Nichts.

Scham vernichtet soziale und individuelle Identität, Scham tötet, während Schuld zumindest die Chance für das Individuum beinhaltet, sich selbst daran abzuarbeiten, irgendwann nach Abtragen einer zugemessenen Strafe von der sozialen Gemeinschaft wieder aufgenommen zu werden, wie gebrochen auch immer.

Aufgabe der Seelsorge in diesem Feld ist, den heilsamen Blick Gottes zuzusagen und fühlbar zu machen, mit dem alles Lebendige umhüllt und begleitet wird. Ich kann nicht alles schaffen. Muss ich auch nicht. Ich komme aus der Tretmühle der täglichen Anforderungen nur raus, wenn ich mich selbst immer wieder davon freispreche. Und freisprechen lasse. Erst recht aus dieser Krise.

---

325 Claudia Bentien, Tribunal der Blicke. Kulturtheorien von Scham und Schuld und die Tragödie um 1800. Köln u.a. 2001.

326 Sophokles, König Ödipus. Reclam 2003.

Glück

Der Systematische Theologe Jörg Lauster hat in seinem wunderbaren Büchlein Gott und das Glück[327] über den Zusammenhang zwischen Rechtfertigung und Glückserfahrung nachgedacht. Er spricht zunächst unter Absehung von eigentümlich der christlichen Religion zugehörenden Reflexionsfiguren darüber, was die Glückserfahrung ausmacht, und redet zunächst über das Augenblicksglück – im Gegenüber zum Glück, das sich als Ergebnis erfolgsorientierten Handelns einstellen mag. Glück in diesem Verständnis ist etwas, was sich unverfügbar von selbst ergibt, und der Zeitmodus der Plötzlichkeit zeigt dieses Unverfügbare als Überraschungsmoment an. Glück kommt unverhofft und ungesucht, Glück kann nicht erstrebt werden, es kann sich nur einstellen. „Die wenigsten Lebensziele lassen sich in der sturen Befolgung eines Lebensplanes erreichen, immer wieder treten Situationen ein, in denen man genau diese Art von Glück braucht, um zum Ziel zu kommen. Das Glück ist also mehr als das einfache Ankommen an einem zuvor anvisierten Ziel [...]. Es gibt also eine unabweisbare Dimension des Glücks, die über menschliche Handlungsvollzüge hinausgeht und sich dem Gefüge von Wunsch, Planung, und Durchführung entzieht. In dieser Perspektive gilt dann für das Glück, dass es nicht geschaffen wird, sondern zuteil wird. Das Glück übersteigt die Reichweite menschlicher Selbstbestimmung, weil seine Voraussetzungen und Bedingungen nie genau auszumachen sind, weil sie wenigstens teilweise unzugänglich und unverfügbar sind. In dieser Unverfügbarkeit liegt aber gerade der besondere Reiz und Charme des Augenblicksglücks."[328]

In diesem Moment der Erfahrung von Glück zeigt sich eine Nähe zur ästhetischen Erfahrung. In der ästhetischen Erfahrung erleben wir das erlösende Aussetzen eines strikten Funktionszusammenhangs, eine augenblicklich eintretende Gewissheit, die die Frage nach dem Wozu sinnlos macht, weil hier, in diesem Moment, die Worte, die Töne, die Farben oder auch die Formen sich selbst genügen. Ästhetische Erfahrung beinhaltet das Moment der Unterbrechung, und darin liegt das Befreiende, das Aufatmen, insofern die komplexen Funktionszusammenhänge in der modernen Lebenswelt plötzlich und ausschnitthaft aufgehoben erscheinen. Der Mensch erfährt etwas als in sich gut und schön, damit als in sich selbst genug. Es handelt sich um die Erfahrung eines absichtslosen Sich-Findens in der Wirklichkeit. Es tritt ein plötzlicher, unverfügbarer und ungesuchter Moment der Erfüllung ein, der aus dem kausalen Verhältnis zu dem, was zuvor an Erfüllung gewünscht, erstrebt und gesucht wurde, heraustritt.

---

327 Vgl. Jörg Lauster, Gott und das Glück. Das Schicksal des guten Lebens im Christentum, Gütersloh 2004, 151ff.

328 Ebd., 151.

In Analogie zur ästhetischen Erfahrung lässt sich die Glückserfahrung als eine doppelte Freiheitserfahrung beschreiben. „Sie befreit von dem, was außerhalb dieses Augenblicks selbst liegt, das heißt sie befreit und entlastet von den eigenen Intentionen, Zielen und den Funktionszusammenhängen, in die das Individuum eingebettet ist. Zugleich befreit diese Erfahrung für das, was sich in diesem Augenblick ereignet und lädt zum Verweilen ein. Im Augenblick des Glücks bin ich von den Fixierungen meiner Lage befreit, gerade indem ich gebannt bin durch das, was dieser Augenblick schenkt.“[329]

Neben der ästhetischen Erfahrung besteht auch eine Analogie zwischen Augenblicksglück und Sinnerfahrung. Jörg Lauster weist auf Platons Idee des Guten hin: Was der Mensch im Glück des Augenblicks als die Überwindung seines eigenen Strebens und seiner eigenen Lebensorientierung erfährt, kann als ein „Sich-zeigen des Guten selbst“ interpretiert werden. Die Sinnerfahrung des Augenblicksglücks, oder besser: das Augenblicksglück als Sinnerfahrung berührt sich darin mit der platonischen Grunderfahrung, in der die Seele durch die Schau der Ideen über die Bedingtheiten ihres Lebens hinausgehoben wird, und damit die wahre, über alles Vergängliche erhabene Schönheit, das Sein, die Dauer und die Ewigkeit aufleuchten sieht, die den Menschen mit der Sehnsucht erfüllt, die Beschränktheit seines je gegebenen Soseins zu überschreiten.

Standen bisher philosophische Überlegungen im Zentrum, so streicht Jörg Lauster nunmehr die Verbindung zwischen Augenblicksglück und Religion heraus: das Glück des Augenblicks beruht auf einer Selbsttranszendenz des Lebens. Im Augenblick des Gewahrwerdens des eigenen Lebens als eines guten Lebens, im Augenblick des Glücks stellt sich eine Erfahrung von Sinn ein, die alles übersteigt, was der Mensch aus sich selbst heraus „machen“ könnte. Darin erweist sich das Glück des Augenblicks als Erfahrung von Transzendenz. Das Augenblicksglück ist darin eine Erfahrung des Heiligen, eine Erfahrung des Inkommensurablen, das weder ableitbar noch begründbar ist. Entsprechend argumentiert Wilhelm Schmid in seinem Buch über die Lebenskunst: „Das Glück durchbricht die Begrenztheit der Endlichkeit und lässt das endliche Wesen teilhaben an der Erfahrung der Unendlichkeit [...]. Der Einzelne wird durchdrungen von einer Kraft, die umfassender ist als die des Individuums selbst.“[330]

Jörg Lauster fährt fort: Die als beglückend empfundene Einsicht, das eigene Leben annehmen zu können, steht nicht für sich, sondern sie verdankt sich einer Annahme grundsätzlicher Art, die dem menschlichen Planen und Handeln immer schon vorausliegt. Der Mensch weiß sich von woanders her angenom-

---

329 Ebd., 153.

330 Wilhelm Schmid, Schönes Leben? Eine Einführung in die Lebenskunst, Frankfurt a.M. 2000, 169.

men, ehe er sich selbst annehmen kann. In der protestantischen Theologie findet sich in der Rechtfertigungslehre die klassische theologische Ausformulierung dieses zentralen Zusammenhangs einer Gnadentheologie. Die Person erlebt in der augenblickshaften Erfüllung zugleich die Vergegenwärtigung einer letzten, unbedingten und unendlichen Dimension der Wirklichkeit, die dadurch, dass sie das eigene Wollen und Streben übersteigt, zugleich die eigene Begrenztheit aufweist. Der erfüllte Augenblick befreit den Menschen von jeder Größenfantasie, von jeder zerstörerischen Übersteigerung von Aspirationen selbsttätiger Machbarkeit und Erfüllung. Das Glück des Augenblicks gehört zusammen mit der protestantischen Grunderfahrung eigener Begrenztheit als Befreiung von Größenfantasien, vom Zwang einer Selbstverwirklichung durch eigenes Streben und Wollen – zu der Freiheit, die eigene Person in einer Weise zu entfalten, die sich immer schon aufgehoben weiß in einem Grund, den sie nicht selbst setzt, aber von dem sie immer vertrauensvoll annehmen kann, dass sie durch diesen Grund wohlwollend gehalten und getragen wird. Die reformatorische Theologie hat diesen Zusammenhang ausformuliert als den in der Gottesgemeinschaft begründeten Zusammenhang von Freiheit und Rechtfertigung.

Rechtfertigung, Gemeinschaft mit Gott und Freiheit sind die grundlegenden und sich wechselseitig bedingenden Momente dieser Erfahrung. Der Mensch erfährt die Erfüllung seines Lebens als einen Moment, in dem er sein Leben als ein gutes und gelingendes ansieht, bevor er überhaupt versucht oder versuchen könnte, selbst ein gutes und gelingendes Leben daraus zu machen. Vermittelt durch das Leben und die Botschaft Jesu deutet die christliche Religion diese Erfahrung als Gotteserfahrung. Sie eröffnet ein Lebensgefühl, das als Gehaltensein in der Liebe Gottes seiner Struktur nach dem entspricht, was philosophisch als Aufleuchten einer höheren Wirklichkeit, als Sich-zeigen des Guten verstanden wird. Die religiöse Deutung als Rechtfertigungserfahrung unterscheidet sich von der philosophischen Deutung durch einen höheren Bestimmtheitsgrad: Es ist Gott selbst, der sich im tragenden Lebensgefühl der Menschen vergegenwärtigt und damit in Gemeinschaft mit ihnen tritt. Die Gewissheitserfahrung, dass das Leben in Gott aufgehoben ist, macht den Menschen frei davon, den Grund seines Daseins und Lebensvollzugs selbst legen zu wollen. Der Mensch erfährt das eigene Leben von einer Macht und einem Sinn getragen, über die er nicht verfügt und die er seinem Leben selbst nicht beilegen kann – und auch nicht muss. Der Mensch erfährt, dass sein Dasein seine Erfüllung nicht erst durch irgendwelche Zwecke und Ziele gewinnt, sondern in der Liebe Gottes begründet und aufgehoben ist und damit sich selbst genug ist. Das ist eine Erfahrung von Lebensgewissheit, durch die der Mensch mit sich selbst ins Reine kommt, wobei er die Bedingungen dieser Zustimmung zu sich selbst nicht selbsttätig setzen, sondern nur empfangen kann. Das entlastet die Einzelnen davon, selbst gewählten oder aufgezwungenen Mächten und Idealen nachzujagen. Diese Erfahrung befreit dazu, in eigener Lebensführung das Leben als das zu entfalten, was es immer schon ist: Ich kann mich in meinem krummen Gang und meinen halben Träumen von Gott geliebt wissen und deshalb den aufrechten Gang gehen lernen.

Jörg Lauster unterstreicht: Es wäre absurd, jede Dimension der Rechtfertigungserfahrung als Glückserfahrung zu behaupten, genauso wie es absurd wäre, jedes Augenblicksglück zu einer Rechtfertigungserfahrung zu stilisieren. Sondern: „Es gibt bestimmte Formen einer Glückserfahrung, die sich rechtfertigungstheologisch plausibel machen lassen. Das gilt sowohl für den Inhalt wie für den Begründungszusammenhang dieser Erfahrung [...]. Im unverfügbaren Sich-Einstellen des Glücks, im absichtslosen Sich-Finden in der Wirklichkeit und in dem Durchbruch zu einer das Dasein tragenden Sinnannahme finden sich auffallende Strukturanalogien, die es erlauben, das Verständnis der Rechtfertigung entgegen seiner bisweilen doch argen dogmatistischen Verkrustung in die Sprache gegenwärtiger Lebenserfahrung zu übersetzen [...].“[331]

[331] Ebd., 168.

Identität und Biographie

Ich habe Henning Luthers „Religion und Alltag“ seinerzeit verschlungen und gefeiert. Ich war damals, 1992, Stiftsinspektor am Theologischen Stift in Göttingen und Hochschulassistent an der Universität Göttingen, schrieb meine Habil bei Manfred Josuttis und war immer auf der Suche nach Futter für Streit und lebendige Diskussion, nicht nur im Josuttis‘schen Oberseminar. Ich habe seitdem das Buch immer wieder in Seminaren und zu anderen Gelegenheiten hervorgeholt. Auch im eigenen Nachdenken hat es mich bewegt. Vor allem zwei Gedanken.

Der erste ist mir immer wichtiger geworden, nämlich das, was Hennig Luther zu „Identität“ sagt. Ich finde das für heutigen Streit über alle möglichen Themen zentral wichtig. Gender und Religion, Postcolonialism und identitäre Konstruktionen von „Volk“, „Nation“, Kultur“ usw.

Der zweite Gedanke Hennig Luthers hat mich damals genauso gepackt. Nämlich: Religion bricht im Alltag des gelebten Lebens vor allem auf in Augenblicken der Widerfahrnis zu „Schmerz“ und „Sehnsucht.“ Diesen Gedanken sehe ich mit den Jahren und heute immer kritischer. Zu beidem möchte ich ein paar Überlegungen beitragen.

Heute ist selbstverständlich: die symbolische Ordnung der christlich-jüdischen Tradition kann nicht mehr das Gesamt der Lebenswirklichkeit orientieren. Der Protestantismus konkurriert mit anderen religiösen oder nichtreligiösen Symbolordnungen. Die symbolische Ordnung selbst gewinnt nicht ohne Dazwischentreten des menschlichen Subjekts und damit nicht ohne ihre individuelle Artikulation Sinn. „Bloßer Traditionalismus, unvermittelter Objektivismus sind nicht länger zu rechtfertigen. Weder Erkenntnis (Theorie) noch die Ordnung des Zusammenlebens (Praxis) sind im Prinzip ohne Vermittlung der Subjektivität denkbar. Vernünftig kann seither nur heißen, was das ‚Dabei-sein-Können‘ des Subjekts nicht ausschließt.“[332]

Aber was ist hier gemeint, wenn von „Subjekt“ geredet wird? Die Rede vom „Subjekt“ gibt den Ort an, an dem Regelhaftigkeit durch Selbsttätigkeit, an dem Tradition durch je-aktuelle Artikulation aufgenommen und zugleich gebrochen wird.

Henning Luther diskutiert „Subjekt“ im Gegenüber von „Identität“ und „Individuum“. „Das Identitätsmotiv bezieht sich auf zwei Aspekte: erstens auf

332 Henning Luther, „Ich ist ein Anderer. Zur Subjektfrage in der Praktischen Theologie.“ 1991. Zit. nach: ders., Religion und Alltag, Stuttgart 1992, 63.

die Zusammenhangsidentität des thematisierten Selbst und zweitens auf die Übereinstimmungsidentität des Selbst mit den Erwartungen anderer: Die autobiographische Vergewisserung der Identität meint dann die in den Augen der anderen gespiegelte Identität ..." Dagegen hebt das Individualitätsmotiv gerade auf das „Abweichende und Nichtgelungene" ab; durch Überordnung des Identitätsmotivs wird Individualität allererst durch Differenz artikuliert: nämlich durch „Abspaltung und Ausdifferenzierung dessen, was nicht zum Skopus der Folgerichtigkeit, der Kohärenz und Kontinuität passt."[333]

Henning Luther will „Identität" als kritischen Begriff gelten lassen: Indem er nämlich die Suche des Subjekts nach sich selbst provoziert, bewusst macht, was sein könnte und noch nicht da ist, Einspruch ermöglicht gegenüber Versagungen und Deformationen. „Problematisch erscheint der Identitätsgedanke in dem Moment, in dem er nicht mehr kritisch-regulativ gebraucht wird, sondern zum normativen Leitbild erreichbarer (oder herzustellender) Identität wird und sich mit dem Begriff der Ich-Identität Vorstellungen von Ganzheit, Vollständigkeit sowie von Kontinuität und Dauerhaftigkeit verbinden."[334]

Die Individualität des Subjekts hängt vielmehr gerade daran, dass Identität vollständig nie erreichbar ist. Die vollständige Entsprechung des Selbstbildes mit den Erwartungen anderer wäre ebenso wie die bruchlose Linie in der Lebensgeschichte und -planung eine totalitäre Inszenierung. Der Glaube an ihre Realisierbarkeit nichts anderes als ein schlechter Scherz. Individualität wird dadurch möglich, dass das Subjekt den Erwartungen der anderen eigene Lebensentwürfe entgegensetzt, angesichts von Brüchen, Versagungen und Verzerrungen in der eigenen Lebensgeschichte nicht verzagt, sondern neue Möglichkeiten entwirft, in einem Wort: die Begrenztheit des eigenen Lebens als Chance für das eigene Leben akzeptiert. Identität ist immer Fragment: dies ist die in heilsamer Weise unüberwindbare Konsequenz der Sterblichkeit des Menschen.

Individualität des Subjekts ist dadurch bestimmt, dass vollständige Identität nicht erreichbar und nicht wünschenswert, sondern nur als kritisches Korrektiv gegenüber Versagungen und Verstümmelungen hilfreich ist. Individualität heißt, dass Identität nur als Fragment möglich und lebbar ist.

Individualität findet ihren Ort im Schnittpunkt zwischen Regelhaftigkeit und Spontaneität. Individualität artikuliert sich im ästhetischen Spiel des Subjekts mit den Erwartungen anderer und mit der begrenzten Fülle von Lebensentwürfen im Kontext gelingender Selbstreflexion über bereits gelebtes Leben. Ich gehe

---

333 Henning Luther, „Das unruhige Herz. Über implizite Zusammenhänge zwischen Autobiographie, Subjektivität und Religion." 1990. Zit. nach: a.a.O., 1992, 128f.

334 Henning Luther, „Umstrittene Identität. Zum Leitbild der Bildung." 1989. Zit. nach: a.a.O., 1992, 155.

nicht in dem auf, was andere von mir wollen und was ich selbst, was andere, was „die Verhältnisse" im Blick auf Zukunft aus meinem Leben machen wollen.

Vielmehr bleibt die Ermöglichung von Individualität an die vertikale, die extramundale Perspektive gebunden. Hier liegt die unaufhebbare Leistung der Religion: „Breitenwirksam bewahrt Religion diese Perspektive auf radikale, unverkürzte Individualität, insofern sie die Abgeschlossenheit und Ausschließlichkeit der Horizontalen aufbricht und Individualität aus der extramundanen Perspektive wahrnimmt."[335]

Im gegenwärtigen Diskurs, im aktuellen Streit über Gender, Queer, Nationalität, Religion und vieles mehr kann dieser Gedanke Henning Luthers, denke ich, immer neue Sprengkraft gewinnen. „Identität" ist immer ein Vermittlungsbegriff, der mindestens das Verhältnis von zweien voraussetzt: Die Rede: „Ich bin identisch" wäre purer Blödsinn, genauso wie „ich habe Identität", wie man einen Maserati hat. Oder ein Fahrrad.

Sinnhaft wäre stattdessen: Ich erkenne eine Melodie in meiner Lebensgeschichte, die sich aus vielem Verschiedenen aufbaut, zugleich im Kontakt mit lebensgeschichtlich wichtig werdenden Menschen und Ereignissen. die mich zu einer unverwechselbaren Individualität heranreifen lasen. Nur in dieser konstitutiven Bezogenheit auf anderes ist die Rede von „Identität" überhaupt sinnvoll – Bezogenheit auf Anderes und insbesondere auch auf Fremdes und Fremde.

Henning Luther hat 1987 seine Antrittsvorlesung in Marburg gehalten. Sie ist unter dem Titel „Schmerz und Sehnsucht" veröffentlicht worden. „Schmerz und Sehnsucht durchziehen wie unterirdische Geäder den Alltag der einzelnen Subjekte und treten unwillkürlich zu Tage. ... An den Bruchstellen von Übergangssituationen ist es am wahrscheinlichsten, dass sie frei liegen ... Schmerz und Sehnsucht sind einander verschwistert. In beiden kommt die Ahnung zu Bewusstsein, dass ‚wir uns auf dieser Erde nicht ganz zu Hause fühlen' ... In Schmerz und Sehnsucht geht es also um die uneingeschränkte Anerkennung der Subjektivität des Einzelnen, wohlgemerkt nicht nur der eigenen, sondern des Anderen, angesichts der Erfahrungen von Fragilität und Beschädigungen ... Eine Theologie ohne Tränen der Trauer und ohne Seufzer der Hoffnung, eine Theologie, die den Menschen in seinem Schmerz und in seiner Sehnsucht verloren hat, hat auch das, was sie für ihr eigentliches Thema halten mag, Gott, verloren."

Schmerz und Sehnsucht sind Empfindungen, Gefühle, sind Phänomene, an denen Religion im alltäglichen Lebensvollzug aufscheint. Religion wird nicht zuerst und allein verstanden im Sinne einer institutionellen Kirchlichkeit. In Schmerz und Sehnsucht zeigt sich die Religion des menschlichen Subjektes.

[335] Henning Luther, „Ich ist ein anderer ...", a.a.O., 1992, 73.

Zumindest im Horizont des christlichen Glaubens berühren beide Empfindungen die religiöse Dimension des Lebens, weil in ihnen die Erlösungsbedürftigkeit der eigenen wie der Existenz der Anderen aufbricht und ans Licht tritt. Religion, so Luther, wahrt in ihrem Innersten „das Geheimnis von Individualität". Für den einzelnen Menschen entzündet sich an Schmerz und Sehnsucht immer wieder die Sorge um das eigene Leben genauso wie um das Leben anderer. Eine Praktische Theologie, die sich davon anstecken lässt, wird zur Seelsorge.

Kristian Fechtner hat an diese Überlegungen Luthers seinerseits Überlegungen zur Seelsorge angeschlossen.[336] Eine solche Seelsorge wendet sich gegen die Vormundschaft aller seelsorgerlichen Konzepte, die auf eine Integration in ein vermeintlich normales Leben aus sind. Sie wendet sich gegen jede Anpassung. Kristian Fechtner gebraucht den Ausdruck ‚entrüstete Seelsorge'. Ich will das hier nicht im Einzelnen entwickeln, nur sagen: In dieser Richtung kann ich Henning Luthers Überlegungen zu „Schmerz und Sehnsucht" und den daraus entspringenden praktisch-theologischen Überlegungen nur zustimmen.

Aber: Sind Augenblicke der Unterbrechung von Alltagsroutinen, die den Individuen widerfahren, wirklich zureichend mit der Wiederfahrnis von Schmerz und Sehnsucht bezeichnet? Vor allem dann, wenn ich ins Auge fasse, was den Leuten nicht nur widerfährt, sondern was sie als Alltagsunterbrechung wollen – erleben, erreichen, feiern wollen? Was sie beglückt und aufregt, was sie anturnt und ängstigt, was sie jubeln und vor Empörung schreien lässt? Oder aber verstummen lässt?

Hat das alles nichts mit „Religion im Alltag" zu tun? Ich denke doch, oder? Ich kann mich des Eindrucks nicht erwehren, zunehmend, dass „Schmerz und Sehnsucht" so etwas sind wie die herabmoderierten, die leise verkümmerten, die Risiko vermeidenden kleinen Geschwister sind von Rudolf Ottos „Schrecken und Faszination", in denen das Heilige begegnet.

Ich entschuldige mich für die Klarheit der Wortwahl. Es ist nicht böse gemeint. Ich habe nur den Eindruck, dass auf Fußballplätzen und insbesondere nachfolgenden Schlägereien, dass in Wacken und „Rock am Ring", dass in ganz anderer und böser Form in Straßenjagden gegen Fremde und Hassorgien im Internet, dass umgekehrt aber auch in Tauffesten und Hochzeitsorgien, in Situationen des Sich-Verliebens und des Sich-Trennens, dass im Geburt und Tod andere Widerfahrnisse, Sehnsüchte, dass andere Gestaltungsversuche lebendig sind.

[336] Kristian Fechtner, „Sich nicht beruhigen lassen. Seelsorge nach Henning Luther". In: Uta Pohl-Patalong Hg., Seelsorge im Plural, 89-101.

Kurz gesagt. Die Leute wollen Remmidemmi. Und auch das ist Alltagsunterbrechung, Auch das ist Religion im Alltag. Ob wir das gut finden oder nicht. Unsere Aufgabe ist aber, das zu begreifen.

„Schmerz und Sehnsucht" passen gut zu einem weiteren Buch von Kristian Fechtner, das ich wegen seiner Nähe an den Menschen, die hier im Blick sind und die ihre Erfahrungen mitteilen, sehr schätze und großartig finde. „Mild religiös"[337]. Das trifft vieles in unserer gegenwärtig protestantisch-kirchlichen Religionskultur, keine Frage. Bloß: Werden wir als protestantisches Christentum in Deutschland überleben, wenn wir uns darauf fokussieren? Wenn wir uns darauf beschränken? Überall in der Welt explodiert Christentum, das sich in der einen oder anderen Weise den Remmidemmi-Sehnsüchten der Menschen öffnet. Der Protestantismus ist keine sterbende Religion. Er ist alles andere als das.

Mittlerweile lebt die überwältigende Mehrheit von Christen in der nichtwestlichen Welt – mit explodierenden Mitgliedschaftssteigerungen.[338] Gegenüber den traditionellen Großkirchen gewinnen evangelikale, charismatische und vor allem pentekostale Glaubensformen stark an Zuwachs.[339] Solche Gemeinden sind mittlerweile auch in europäischen Metropolen wie Hamburg beheimatet in dem Maße, wie beispielsweise afrikanische Flüchtlinge hier ein neues dauerhaftes Zuhause suchen. Wie kann die evangelische Kirche in Deutschland von ihren ökumenischen Geschwistern vor allem Lebendigkeit und Deutlichkeit christlichen Lebens lernen, ohne die Gefahr einer Fundamentalisierung der christlichen Religion zu unterschätzen?

Mit dieser Frage, die ich eindringlich stellen, aber leider nicht zureichend beantworten kann – die wir aber gemeinsam beantworten lernen müssen, denke ich, um als evangelische Kirchen zu überleben – möchte ich auch diese Themen für die Arbeit der Seelsorge stark machen. Achten wir nicht nur auf die belastenden Gefühle! Schenken wir auch den ‚wilden' und starken Gefühlen Aufmerksamkeit! Bestärken wir das, was sich in der Lebensenergie zeigt!

---

[337] Kristian Fechtner, Mild religiös. Erkundungen spätmoderner Frömmigkeit. Stuttgart 2023.

[338] In Afrika beispielsweise von ca. 116 Millionen 1970, also zum Abschluss der Kolonialzeit, auf 423 Millionen Christen 2008 (jährliche Zuwachsrate von 2,4%); dagegen in Europa einschließlich Russland von 467 Millionen 1970 auf 556 Millionen heute (jährliche Zuwachsrate 0,13%). David B. Barrett et al., Missometrics 2008: Reality Checks for Christian World Communions, IBMR 32, 2008, 27-30, zit. nach Theodor Ahrens, Zur Zukunft des Christentums, Hamburg 2016, 16f.

[339] Vgl. in diesem Zusammenhang die Diskussion der Thesen von Philip Jenkins, Alistair E. McGrath und John V. Taylor bei Theodor Ahrens, a.a.O., passim.

Wandlungen von Ich-Konzeptionen in der Moderne

Philosophische und auch psychoanalytische Diskurse über das „Ich" spiegeln seit Beginn der industriellen Moderne in Deutschland eine zunehmende Fraglichkeit, das „Ich" des Menschen gegenüber seiner natürlichen Lebensumwelt, gegenüber seiner sozialen Mitwelt, aber auch gegenüber seiner inneren Natur zu behaupten. Nehmen wir einige Stationen in Augenschein. Die erste Ich-Konzeption, auf die ich zu sprechen kommen möchte, sieht das menschliche Ich in einer Position der Stärke gegenüber allem anderen, was nicht Ich ist – die anderen Menschen, aber auch die natürliche Lebensumwelt. Im Kontext der antinapoleonischen Freiheitsbewegung, zu Beginn des 19.Jahrhunderts und der industriellen Moderne also, entwirft Johann Gottlieb Fichte eine philosophische Konzeption des menschlichen Ich, für die alles Andere, was nicht „Ich" ist, als Herausforderung zur Verwirklichung des Ich selbst erscheint – ohne dass das Ich selbst durch den Kontakt mit dem Anderen seiner selbst in Frage gestellt würde.[340] Ich konzentriere Fichtes etwas komplizierten Gedanken auf den m.E. wesentlichen Punkt: Das Ich des Menschen zeigt seine Lebendigkeit und Macht durch Ausdehnung und Grenzerweiterung gegenüber allem, was ihm selbst nicht zugehört. Mit diesem Gedanken bindet Fichte die Vernunfttätigkeit des empirischen Ich an Herrschaft. Sie bewährt sich als technische Vernunft in der Bemächtigung und Unterwerfung, intentional in der Negation des Nicht-Ich (der „Natur"). Und als sittliche Vernunft bewährt sie sich im Akt der Pflichtübernahme. Der Einzelne wird des unwiderleglichen Gefühls inne, dass ihm durch eine zufällige Begegnung mit einem Ausschnitt aus dem Ganzen des gesellschaftlich-geschichtlichen Lebensprozesses seine Pflicht begegnet, durch deren Übernahme er selbst allererst zum menschlichen Ich wird. –

Wir stehen historisch am Beginn der Durchsetzung der industriellen Moderne in Deutschland, der politischen Vereinheitlichung des Reiches, schließlich der Beteiligung Deutschlands an der kolonialen Unterwerfung weiter Teile der Welt durch die europäischen und nordamerikanischen Metropolen. Es ist keinesfalls so, dass Fichte dies alles schon vor Augen gehabt hätte. Aber das Lebensgefühl, das er im Kontext der antinapoleonischen Befreiungskriege zum Ausdruck bringt, atmet gewissermaßen schon die Atmosphäre des ganzen folgende 19.Jahrhunderts. Ich halte fest: Charakteristisch an dieser Ich-Konzeption ist die konsequente Nichtachtung des Anderen als eines Anderen. Das Ich empfindet den anderen Menschen ebenso wie die ihn umgebende Natur als Herausforde-

[340] Vgl. z.B.: Johann GOttlieb Fichte, Über den Glauben an die göttliche Weltregierung. 1798. Sowie ders., Wissenschaftslehre. 1804. Nachgelassene Werke Bd. 2.

rung: gegenüber der Natur zur herrschaftlichen Unterwerfung, gegenüber dem anderen Menschen als Pflicht, hier und jetzt zu handeln. Das Ich selbst kann in dieser Begegnung nicht zum Anderen, sondern nur zu sich selbst finden, sich ausdehnen, bei sich selbst ankommen.

Ganz anders ist die Wahrnehmung etwa ein Jahrhundert später, nach Jahrzehnten des industriellen und kulturellen Aufschwungs im deutschen Kaiserreich, der sich für wachere Zeitgenoss*innen schon länger als brüchig, nämlich als durch soziale Ausgrenzungen nach innen und imperialen Gestus nach außen dargestellt hat und mit den unmäßigen Menschenopfern der Materialschlachten des ersten Weltkrieges seine böse Wahrheit demaskiert hat. In diesem Kontext entwickelt der Begründer der Psychoanalyse, Sigmund Freud, eine Konzeption des menschlichen Ich, die charakteristisch anders ist als die Fichtes ein Jahrhundert zuvor.[341]

Das Ich gilt nicht mehr als gegenüber allem Anderen resistent und überlegen, wird eher nach der Formel wahrgenommen: man weiß nicht, was man im eigenen Hause hat. Das Ich – als innerpsychische Instanz neben Es, Über-Ich und Ich-Ideal – wird als „Realitätsprinzip" zum Unterhändler, zum Vermittler zwischen den gesellschaftlichen Normen, die das Individuum umgeben, und den libidinösen und aggressiven Antrieben innerhalb des eigenen Körpers. Freud hat seine Zeitgenoss*innen durch diesen Gedanken in erheblichem Maße fasziniert und verunsichert: Dass „Natur" nicht nur etwas jenseits der Körperoberfläche, außerhalb der Grenzen menschlicher Körperlichkeit ist, sondern dass der Mensch in seiner Körperlichkeit selbst Natur ist. Und auch, dass Menschen zu Begehrungen und Handlungen in der Lage sind, die weder mit ihren intellektuellen Kapazitäten noch ihren moralischen Ansprüchen übereinstimmen.

In der psychoanalytischen Theorie Sigmund Freunds findet sich später ein Reservoir theoretischen Nachdenkens, das verfolgte und versprengte Intellektuelle in Deutschland immer wieder befähigt hat, wenigstens gedanklich und analytisch der faktischen Übermacht der – auf hohem technologischen Niveau – grenzenlosen Rückkehr zur Barbarei im deutschen Nationalsozialismus zu entrinnen. Die Analysen zum „autoritären Charakter", wie sie in den 30er Jahren von Vertretern des (ins Ausland verlegten) Frankfurter Instituts für Sozialforschung unter Horkheimer und Adorno vorgelegt wurden, haben ebenso Sigmund Freuds Wahrnehmung der faktischen Schwäche der Ich-Instanz gegenüber Trieben und gesellschaftlichen Zwängen und Verlockungen zum Bezugspunkt wie – Jahre nach dem Ende der Nazi-Zeit – Margarete und Alexander Mitscherlichs Unter-

341 Einen guten Überblick über zentrale Schriften Sigmund Freuds verschafft: Ders., Kulturtheoretische Schriften. Frankfurt a.M. 1974.

suchungen zur spezifisch deutschen „Unfähigkeit zu trauern“[342]: Die Masse der Deutschen habe sich, so die Überlegung der Mitscherichs, in einer Weise mit der Gestalt des „Führers“ identifiziert, dass nach seinem schmachvollen Ende und der Veröffentlichung der massenmörderischen Realität des Staates, an den man sein Herz verloren hatte, die innerpsychische Instanz des Ich-Ideals massenhaft beschädigt und nur Verdrängung und Scham, nicht aber Trauer und Mit-Leiden zugelassen wurden.

It‘s getting better all the time – oder: der Blick in den zerbrochenen Spiegel

In der Nachkriegszeit, aber auch bis in die zeitgenössische Gegenwart beanspruchen nach meiner Wahrnehmung zwei Konzeptionen des „Ich“ Plausibilität in wissenschaftlichen, aber auch in feuilletonistischen Gesprächszusammenhängen. Das menschliche Ich, so die eine Überlegung, entwickelt sich – moralisch, intellektuell, religiös – in lebensgeschichtlicher Reifung über eine Reihe von unumkehrbaren Stufen immer höher, bis schließlich auf einer höchsten Stufe sich eine von äußeren Zwängen und Vorbilder unabhängige, „prinzipiengeleitete“ Urteilsfähigkeit mit einer offenen und emphatischen Wahrnehmung des Anderen verbinden kann.

In der religionspädagogischen Debatte der vergangenen Jahrzehnte beispielsweise sind Interpretationskonzepte sehr einflussreich geworden, die die religiöse Entwicklung des menschlichen Individuums im Sinne einer unumkehrbaren Stufenfolge zu jeweils höheren Formen von Religion thematisieren. Die Theorien zur religiösen Entwicklung des Individuums werden in Analogie zu Theorien der kognitiven und moralischen Entwicklung konstruiert, wie sie von Jean Piaget und Lawrence Kohlberg entwickelt wurden. Die kognitive Entwicklung folgt für Jean Piaget einer invarianten Sequenz von Stufen, auf denen sich die Wahrnehmungen und Handlungen des Menschenkindes jeweils charakteristisch unterscheiden, mit denen es die Wirklichkeit konstruiert.

In Anknüpfung an Piaget hat Lawrence Kohlberg eine Theorie zur moralischen Entwicklung des menschlichen Individuums konstruiert.[343] Es kommt dabei weniger auf die Inhaltlichkeit bestimmter Werte und Normen an als vielmehr darauf, wie Werte und Normen vom Individuum begründet werden. Beispielsweise mag ein Kind nicht stehlen, weil es sonst bestraft wird. Eine Jugend-

[342] Alexander Mitscherlich, Die Unfähigkeit zu trauern. Grundlagen kollektiven Verhaltens. München 1967.
[343] Lawrence Kohlberg, Zur kognitive Entwicklung des Kindes. Frankfurt a.M. 1974.

liche achtet das Eigentum, weil sie der Ansicht ist, dass sonst die Ordnung der Gesellschaft in Gefahr sei. Ein weiterer Jugendlicher begründet das Verbot des Stehlens damit, dass man überhaupt nicht stehlen dürfe, und zwar unabhängig davon, ob in der konkreten Gesellschaft dieses Verbot besteht oder nicht. Kohlberg ist nun der Ansicht, zeigen zu können, dass diese Stufen der moralischen Entwicklung – von der „präkonventionellen“ über die „konventionelle“ bis zur „prinzipiengeleiteten“ Stufe – im Sinne einer unumkehrbaren Entwicklungslogik aufeinander aufbauen. Der Einfluss kultureller Faktoren – also die Tatsache, dass ein Individuum in einer bestimmten Gesellschaft und in einer bestimmten historischen Situation lebt – kann eine Entwicklung beschleunigen, aber nicht dazu führen, dass die Reihenfolge der Stufen nicht eingehalten würde. Schließlich meint Kohlberg: eine höhere Stufe ist immer zugleich differenzierter und integrierter als alle niedrigen. Deshalb verbindet er die Stufenfolge mit der Vorstellung einer Evolution zum Besseren: Höhere Stufen führen auch zu angemesseneren bzw. „besseren“ moralischen Urteilen.

Sehen wir in diesem Gesprächszusammenhang auf ein z.Zt. besonders wirkmächtiges Modell einer religiösen Entwicklung des menschlichen Ich: James W. Fowler – er hat seine Theorie seit Mitte der 70er Jahre in enger Verbindung mit Kohlberg entwickelt – spricht allerdings nicht von „religiöser Entwicklung“, sondern ausdrücklich von der „Entwicklung des Glaubens“ (faith). Ausgangspunkt ist die Annahme, dass der Mensch auf Sinn angewiesen ist; der Mensch lebt in einer zugleich deutungsfähigen und deutungsbedürftigen Welt. „Sinn“ steht für die Erfahrung des Vertrauens, verstanden als existentieller und nicht nur verstandesmäßiger Vorgang. Glauben als Sinn-Schaffen hat damit zu tun, wem oder auf was man vertraut. – „Glauben“ ist für Fowler in diesem Sinne eine universelle Erscheinung, ist also nicht an eine spezifische Religion gebunden. Zentral ist die Unterscheidung zwischen Glauben (faith) als sinnstiftendem Vertrauen und einem Für-Wahr-Halten (belief) von Auffassungen, wie sie in den Lehren einer spezifischen Religion zu finden sind. Glaube im Sinne von Fowler ist (entsprechend einer Formulierung von Paul Tillich) das, „was mich unbedingt angeht“.[344]

Die Stufen der Glaubensentwicklung folgen auch im Sinne Fowlers einer unumkehrbaren Abfolge in Entsprechung zur linearen Zeitstrecke des Lebensalters. Der Schwerpunkt bei Kindern liegt auf der Stufe 1 und 2 (die auf dem Urvertrauen aufbauenden Phasen des „intuitiv-projektiven“ und des „mythisch-wörtlichen“ Glaubens). Im Jugend- und jungen Erwachsenenalter dominiert die Stufe 3 („synthetisch-konventioneller Glaube“). Stufe 4 („individuierend-reflektieren-

[344] James W. Fowler, Stufen des Glaubens, San Francisco 1981, 14.

den Glaube") ist die höchste Stufe, die vor dem Erwachsenenalter auftreten kann. Die höchsten Stufen („verbindender" und „univeralisierender" Glaube) werden nicht von allen Menschen erreicht, finden ihren Ort aber in jedem Fall im Erwachsenenalter. Fowlers Stichworte sind komplizierter als die gemeinten Sachverhalte. Beispielsweise kann ein Kind bis zu einem bestimmten Alter nicht zwischen Symbol und Symbolisiertem unterscheiden; von einem bestimmten Alter an orientieren sich Jugendliche nicht mehr ungebrochen an den Lebensordnungen und Vorstellungswelten der Glaubensgemeinschaft, in der sie aufgewachsen sind, sondern fragen selbsttätig nach deren Sinn fürs eigene und gesellschaftliche Leben; und empirisch selten auftretende besondere Menschen sind in der Lage, den eigenen Glauben im Gespräch mit anderen Glaubensweisen zu entfalten – das Eigene zur Gestalt zu bringen und das andere wahrzunehmen ohne Verwerfungen und Verzeichnungen. Fowler hat sich durchaus widersprüchlich zu der Frage geäußert, inwiefern die von ihm beschriebenen Stufen eine Hierarchie bilden, so dass gesagt werden muss, dass höhere Stufen besser seien als tiefere. Auf der einen Seite weiß er, dass Sinnorientierungen nicht einfach gegeneinander aufgerechnet werden oder auf ein allgemeingültiges Kriterium bezogen werden können. Andererseits ist in der Weise, wie Fowler die Stufen untersucht und zuordnet, eine Zielgerichtetheit zum Besseren angelegt.

Diesen Optimismus kann sich eine zweite zu begutachtende Gesprächsrichtung keinesfalls zu eigen machen. Jacques Lacan spielt in seinen Überlegungen zur Entstehung und Entwicklung des menschlichen Ich mit der Tradition der „Vaters" der psychoanalytischen Bewegung und dekonstruiert sie zugleich: Sigmund Freuds Satz „Wo Es war, soll Ich werden" wird von Lacan auf eine hintergründige Weise umformuliert. Denn Lacan hält nicht an der Konzeption eines „Es" als eines Ensembles von Begehrungen fest, die sich quasi als „innere Natur" des Menschen beschreiben ließen. Und er rechnet auch nicht mit einer innerpsychischen Instanz des „Ich" im Sinne von Freud: für Lacan ist das „Ich" nicht Ort der Realitätsanerkennung und der Ausgleichung zwischen Triebhaftigkeit und gesellschaftlicher Umwelt. Lacan interpretiert die erste Erfahrung, in der das Menschenkind dem eigenen Ich begegnet. Er versteht die beglückende, mit Jubeln aufgenommene Begegnung mit dem eigenen Spiegelbild – auf einem mechanischen Spiegel, aber auch im zugewandten, lächelnden Angesicht der Mutter (etwa im 6.Lebensmonat) – als entscheidende Begründung der menschlichen „Ich"-Entwicklung. Lacan schließt: Bei der lebensgeschichtlichen Entstehung des „Ich" handelt sich um einen ein zutiefst narzisstischen und zugleich imaginären Vorgang: eben eine Selbstbespiegelung.

Vor jeder kommunikativen Begegnung, vor jeder gesellschaftlichen Beeinflussung des Menschenkindes wird so die psychische Instanz des „Ich" als ein fiktives Bild begründet, welches das Individuum nicht mehr auslöschen kann.[345] Das Ich gewinnt die Erfahrung seiner Einheit ursprünglich nur aus einem imaginären Bild von sich selbst. Die so begründete innerpsychische Instanz des „Ich“ bleibt von ihrer Gründungssituation her auf Selbstbespiegelung bezogen und ist zu einer Anerkennung, ja selbst zu einer Wahrnehmung eines Objekts außerhalb ihrer selbst zunächst gar nicht in der Lage. Für Lacan ist deshalb, im Gegensatz zu Freud, das „Ich“ nicht der Ort des Realitätsprinzips, sondern entsteht und agiert gerade aus dem fiktiven Prinzip des Spiegelbildes. Das Ich verkennt und missversteht die Realität von allem Anfang an.[346]

Diese narzisstische Selbstbezüglichkeit des Subjekts wird durch den Kontakt des Kindes mit der Sprache aufgebrochen. Die Sprache – Lacan spricht auch von dem „Anderen“ mit dem großen „A“ – begründet und strukturiert das Unbewusste des Subjekts. Was bei Freud das selbstbewusste „Ich“ als Ort des Realitätsprinzips war, ist bei Lacan eine Instanz imaginärer Selbstbespiegelung. Was dort als innere Natur, als energetisch-triebhafte Instanz des „Es“ galt, wird hier als Vermitteltes verstanden: das Unbewusste ist, wie Lacan zugespitzt formuliert, die Sprache, die immer schon außerhalb des sich entwickelnden psychischen Apparats des Menschenkindes da ist. Das Andere antwortet auf einen grundlegenden Mangel, auf das Begehren des narzisstischen, in sich selbst verkrümmten Ich der Stufe des Spiegel-Stadiums.[347] – Ein anderer für das Verständnis dieser Dinge wichtiger Gesprächspartner, der jüdische Philosoph Emmanuel Levinas, hat diesen Gedanken im Sinne einer positiven Wendung zugespitzt, also nicht nur im Sinne des Ausgleichs für einen Mangel: erst das Angesicht des*der Anderen lässt unverstellte Intimität und Personalität zu und provoziert zugleich Empathie und Solidarität; nur ein „Ich“, das sich vom Angesicht des Anderen ansprechen lässt, kann zum menschlichen Ich werden.

Ressourcen für Widerständigkeit von Biographien

Wir wissen aus der Arbeit der systemischen Seelsorge, dass Menschen mit ihren Konflikten in ihren familialen und weiteren Beziehungsmustern leben und wahrgenommen werden müssen. Wir haben aus der Gestalttherapie viel über die Wichtigkeit von Präsenz und Kontakt, vom Hier-und-Jetzt in der Bearbeitung von Krisen, aber auch überhaupt für die Lebensgewissheit von Menschen gelernt. Wir denken immer wieder mit Gewinn darüber nach und arbeiten

[345] Jaques Lacan, Schriften I, 1973 (1966), 64.
[346] Ebd., 69.
[347] Ebd., 119.

jeweils konkret daran, wie Menschen unterstützt werden könne, ihre Ressourcen wahrzunehmen und zu nutzen und zerstörerische Lebensgefühle und Konfliktmuster durch „Reframing“ in weniger zerstörerische, möglicherweise hilfreiche Lebensgefühle und Konfliktmuster zu überführen. Im Kontext dieser Anliegen und Methoden, die ich teile, sind mir auf dem Hintergrund der heute vorgetragenen Überlegungen zwei Schwerpunktsetzungen wichtig.

Zunächst, gewissermaßen zur Dimensionierung der systemischen Perspektive, also der Weise, wie wir über die Einbindung der Individuen in ihre gesellschaftlichen Kontexte nachdenken: Ich denke, dass die vorgetragenen Reflexionen zum Verständnis des „Ich“, von Individualität und Identität wichtig sind bis hin zu gegenwärtigen Debatten um „Integration“ und „Leitkultur“. Diese Überlegung ist wichtig vor allem für die interkulturelle Seelsorge, aber im Prinzip für jedes Verständnis einer Begleitung von Beziehungen zwischen „Ich“ und den „Anderen“.

„Identität“ – als Christ*in, als Deutsche*r, als Europäer*in – wird im aktuellen politischen und publizistischen Mainstream so verstanden, als sei das Eigene vor allem Kontakt mit dem gegenüber dem Eigenen Anderen und Fremden „schon da“ und entwickele sich, solange keine Störungen von außen kommen, aus sich selbst heraus zu gelingenden, möglicherweise auch zunehmend besseren Lebensweisen. Eine solche Sicht lässt sich noch halbwegs mit den genannten entwickungspsychologischen Stufentheorien vermitteln. Erst recht verträgt sich dieses Modell mit einem imperialen Ich-Verständnis, wie es durch Johann Gottlieb Fichte beispielshaft repräsentiert wird. „Lebensgeschichte“ und „Identität“ werden im Grunde nach dem Modell eines biologischen Wachstumsprozesses verstanden: wie wenn man Blumen regelmäßig gießt und darauf hoffen darf, dass sie irgendwann blühen.

Schon dieses Bild hat seine Grenzen: Gerade Pflanzen existieren nie ohne ihre ökologischen Umwelten, ohne ihre systemischen Eingebundenheiten. Erst recht menschliche Individuen. Die Überlegungen von Lacan, Levinas und vielen weiteren Gesprächspartner*innen erlauben eine Zuspitzung: ohne Durchgang durch den lebendigen, wahrnehmungsoffenen Kontakt mit dem mir gegenüber Anderen und Fremden wäre die Herausbildung des jeweils Eigenen in einer Lebensgeschichte gar nicht möglich, würde reformatorisch-theologisch gesprochen in der Selbstverkrümmtheit des „homo incurvatus in seipsum“ verkümmern, psychoanalytisch formuliert: in einer narzisstischen Selbstbezogenheit, die gegenüber der Wirklichkeit des Lebens verschlossen ist. Diese Einsicht findet ihren Halt in der Wahrnehmung frühester lebensgeschichtlicher Beziehungen aller Menschen, und sie hat systemische Konsequenzen bis hinein in politische Perspektiven eines Zusammenlebens in einer faktisch multikulturellen und multireligiösen Gesellschaft. Religionspädagogisch, um dies zumindest anzudeuten, ist dieser Gedanke wichtig geworden in der Konzeption eines dialogischen „Religionsunterrichts für alle", wie er in Hamburg Gestalt gewinnt und mit guten Gründen, wie ich denke, gegen ein drohendes roll back verteidigt werden sollte.

Eine zweite Überlegung: Wie kann lebensgeschichtlich zu gewinnende Identität – in allen genannten und nötigen Grenzen und Ambivalenzen – zu einer Ressource werden, aus der Menschen Kraft und Lebensmut schöpfen können – gerade angesichts der vielfältigen Zumutungen und Bedrohungen in einer informationellen spätbürgerlichen Gesellschaft? In diesem Zusammenhang haben mir vor allem Überlegungen von Ulriche Wagner-Rau eingeleuchtet, wie sie sie in ihrem Buch „Segensraum" Gestalt gewonnen haben.[348] Im Anschluss an Donald W.Winnicotts Nachdenken über „Übergangsobjekte"[349] sieht sie die Gottesdienste und vorbereitenden Seelsorgegespräche aus Anlass lebensgeschichtlicher Übergänge und Krisen – Bestattung, Trauung, Konfirmation, Taufe – als intermediäre, umfriedete, geschützte Räume. Diese Räume wirken klärend und heilsam, insofern Anlass und Freiraum zum Erzählen, aber auch zum symbolischen Gestalten eröffnet wird. „Menschen erzählen im Dialog mit dem Pfarrer*der Pfarrerin, wer sie sind, wie sie geworden sind und wie sie ihre Zukunft antizipieren. In der erzählenden Selbstdarstellung, die sich in Gesprächen und performatorischen Handlungen entwickelt, vergewissert und verwandelt sich das Selbstverständnis."[350] Dieser Raum kann zum Segensraum werden, in dem Leben als gesegnetes Leben wahrgenommen werden kann, das aus Beziehung lebt und aus dem ihm Zukunft und Shalom versprochen ist. „Die lebensförderlichen und erhaltenden Kräfte erwachsen aus der freundlichen Zuwendung Gottes. Leben existiert nicht aus sich selbst heraus und ist sich nicht selbst genug, sondern verdankt sich einem Anderen. Im Segen wird das, was gut und heilvoll ist, erkennbar als Geschenk."[351]

Ich denke, die Rede vom „Segensraum" kann über die Kasualgottesdienste hinaus für die Wahrnehmung jeder seelsorglichen Beziehung und Begegnung wichtig sein. Ich hänge in diesem Zusammenhang an einigen, teilweise schon älteren pastoralpsychologischen Überlegungen. Mit Albrecht Grözinger, Manfred Josuttis und vielen anderen halte ich es für nötig, auf die performative, Wirklichkeit schaffende Kraft von Erzählungen zu achten. Erzählungen schaffen Wirklichkeit, indem sie die Dinge und Beziehungen auf die Reihe bringen, Nähen

---

348 Ulrike Wagner-Rau, Segensraum. Kasualpraxis in der modernen Gesellschaft. Stuttgart u.a., 2. Aufl. 2008.

349 Donald W. Winnicott, Übergangsobjekte und Übergangsphänomene. In: ders., von der Kinderheilkunde zur Psychoanalyse. Frankfurt a.M. 1983, 300-319.

350 Ulrike Wagner-Rau, a.a.O., 133.

351 Ebd., 169.

und Distanzen, gestern und heute, Zerstörerisches und Heilsames in Lebensgeschichten und Beziehungsmustern aussagefähig machen. Gerade unbewusst bleibende Erzählungen, psychoanalytisch gesprochen: „Skripte“ können große zerstörerische Macht über Menschen gewinnen. Sie enthalten zwingende Botschaften, die Lebensmut zerstören. Sie speisen sich aus vielen, großenteils vergessenen lebensgeschichtlichen Szenen und oft tabuisierten familialen Mythen. „Du bist nichts wert.“. „Leiste erst mal was, ehe du jemand bist.“ „Man muss sich nach der Decke strecken“.

Mit Manfred Josuttis‘ Überlegungen zu den „Segenskräften“[352] sehe ich eine zentrale Aufgabe seelsorglicher Arbeit, überhaupt der Praxis des Evangeliums zwischen Politik und Religion, Ritual und Zufallsbegegnung darin, solche zerstörerischen Beziehungen ins Fließen zu bringen, so dass sie Herz, Sinne und Leiber der von ihnen besetzten Menschen verlassen können. Wichtiges methodisches Mittel ist das Erzählen: durch Wieder-Erzählen kommen zerstörerische Erzählungen an die Oberfläche, sie werden verflüssigt, sie können im Laufe der Zeit den Leibraum verlassen und verabschiedet werden. Im „Segensraum“ des helfenden Gesprächs kann in einer zweiten Bewegung, die sich je nach individuellen Menschen und Situationen mit der ersten Bewegung verbindet, die Zusage des Segens Gestalt gewinnen. Segen ist in allem Leben und seinen symbolischen Ausprägungen immer da. Es liegt deshalb in der Freiheit des Gespräches, aber auch in der sorgfältigen Wahrnehmung des Gegenübers, wann eine alltägliche Szene, eine Berührung, eine Geste dem Segen zur Gestalt verhilft, wann eine ausdrückliche Segenszusage im Namen Gottes, ein Gebet, ein Psalmwort, eine biblische Erzählung. Und noch eine letzte Erinnerung an unabgegoltetene Ideen von Seelsorge-Kollegen zum Schluss: Ich bin mit Peter Bukowski[353], aber auch Joachim Scharfenberg[354] überzeugt, dass es immer wieder biblische Erzählungen sind, die manchmal sogar konkurrenzlos geeignet sind, dass sich lebensgeschichtliche Selbstthematisierungserzählungen an ihnen in heilsamer Weise klären lassen. Sie können in ähnlicher Weise zur Erzählvorlage – oder auch: zum zentralen Symbol – in der Wahrnehmung und Gestaltfindung von Erzählungen werden, in denen Menschen ihre Lebensgeschichte wahrnehmen und in heilsamer Weise „reframen“ können, wie in der Psychoanalyse zentrale Erzählungen aus der altgriechischen Mythologie.

352 Manfred Josuttis, Segenskräfte. Potentiale einer energetischen Seelsorge. Gütersloh 2000.
353 Peter Bukowski, Die Bibel ins Gespräch bringen – Erwägungen zu einer Grundfrage der Seelsorge. Neukirchen 1994.
354 Joachim Scharfenberg u.a., Mit Symbolen leben. Soziologische, psychologische und religiöse Konfliktbearbeitung. Olten/Freiburg i.Br. 1980.

Die Phänomene Angst, Schuld, Scham und Glück und Identität/Biographie sollen beispielhaft für die Konflikte einstehen, die – in aller Eigentümlichkeit unterschieden – so oder so in seelsorglichen Interaktionen brisant werden. Hinzu kommen vielfältige Konflikte: Beziehungsabbruch, Aufbruch, Krankheit, Sterben – um nur einige zu nennen. Für viele dieser Konflikte gilt: es ist von den Betroffenen aus oft schwer, zu ihnen Zugang zu finden, vor allem auch zu den begleitenden Emotionen. Oft sind die inneren Sperren hoch, sich dem zu stellen, was im Innersten die Lebensgewissheit lähmt und tendenziell auffrisst. Hier helfen symbolische Zugänge, wie sie in der ausgearbeiteten Religionstradition, für die wir als Christenmenschen in Ehrenamt und Profession einzustehen haben, gerade in den biblischen Psalmen einen unschätzbaren Reichtum anbieten. Die Bewegung des Psalmgebetes bringt die Bewegung des heilsamen Austausches zur Gestalt, in der durch den Kontakt mit den heiligen Lebenskräften Gottes zerstörerische Mächte abfließen können, die Leib und Seele von Ratsuchenden besetzt halten, und die Hinwendung zur lebensbegründenden Macht Gottes hier und jetzt zur Hilfe in den jeweils anliegenden Krisensituationen werden können.

Auch die Rituale und Symbole der gegenwärtigen populären Kultur geben immer wieder eine Möglichkeit, dass Menschen sich ihren existenziellen Krisen, ihren belastenden Gefühlen und Konflikten öffnen können. Keine Frage, es gibt in diesem Feld vieles, was Schrott ist (Beispielsweise die Re-Inszenierung des Gewaltopfermechanismus). Aber ich habe Ihnen hoffentlich an einigen Beispielen zeigen können, dass es in den populärkulturellen Erzählungen immer wieder auch hervorragend inszenierte Zugänge und Bearbeitungsmöglichkeiten von zentralen Lebenskonflikten gibt, die es erlauben, populärkulturelle Erzählungen als Hilfen in der seelsorglichen Arbeit ernst zu nehmen. Sie alle wissen von sich, an welcher Stelle Sie selbst solche Zugänge haben und wo Sie deshalb diese Welten in ihre Arbeit als Seelsorger*innen einbringen können.

Interkulturelle Seelsorge und Beratung

‚Alltagsseelsorge' und ‚Feministische Seelsorge' sind zwei Stichworte, mit denen die Ausdifferenzierung seelsorglicher Arbeit und damit eine ‚Seelsorge im Plural' annonciert wird. Ein weiteres Stichwort ist das der ‚interkulturellen Seelsorge und Beratung'. Im Jahr 2002 ist ein Band erschienen mit dem Titel ‚Handbuch interkulturelle Seelsorge', herausgegeben von Karl Federschmidt, Eberhard Hauschildt, Klaus Temme u.a. (Neukirchen 2002). Die Probleme und Perspektiven dieser Neuorientierung seelsorglicher Arbeit werden in diesem Werk differenziert entfaltet.

Interkulturelle Seelsorge soll dabei helfen, Werte und Normen für unsere Gesellschaft zu entwickeln und ein Zusammenleben mit der Wahrnehmung der Differenz, Achtung verschiedener Identitäten, Lebensgeschichten und -entwürfe wie auch die Suche nach Gemeinsamkeiten zu fördern.

Seelsorge und Beratung in interkulturellen Perspektiven hat es immer wieder mit dem Bruch zwischen Kulturen, zwischen selbstverständlichen Lebensgewohnheiten zu tun. Dies erfordert eine genaue Wahrnehmung des anderen in ethischen Orientierungen, religiösen Sitten, in der Weise, mit dem eigenen Körper und dem Körper anderer umzugehen, aber auch in den Formen des Sprechens, der Gestik und des Mienenspiels, insgesamt: es geht um die Wahrnehmung des Anderen in allen Formen gelebten Lebens. Oft sind Tabu- und Schamgrenzen anders gezogen, als dies aus westeuropäischer Perspektive selbstverständlich ist. Oft sind die Regeln der Beziehungsaufnahme zwischen Männern und Frauen, die Regeln der Interaktion zwischen Eltern und Kindern schlechterdings anders als dies eine Seelsorgerin, ein Seelsorger im west- oder nordeuropäischen Kontext ein Leben lang gelernt hat.

Interkulturelle Beratung und Seelsorge geht oft einher mit ‚Ungewohntem'. Wenn beispielsweise eine ratsuchende Person in Begleitung einer anderen Person zu einem Beratungsgespräch oder zu einem Seelsorgegespräch erscheint, so wird dies in deutscher Perspektive oft als eine ‚Störung' wahrgenommen, die das Gespräch behindert. Tatsächlich ist es aber manches Mal gerade die zugleich mit anwesende begleitende Person, die dem bzw. der Ratsuchenden den Mut gibt, bestimmte Probleme anzusprechen.

Überall dort, wo es zu einer interkulturellen Begegnung kommt, und so eben auch im seelsorglichen Gespräch, gibt es ein Zusammentreffen mit fremden, d.h. unterschiedlichen Wertvorstellungen in kulturellen Mustern. Seelsorgerinnen, die in diesem Feld arbeiten, müssen lernen, dass die Voraussetzung in der Regel problematisch ist, dass man sich schon irgendwie verstehen wird. Es geht darum, die Erfahrung von Fremdheit auszuhalten. Es ist notwendig, eine Sensibilität für eigene und fremde Projektionen und Ängste zu entwickeln. Eine solche Sensibilisierung kann beispielsweise gefördert werden durch Tagebuchaufzeichnungen, um eigene Reaktionen zu verschriftlichen und damit wahrnehmbar und analysierbar zu machen. Wichtig in diesen Feldern ist immer, dass Seelsorgende in Supervision und anderen Gesprächsformen darin geübt werden, eigene, oft auch Tabu belastete Phantasien und Reaktionen, die oft auch als ‚rassistisch' abgewehrt werden, wahrzunehmen und auf diese Weise einer Bearbeitung zugänglich zu machen.

Seelsorge- und Beratungssituationen in interkultureller Perspektive haben nur dann eine Chance auf Gelingen, wenn die jeweilige gesellschaftliche und historische Situation und damit die Bedingungen einbezogen werden, unter denen die beteiligten Subjekte leben. Was jeweils in Form von Sprache, Symbolen oder Ritualen mitgeteilt wird, kann nur dann angemessen verstanden werden, wenn es im Zusammenhang mit dem jeweiligen gesellschaftlichen Kontext aufgespürt wird.

Richtet sich die Frage nach dem gesellschaftlichen und historischen Kontext eher auf die Außenbedingungen seelsorglicher Praxis, so ist auch der Blick nach innen notwendig. Für eine angemessene Wahrnehmung der Beziehungsdynamik in seelsorglichen Gesprächen ist es nötig, Projektionen, Ängste und auch Idealisierungen im Gespräch zu erkennen. Selbstreflexion für Seelsorgerinnen ist notwendig und bedarf der Begleitung beispielsweise durch Supervisionsgespräche. Bewusst gemachte Vorurteile haben eine weniger durchschlagende Wirksamkeit als Vorurteile, die sich auf unreflektierte Autoritäten, auf Traditionen oder auf bloße Phantasien gründen.

Seelsorge in interkultureller Perspektive findet ihr Zentrum in der angemessenen Wahrnehmung und Bearbeitung von Differenz. Die zentrale Frage ist, wie Differenz zwischen kulturellen Wertmustern, lebensweltlichen Selbstverständlichkeiten und Lebensgefühl methodisch kontrolliert wahrgenommen werden kann. Die hermeneutische Aufmerksamkeit kann sich dabei nicht nur auf das gesprochene Wort richten. Dies gilt schon bei Seelsorgegesprächen unter Landsleuten und bei Menschen, die einem vergleichbaren sozialen Milieu zugehören. In interkultureller Perspektive ist dieses Problem aber unabweisbar.

Wer in interkultureller Seelsorge tätig ist, hat es auch mit spezifischen Gefährdungen zu tun. Eine wesentliche Gefährdung liegt darin, sich selbst zu überfordern, beispielsweise durch das Postulat der Totalität. Dies bedeutet, dass man die Phantasie hegt, jede Äußerung des Gegenübers ließe sich vollständig deuten, d.h. hermeneutisch aneignen. Die Wahrnehmung von Differenz schließt dagegen auch die Wahrnehmung eigener Begrenztheit ein.

Die Bundesrepublik Deutschland ist – wenn schon nicht normativ, so in jedem Falle faktisch – eine multikulturelle und eine multireligiöse Gesellschaft. Deutschland ist faktisch ein Einwanderungsland. Dazu gibt es keine ernstzunehmende Alternative.

Kirchengemeinden haben sich weithin noch nicht in dem Maße auf diese gesellschaftliche Realität eingelassen, wie dies faktisch notwendig ist. Hier sind die Schulen weiter. Die Begegnung zwischen Kindern und Jugendlichen unterschiedlicher Nationen und Kulturen ist hier unabweisbar. Es ist aber notwendig, dass auch in den alltäglichen Lebensvollzügen von Kirchengemeinden der Blick ausgeweitet wird. Es ist nicht heilsam und entspricht auch nicht der biblischen Erzählperspektive, wenn sich Kirchengemeinden trotz mancher ökumenischer

Kontakte und Initiativen von Kirchenasyl und offener Jugendarbeit zunehmend auf die Subkultur der Kerngemeinden reduzieren, in denen die aktiven Christinnen und Christen auch kulturell eine homogene Gruppe bilden.

Interkulturelle Seelsorge geschieht im Kontext der besonderen Situation und der Schwierigkeiten von ausländischen Migranten. Die besonderen Lebensumstände führen in der Beziehung zwischen Deutschen und Ausländern immer wieder zu Problemen, die in der Berufswelt, in der Nachbarschaft, in Familie, Kindergarten, Schule, Krankenhaus eng miteinander in Tuchfühlung geraten und oft von ihrer eigenen Lebensgeschichte, ihren politischen, kulturellen und religiösen Orientierungen zu wenig hierauf vorbereitet sind.

Die Lebenssituation von Ausländerinnen und Ausländern in der Bundesrepublik ist außerordentlich heterogen. Dennoch gibt es einige typische Grundprobleme dieser Bevölkerungsgruppe. Überdurchschnittliche viele Ausländerinnen und Ausländer sind arbeitslos oder dürfen wegen ihres Asylantenstatus nicht arbeiten. Sie verfügen über geringere finanzielle Ressourcen. Sie werden, wenn sie denn Arbeit finden, oft in eher instabilen und schlechter bezahlten Arbeitsverhältnissen beschäftigt. Viele haben Schwierigkeiten, sich in der Landessprache zu verständigen. Insbesondere in der dritten Generation der in Deutschland lebenden Ausländerinnen und Ausländer wächst die Neigung, sich auf die kulturellen Vorgaben und auch auf die sprachlichen Anforderungen noch weniger einzulassen, als dies in der ersten und zweiten Generation der Fall war. Außerdem gibt es innerhalb der Gruppe der Ausländer erhebliche soziale Unterschiede. Dies beinhaltet auch kulturelle Bruchlinien, die nicht mit den Zugehörigkeiten zu verschiedenen Nationen identisch sind. Wer im Anzug, mit Handy, festem Arbeitsvertrag und geregeltem Einkommen zur globalisieren Business-Kultur westlichen Zuschnitts hinzugehört, wird weniger als Fremder erlebt als jemand, der einer sozialen Randgruppe angehört. Ein lateinamerikanischer oder indischer Arzt oder Computermitarbeiter steht seinen deutschen Kolleginnen und Kollegen näher als ein Mitglied aus der Unterschicht seines Heimatlandes, oft aber auch als Deutsche, die arbeitslos sind oder von Sozialhilfe leben müssen. Vieles ist gegenwärtig auch in der Lebenswelt, insbesondere der muslimischen Mitbürgerinnn und Mitbürger in Bewegung. Seit dem 11. September 2001 wird stärkerer politischer, religiöser und kultureller Druck auf die Muslime ausgeübt. Dies kann zu einer Zunahme von fundamentalistischen Orientierungen führen. Auf der anderen Seite entwickelt sich derzeit eine europäische Variante des Islam, der ‚Euro-Islam', bei dem sich eine lockerere Form privater religiöser Orientierung mit einer offenen gesellschaftlichen Lebensweise ebenso verbindet wie mit der Hinwendung zur Demokratie, Toleranz und Menschenrechten.

All dies begründet die Aufgabe der Differenz-Wahrnehmung. Differenz-Blindheit ist gefordert, wenn es um die rechtliche Gleichbehandlung der Fremden geht. Differenz-Aufmerksamkeit dagegen, wenn es um die Wahrnehmung der kulturell Anderen geht, die mit demselben Ernst wahrgenommen werden wollen wie wir selbst. Christliche Seelsorge zielt auf den Alltag menschlicher Lebenspraxis und will gebrochene und zerstörte Lebensgeschichten heilen helfen, aber auch die kleinen Aufbrüche, die Situationen von Sehnsucht und Schmerz bearbeiten, und zwar so, dass die Alltagssprache der Menschen mit der biblischen Großerzählung verbunden und kreativ verwandelt wird. Die Erfahrung der Differenz, die es Menschen möglich macht, zu sich selbst zu finden und sich zu anderen als anderen zu verhalten, wird als menschliche Gegebenheit verstanden, und zwar in einer solchen Weise, dass Menschsein als Ebenbild des dreieinigen Gottes verstanden wird, der ja auch in sich differenziert ist und in Beziehung lebt. In der Seelsorge machen Menschen Differenzerfahrungen und setzen sich dem Wagnis der ‚Bewillkommnung' der Fremden aus.

Interkulturelle Seelsorge in dieser Perspektive findet ihren Platz in der ganzen Gemeinde, also nicht nur in darauf spezialisierten Beratungsinstitutionen.

Empowerment – dieses aus der amerikanischen Bürgerrechtsbewegung stammende Konzept –beschreibt einen Ansatz, der von der Initiative der von einem Problem Betroffenen ausgeht und eine Orientierung an den Kompetenzen und Ressourcen der Einzelnen ebenso anstrebt wie an einer Stärkung ihrer sozialen Netzwerke. Eine solche Seelsorge baut auf die Botschaft der Befreiung durch die Rechtfertigung aus Gnade allein als Voraussetzung einer Subjektivität, die fähig ist – und fähig gemacht wird – selbst zu entscheiden, für sich selbst einzustehen, eigene Wünsche und Ziele zu entwickeln, aber auch Verpflichtungen wahrzunehmen, Beziehungen einzugehen und insgesamt einen eigenen, wie auch immer gebrochenen Lebensentwurf zu wagen.

Beziehungsgerechtigkeit meint mehr als ‚bedingungslose Wertschätzung' oder ‚Empathie', wie dies in der Tradition der beratenden Seelsorge (z.B. bei Carl Rogers) gefordert war. Erst wenn Differenzen wahrgenommen werden, die Bedingungen von Nation, sozialer Schicht und Herkunft, die Differenz der Geschlechter oder auch der sexuellen Orientierungen, wird ‚bedingungslose Wertschätzung' konkret.

In all dem hat christliche Seelsorge das Proprium, dass sie Menschen in ihrer Sprache und ihrer Lebenssituation mit den biblischen und kirchlichen Überlieferungen in Kontakt bringt, so dass sie ihren Alltag, ihre Probleme, Krisen und Konflikte mit den Aussagen, Geschichten, Symbolen und Metaphern der Überlieferung vernetzen können. Dies wird ihre Wahrnehmung und Sicht der

Wirklichkeit erweitern und neue Interpretationen und Verhaltensmöglichkeiten eröffnen.

Multisystemische Wahrnehmung und Nicht-Rigidität in theoretischen Konzepten – diese Postulate beinhalten, dass Seelsorger*innen in der Lage sind, eigene Interpretationssysteme zu identifizieren und zu anderen Deutungssystemen in ein Verhältnis zu setzen, das nicht im Sinne einer Überwindung des Anderen wirksam werden will, sondern zu einer wechselseitigen Vermittlung und Wahrnehmung in der Lage ist und ermutigen kann. Theoretische Bezugsrahmen werden als narrative Systeme entschlüsselt, die für die Einzelnen, und zwar sowohl für die Ratsuchenden wie für die Therapeut*innen die Leistung erbringen sollen, Erlebtes, Erfahrenes, Wahrgenommenes in einen konsistenten Erzählzusammenhang zu bringen. Aufgabe wäre es also, zum Austausch von Erzählungen und Erzählmustern anzuleiten. „Alternative Formen der systemischen Therapie, wie die strukturelle Familientherapie, die Kurzpsychotherapie und die narrative Therapie, die in der Arbeit mit ethnischen und sozialen Minderheiten erprobt wurden, machen es möglich, Therapie und Beratung pragmatisch als Arbeit an der Lösung von Situationen, die als problematisch wahrgenommen werden, zu begreifen.“ Dabei wird der Einzelne in seiner Verwobenheit mit verschiedenen sozio-kulturellen Subsystemen (Familie, Arbeitswelt, Institutionen) wahrgenommen. Sie werden in die von der Beratung angestrebte Verhaltensänderung strategisch einbezogen. Diese wird durch narrative Methoden angestoßen, die eine neue Sicht der Probleme und den Zugang zu verschütteten Ressourcen erlauben. Ziel kulturell sensibler Seelsorge wird dann die Stärkung der Ressourcen zur Problemlösung und Lebensbewältigung im Kontext der Kultur, der Gesprächspartner*innen.

Seelsorge im Feld interkultureller Begegnungen wird in der Regel auf die Perspektive konkreter Problem- und Lösungsorientierung ausgerichtet sein. Deshalb ist das seelsorgliche Kurzgespräch in diesem Feld eine besonders geeignete Arbeitsform.

Energetische Seelsorge

Es geht in allen Verfahren religiöser Handlungen in aller ihrer Differenziertheit darum, einen Fluss-Prozess ins Leben zu rufen und zu unterstützen: Zerstörerische, den Menschen beherrschende, ihn unfrei machende und lähmende Mächte sollen abfließen, die heilsame Lebensmacht Gottes soll herbeigerufen werden und die Leiber, aber auch die Herzen erfüllen.

Josuttis hat des Öfteren die Abgrenzung seines Zugangs zu dem einer therapeutischen Seelsorge theoretisch beschrieben. In exemplarischer Deutlichkeit kommt die Unterscheidung m.E. jedoch nicht zuerst in theoretischen Bestimmungen zum Ausdruck, sondern in einer knappen Szene, die Josuttis charakteristisch anders interpretiert als die pastoralpsychologische Tradition der vergangenen Jahrzehnte. Der Kieler Praktische Theologie Joachim Scharfenberg, mit dessen Namen sich wohl am klarsten und deutlichsten das Konzept einer therapeutischen Seelsorge seit den frühen 70er Jahren in der Bundesrepublik verbunden hat, entwickelt das Charakteristikum seiner Seelsorge-Konzeption – „Seelsorge als Gespräch" – an einem eindrücklichen Beispiel.[355] „50 Jahre bevor Freud begann, Krankengeschichten zu schreiben, die sich zu seinem eigenen Verwundern wie Novellen lasen, hatte der schwäbische Pfarrer Johann Christoph Blumhardt die Krankengeschichte der Gottliebin Dittus niedergeschrieben, die geradezu ein sensationeller Bestseller wurde. Ursprünglich als vertraulicher Bericht an die Kirchenbehörde verfasst, gelangte er durch eine Indiskretion an die Öffentlichkeit und wurde in kürzester Frist in Hunderten von zum Teil wesentlich veränderten Abschriften verbreitet, so dass sich Blumhardt gezwungen sah, seinen authentischen Bericht in einer begrenzten Anzahl von Exemplaren zu vervielfältigen. ... Gottliebin Dittus war ein bei Beginn der Betreuung durch Blumhardt achtundzwanzig Jahre altes Mädchen, das eine offensichtlich hochbegabte Mutter hatte; die Eltern waren früh gestorben und hatten fünf Kinder in kümmerlichen wirtschaftlichen Verhältnissen zurückgelassen. Seit ihrer Kindheit wusste sich die Gottliebin auf irgendeine Art zur Hauptperson der im Volke im Schwange gehenden Zauberei zu machen. Sie litt an zahlreichen Krankheiten, die vor allem mit dem Unterleib zu tun hatten, und stand deshalb in ständiger ärztlicher Behandlung ... Blumhardt wurde ... gezwungen, sich näher mit ihr zu befassen, als es anfing, in dem Hause, in dem sie wohnte, zu spuken. Es wurden vor allem immer wieder Poltergeräusche gehört, denen Blumhardt nach einer Untersuchung mit dem Schultheißen ein Ende zu bereiten sucht, indem er die Familie kurzerhand evakuiert. Nun erkrankt die Gottliebin aber an Krämpfen, die alle Anzeichen dessen wahrnehmen lassen, was man wenig später als ‚Grand Hysterie' zu bezeichnen pflegte, den damaligen behandelnden Arzt aber völlig ratlos ließ. ... Blumhardt besuchte die Kranke nun öfter und wird Zeuge ihrer Krämpfe und Konvulsionen. Bei einem dieser Besuche folgt er einem plötzlichen Impuls, springt an das Krankenbett, fasst die starrkrampfigen Hände der Gottliebin, ruft ihren Namen und sagt: ‚Lege die Hände zusammen und bete: Herr Jesu,

[355] Joachim Scharfenberg, Seelsorge als Gespräch. Zur Theorie und Praxis der seelsorglichen Gesprächsführung. 1992, 5. Aufl. Göttingen 1991, 36ff.

hilf mir, wir haben lange genug gesehen, was der Teufel thut, nun wollen wir auch sehen, was der Herr Jesus vermag.‘ Damit beginnt aber erst der eigentliche Kampf. Was hat Blumhardt mit diesen Worten getan? Er hat den Krankheitserscheinungen eine bestimmte Deutung gegeben, die die Kranke selbst zunächst von der Verantwortung entlastete. Es waren ja der Teufel und die Dämonen, die in ihr wirkten, und so konnte sie diesen Mächten die Möglichkeit geben, sich zu artikulieren, in Sprache umgesetzt zu werden ... Blumhardt versucht zunächst frontal gegen das Krankheitsgeschehen anzugehen, indem er etwa Gottliebin die Hand auflegt und zwölf mal hintereinander spricht: Der Herr Jesus helfe dir; der Herr Jesus bewahre deinen Leib und deine Seele. Oder er wiederholte ähnliche doch wohl suggestiv wirkende Formeln. Zu einer entscheidenden Wende, die ihn diesen instrumentalen Einsatz der Sprache und des Wortes aufgeben lässt, kommt es, als die Gottliebin sich so mit den Dämonen, von denen sie besessen zu sein scheint, identifiziert, dass es aus ihr spricht. Hier nun entschließt sich Blumhardt nach reiflicher Überlegung zu dem für die damalige Seelsorgepraktiken ungewöhnlichen Schritt, ‚in ein maßvollst gehaltenes Gespräch‘ einzutreten. Damit verändert sich die Situation aber entscheidend, weil all das, was die Gottliebin quält und umtreibt, seinen sprachlichen Ausdruck zu finden vermag und von Blumhardt deutend aufgenommen wird. ... Die Formel, die für Blumhardt den ganzen Geister- und Dämonenspuk mit einem Schlage verschwinden ließ und – psychologisch gesprochen – die Kräfte der Ich-Integration zu mobilisieren versuchte, war der Ausruf ‚Jesus ist Sieger‘.“

Der Mittelpunkt dieser Szene in der Deutung Scharfenbergs liegt darin, dass Blumhardt die Sprachform der exorzistischen Handlungen, der Gebete, der Segens- und Fluchformeln verlassen und durch den Eintritt in ein Gespräch und den Wechsel auf die Sprachebene diskursiver Verständigung eine neue Beziehung zu der Gottliebin eröffnet habe. Im Gespräch, in dem die wechselseitigen Perspektiven der Partner ausgesprochen werden können und in dem die Deutungen des Therapeuten ihren Ort finden, gelingt – so die Interpretation Scharfenbergs – nach und nach die Heilung der Kranken. Das Gewicht liegt auf dem Beziehungsgeschehen, das sich schließlich darin erfüllt, dass die Gottliebin Dittus für einige Zeit in der Familie der Blumhardts wohnen wird, bis sie schließlich vollständig geheilt ist.

„Seelsorge als Gespräch“ – diese Formel hat für viele Jahre im Ausgang des gerade vergangenen Jahrhunderts eine Orientierung für seelsorgliches Handeln gegeben. Die Verschiebung der Perspektive, die sich in der Wahrnehmung seelsorglichen Handelns nicht als Deutungs- und Sprachgeschehen, sondern als durch religiöse Handlungen und Methoden hervorgerufenes Fluss-Geschehen verstehen lässt, wird in der Interpretation deutlich, die Manfred Josuttis seinerseits dieser Szene als zentralem Bezugspunkt in Scharfenbergs Theorie-Entwicklung gibt. „Joachim Scharfenberg hat die Heilungsgeschichte der Gottliebin Dittus, die er in seiner Blumhardt-Arbeit in theologischen Kategorien zu durchdenken versucht hat, später von seinen psychoanalytischen Voraussetzungen her interpretiert. Die entscheidende Entdeckung, die dem Möttlinger Pfarrer während der zweijährigen Behandlung gelungen sei, hätte in der Bedeutung der Gesprächspraxis bestanden. Erst auf diesem Hintergrund würde auch die entscheidende Wende verständlich. ‚Die Formel, die den ganzen Geister- und Dämonenspuk mit einem Schlage verschwinden lässt, ist der Ausruf ‚Jesus ist Sieger'.“[356]

Aber lässt sich das, was hier wirklich geschieht, durch die von Scharfenberg verwendeten Stichworte sachgemäß einfangen? Was wird aus der Heilungsgeschichte der Gottliebin Dittus, wenn man nicht nur mit psychologischen Prozessen und Gesprächskonstellationen, nicht nur mit Prozessen von Deutung und Selbstreflexion rechnet, sondern mit transpsychologischen Konfliktkonstellationen und Wirklichkeitskonstruktionen? „Energetische Seelsorge nimmt ernst, dass Paulus, Römer 1, 16 das Evangelium als eine ‚Gotteskraft' bezeichnet. Das Evangelium ist also keine Lehre, auch kein Kerygma, natürlich auch keine Emotion, sondern es ist eine Macht. Dieses dynamische Verständnis göttlicher Wirklichkeit und göttlicher Wirkungen schimmert in allen Schichten der neutestamentlichen Überlieferung sehr deutlich durch.“ Josuttis verweist auf die orthodoxe Lehre von den ‚ungeschaffenen göttlichen Energien', die Menschen in Anspruch nehmen können und von denen sie umgekehrt auch ergriffen werden können. „Christliches Leben, spirituelle Praxis, Heiligung in einem realen Sinn besteht schlicht und einfach darin, dass Menschen an diesen ungeschaffenen göttlichen Energien allmählich Anteil gewinnen. In einem langen, lebenslangen Prozess entwickeln sich Fähigkeiten der Gottesschau, aber auch Möglichkeiten energetischer Heilungspraxis.“[357]

Die entscheidende Frage ist: Was passiert der Gottliebin Dittus in dem zentralen Augenblick ihrer Lebenswende, als die Formel ausgesprochen wird: Jesus ist Sieger? Für Scharfenberg tritt Heilung in einem Prozess fortlaufender Bewusstmachung ein. „Demgegenüber möchte ich selbst von einem Vorgang fortschreitender Verflüssigung reden“.[358] Die Lebenswende geschieht, als die Gottliebin sich so mit den Dämonen, von denen sie besessen zu sein scheint, identifiziert, dass ‚es' aus ihr spricht. Josuttis notiert an dieser Stelle einen „Doppelcharakter dieses Artikulationsaktes“: auf der einen Seite werde

[356] Manfred Josuttis, Segenskräfte, a.a.O., 39.
[357] Ebd., 40.
[358] Ebd., 41.

eine unmenschliche bzw. vormenschliche Wirklichkeit ausgesprochen, auf der anderen Seite gelinge bereits ansatzweise eine Überschreitung der Stummheit der bloß körperlichen Vergewaltigungssituation. Und in diesem Rahmen wird dann auch die Heilsamkeit des Gespräches in einem neuen Sinn verständlich. Hier geschieht offenbar „mehr als der Gewinn von Glaubenseinsicht und Verantwortungsübernahme, mehr als angemessene Deutung und Selbstreflexion ... In diesem jahrelangen Therapieprozess zwischen Blumhardt und der Gottliebin Dittus prallen am Ende, nach jahrelangem Abtasten, jetzt Kraftfelder endgültig aufeinander. Der Seelsorger ist durch äußere Anstrengung und innere Arbeit so weit entleert, dass er der Präsenz des Unheimlichen nichts Persönliches mehr entgegenzusetzen hat, sondern allein auf die Macht des Göttlichen bauen muss. Die befremdliche Gegenmacht auf der anderen Seite unternimmt in der Endphase noch einmal einen Ausbreitungsversuch, findet aber in der Schwester der Kranken ein Medium, in dem sie gebrochen“ wird.[359] Die böse Macht in der Gottliebin Dittus muss kapitulieren.

Was hier wirklich geschieht, ist ein Prozess von Austreibung unheilvoller Macht, und zwar mit den Sprachformen und in den gestischen Formen, die in der Geschichte der Religionen – und in spezifischer Weise auch der christlichen Religion – dafür ausgearbeitet worden sind. Die Austreibung der zerstörenden Mächte ist Voraussetzung dafür, dass die heilsame Lebensmacht Gottes in der Gestalt Jesu Christi in diesen geschundenen Leib, in diese geschundene Seele einziehen kann. Es geht in dieser Heilungsgeschichte, so Manfred Josuttis, um ein Fluss-Geschehen, durch ein Abfließen zerstörerischer Macht und durch ein Einfließen der befreienden und lebendig machenden Macht Gottes.

Josuttis Ansatz speist sich aus einer religiös engagierten Wiederentdeckung der religiösen Tradition: Die Wirkung des Evangeliums ist ein dynamisches Geschehen, ein Machtgeschehen. Keine Gnosis, die geheime Lehren vermittelt, auch keine – besser gesagt nicht nur – eine existentiale, die Existenz des Menschen umwandelnde Zusage im ‚Kerygma‘. Die Dynamik Gottes, die die Menschen in seinem Geist, seinen „ungeschaffenen Energien“ erreicht und mit denen sie in Kontakt treten können, ist Lebenskraft. Seelsorge als ‚Kontakt mit dem Heiligen‘ ist nicht einfach nur eine andere Sprachform für das, was mit humanwissenschaftlichen Konzepten bereits benannt worden ist. Vielmehr handelt es sich um eine grundlegend neue Dimension. „Das Ziel der poimenischen (seelsorglichen) Arbeit besteht jetzt nicht in der Einsicht, in der Aufhebung ins Bewusstsein, den Kontakt mit dem eigenen Selbst. Ziel einer Seelsorge, die Menschen an die Wirklichkeit des Heiligen heranführt, ist die Einübung zur Kontaktfähigkeit mit

[359] Ebd., 43.

dieser Lebensmacht. Menschen werden durch Seelsorge instand gesetzt, mit sich selbst und mit anderen zu kommunizieren, dadurch dass sie einen lebendigen Kontakt zur Lebenskraft Gottes gewinnen. Der Friede Gottes erfüllt dann die Menschen. Die Freude Gottes zieht ein, die Liebe Gottes erfasst sie. Was bewirkt das für die, die in einer Depression unterzugehen drohen? Die sich in Streitritualen das Leben zur Hölle machen ...?“[360]

Auch in der bisherigen kirchlichen Seelsorge hat es, so Josuttis, eine Situation gegeben, in der schon immer zumindest implizit das praktiziert wurde, was mit dem Konzept von Seelsorge als ‚Kontakt mit dem Heiligen‘ jetzt ausdrücklich gemacht wird: Nämlich in der Sterbebegleitung. Man ist so lange wie möglich in der Nähe eines Menschen und stärkt ihn auf dem Weg, bis letzten, entscheidenden Schritt er*sie allein gehen wird. Alltägliche kommunikative Kompetenzen können in einer solchen Situation oft nicht mehr zum Kontakt führen, Verständigung und Interpretation können oft keine sinnvollen Ziele mehr sein, die eingespielten Kommunikationsmuster müssen transzendiert werden. Der Kontakt des Sterbenden mit sich selbst und mit der Umgebung wird immer mehr reduziert. Sterbende geraten immer mehr an die Grenze des Lebens. Josuttis schreibt: „Deshalb ist hier erfahrbar, was Seelsorge auch in deren Situationen bedeutet, nämlich Begleitung in den lebensbedrohlichen Augenblicken der Grenzüberschreitung. In den Schicksalsschlägen von Krankheit und Unfall, durch Krisenerfahrungen von Trauer und Schuld, im Umgang mit Aggressivität und Sexualität, aber auch durch Rausch und Ekstase werden Menschen in Grenzsituationen geworfen, in denen alles, was man an Alltagsroutinen gelernt hatte, zur Rettung des eigenen Daseins nicht ausreicht. Dass Menschen in den Momenten, in denen sie mit den unheimlichen Geheimnissen des Lebens konfrontiert werden, nicht verloren gehen, dass sie nicht die Orientierung verlieren, dass sie nicht sich selbst verlieren, dafür sorgt die Seelsorge, indem sie an diesen Grenzen die Wirklichkeit Gottes vermittelt.“[361]

Grundlegend bleibt, wie in den humanwissenschaftlichen Beratungsverfahren von der klientenzentrierten Gesprächstherapie bis zur Gestalttherapie, die Orientierung auf die emotionalen und nicht allein auf die kognitiven Seiten menschlicher Konflikte und menschlichen Selbstverhältnisses. Allerdings kommt es zu einer Umorientierung im Verständnis dessen, was ein ‚Gefühl‘ ist. Hilfreich sind für Josuttis‘ Argumentation Untersuchungen des Kieler Philosophen Hermann Schmitz zu einer phänomenologischen Analyse des ‚Gefühlsraums‘ geworden. Schmitz zeigt auf, dass in der ganzen Geschichte des Abendlandes seit

[360] M. Josuttis, Die Einführung in das Leben, a.a.O., 126.
[361] Ebd., 129.

der Zeit der großen griechischen Philosophen aber auch in der Geschichte des Christentums es zu einer immer stärkeren Verinnerlichung von Gefühlen gekommen ist, genauer gesagt: Zu der Meinung, dass Gefühle etwas im ‚Innern' des Menschen Angesiedeltes und Beheimatetes seien. Schmitz hält diese Anschauung keinesfalls für realitätsangemessen.[362] Es handele sich um eine äußerst wirksame Projektion und verdanke sich dem Autonomiestreben und dem Dominanzbedürfnis insbesondere des neuzeitlichen Menschen. In Wahrheit, so zeigt Schmitz, sind Gefühle keine subjektiven, keine allein innerpsychischen Größen. Und auch die Psychoanalyse, auch die Beratungsverfahren, die versuchen, Menschen in Kontakt mit ihren Gefühlen zu bringen und diese als innerseelische, im Innern des Menschen beheimatete Größen verstehen, treffen in dieser Perspektive noch nicht die ganze Wirklichkeit und die ganze Brisanz von Gefühlen. „In Wahrheit sind ... Gefühle keine intrapsychischen Produkte, sondern räumlich umgreifende Atmosphären, in die man gerät und die man als körperliche Sensationen spürt"[363], die sich in innerpsychischen Wahrnehmungen spiegeln, hier aber nicht aufgebaut werden. Gefühle sind für Schmitz transpsychische, transzendale, transindividuelle Gebilde, umgreifende Atmosphären nach der Art des Wetters. Wir nehmen sie wahr durch affektives Betroffensein, aber sie bauen sich im umgebenden Raum auf.

Wichtige Perspektiven der psychoanalytischen und humanwissenschaftlichen Psychotherapie- und Beratungskonzeptionen werden auch in Josuttis Seelsorgeverständnis gewahrt: so die konzentrierte Wahrnehmung der Lebensprobleme des*der Rat suchenden GesprächspartnerIn, die strenge Konzentration auf diesen einen Menschen und seine*ihre Lebensprobleme – und nicht auf die Erwartungshaltungen derer, mit denen er*sie gerade Konflikte hat, oder auf die Erwartungen von Institutionen, die ihn*sie beispielsweise wieder zu einem arbeitsfähigen Mitglied der Gesellschaft machen wollen. Und bewahrt wird von den humanwissenschaftlichen Beratungskonzeptionen ebenfalls die Bewusstheit für methodische Kompetenzen, für Techniken der Gesprächsführung, die in den dogmatisch-theologischen Seelsorgekonzeptionen wie etwa bei Thurneysen eher

---

[362] Vgl. Hermann Schmitz, Der Gefühlsraum. In: ders., System der Philosophie, Dritter Band, Zweiter Teil, 2. Aufl. Bonn 1981. Zur kritischen Auseinandersetzung mit Schmitz: Bernhard Waldenfels, Sinnesschwellen. Studien zur Phänomenologie des Fremden 3, Frankfurt a.M. 1999, 42ff. Über eine angemessene Wahrnehmung des Raumes wird gegenwärtig eine engagierte Debatte mit zahlreichen Gesprächspartner*innen geführt; die wichtigsten Linien dieses Gesprächs werden durch eine phänomenologische, eine semiotische und eine hermeneutische Raumkonzeption bestimmt. Eine besonders einleuchtende alternative Position zu der von Schmitz liegt in der soziologischen Raumtheorie von Martina Löw vor, die Raumkonstruktionen als relationale Prozesse beschreibt, „in (denen) über Relationen vielfältig verknüpfte Elemente immer neue und sich gegenseitig überlappende Räume bilden. ‚Der Raum' ist die Vielfalt der miteinander verflochtenen Räume." Vgl. Martina Löw, Raumsoziologie. Frankfurt a.M. 2001, 111.

[363] Manfred Josuttis, Die Einführung in das Leben, a.a.O., 124.

als nebensächlich angesehen wurde. Allerdings kommt jetzt ein anderes, vertieftes methodisches Instrumentarium zur Geltung, nämlich das lange verschüttete, nicht ernst genommene methodische Instrumentarium, das die Religion selbst, und auch die christliche Religion in ihrer gesamten Geschichte ausgeprägt und zur Gestalt verholfen hat. „Die Mittel, die eine solche Seelsorge heranziehen kann, werden vielfältig sein. Sie reichen vom fremden Wort der Heiligen Schrift über das eigene Wort des Gebets bis zum mächtigen Wort des Segens. Immer wird diese praxis- und erfahrungsbezogen sein, immer wird sie auch nicht verbale Elemente umschließen."[364]

Religiöse Methoden sind, hier stimme ich Manfred Josuttis zu, wieder anzueignen, zu lernen und zu üben. Als religiös Handelnder handele ich in einem Bereich und unter Voraussetzungen, die ich nicht in der Hand habe. Dennoch versteht Josuttis religiöses Handeln – und er nimmt hier eine verschüttete, aber über viele Jahrhunderte ausgearbeitete Tradition auch im Bereich der christlichen Kirche auf – als Ensemble von methodischen Verfahren und Handlungslogiken: Beten und Segnen, Predigen und Heilen, zerstörende Lebensmächte vertreiben und heilsame Lebensmacht Gottes herbeirufen werden keinesfalls als Symbole oder Metaphern für etwas verstanden, das hier nur in einer uns fremd gewordenen sprachlichen Form gemeint wäre und jetzt als existentiale Wahrheit anders formuliert werden müsste, sondern es geht in allen Verfahren religiöser Handlungen in aller ihrer Differenziertheit darum, den heilsamen Fluss-Prozess ins Leben zu rufen und zu unterstützen.

Meine eigenen Überlegungen unterscheiden sich von dem energetischen Seelsorge-Konzept des „heilsamen Austausches", dem ich mich in vieler Hinsicht verbunden fühle, in zwei allerdings wichtigen Punkten.

Ich halte, stärker als Josuttis, an einer Verbindungsmöglichkeit, ja teilweise an einer Kontinuität zwischen humanwissenschaftlichen und religiösen Seelsorge-Verfahren fest. Ein methodischer Reduktionismus ist nicht sinnvoll. Der „heilsame Austausch" gibt die Richtung und Linie, gibt die Bewegung vor, in die auch therapeutische Seelsorgeverfahren einbezogen werden können. Sie können die beiden Bewegungen des Abfließens zerstörerischer und des Herbeirufens heilsamer Lebensmacht unterstützen, ihnen eine kontrollierte Gestalt geben. Die Kontinuität endet aber auch in meiner Sicht an der Stelle, wo das alleinige Ziel in der therapeutischen Beratung in der Stärkung von Reflexivität und Ich-Leistungen der Individuen oder auch in der Unterstützung der Selbstheilungskräfte des Organismus gesehen wird.

---

[364] Ebd., 130.

Und: Im Anschluss an frühere Texte von Josuttis und teilweise im Unterschied zu seiner jüngeren Sicht der Dinge bleibt es m.E. nötig, die gesellschaftliche und politische Dimension der seelsorglichen Arbeit zu betonen. Der „heilsame Austausch" muss die evangelische Befreiung von Menschen aus allen zerstörerischen Bindungen und Abhängigkeiten einschließen. Menschen, die dauerhaft arbeitslos sind, die in Stadtvierteln leben, die so gestaltet sind, dass auf die Lebensbedürfnisse von Menschen zu wenig Rücksicht genommen wird, erst recht Menschen, die um ihre politischen und sozialen Lebensrechte, ihre religiösen und kulturellen Beteiligungsmöglichkeiten gebracht werden, müssen im Blick der kirchlichen Seelsorgearbeit bleiben, selbst dann, wenn die aktuellen Möglichkeiten zur Änderung ihrer Lage gering sind. Die Verpflichtung auf die Perspektive der Armen ist in allen Teilen der Heiligen Schrift durchgängig präsent, von der Befreiung des Volkes Israel aus der Fronarbeit, über die Sabbatregeln für Fremde und Arme, über die prophetische Kritik an der Entsolidarisierung zwischen reich und arm im Gottesvolk bis hin zur Predigt, zu den Heilungen, zu der „schlechten Gesellschaft", in der Jesus von Nazareth gelebt hat.

Seelsorge und politisches Handeln

Die Einsicht, dass sich seelsorgliche Verantwortung für bedrohte und beschädigte Menschen unter Bedingungen struktureller Gewalt auch mit politischer Stellungnahme verbinden muss, ist seit den Aufbrüchen in Kirche und Gesellschaft in den endsechziger und siebziger Jahren zunehmend verloren gegangen. Dies ist nicht nur schlecht: zu oft haben dogmatische Orientierungen und aktivistische Größenphantasien die konkreten Menschen mit ihren Sorgen und Ängsten, ihren Beschädigungen und ihrer Sehnsucht nach Lebensmut und Lebensgewissheit aus den Augen verloren. Auf der anderen Seite scheint mir gegenwärtig das Kind allzu sehr mit dem Bade ausgeschüttet. Zur seelsorglichen Verantwortung gehört mit der Notwendigkeit des systemischen Blicks auch der Blick für Strukturen, für Interessen, die an dem Erhalt ungerechter Strukturen orientiert sind, und für Verbündete in Befreiungs-Interventionen. Welche Gestalt dies jeweils gewinnen wird, ist vor Ort im Kontakt und Respekt vor diesen je besonderen Menschen, ihren Nöten und Hoffnungen, ihren Ausgrenzungen und Aufbrüchen zu entscheiden.

Als Leitbild solcher politischer Interventionen in seelsorglicher Verantwortung möchte ich an ein Beispiel erinnern, das die Seelsorgearbeit aus der Diskussion über Homiletik gewinnen kann. Der römisch-katholische Homiletiker Rolf Zerfaß hat vorgeschlagen, Ziel und Gestalt solcher Interventionen in einer Annäherung an die Haltung zu gewinnen, die Jesus nach dem Zeugnis neutestamentlicher Texte in Streitgesprächen mit seinen Gegnern gezeigt hat. Beispielhaft für die politische Verantwortung der Seelsorge finde ich mit Zerfaß die Weise, wie Jesus in Streitgesprächen und anderen Interventionen zerstörerische Situationen auflöst und im Sinne derer befreiend klärt, die bisher in den inferiorer Position darunter zu leiden hatten. Zerfaß erzählt ein Beispiel, um die Brisanz dieser Rede deutlich zu machen, und beginnt mit einer verfremdeten Geschichte:[365]

„Einer aber der Pharisäer bat ihn zu sich zum Essen. Und er ging in das Haus des Pharisäers und setzte sich zu Tisch. Und siehe, eine Frau, eine Sünderin, die in der Stadt war und erfahren hatte, dass er im Hause des Pharisäers zu Tisch war, brachte ein Alabastergefäß voll Salböl, stellte sich hinten zu seinen Füßen und weinte, machte sich daran, mit ihren Tränen seine Füße zu netzen, und wischte sie mit den Haaren ihres Hauptes ab und küsste seine Füße und salbte sie mit dem Salböl. Als das der Pharisäer sah, der ihn eingeladen hatte, sprach er bei sich selbst: wäre dieser ein Prophet, so müsste er erkennen, wer und was für eine die Frau ist, die ihn anrührt – dass sie eine Sünderin ist.

Jesus erriet, was der Pharisäer im Stillen dachte. Während er die Frau weitermachen ließ, verständigt er sich mit Simon mit den Augen und durch sein Mienenspiel darüber, dass er merkte, was für eine das sei, aber kein Aufhebens machen wolle, um das Essen, das Gespräch und die Atmosphäre nicht zu stören. Simon war beruhigt. Er dachte: der Mann ist zwar etwas zu großzügig, aber ist höflich und klug. So wird er die Frau am schnellsten wieder los. Dieser Mann gehört zu uns. – die Frau hatte mittlerweile ihr Öl verbraucht. Als weder Jesus noch sonst jemand im Raum von ihr Notiz nahm, stand sie auf und ging schweigend hinaus. – Von diesem Tag an fanden viele Pharisäer den jungen Wanderprediger recht sympathisch."[366]

Jesus löst die Peinlichkeit der Situation auf, indem er sich mit dem Pharisäer solidarisiert und die Frau fallen lässt. Zerfaß gibt noch zwei weitere Möglichkeiten einer problematischen, insbesondere für die Frau demütigenden Intervention Jesu wieder: Jesus hält eine wilde revolutionäre Rede, in der er sich mit der Frau solidarisiert und den Pharisäer Simon angreift – und gerade so die besondere Handlungsform der Frau ihm gegenüber missachtet und sie nach dieser Szene offener Aggression ausliefert; oder: Jesus solidarisiert sich mit niemandem, versucht vielmehr seine eigene Haut zu retten, indem er in blumigen Worten von der Güte Gottes zu predigen beginnt, die selbst eine solche Sünderin leben lässt. „Dabei wird die Frau noch ein Stück infamer als in der ersten Variante zum

365 Rolf Zerfaß, Grundkurs Predigt 2. Textpredigt. Düsseldorf 1992, 15.
366 Ebd.

Objekt gemacht: zum Demonstrationsobjekt dafür, wie schlecht Menschen sind und wie gut Gott ist.“[367]

Tatsächlich erzählt das Lukasevangelium einen ganz anderen Ausgang:

„Und Jesus nahm das Wort und sprach zu ihm: Simon, ich habe dir etwas zu sagen. Er aber sprach: sprich, Meister. Ein Geldverleiher hatte zwei Schuldner. Der eine schuldete ihm 500 Denare der andere 50. Da sie es nicht zurückgeben konnten, schenkte er es beiden. Welcher von ihnen wird ihn am meisten lieben? Simon gab zur Antwort: ich nehme an, der, dem er am meisten geschenkt hat. Er aber sprach zu ihm: zutreffend hast du geurteilt. Zu der Frau gewandt, sprach er zu Simon: siehst du diese Frau? Ich bin in dein Haus gekommen, du hast mir kein Wasser für die Füße gegeben; sie aber hat mit ihren Tränen meine Füße genetzt und mit ihren Haaren sie abgewischt. Du hast mir keinen Kuss gegeben; sie aber hat, seit ich eintrat, nicht abgelassen, meine Füße zu küssen. Du hast mir das Haupt nicht mit Öl gesalbt; sie aber hat mir die Füße mit Salböl gesalbt. Darum sage ich dir: vergeben sind ihr viele Sünden, weil sie viel geliebt hat; wem aber wenig vergeben wird, der liebt wenig. Und er sprach zu ihr: vergeben sind deine Sünden. Und die Tischgenossenen fingen an, bei sich zu sagen: wer ist der, dass er sogar Sünden vergibt? Er aber sprach zu der Frau: dein Glaube hat dich gerettet, geh in Frieden!“ (Lukas 7, 36-50).

Jesus löst die Situation weder dadurch, dass er harmonisiert, noch polemisiert oder generalisiert, sondern indem er die hier und jetzt versammelten Menschen durch das Gleichnis mit den Prämissen ihres eigenen Handelns und Weltverhältnisses konfrontiert und sie dazu bringt, die gerade präsente Szene, aber auch sich selbst in ihrem ganzen Lebensvollzug mit neuen Augen zu sehen. „Damit konfrontiert er Simon mit der Frage: wer ist dein Gott? Ist Gott das oberste Prinzip, das alle Unterschiede in dieser Welt zwischen Männern und Frauen, Juden und Heiden, Guten und Bösen metaphysisch legitimiert? Ist Gott der letzte Rechtfertigungsgrund für die gesellschaftlichen Barrieren, die wir gegeneinander aufrichten? Oder ist Gott der, der alle diese Unterschiede überschreitet bzw. unterläuft, weil er Gott ist, der Freund des Lebens [...]?“[368]

Seelsorge als politische Intervention findet in dieser unterbrechenden Redeform Jesu ihr Modell: eine Weise sprachlicher Intervention, die anscheinend geschlossene, ausweglose Situationen im Sinne der Gedemütigten klärt und öffnet, die die Menschen mit den letzten, oft nicht bewussten Prämissen ihres Selbst- und Weltverhältnisses und ihres Handelns konfrontiert und sie einlädt,

[367] Ebd., 17.
[368] Ebd., 18.

sich selbst, den anderen Menschen, die Weise ihres Interagierens und Zusammenlebens mit neuen Augen anzusehen.

Es geht in der Seelsorge nach reformatorischem Verständnis nicht um politische Interessendurchsetzung oder ökonomische Geschäfte, sondern es geht um eine auf die Lebensprobleme von konkreten Menschen bezogene Interaktionsform, um eine emphatische Form von Zuwendung. Und zugleich wird sich seelsorgliches Handeln immer wieder mit politischen Perspektiven verbinden, in denen die Aufhebung von Bedingungen im Mittelpunkt steht, die Menschen ihrer Lebenschancen und Lebensperspektiven berauben, sie zwingen, unter dem Niveau ihrer Lebensmöglichkeiten zu existieren, sie zu verächtlichen und geknechteten Wesen herabwürdigen.

Weitere Titel vom Autor:

Hans-Martin Gutmann
Mein Vater und der Krieg
Eine praktisch-theologisch interessierte Suchbewegung zu Individualität, Politik und Religion
190 S., kart., ISBN 978-3-86893-107-5

Hans-Martin Gutmann
sich einsetzen, sich hingeben, sich nicht hergeben
Protestantische Einwürfe zu umstrittenen Lebenshaltungen
Zum 75. Geburtstag von Manfred Josuttis. Im „Zeitalter der Lebensgefahr" sich in Verantwortung rufen lassen durch das offene Angesicht des Mitmenschen, der um seine Lebensmöglichkeiten gebracht wird.
262 S., kart., ISBN 978-3-86893-060-3

Hans-Martin Gutmann
Martin Luthers „christliche Freiheit" in zentralen Lebenskonflikten heute
Intimität gestalten. Verantwortlich leben. Freiheit realisieren
256 S., kart., ISBN 978-3-86893-143-3

Hans-Martin Gutmann
Evangelisch leben zwischen
Religion, Politik und populärer Kultur
296 S., kart., ISBN 978-3-86893-207-2

Hans-Martin Gutmann
Engagierter Protestantismus
Warum wir theologisches Nachdenken brauchen
307 S., kart., ISBN 978-3-86893-321-5

Hans-Martin Gutmann
„Irgendwas ist immer"
Durchs Leben kommen. Sprüche und Kleinrituale - die Alltagsreligion der Leute
142 S., kart., ISBN 978-3-86893-127-3

Hans-Martin Gutmann
Da liegt was in der Luft
Predigten und Gebete
183 S., geb., ISBN 978-3-86893-171-6

Hans-Martin Gutmann
Mit den Toten leben
eine evangelische Perspektive
271 S., kart., ISBN 978-3-86893-086-3

Hans-Martin Gutmann, Alexander Höner, Swantje Luthe (Hrsg.)
Poesie, Prophetie, Power. Dorothee Sölle – die bleibende Provokation
Predigten und Gebete
324 S., kart., ISBN 978-3-86893-117-4

Hans-Martin Gutmann
Protestantismus und die Liebe zum Leben
160 S., kart., ISBN 978-3-86893-383-3

Hans-Martin Gutmann
Fatales Nichtverstehen – Luther und der Bauernkrieg
134 S., kart., ISBN 978-3-86893-451-9